Schriften zum Verfahrensrecht

Herausgegeben von
Jens Adolphsen, Peter Gottwald und Ulrich Haas

Band 42

PETER LANG
Frankfurt am Main · Berlin · Bern · Bruxelles · New York · Oxford · Wien

Urheberrechtliche Lizenzen in nationaler und internationaler Insolvenz

Christoffer Bortz

Urheberrechtliche Lizenzen in nationaler und internationaler Insolvenz

PETER LANG
Internationaler Verlag der Wissenschaften

Bibliografische Information der Deutschen Nationalbibliothek
Die Deutsche Nationalbibliothek verzeichnet diese Publikation in der Deutschen Nationalbibliografie; detaillierte bibliografische Daten sind im Internet über http://dnb.d-nb.de abrufbar.

Zugl.: Mainz, Univ., Diss., 2012

Gedruckt auf alterungsbeständigem,
säurefreiem Papier.

D 77
ISSN 1619-344X
ISBN 978-3-631-63431-8

www.peterlang.de

Vorwort

Die vorliegende Arbeit ist im Wintersemester 2011/2012 von der rechtswissenschaftlichen Fakultät der Johannes Gutenberg-Universität Mainz als Dissertation angenommen worden. Für die Veröffentlichung konnten Rechtsprechung und Literatur bis Mai 2012 berücksichtigt werden.

Mein Dank gebührt meinem Doktorvater Herrn Prof. Dr. Urs Peter Gruber für die exzellente Betreuung im Zusammenhang mit dieser Arbeit. Herrn Prof. Dr. Oechsler danke ich für die zügige Erstellung des Zweitgutachtens. Herrn Prof. Dr. Ulrich Haas bin ich für die Aufnahme dieser Arbeit in die Schriftenreihe „Schriften zum Verfahrensrecht" zu Dank verpflichtet.

Frauke Schmode und Caroline Damaschke danke ich für die Durchsicht meines Manuskriptes in sprachlicher Hinsicht. Der größte Dank gilt schließlich meiner Familie. Ohne die vielfältige Unterstützung meiner Eltern Renate und Manfred Bortz, meiner Geschwister Marie-Sarah und Johannes mit Andreas und Katharina sowie im Besonderen meiner Verlobten Anna Schneider hätte diese Arbeit nie entstehen können. Ihnen ist die Arbeit deshalb gewidmet.

Mainz, im Juni 2012

Christoffer Bortz

Inhaltsverzeichnis

§ 1 Einleitung

I. Einführung

Urheberrechtlich geschützte Werke bilden einen enormen Wirtschaftsfaktor. Dies zeigen große Hollywood-Filmproduktionen wie „Titanic“ oder „Avatar“ von James Cameron, die jeweils über 1,8 Milliarden US-Dollar in der Kinoauswertung einspielen, ebenso wie die Harry Potter Bücher von Joanne K. Rowling, von denen weltweit über 300 Millionen Exemplare verkauft wurden. Auch Software-Lizenzen können von beträchtlichem Wert sein. So hat beispielsweise das Software-Unternehmen Microsoft von seinem Betriebssystem Windows 7 im ersten Jahr seit dem Verkaufsstart im Oktober 2009 mehr als 240 Millionen Lizenzen vertreiben können.

Schon eine Studie des IFO-Instituts für Wirtschaftsforschung aus dem Jahr 1989 zeigt, dass 2,9 % der Bruttowertschöpfung in der (alten) Bundesrepublik Deutschland aus dem Bereich des Urheberrechts resultieren, sowie dass 3,1 % der Erwerbstätigen hier beschäftigt sind.[1] Ähnliche Zahlen hat auch die EU-Kommission für das Jahr 2003 errechnen lassen, wonach der kulturelle und kreative Sektor 2,6 % zum Bruttoinlandsprodukt der EU beiträgt und 3,1 % der Erwerbstätigen stellt.[2] Damit ist dieser Wirtschaftszweig in etwa vergleichbar mit der Sparte Banken und Versicherungen oder der Autoindustrie.[3]

Angesichts der teilweise enormen Investitionssummen ist die Branche auch vor Insolvenzen nicht gefeit. Insbesondere im Zuge der Krise am Neuen Markt sind viele Software- und Medienunternehmen insolvent geworden. Aus dem Bereich der Softwareindustrie seien hier nur die beiden Unternehmen Softmatic AG und Brokat AG beispielhaft genannt. Im Bereich der Filmverwertung sind besonders die Insolvenzen von EM.TV, Kinowelt Medien AG oder dem Kinobetreiber UFA Theater GmbH & Co. KG allgemein bekannt geworden. Den traurigen Höhepunkt bildete 2002 die viel diskutierte Insolvenz der Kirch Media AG & Co. KGaA, die

---

1 Studie des IFO-Instituts zur volkswirtschaftlichen Bedeutung des Urheberrechts, BT-Drucks. 11/4929, S. 69ff.

2 Studie der EU Kommision, The Economy of Culture in Europe, 2006.

3 *Rehbinder*, Urheberrecht, Rn 4.

die damals wirtschaftlich größte Insolvenz der deutschen Nachkriegsgeschichte darstellt. Doch auch in jüngster Zeit kommt es erneut zu Insolvenzen von Unternehmen, deren wichtigstes Wirtschaftsgut urheberrechtliche Lizenzen darstellen. So mussten im Jahr 2008 der traditionsreiche Aufbau Verlag und im Jahr 2009 der weltweit tätige Filmvertrieb IM Internationalmedia AG Insolvenz anmelden. Im Jahr 2010 hat auch das legendäre Hollywood-Studio Metro-Goldwyn-Meyer (MGM) Gläubigerschutz nach U.S.-amerikanischem Insolvenzrecht beantragt.

II. Problemdarstellung

Aus juristischer Sicht sind diese Insolvenzen gerade deshalb interessant, weil sie Berührungspunkte zu verschiedenen Rechtsgebieten aufweisen. Hierbei treffen die Regelungsgebiete des Insolvenzrechts und des Urheberrechts aufeinander. Sofern die Unternehmen international agiert haben, sind auch noch Fragestellungen des internationalen Insolvenzrechts als Bestandteil des internationalen Privatrechts relevant.[4]

Diese einzelnen Rechtsmaterien verfolgen wiederum unterschiedliche Zielsetzungen, die bei Konflikten in einen angemessenen Ausgleich zu bringen sind. So dient das Urheberrecht vorrangig dem Schutz des Urhebers in Bezug auf die persönlichkeitsrechtlichen und vermögensrechtlichen Interessen an seinem Werk.[5] Demgegenüber verfolgt das Insolvenzrecht gemäß § 1 S. 1 InsO den Zweck, die Gläubiger eines Schuldners gemeinschaftlich zu befriedigen. In internationalen Zusammenhängen treffen wiederum verschiedene nationale Rechtstraditionen aufeinander. Aus diesen unterschiedlichen Prämissen resultieren verschiedenste Probleme bei der Insolvenz von solchen Unternehmen, die als maßgeblichen Vermögenswert urheberrechtliche Werke oder Lizenzen aufweisen.

Im Wesentlichen lassen sich jedoch drei zentrale Fragestellungen herauskristallisieren. So ist erstens zunächst relevant, welche Auswirkungen die Eröffnung des Insolvenzverfahrens auf bestehende Lizenzverträge und die durch sie eingeräumten Lizenzen hat. Weiterhin werden sich zweitens die Vertragsparteien und der Insolvenzverwalter fragen, welche Einflussmöglichkeiten ihnen in Bezug auf den Bestand der Lizenzen gegeben sind. Im Fall der Insolvenz eines Lizenznehmers kann der Vertragspartner daran interessiert sein, sich von dem Vertrag zu lösen und die Lizenz anderweitig zu vergeben, da von einem insolventen Lizenznehmer keine zuverlässige Zahlung der Lizenzgebühr zu erwarten ist. Andererseits wird ein Lizenznehmer bei einer Insolvenz des Lizenzgebers ein großes Interesse an

---

4 Vgl. *Reinhardt* in: Kirchhof, MüKo InsO, Vor §§ 335 ff. Rn 23.

5 Vgl. § 11 S. 1 UrhG.

einer Insolvenzfestigkeit seiner Lizenz haben. Er ist nicht selten wirtschaftlich auf das Nutzungsrecht an dem urheberrechtlichen Werk angewiesen und selbst existentiell bedroht, sofern die Insolvenz seines Vertragspartners Auswirkungen auf die eingeräumte Lizenz hat. Zu guter Letzt stellt sich drittens noch die Frage, welchen Einfluss die Insolvenz auf eventuell gewährte Unterlizenzen oder Weiterveräußerungen der Lizenzen besitzt.

Bei all diesen Fragestellungen besitzt der Aspekt der Rechtsnatur urheberrechtlicher Lizenzen eine besondere Bedeutung. Wird den Lizenzen eine gegenständliche, verdinglichte Wirkung zuerkannt, so kann dies Auswirkungen haben sowohl auf die nationale als auch die internationalprivatrechtliche Behandlung von Lizenzen in der Insolvenz. Die vorliegende Arbeit möchte hier ansetzen und aufzeigen, in wie weit eine dingliche Wirkung urheberrechtlicher Lizenzen im Insolvenzfall einen angemessenen Ausgleich zwischen den gegensätzlichen Interessen von Lizenzgebern und Lizenznehmern zu leisten vermag. Insofern soll die gegenständliche Natur urheberrechtlicher Lizenzen aus dem Urheberrecht heraus begründet und auf die Behandlung von Lizenzen in nationalen und internationalen Insolvenzen übertragen werden.

III. Überblick über die bisherige Forschung

Nachdem das Gesetz über das Verlagsrecht[6] Anfang 1902 in Kraft getreten ist, erschien schon im Jahre 1905 eine - soweit ersichtlich - erste umfassende wissenschaftliche Arbeit zu den Auswirkungen des Konkurses auf das Verlagsverhältnis zwischen Verleger und Verfasser.[7] In der Folge bezog sich die Diskussion auch vorwiegend auf den urheberrechtlichen Teilausschnitt des Verlagsrechts.[8] Ausgehend von den dabei entwickelten Grundsätzen, war es dann 1929 *James Goldschmidt*, der sich erstmals dem Schicksal von Filmlizenzen im Konkurs des Filmverleihers widmete.[9] Nach den Anfängen der 30er Jahre des 20. Jahrhunderts verstummte die Diskussion über Lizenzverträge in der Insolvenz nahezu bis zur Einführung der Insolvenzordnung im Jahr 1999.[10] Seit dem Inkrafttreten der Insolvenzordnung hat sich die Diskussion über Lizenzen in der Insolvenz nun wieder verstärkt. Neben

---

6 RGBl., S. 217.

7 *Bing*, Der Konkurs des Verlegers.

8 Vgl. nur *Rippner*, ZHR 1910, 98ff.; *de Boor*, ZHR 1916, 421ff.

9 *Goldschmidt*, UFITA 1929, 1ff.; daran anknüpfend: *Horster*, Verträge des Filmverleihers; *Becker*, UFITA 1933, 143ff.

10 Eine Ausnahme bildet hier beispielsweise ein Beitrag über die Auflösung eines Filmlizenzvertrages im Zusammenhang mit dem Konkurs des Verleihunternehmens aus dem Jahr 1961: *Faltlhauser*, UFITA 1961, 318ff.

mehreren Zeitschriftenbeiträgen[11] greifen nun auch Handbücher und Kommentare[12] die Thematik auf. Seit dem Jahr 2002 sind nun - sicherlich auch bedingt durch die zahlreichen Insolvenzen im Software- und Medienbereich - zahlreiche Dissertationen erschienen.[13]

Inhaltlich steht bei der Diskussion jeweils zunächst die Frage im Zentrum, ob der Insolvenzverwalter die Erfüllung der Lizenzverträge ablehnen kann. Eine solche Befugnis würde für den Lizenznehmer im Falle einer Insolvenz seines Vertragspartners eine enorme Unsicherheit bedeuten, da er bei einer finanziellen Schieflage seines Lizenzgebers stets mit einem Verlust der Nutzungsmöglichkeit rechnen müsste. Deshalb werden verschiedene Ansätze zur Vermeidung eines Erfüllungswahlrechts des Insolvenzverwalters und zur Stärkung der Lizenz vorgeschlagen.[14]

Des Weiteren stellt sich im Falle einer Lizenznehmerinsolvenz die Frage, inwieweit eine Kündigungs- oder Lösungsklausel auf den Insolvenzfall zulässig ist. Mit einer solchen Klausel könnte dem Interesse des Lizenzgebers an einer

---

11 *Bork*, NZI 1999, 337; *Schwarz/Klingner*, UFITA 1999, 29; *Hausmann*, ZUM 1999, 914; *Cepl*, NZI 2000, 357; *Brandt*, NZI 2001, 337; *Raitz von Frentz/Marrder*, ZUM 2001, 762; *Wallner*, NZI 2002, 70; *Raitz von Frentz/Marrder*, ZUM 2003, 94; *Abel*, NZI 2003, 121; *Adolphsen*, DZWiR 2003, 228; *Berger*, FS Kirchhof, S. 1; *Hoffmann*, ZInsO 2003, 732; *von Westerholt/Joppich*, ZUM 2003, 262; *Adam*, DZWiR 2003, 482; *Kellenter*, FS Tilmann, S. 807; *Oeter/Ruttig*, ZUM 2003, 611; *Berger*, GRUR 2004, 20; *Stickelbrock*, WM 2004, 549; *Wallner*, ZIP 2004, 2073; *Smid/Lieder*, DZWiR 2005, 7; *Plath*, CR 2006, 217; *Grützmacher*, CR 2006, 289; *Dengler/Gruson/Spielberger*, NZI 2006, 677; *Huber/Riewe*, ZInsO 2006, 290; *Koehler/Ludwig*, WRP 2006, 1342; *Koehler/Ludwig*, NZI 2007, 79; *Trips-Hebert*, ZRP 2007, 226; *Schleich/Götz*, DZWiR 2008, 58; *Wegener*, ZInsO 2008, 352; *Heim*, NZI 2008, 338; *Pahlow*, WM 2008, 2041; *Weber/Hötzel*, NZI 2011, 432.

12 Vgl. *Kreuzer/Schwarz/Reber* in: Loewenheim, Hdb. UrhR, § 95 Rn 42 ff.; *Bullinger* in: Wandtke/Bullinger, UrhR, InsO §§ 103, 105, 108 Rn 1 ff.; *Kreuzer/U. Reber* in: von Hartlieb/Schwarz, Hdb. FilmR, 293. Kap.; *Abel* in: Berger/Wündisch, Urhebervertragsrecht, § 13 Rn 75 ff.

13 *Seemann*, Lizenzvertrag in der Insolvenz; *Wallner*, Insolvenz des Urhebers; *Ahlmer*, Insolvenz im Filmrechtehandel; *Scherenberg*, Lizenzverträge in der Insolvenz; *Klauze*, Nutzungsrechte in der Insolvenz; *Marrder*, Filmrechte in der Insolvenz; *Wiedemann*, Lizenzen in der Insolvenz; *Zehnsdorf*, Filmnutzungsrechte in der Insolvenz; *Hub*, Filmlizenzen; *Wolff*, Lizenzen in der Insolvenz; *Schwabe*, Filmlizenzen in der Insolvenz; *Esser*, Lizenzen in der Insolvenz; *Tabrizi*, Lizenzen in der Insolvenz.

14 Annahme vollständiger Erfüllung bereits mit Übertragung des Nutzungsrechts: *Schwarz/Klingner*, UFITA 1999, 29, 44f.; *Grützmacher*, CR 2006, 289, 291; Analogie zu § 108 InsO: *Koehler/Ludwig*, NZI 2007, 79, 81; *Fezer*, WRP 2004, 793, 799 ff. für markenrechtliche Lizenzen; Treuhandmodelle: *Bork*, NZI 1999, 103ff; Bestellung eines Sicherungsnießbrauchs am Schutzrecht: *Berger*, GRUR 2004, 20ff; Einräumung von Pfandrechten oder eine Sicherungsübereignung der Lizenz: *Koehler/Ludwig*, WRP 2006, 1342ff.; *Plath*, CR 2006, 217.

Lösung vom Vertrag Rechnung getragen werden, wenn von seinem insolventen Lizenznehmer langfristig keine regelmäßige Zahlung zu erwarten ist. Im Rahmen einer Lizenzgeberinsolvenz ist erörterungswürdig, ob dem Lizenznehmer eventuell bezüglich der Lizenz ein Aussonderungsrecht zusteht. Ein solches Recht könnte seine Lizenz insolvenzfest machen, so dass er auch im Falle einer Insolvenz seines Vertragspartners auf die weitere Nutzungsmöglichkeit vertrauen dürfte.

Im Zuge der Betrachtung dieser Problembereiche gelangt man auch immer wieder zu ganz grundlegenden Fragestellungen des Urheberrechts und des Insolvenzrechts. Für den Bereich des Urheberrechts sind dies etwa Fragen zu der Rechtsnatur urheberrechtlicher Lizenzen oder der Geltung des Abstraktionsprinzips im Urheberrecht. Im nationalen Insolvenzrecht muss man sich beispielsweise mit der Streitfrage auseinandersetzen, wie die Entscheidung des Insolvenzverwalters über eine Ablehnung der Erfüllung nicht bereits vollständig erfüllter Vertragsverhältnisse dogmatisch einzuordnen ist.[15]

In der Diskussion ist meines Erachtens bisher einigen Aspekten nicht genügend Aufmerksamkeit geschenkt worden. In fast allen Arbeiten ist bisher der internationale Aspekt vollkommen ausgeblendet worden.[16] Dies erscheint umso verwunderlicher, als doch gerade im Bereich von Film und Software ein ausgeprägter internationaler Rechtsverkehr besteht. Dabei ergeben sich zahlreiche Fragestellungen, denen in dieser Arbeit in der gebotenen Ausführlichkeit nachgegangen werden soll. Von entscheidender Bedeutung für die Beantwortung der insolvenzrechtlichen Fragestellungen sowohl in nationaler als auch in internationaler Hinsicht erscheint mir zudem die nähere Untersuchung von Rechtsnatur und Wirkung urheberrechtlicher Nutzungsrechte sowie dem Verhältnis zwischen Lizenzvertrag und Lizenz zu sein. Beides soll in der vorliegenden Arbeit aus der Dogmatik des Urheberrechts heraus grundlegend untersucht werden, um daraus eventuell neue Lösungsansätze zur Behandlung der national- und internationalinsolvenzrechtlichen Fragestellungen ableiten zu können.

IV. Gang der Darstellung

Die vorliegende Arbeit ist in drei Teile gegliedert. Zu Beginnn des ersten Teils findet sich nach einer Festlegung terminologischer Fragen und einer grundlegenden Darstellung der Leitprinzipien des Urheberrechts eine Erörterung der Rechtsna-

15 Für einen Überblick insbesondere zu der Rechtsprechungsentwicklung in diesem Bereich vgl. etwa *Huber*, NZI 2002, 467 ff.

16 Vgl. nur *Wolff*, Lizenzen in der Insolvenz, S. 26; einige Ausführungen dagegen bei *Klauze*, Nutzungsrechte in der Insolvenz, S. 165ff.

tur des Lizenzvertrags. Hieran schließt sich als erster Schwerpunkt der Arbeit eine Diskussion über die dingliche Wirkung von urheberrechtlichen Lizenzen an. Nachfolgend soll ein Kapitel die mit der Rechtsnatur von Lizenzen eng verknüpfte Frage des Verhältnisses zwischen Lizenz und Lizenzvertrag und der Geltung des Abstraktionsprinzips im Urheberrecht behandeln.

Der zweite Teil der Arbeit widmet sich der Behandlung von Lizenzvertrag und Lizenz in einer nationalen Insolvenz nach deutschem Recht. Nach einem einführenden Kapitel, das auch die Einwirkungsmöglichkeiten des vorläufigen Insolvenzverwalters behandelt, soll zunächst die Massezugehörigkeit urheberrechtlicher Rechtspositionen diskutiert werden. Daran anschließend rückt die insolvenzrechtliche Behandlung des urheberrechtlichen Lizenzvertrags in den Blickpunkt der Betrachtung. In einem nächsten Kapitel soll es dann um die Zulässigkeit von Kündigungs- und Lösungsrechten für den Insolvenzfall gehen. Den inhaltlichen Schwerpunkt im zweiten Teil bildet das Kapitel über die Insolvenzfestigkeit urheberrechtlicher Lizenzen. Hierin wird untersucht, ob ein Lizenznehmer auch für den Fall einer Insolvenz seines Lizenzgebers auf das Fortbestehen der Nutzungsmöglichkeit vertrauen kann.

Der dritte Teil der vorliegenden Arbeit wendet sich dann der Behandlung von Lizenzvertrag und Lizenz in der internationalen Insolvenz zu. In einem rechtsvergleichenden Kapitel wird zunächst die Behandlung des urheberrechtlichen Lizenzvertrags und der durch ihn vermittelten Lizenz im Fall einer Insolvenz nach britischem Recht begutachtet. Nach einer Darstellung zu der internationalprivatrechtlichen Anknüpfung von Lizenz und Lizenzvertrag außerhalb der Insolvenz und einem einführenden Kapitel zum internationalen Insolvenzrecht wird der internationale Lizenzvertrag in der Insolvenz betrachtet. Dabei soll insbesondere die Zulässigkeit von Lösungsklauseln in internationalen Verträgen eine Rolle spielen. Den inhaltlichen Schwerpunkt des dritten Teils bildet die Untersuchung urheberrechtlicher Lizenzen in der internationalen Insolvenz. Hierbei wird erörtert, ob für urheberrechtliche Lizenzen eine Abweichung von dem allgemeinen Insolvenzstatut der lex fori concursus in Betracht kommt. Schließlich werden die wesentlichen Ergebnisse der vorliegenden Arbeit thesenartig noch einmal zusammengefasst.

Erster Teil:

Grundfragen urheberrechtlicher Lizenzen

§ 2 Urheberrechtliche Grundlagen

I. Terminologie

Zunächst sollen zu Anfang dieser Arbeit einige grundlegende terminologische Fragen geklärt werden, denn eine eingehende juristische Untersuchung setzt begriffliche Klarheit voraus. Diese ist jedoch bei der vorliegenden Thematik nicht ohne weiteres gegeben.

1. Die Lizenz im allgemeinen Sprachgebrauch

Der Begriff der „Lizenz" wird im allgemeinen Sprachgebrauch sehr vielfältig verwendet. So ist im Bereich des Profisports oft von Trainer-, Spieler- oder Verbandslizenzen die Rede.[1] Auch im Zusammenhang mit der Vergabe von Rechten an dem Mobilfunkstandard UMTS wurde von Lizenzen gesprochen. Sofern es um das Anbieten von Sportwetten geht, ist dafür eine Wettlizenz erforderlich.[2] Daneben werden auch Bildrechte gerne lizenziert.

Etymologisch leitet sich das Wort „Lizenz" vom lateinischen *licet* her, das sich übersetzen lässt mit „es ist erlaubt".[3] Eine Lizenz stellt insofern urprünglich eine Erlaubnis dar, eine bestimmte Handlung vornehmen zu können. Der heutige Wortsinn geht jedoch weit über dieses Verständnis hinaus.

2. Die Lizenz in juristischen Sinne

Im juristischen Sinne bezeichnet die „Lizenz" eine vom Inhaber eines Immaterialgutes an einen Dritten eingeräumte Befugnis, das immaterielle Gut in Bezug auf alle oder einzelne Nutzungsarten zu verwerten oder zu nutzen.[4] Unter Imma-

---

1 Vgl. auch BGH NJW 1999, 3784; EuGH EuZW 2000, 375; EuG EuZW 2005, 337.

2 Vgl. BGHZ 175, 238.

3 *Stowasser*, Lateinisches Wörterbuch, S. 295.

4 *Marly*, Hdb. SoftwareR, Rn 653; *Wiedemann*, Lizenzen in der Insolvenz, Rn 12; *Pahlow*, WM 2008, 2041f.; *Schricker/Loewenheim* in: Schricker/Loewenheim, UrhR, Vor § 28 Rn 48 f.

terialgüterrechten sind die gewerblichen Schutzrechte, also Patent- und Marken-, Gebrauchsmuster- und Geschmacksmusterrechte, sowie Namens- und Bildrechte und Geschäftsgeheimnisse ebenso wie Urheberrechte und die verwandten Leistungsschutzrechte zu subsumieren.[5] Für den Bereich der gewerblichen Schutzrechte spricht auch der Gesetzgeber einheitlich von der Einräumung von Lizenzen.[6]

Demgegenüber ist die Wortwahl im Urheberrechtsgesetz diesbezüglich uneinheitlich. Regelmäßig ist hier von der Einräumung von Nutzungsrechten die Rede.[7] Entsprechend spricht sich auch die Mehrheit der urheberrechtlichen Autoren dafür aus, diesen Begriff im Urhebervertragsrecht zu verwenden.[8] Andererseits wird auch der Begriff der Zwangslizenz im Gesetz verwendet.[9] Ebenso wird auf die Lizenzkette rekurriert[10] und der Nutzungsrechtsinhaber vereinzelt als Lizenznehmer bezeichnet.[11] Demzufolge ist es nicht zwingend geboten, im Rahmen dieser Arbeit von der Einräumung von Nutzungsrechten zu sprechen. Im Hinblick auf eine Einheitlichkeit mit der Terminologie im Bereich des gewerblichen Rechtsschutzes sollte besser im Immaterialgüterrecht durchweg von der Einräumung von Lizenzen die Rede sein.[12] Ein urheberrechtlicher Sonderweg stiftet hier unnötige Verwirrung. Dessen ungeachtet unterscheiden sich die beiden Begriffe inhaltlich nicht und sind daher synonym verwendbar.

3. Die Lizenzkette

Darüber hinaus ist besonders im Bereich der Lizenzverträge innerhalb einer Lizenzkette begriffliche Klarheit erforderlich. So kann der in vertraglichen Beziehungen zum Urheber stehende Lizenznehmer gleichzeitig bei einer Weiterlizenzierung Lizenzgeber für seinen Unterlizenznehmer sein. Bei der Begriffswahl soll in der vorliegenden Arbeit stets die für das relevante Vertragsverhältnis einschlägige Bezeichnung gewählt werden. So ist der Lizenznehmer des Urhebers als Lizenz-

---

5 Vgl. *Hoffmann*, ZInsO 2003, 732; *Pahlow*, WM 2008, 2041.

6 Vgl. § 15 Abs. 2 PatG, § 30 Abs. 1 MarkenG, § 22 Abs. 2 GebrMG, § 31 Abs. 1 GeschmMG.

7 Vgl. §§ 29 Abs. 2, 31ff. UrhG.

8 *Schricker/Loewenheim* in: Schricker/Loewenheim, UrhR, Vor § 28 Rn 49; *Fromm/Nordemann*, Urheberrecht, § 31 Rn 25; *Wandtke/Grunert* in: Wandtke/Bullinger, UrhR, Vor §§ 31 ff. Rn 21; *Spautz* in: Möhring/Nicolini, UrhG, § 31 Rn 17.

9 Vgl. die amtliche Überschrift zu § 42a UrhG.

10 Vgl. § 32a Abs. 2 UrhG.

11 Vgl. § 69e Abs. 1 Nr. 1 UrhG.

12 Ebenso: *Schack*, Urheberrecht, Rn 603; *Berger*, FS Kirchhof, S. 1; sehr eindrücklich *Pahlow*, Geistiges Eigentum, S. 188 f.

nehmer zu bezeichnen, wenn das Vertragsverhältnis zum Urheber besprochen wird. Werden allerdings die vertraglichen Beziehungen zum Sublizenznehmer im Rahmen einer Unterlizenzierung behandelt, so wird er in diesem Zusammenhang als Lizenzgeber bezeichnet.

II. Grundprinzipien des Urheberrechts

1. Funktionen des Urheberrechts

Zum besseren Verständnis von Lizenzen in der Insolvenz sollen zunächst kurz die Grundlagen des Urheberrechts dargelegt werden. Das Urheberrecht wird seit seiner Herausbildung im 18. Jahrhundert als naturrechtliches Recht verstanden, das dem Schöpfer eines Werkes prinzipiell ohne jegliche gesetzliche Ausgestaltung zusteht.[13] Es soll den Urheber in seinen persönlichkeitsrechtlichen und vermögensrechtlichen Beziehungen zu seinem Werk schützen.[14] Die zwei Gruppen der vermögens- und persönlichkeitsrechtlichen Urheberinteressen stehen nicht, wie vor allem im ersten Drittel des 20. Jahrhunderts zumeist angenommen, als zwei unabhängige Teile nebeneinander (sog. dualistische Theorie).[15] Vielmehr ist das Urheberrecht nach der sog. monistischen Theorie als einheitliches Recht ausgestaltet, in dem die beiden Funktionen untrennbar miteinander verbunden sind.[16] Dem entspricht auch die Tatsache, dass sich persönlichkeitsrechtliche und vermögensrechtliche Aspekte des Urheberrechts sowieso nicht klar trennen lassen. So kann eine durch Dritte verübte Verletzung der Ehre des Urhebers für diesen auch finanzielle Einbußen nach sich ziehen, wenn sich aufgrund der Ehrverletzung sein wirtschaftliches Kapital in Form seines guten Rufes ungerechtfertigter Weise verschlechtert.

2. Das urheberrechtliche Werk

Das Urheberrecht wird dem Urheber heute von Gesetzes wegen durch das Urheberrechtsgesetz als subjektives Recht verliehen. Es soll ihm die Möglichkeit

13 Zu der Geschichte des Urheberrechts siehe *Rehbinder*, Urheberrecht, Rn 21ff.; *Schack*, Urheberrecht, Rn 112 f.; *Rober*, UFITA 1956, S. 153ff; die naturrechtliche Fundierung des Urheberrechts kommt auch in der Rechtsprechung des BVerfG zum Ausdruck, wenn es das Urheberrecht dem geistigen Eigentum im Sinne des Art. 14 GG zurechnet: BVerfGE 31, 255, 263; 49, 382, 392; 79, 29, 40.

14 § 11 UrhG.

15 Begründet wurde diese Auffassung von *Kohler*, Urheberrecht, S. 128ff..

16 Vgl. § 11 UrhG; s. a. *Rehbinder*, Urheberrecht, Rn 31; *Schack*, Urheberrecht, Rn 593 m. w. N.

eröffnen, einen gerechten Lohn für seine schöpferische Leistung zu erhalten.[17] Von entscheidender Bedeutung ist dabei zunächst, wann ein schützenswertes Werk im Sinne des Urheberrechtsgesetzes vorliegt. Hierzu legt § 2 Abs. 2 UrhG fest, dass es sich um eine persönliche geistige Schöpfung handeln muss. Beispielhaft nennt auch § 2 Abs. 1 UrhG einzelne Werkkategorien. So werden neben Sprach-, Computer- und Schriftwerken auch Werke der Musik und pantomimische Werke geschützt. Weiterhin nennt das Gesetz auch Werke der bildenden Kunst und der Baukunst, sowie Lichtbild- und Filmwerke. Ebenfalls als geschützt gelten Darstellungen wissenschaftlicher oder technischer Art. Nicht in der Aufzählung des § 2 Abs. 1 UrhG genannt werden gegebenenfalls geschützte Multimediawerke oder Werbekonzepte.[18] Das Urheberrechtsgesetz geht dabei von einem einheitlichen Werkbegriff aus und formuliert keine unterschiedlichen Anforderungen an die einzelnen Werkkategorien.[19] Wesentliches Merkmal ist jeweils, dass in der schöpferischen Leistung die Individualität des Urhebers zutage tritt.[20] Der BGH legt jedoch im Allgemeinen nicht allzu hohe Anforderungen an. So hat er in einem Einzelfall selbst einer Bedienungsanleitung urheberrechtlichen Schutz zuerkannt.[21] Es komme allein darauf an, dass sich ein hinreichender schöpferischer Eigentümlichkeitsgrad erkennen lasse, der im Gesamtvergleich zu vorbestehenden Gestaltungen die durchschnittliche Gestaltung deutlich überragt.[22] Trotz des einheitlichen Werkbegriffs sind die Interessen und Konflikte der einzelnen Urheber sehr unterschiedlich. Der Autor eines Romans hat eine andere rechtliche Schutzbedürftigkeit als der Programmierer eines Computerprogramms. Der bildende Künstler oder der Architekt sind anderen Gefahren ausgesetzt als der Regisseur eines Filmwerkes. Dies gilt es ungeachtet der Gemeinsamkeiten zu berücksichtigen. Für die Anerkennung von urheberrechtlichem Schutz bedarf es keines Antrags und keiner Eintragung in ein Register. Der Urheber gelangt bereits mit Schöpfung seines Werkes von Gesetzes wegen in den Genuss des urheberrechtlichen Schutzes. Dieser steht ihm unmittelbar ab Vollendung des Werkes zu.

---

17 BGHZ 17, 266, 278.

18 *Axel Nordemann* in: Fromm/Nordemann, Urheberrecht, § 2 Rn 231 ff.

19 *Lutz*, UrhR, Rn 41; *Loewenheim* in: Loewenheim, Hdb. UrhR, § 6 Rn 4.

20 *Schack*, Urheberrecht, Rn 181, 189 ff.; *Rehbinder*, Urheberrecht, Rn 55; *Loewenheim* in: Loewenheim, Hdb. UrhR, § 6 Rn 13.

21 BGH ZUM 1992, 427.

22 BGH ZUM 1992, 427, 429 l. Sp.

3. Werk und Werkstück

Das geistige Werk als Immaterialgut ist zu unterscheiden von seiner Verkörperung und Konkretisierung in einem Werkstück.[23] Schutzfähig ist ein Werk auch ohne konkrete Fixierung in einer körperlichen Erscheinungsform. So sieht das Urheberrechtsgesetz in § 2 Abs. 1 selbst Werke vor, die aufgrund der Flüchtigkeit ihrer Erscheinung in keinem konkreten Werkstück Ausdruck finden. Reden, pantomimische Werke und Werke der Tanzkunst offenbaren ihren schöpferischen Gehalt in der Aufführung, können aber als solche nicht in einem konkreten Werkstück festgehalten werden. Urheberrechtsschutz erfährt grundsätzlich nur das Werk als solches, nicht aber das Werkstück.[24] Beispielsweise ist nicht das konkrete Buch, sondern nur der in ihm enthaltene Roman als Werk geschützt. Das Werkstück unterliegt als körperlicher Gegenstand i.S.v. § 90 BGB den allgemeinen sachenrechtlichen Regeln.[25] Es wird gemäß §§ 929 ff. BGB übereignet. Demgegenüber kann der Urheber sein Urheberrecht als solches nicht nach sachenrechtlichen Normen übertragen.[26] Dieser Grundsatz zählt wegen der engen persönlichkeitsrechtlichen Bindung des Schöpfers an sein Werk zu den Kerngedanken des deutschen Urheberrechts.[27] Der Urheber kann lediglich durch die Einräumung von Lizenzen gemäß §§ 31 ff. UrhG über sein Immaterialgut verfügen. Dabei ist jedoch ein gutgläubiger Erwerb mangels Rechtsscheinträgers grundsätzlich ausgeschlossen. Anders als in anderen Ländern[28] wird in Deutschland kein Register über urheberrechtliche Werke und die Einräumung von Nutzungsrechten geführt.

4. Ubiquität

Das Urheberrecht ist als Immaterialgüterrecht aufgrund seiner zeitlichen und örtlichen Ungebundenheit besonders schützenswert. Diese sogenannte potentielle Ubiquität des Schutzgutes führt dazu, dass der Urheber eines veröffentlichten Werkes die Schutzrechtsverletzung unter Umständen gar nicht bemerkt. Somit ist ihm auch ein Einschreiten mithilfe seines in § 97 Abs. 1 UrhG normierten Anspruchs auf Unterlassung und Schadensersatz schwerlich möglich. Beispiels-

---

23 *Schack*, Urheberrecht, Rn 34; *Lutz*, UrhR, Rn 43.

24 *Loewenheim* in: Loewenheim, Hdb. UrhR, § 6 Rn 6.

25 *Rehbinder*, Urheberrecht, Rn 64 f.

26 Vgl. § 29 Abs. 1 UrhG

27 *Jan Nordemann* in: Fromm/Nordemann, Urheberrecht, § 29 Rn 1, 7; vgl. auch S. 11.

28 Vgl. § 205 (d), (e) Copyright Act 1976 in den USA; zum Ganzen *Schack*, Urheberrecht, Rn 602.

weise kann ein Autor aus München nicht wissen, wann ein Student aus Flensburg Teile seines geschützten Werkes kopiert. Hier schaffen die in den §§ 44a ff. UrhG normierten Schranken des Urheberrechts einen angemessenen Ausgleich der widerstreitenden Interessen. Sie legitimieren einige Vervielfältigungs-, Verbreitungs- oder Verwertungshandlungen zugunsten einzelner Nutzer, der Kulturwirtschaft oder der Allgemeinheit. Dies kann geschehen durch eine gesetzliche Lizenz[29], bei der das Gesetz eine vergütungspflichtige Einschränkung des Urheberrechts ohne Einwilligung des Urhebers festlegt, durch eine Freistellung bestimmter Nutzungsarten[30] oder durch die Befristung der Schutzdauer auf siebzig Jahre nach dem Tod des Urhebers.[31] Teilweise werden die sich für den Urheber ergebenden Vergütungsansprüche im Rahmen kollektiver Rechtewahrnehmung durch Verwertungsgesellschaften eingezogen.

5. Translative und konstitutive Rechtseinräumung

Sofern der Urheber sein Werk nicht selbst auswerten möchte, kann er dies einem anderen gestatten. Hierzu kann er einem anderen das Recht einräumen, das Werk auf einzelne oder alle Nutzungsarten zu nutzen, vgl. § 31 Abs. 1 UrhG. Dieses Recht kann einerseits als einfaches Nutzungsrecht ausgestaltet sein, so dass neben dem Inhaber eine Nutzung durch andere nicht ausgeschlossen ist. Andererseits kann dem Nutzungsberechtigten die Lizenz auch ausschließlich eingeräumt werden. Dies hat zur Folge, dass er das Werk unter Ausschluss aller anderen Personen nutzen und selbst Nutzungsrechte einräumen darf. Hinsichtlich der Einräumung von einfachen oder ausschließlichen Nutzungsrechten spricht man insoweit auch von der konstitutiven Rechtseinräumung.[32] Eine konstitutive Rechtsübertragung liegt grundsätzlich dann vor, „wenn nicht das ganze Recht [...] übergeht, sondern aus dessen Inhalt ein Recht geringeren Inhalts entsteht und zugleich auf ein anderes Subjekt übergeht".[33] Will nun der Nutzungsberechtigte das ihm eingeräumte Nutzungsrecht nicht mehr selbst nutzen, so kann er die ihm eingeräumte Lizenz einem Dritten – gemäß § 34 Abs. 1 UrhG freilich nur nach Zustimmung des Urhebers – übertragen. Diese Übertragung wird im Urheberrecht auch als translative Rechtsübertragung bezeichnet. Wesentliches Merkmal hierbei ist, dass das Recht in seinem vollen Bestand auf einen neuen Inhaber übergeht, so dass

29 Vgl. §§ 27 Abs. 2, 45a, 46, 49 Abs. 1, 52 Abs. 1 & 2, 52a, 53-54a, 69b, 78 Abs. 2 UrhG.

30 Vgl. §§ 44a, 45, 47, 48, 50, 51, 52 Abs. 1 S. 3, 55-60, 69d, 69e UrhG.

31 Vgl. §§ 64 ff. UrhG.

32 Vgl. dazu *Schack*, Urheberrecht, Rn 594; *Klauze*, Nutzungsrechte in der Insolvenz, S. 17 ff.

33 *von Tuhr*, BGB AT, S. 62.

sich bei dem bisherigen Inhaber des Nutzungsrechts ein definitiver Rechtsverlust einstellt.[34] Gleichfalls möglich wäre es, dem Dritten im Wege der konstitutiven Rechtseinräumung nur ein Nutzungsrecht zu gewähren. Zu beachten ist hierbei jedoch die Vorschrift des § 35 Abs. 1 UrhG, der ebenfalls die Zustimmung des Urhebers erforderlich macht.

6. Die Geltung des Trennungsprinzips

Im Urheberrecht wird – wie auch allgemein im deutschen Recht – zwischen dem Verpflichtungs- und dem Verfügungsgeschäft getrennt.[35] So ist zwischen der Verpflichtung zur Einräumung eines Nutzungsrechts und der Verfügung über das Recht zu unterscheiden, auch wenn beide Geschäfte oft in einem Vertrag zusammenfallen. Diese Geltung des Trennungsprinzips – und damit die Ablehnung des Einheitsprinzips[36] – ergibt sich schon teilweise aus dem Gesetzeswortlaut. § 31a Abs. 1 Satz 1 UrhG differenziert zwischen der Einräumung von Rechten für unbekannte Nutzungsarten und der Verpflichtung hierzu.

Von dem Trennungsprinzip zu unterscheiden ist die Geltung des Abstraktionsprinzips. Das Abstraktionsprinzip besagt zweierlei. Zum einen muss das Verfügungsgeschäft keine kausale Zweckbestimmung enthalten. Dies wird bezeichnet als inhaltliche Abstraktheit. Zum anderen hängt die Wirksamkeit des Verfügungsgeschäfts nicht von der Wirksamkeit eines zugrundeliegenden Verpflichtungsgeschäfts ab. Benannt wird dieser zweite Aspekt als äußerliche Abstraktheit.[37]

---

34 *von Tuhr*, BGB AT, S. 59.

35 Vgl. nur *Jan Bernd Nordemann* in: Fromm/Nordemann, Urheberrecht, § 31 Rn 29 m. w. N.

36 Zu den beiden Begriffen allgemein *Jauernig*, JuS 1994, 721 ff.

37 Zum Abstraktionsprinzip grundsätzlich *Jauernig*, JuS 1994, 721 f., mit Bezug auf das Urheberrecht *Wente/Härle*, GRUR 1997, 96 f.; *Oechsler*, FS Reuter, S. 245 ff.

§ 3 Der Lizenzvertrag

Im Folgenden soll nun der Lizenzvertrag genauer untersucht werden. Seine eingehende Betrachtung ist innerhalb einer Untersuchung von Lizenzen in der Insolvenz von grundlegender Bedeutung. So besitzt die rechtliche Gestaltung des Lizenzvertrags großen Einfluss auf das durch ihn eingeräumte Lizenzrecht. Außerdem wird zu zeigen sein, dass der Inhalt des Lizenzvertrages stets Auswirkungen auf die Rolle von Lizenz und Lizenzvertrag in einem Insolvenzverfahren hat.

I. Der Lizenzvertrag als Ausfluss der Vertragsfreiheit

Der verwendete Begriff des Lizenzvertrags ist von seinem Gebrauch in der Praxis her sehr weit. So erfasst er Verträge über die Einräumung von allen möglichen gewerblichen Schutzrechten wie Patenten, Marken, Warenzeichen, Gebrauchs- und Geschmacksmustern oder Know-how ebenso wie Urheber- und Verlagsrechten.[1] Im Einzelnen sind die Verträge aber doch sehr unterschiedlich, was sich schon aus den Unterschieden der Schutzrechte beispielsweise in Bezug auf Eintragungsfähigkeit, Genehmigungsvoraussetzungen oder Schutzdauer ergibt. Der Begriff des Lizenzvertrags ist somit zu einem Sammelbegriff geworden.[2] Er erfasst eine Reihe ganz unterschiedlicher Verträge mit je spezifischen Charakteristika. Im Rahmen dieses Kapitels sollen die für diese Arbeit relevanten Verträge aus der Vielzahl der Lizenzverträge herausgefiltert und auf typische Merkmale hin untersucht werden.

Der Lizenzvertrag ist als solcher gesetzlich nicht geregelt.[3] Zwar erwähnen die entsprechenden Gesetze des Immaterialgüterrechts die eingeräumte Lizenz oder das gewährte Nutzungsrecht[4], sie definieren aber den zugrundeliegenden

---

1 Vlg. *Grützmacher/Laier/May*, int. Lizenzverkehr, S. 11; *Pfaff/Nagel* in: Pfaff/Osterrieth, Lizenzverträge, Rn 1 ff.

2 *Pfaff/Nagel* in: Pfaff/Osterrieth, Lizenzverträge, Rn 4; *Herbst*, Die Lizenz im bürgerl. Recht, S. 1 ff.

3 Einzige Ausnahme bildet hier insoweit der Verlagsvertrag, der durch das Verlagsgesetz eine recht umfassende Regelung erfahren hat; dazu sogleich auf S. 19.

4 Vgl. § 15 Abs. 2 PatG, § 30 Abs. 1 MarkenG, § 22 Abs. 2 GebrMG, § 31 Abs. 1 GeschmMG, §§ 29 Abs. 2, 31ff. UrhG.

Vertragstypus nicht näher. Auch der besondere Teil des Bürgerlichen Gesetzbuches erwähnt den Lizenzvertrag nicht. Aufgrund der aus der Privatautonomie[5] abgeleiteten Vertragsfreiheit ist es aber ungeachtet dessen möglich, Verträge zum Zwecke der Einräumung von Lizenzen abzuschließen. Die Bezeichnung eines Vertrages als Lizenzvertrag macht allerdings lediglich eine Aussage über den Vertragsgegenstand, nicht aber über die konkret vereinbarten Vertragspflichten der Parteien.[6] Dieser Inhalt des Vertrags kann im Einzelfall mangels kodifizierten Lizenzvertragsrechts sehr unterschiedlich ausfallen.

II. Zustandekommen und Inhalt von Lizenzverträgen

Das Zustandekommen eines Lizenzvertrags setzt allgemein zwei übereinstimmende Willenserklärungen der beteiligten Vertragsparteien voraus. Als Essentialia negotii von Lizenzverträgen lassen sich festhalten die Vertragsparteien sowie Art und Umfang des Lizenzrechts, des Lizenzgebiets, der Lizenzdauer und der Lizenzgebühr.[7] Aufgrund des Grundsatzes der Formfreiheit im deutschen Zivilrecht ist der Abschluss eines Lizenzvertrags prinzipiell formfrei möglich.[8] Dessen ungeachtet ist die Wahl der Schriftform aus Gründen der Beweissicherung schon vor dem Hintergrund der wirtschaftlichen Bedeutung von Lizenzverträgen empfehlenswert, was auch in der Praxis weitgehend beachtet wird.[9] Charakteristisch für den Lizenzvertrag ist immer ein Wagnis der Vertragsparteien. So weist die Verwertung eines Schutzrechtes stets einen engen Zukunftsbezug auf. Die Parteien lassen sich bei Vertragsschluss von ihren Erwartungen hinsichtlich der monetären Auswertungsfähigkeit des Immaterialgutes leiten. Ein Lizenznehmer kann den wirtschaftlichen Wert eines urheberrechtlichen Werkes aber im Voraus nicht mit Sicherheit abschätzen. Auch ein Lizenzgeber kann sich über die Fähigkeiten, das Engagement oder die Kenntnisse seines Vertragspartners täuschen.[10]

---

5 Verfassungsrechtlich garantiert durch Art 2 Abs. 1, Art 14 Abs. 1 GG.

6 *Wallner*, ZIP 2004, 2076.

7 *Schwarz* in: von Hartlieb/Schwarz, Hdb. FilmR, 155. Kap. Rn 1.

8 Vgl. hierzu *Kraßer/Schmid*, GRUR Int. 1982, 324, 326 f.

9 Zu berücksichtigen ist bei urheberrechtlichen Lizenzverträgen allerdings § 40 Abs. 1 UrhG, der bei Verträgen über künftige Werke die Schriftform vorsieht.

10 Dazu eingehend *Groß*, Lizenzvertrag, Rn 13.

III. Die Vertragspflichten

So verschieden die einzelnen Lizenzverträge über urheberrechtliche Werke sind, so sehr unterscheiden sich auch die jeweiligen Vertragspflichten der Parteien. Aus der Fülle unterschiedlicher Verträge sollen hier mit dem gesetzlich geregelten Verlagsvertrag und den Softwarelizenzverträgen sowie den Filmlizenzverträgen exemplarisch drei wirtschaftlich wichtige Sachbereiche herausgesucht und nachfolgend dargestellt werden.

1. Der Verlagsvertrag

Der Verlagsvertrag ist der einzige gesetzlich geregelte Vertragstyp innerhalb der dem Sammelbegriff der Lizenzverträge zuzuordnenden Verträge. Die Vertragspflichten der Parteien werden im Gesetz über das Verlagsrecht von 1901[11] konkretisiert, dessen Vorschriften nahezu ausnahmslos dispositiver Natur sind.[12] Gemäß § 1 VerlG betrifft der Verlagsvertrag ein Werk der Literatur oder Tonkunst. Diese Gesetzesformulierung ist heute allerdings zu eng.[13] Erfasst werden alle Sprachwerke, Werke der Musik, pantomimische Werke sowie Darstellungen wissenschaftlicher und technischer Art.[14] Die Vertragsparteien des Verlagsvertrags werden als Verfasser und Verleger bezeichnet.

a) Die Überlassungspflicht des Verfassers

Den Verfasser trifft vor allem die Pflicht, dem Verleger das Werk zu überlassen (§ 1 S. 1 VerlG). Diese Pflicht umfasst es, dem Verleger die Vervielfältigung und Verbreitung zu gestatten. Der Verfasser darf nichts unternehmen, was die vertragsgemäße Werk-nutzung verhindert oder beeinträchtigt.[15] Er selbst muss sich jeder Vervielfältigung und Verbreitung des Werkes enthalten (§ 2 Abs. 1 VerlG). Lediglich das Recht zur Übersetzung, zur Wiedergabe in anderer Form oder zur Bearbeitung bleibt dem Verfasser erhalten (§ 2 Abs. 2 VerlG), sofern nichts anderes vereinbart ist. Die schuldrechtliche Überlassungsverpflichtung stellt

---

11 RGBl., S. 217.

12 Vgl. *Schricker*, Verlagsrecht, § 1 Rn 3; eine Ausnahme bildet hier der die Insolvenz betreffende § 36 VerlG, von dem nicht zum Nachteil der Insolvenzmasse abgewichen werden kann, *Schricker*, Verlagsrecht, § 36 Rn 1a.

13 Sie erklärt sich daraus, dass das zeitgleich in Kraft getretene Gesetz betreffend das Urheberrecht an Werken der Literatur und der Tonkunst (LUG) diese Begriffe näher ausfüllte.

14 Vgl. § 2 Abs. 1 Nr. 1, 2, 3, 7; *Schricker*, Verlagsrecht, § 1 Rn 33.

15 *Schricker*, Verlagsrecht, § 1 Rn 57.

keine Verfügung über das Urheberrecht dar, sondern verpflichtet lediglich zur Einräumung des Verlagsrechts.[16] Daneben ist der Verfasser auch verpflichtet, ein zur Vervielfältigung geeignetes Werkstück bei dem Verleger abzuliefern. Diese Pflicht ergibt sich aus §§ 10, 11 VerlG. Liegt das Werk bei Vertragsschluss noch nicht vollständig vor, so ist es zunächst herzustellen.

b) Die Vervielfältigungs- und Verbreitungspflicht des Verlegers

Der Verleger ist durch den Verlagsvertrag berechtigt aber auch verpflichtet, das Werk zu vervielfältigen und zu verbreiten. Diese Pflicht ist konstitutiv für den Verlagsvertrag und verlangt auch, dass der Verleger das wirtschaftliche Risiko der Verwertung tragen muss.[17] Der Verleger hat die im Vertrag näher bezeichnete Anzahl von Exemplaren herzustellen (§ 16 VerlG) und muss dafür sorgen, dass der Bestand nicht vergriffen ist. Der Verlagsvertrag bezieht sich dabei abweichend anderweitiger Vereinbarung nur auf eine Auflage (§ 5 VerlG). Die Verbreitungspflicht erfasst auch Maßnahmen direkter und indirekter Werbung, wobei jedoch der Umfang sowie die Art und Weise jeweils im Ermessen des Verlegers stehen.[18] Das Vervielfältigungs- und Verbreitungsrecht bezieht sich nur auf das Werk in der vom Verfasser überlassenen Form. Zu Änderungen oder Bearbeitungen ist der Verleger nicht befugt (§ 39 UrhG). Vielfach werden allerdings auch gewisse Nebenrechte durch den Vertrag mit eingeräumt. So kann sich ein Buchverlag an einem Roman auch die Vortrags- oder Bühnenrechte sichern.[19] Nicht zum wesentlichen Inhalt des Verlagsvertrags gehört die dem Verfasser geschuldete Vergütung als Gegenleistung für die Überlassung des Werkes. Die Vergütung entlohnt nämlich nicht die aufgewandte Zeit und Mühe, sondern ist vielmehr als Entgelt für den im Werk verkörperten Wert anzusehen.[20] Insofern bildet die Vergütung nach Vorstellung des Gesetzgebers keine Hauptleistungspflicht des Verlagsvertrags.[21] Dennoch kann sie freilich durch die Vertragsparteien erkennbar im Vertrag zu einer solchen erhoben werden, indem die Bedeutung der Vergütung für die Parteien im Vertragstext klargestellt wird. Dies hat dann zur Folge, dass auch die §§ 320 ff. BGB auf die Vergütung Anwendung finden. Die Honorarregelung wird typischerweise so vereinbart, dass der Urheber an den Auswertungsergebnissen beteiligt wird.[22]

16 Vgl. § 8 VerlG.

17 BGH GRUR 1959, 384, 387; *Schricker*, Verlagsrecht, § 1 Rn 7.

18 *Schricker*, Verlagsrecht, § 14 Rn 10.

19 *Schricker*, Verlagsrecht, § 8 Rn 5, 5g.

20 *Lobe*, GRUR 1922, 95.

21 *Schricker*, Verlagsrecht, § 1 Rn 8, § 22 Rn 1.

c) Charakter

Zwischen den Vertragsparteien bestehen über einen längeren Zeitraum unterschiedliche Pflichten. Die Verbreitungspflicht trifft den Verleger über die gesamte Vertragslaufzeit. Auch der Verfasser hat fortlaufende Enthaltungspflichten und kann das Werk während des Vertragszeitraums nicht anderweitig verwerten lassen. Sind auch Neuauflagen vom Vertrag umfasst, so erstrecken sich die Pflichten vielfach bis zum Ende der urheberrechtlichen Schutzfrist. Demnach ist der Verlagsvertrag als Dauerschuldverhältnis zu charakterisieren.[23] Zwischen Verleger und Verfasser besteht in dieser Zeit ein Vertrauensverhältnis, das auf der starken personellen Bindung zwischen Autor und Verleger beruht.[24]

2. Der Softwarelizenzvertrag

Die Pflichten der Parteien eines Softwarelizenzvertrages lassen sich schwerer kategorisieren als dies bei einem Verlagsvertrag der Fall ist. Ein Grund dafür ist in der regelmäßig längeren Verwertungskette bei Softwarelizenzierung zu sehen. So wird die Software häufig vom Entwickler an einen Hersteller lizenziert, der sie wiederum über einen Händler an den Anwender weiterlizenziert.[25] Dementsprechend umfasst der Oberbegriff des Softwarelizenzvertrags[26] mehrere ganz unterschiedliche Verträge auf verschiedenen Stufen der Verwertung. Der Verlagsvertrag hingegen bezieht sich nur auf die erste Verwertungsstufe im Verhältnis des Verfassers zum Verleger. Die Vertragsbeziehung des Verlegers zu seinen Abnehmern ist dann nicht mehr durch eine weitere Lizenzierung geprägt. Hier wird nur noch das aufgrund des eingeräumten Vervielfältigungsrechts hergestellte Werkstück verkauft. Das Verbreitungsrecht hingegen hat sich durch das Inverkehrbringen der Vervielfältigungsstücke erschöpft.[27] Einem Softwareanwender kommt es demgegenüber in erster Linie auf den „Erwerb" einer Nutzungslizenz an, da ihn das Eigentum am Werkstück als solches noch nicht zur Nutzung der Software berechtigt. Insofern

---

22 *Schwarz/Klingner*, GRUR 1998, 103, 106.

23 BGH GRUR 1959, 384; *Haberstumpf/Hintermeier*, Einf. VerlR, § 8 III; *Schricker*, Verlagsrecht, § 1 Rn 20.

24 *Schricker*, Verlagsrecht, § 1 Rn 20; *Schwarz/Klingner*, GRUR 1998, 103, 106.

25 Vgl. hierzu *Pres*, Softwarelizenzverträge, S. 64ff.

26 Die softwarerechtliche Literatur unterscheidet zwischen dem Softwareüberlassungsvertrag (vgl. dazu *Marly*, Hdb. SoftwareR, Rn 600ff.) und dem Softwareerstellungsvertrag (vgl. dazu *Köhler/Fritzsche* in: Lehmann, Rechtsschutz, Kap. XIII, Rn 135 ff.). Die Begriffe sollen hier beide dem Oberbegriff des Softwarelizenzvertrags unterfallen.

27 Vgl. insoweit § 17 Abs. 2 UrhG.

ist bei Software auf jeder Stufe der Verwertung eine Lizenzierung und mithin der Abschluss eines Lizenzvertrags erforderlich. Dadurch entsteht eine Lizenzkette.

Darüber hinaus sind auch die Anwendungsgebiete für Software vielfältiger, als dies für Werke im Sinne des VerlG der Fall ist. Es gibt ganz unterschiedliche Arten von Software mit jeweils eigenen Funktionen. Diese Vielfalt findet auch in den Lizenzverträgen ihren Niederschlag. Zum einen gibt es Systemsoftware, die sich dadurch auszeichnet, dass Computerhardware ohne sie nicht einsetzbar ist. Daher wird sie in der Regel bereits bei Erwerb der Hardware mitlizenziert.[28] Des Weiteren ist Standardsoftware sehr verbreitet.[29] Hierbei handelt es sich um standardisierte Benutzerprogramme, die für eine Vielzahl von PC-Anwendern ohne individuelle Anpassung geschrieben wurden.[30] Individualsoftware hingegen ist vollständig auf die Bedürfnisse eines Anwenders zugeschnitten.[31] Die Gründe für die Notwendigkeit von individuellen Lösungen liegen meist in der Komplexität oder Eigenart der Datenverarbeitungsaufgaben des Anwenders.[32] Die Software kann generell mit oder ohne Wartungs- oder Weiterentwicklungsaufgaben (Softwarepflege) lizenziert werden. Außerdem kann der Quellcode überlassen werden oder auch nicht.[33]

a) Pflichten des Lizenzgebers

Als Pflicht des Lizenzgebers eines Softwarelizenzvertrags lässt sich aber ganz grundlegend festhalten, dass er dem Lizenznehmer die Nutzungsüberlassung der Software schuldet.[34] Sofern die Software zum Zeitpunkt des Vertragsschlusses noch nicht fertiggestellt ist, schuldet der Lizenzgeber die Herstellung.[35] Dies wird

28 *Pagenberg/Geissler*, Lizenzverträge, S. 562; *Pres*, Softwarelizenzverträge, S. 78.

29 Eine Begriffserläuterung findet sich bei *Marly*, Hdb. SoftwareR, Rn 610; vgl. auch BGHZ 102, 135; OLG Celle NJW-RR 1993, 432; OLG Köln NJW-RR 1993, 1140 zur Abgrenzung von Standard- und Individualsoftware.

30 *Pagenberg/Geissler*, Lizenzverträge, S. 562; *Pres*, Softwarelizenzverträge, S. 74.

31 Vgl. *Marly*, Hdb. SoftwareR, Rn 610; *Pagenberg/Geissler*, Lizenzverträge, S. 564 f.

32 *Pres*, Softwarelizenzverträge, S. 77.

33 Zum Softwareurhebervertragsrecht allgemein s. auch *Czychowski* in: Fromm/Nordemann, Urheberrecht, Vor §§ 69a ff. Rn 9ff.; § 69c Rn 35 ff.

34 *Brandt*, NZI 2001, 339; *Wallner*, ZIP 2004, 2076; *Junker/Benecke*, ComputerR, Rn 197; *Pres*, Softwarelizenzverträge, S. 61 f.; *Köhler/Fitzsche* in: Lehmann, Rechtsschutz, Kap. XIII, Rn 65; a.A. für die zeitlich unbefristete Überlassung von Standardsoftware gegen Zahlung eines einmaligen Entgelts *Hoeren*, Softwareüberlassung, Rn 416 ff.; *Loewenheim*, FS Kitagawa, S. 954: Die Hauptpflicht bestehe in der Eigentumsverschaffung am Werkstück und dessen Übergabe; dem widersprechend *Köhler/Fritzsche* in: Lehmann, Rechtsschutz, Kap. XIII, Rn 38 ff.

in der Regel nur Verträge über Individualsoftware betreffen.[36] Abgesehen von dem über das Internet bezogenen Download wird regelmäßig die Lieferung der Software auf einem geeigneten Datenträger erforderlich sein.[37] Es kann auch vereinbart werden, dass der Lizenzgeber die Software zu installieren und einzurichten hat.

Gegebenenfalls kann der Lizenznehmer ein Interesse an der Wartung und Pflege der Software haben. Dies ist insbesondere – aber nicht ausschließlich – dann der Fall, wenn es sich bei dem lizenzierten Objekt um Individualsoftware handelt. Die Übertragung der Wartung und Pflege an den Lizenzgeber kann in den Lizenzvertrag integriert werden[38] oder im Rahmen eines Software-Pflegevertrages gesondert geregelt werden.[39] Besteht auf Seiten des Lizenznehmers ein Bedürfnis für die Weiterentwicklung der Software, so kann diese ebenfalls dem Lizenzgeber gegen eine zusätzliche Vergütung aufgebürdet werden. Will aber der Lizenznehmer die Weiterentwicklung selbst vornehmen, so ist er dafür auf die Zurverfügungstellung des entsprechenden Quellcodes[40] des Programms angewiesen.[41] Weiterhin wird dann ein berechtigtes Interesse an der umfassenden Programmdokumentation bestehen.[42] Beides wird dem Lizenzgeber nur gegen die Aufnahme einer Geheimhaltungsverpflichtung möglich sein.[43] Im Rahmen der Lizenzierung von Standard- oder Systemsoftware ist die Offenlegung des Quellcodes grundsätzlich ebensowenig geschuldet wie die Übergabe der Programmdokumentation.[44] Andererseits besteht auch bei der Lizenzierung von System- und Standardsoftware die Pflicht zur Übergabe einer Benutzungsdokumentation in Form beispielsweise eines Bedienungshandbuchs.[45] Daneben treffen den Lizenzgeber – je nach konkretem Vertragsinhalt – Aufklärungs-, Beratungs- und Schutzpflichten. Insbesondere kann

---

35 Bezeichnet als Softwareerstellungsvertrag, vgl. dazu ausführlich *Karger*, CR 2001, 357 ff.; aber auch aus britischer Perspektive *Chalkiadis*, Insolvency & information technology, S. 38 f., 57 ff.

36 Dazu grundlegend *Köhler/Fritzsche* in: Lehmann, Rechtsschutz, Kap. XIII, Rn 135 ff.

37 *Junker/Benecke*, ComputerR, Rn 189; *Köhler/Fritzsche* in: Lehmann, Rechtsschutz, Kap. XIII, Rn 65.

38 Ein Beispiel hierfür findet sich bei *Pagenberg/Geissler*, Lizenzverträge, S. 554.

39 Vertragsmuster in *Hoffmann-Becking/Rawert*, Formularbuch BGB, III. G. 3.

40 Der Quellcode eines Programms bezeichnet - im Gegensatz zu dem rein maschinenlesbaren Objektcode - den von Menschen in lesbarer Programmiersprache entwickelten Datensatz; vgl. *Junker/Benecke*, ComputerR, Rn 185.

41 *Pres*, Softwarelizenzverträge, S. 82 f.

42 *Junker/Benecke*, ComputerR, Rn 191.

43 Vgl. dazu *Pagenberg/Geissler*, Lizenzverträge, S. 584 ff.

44 OLG Celle, NJW-RR 1993, 432, 434; *Junker/Benecke*, ComputerR, Rn 186, 191.

45 BGH NJW 2001, 1718; BGH NJW 1998, 2132; grundlegend BGH NJW 1993, 461.

eine Einweisung des Lizenznehmers oder eine Installation der Software geschuldet sein.

b) Pflichten des Lizenznehmers

Grundlegende Pflicht des Lizenznehmers ist die Zahlung der Lizenzgebühr.[46] Für die Zahlungsmodalitäten ergeben sich verschiedene Ansätze. Die Vergütung kann einmalig oder periodisch für einen bestimmten Zeitraum fällig sein. Sie kann als fixe Größe festgelegt sein oder sich auf den erzielten Umsatz des Lizenznehmers, seinen Gewinn oder die Anzahl der vertriebenen Lizenzen beziehen.[47] Unter Umständen kann für den Lizenznehmer eine Abnahmepflicht der Software hinzukommen, sofern auf den konkreten Vertrag Werkvertragsrecht Anwendung finden sollte.[48] Daneben können den Lizenznehmer, je nach Art der Software, auch Mitwirkungspflichten treffen. Als Beispiel hierfür sei nur genannt, dass es dem Lizenznehmer ermöglicht werden muss, die Software auf vorhandenen Computern zu installieren, sofern dies vertraglich geschuldet ist.[49]

3. Der Filmlizenzvertrag

Bei der Kategorisierung von Filmlizenzverträgen ergeben sich grundsätzlich ähnliche Probleme wie bei Softwarelizenzverträgen. Auch bei der Auswertung von Filmen ist eine längere Lizenzkette gegeben, in der die Rechte am Filmwerk von einer Partei zur nächsten weiterlizenziert werden. Dabei ergibt sich jedoch für Filmlizenzen die Besonderheit, dass an dem zu lizenzierenden Filmwerk stets eine ganze Reihe von Urhebern mitgewirkt haben. Diese haben jeweils eigene Urheber- oder Leistungsschutzrechte, an denen Nutzungsrechte für eine Gesamtnutzung des Filmwerkes eingeräumt werden müssen.[50] So kann Grundlage für den Film ein urheberrechtlich geschützter Roman sein, der in ebenfalls urheberrechtlich schutzwürdiger Art und Weise in ein Drehbuch verarbeitet wird.[51] Dieses Drehbuch

46 *Brandt*, NZI 2001, 339; *Wallner*, ZIP 2004, 2076; zu den Bewertungsfaktoren für die Höhe der Lizenzgebühr vgl. *Groß*, Lizenzvertrag, Rn 99 ff. m. w. N.

47 Vgl. zu den verschiedenen Zahlungsmodi die Ausführungen bei *Groß*, Lizenzvertrag, Rn 103 ff. (bezogen auf Patentlizenzen).

48 Vgl. § 640 Abs. 1 BGB; nähere Ausführungen dazu sogleich auf S. 32.

49 Dazu *Marly*, Hdb. SoftwareR, Rn 604; weitere Beispiele bei *Köhler/Fritzsche* in: Lehmann, Rechtsschutz, Kap. XIII, Rn 151.

50 Der Filmlizenzvertrag zur Einräumung von Rechten an vorbestehenden Werken wird bezeichnet als Verfilmungsvertrag; s. dazu *Schwarz/U. Reber* in: von Hartlieb/Schwarz, Hdb. FilmR, 93. Kap.

wird dann durch die mit Urheberrechten versehenen Leistungen des Regisseurs[52], des Kameramanns[53], des Cutters („Editor“)[54] oder des Mischtonmeisters[55] in das Filmwerk umgesetzt.[56] Dabei entstehen darüber hinaus noch Leistungsschutzrechte weiterer Beteiligter wie der Schauspieler[57] oder des Lichtbildners.[58] Zum Abschluss wird der Film noch mit vorbestehender oder eigens komponierter Musik unterlegt, die ebenfalls Urheberrechtsschutz genießt.[59] Dieses Gesamtwerk wird dann durch den – ebenfalls mit einem Leistungsschutzrecht ausgestatteten[60] – Filmhersteller verwertet. Im Folgenden sollen nun die einzelnen Filmlizenzverträge gesondert auf die jeweiligen Pflichten der Vertragsparteien untersucht werden.

---

51 Roman- und Drehbuchautoren erwerben als Urheber vorbestehender Werke kein Urheberrecht am Filmwerk, vgl. § 88 UrhG; BGH GRUR 1963, 441, 443; *Schwarz/Reber* in: Loewenheim, Hdb. UrhR, § 12 Rn 27 ff.; *Lütje* in: Möhring/Nicolini, UrhG, § 88 Rn 7 ff.; *Dobberstein/Schwarz* in: von Hartlieb/Schwarz, Hdb. FilmR, 37. Kap. Rn 2 f.; a.A. *Katzenberger* in: Schricker/Loewenheim, UrhR, Vor §§ 88 ff. Rn 65 ff.; *Bohr*, UFITA 1977, S. 129 ff.; *Schulze* in: Dreier/Schulze, UrhG, Vor §§ 88 ff. Rn 9.

52 Zur Urheberschaft des Regisseurs *Jan Nordemann* in: Fromm/Nordemann, Urheberrecht, § 89 Rn 20; *Schwarz/Reber* in: Loewenheim, Hdb. UrhR, § 12 Rn 19 m. w. N.; BGHZ 90, 219; OLG München NJW-RR 1998, 335, 336; vgl. auch § 65 Abs. 2 UrhG.

53 Zum Urheberrecht von Kameraleuten OLG Köln GRUR-RR 2005, 337; *Jan Nordemann* in: Fromm/Nordemann, Urheberrecht, § 89 Rn 21; *Schulze*, GRUR 1994, 855 ff.; differenziert nach Gestaltungsfreiheit *Manegold* in: Wandtke/Bullinger, UrhR, § 91 Rn 4 f.; *Schwarz/Reber* in: Loewenheim, Hdb. UrhR, § 12 Rn 20.

54 Eigenes Urheberrecht je nach Gestaltungsspielraum zumeist gegeben, vgl. *Schwarz/Reber* in: Loewenheim, Hdb. UrhR, § 12 Rn 21; *Obergfell* in: Mestmäcker/Schulze/Schulze, Urheberrechtskommentar, Vor §§ 88 ff. Rn 31; *Schulze* in: Dreier/Schulze, UrhG, § 89 Rn 12; *Jan Nordemann* in: Fromm/Nordemann, Urheberrecht, § 89 Rn 22.

55 Urheber, wenn schöpferischer Spielraum besteht, vgl. BGHZ 151, 92; *Dobberstein/Schwarz* in: von Hartlieb/Schwarz, Hdb. FilmR, 37. Kap. Rn 18 ff.; *Obergfell* in: Mestmäcker/Schulze/Schulze, Urheberrechtskommentar, Vor §§ 88 ff. Rn 31; *Schulze* in: Dreier/Schulze, UrhG, § 89 Rn 14; *Jan Nordemann* in: Fromm/Nordemann, Urheberrecht, § 89 Rn 28.

56 Daneben kommt eine Urheberschaft von Beleuchtern, Darstellern, Filmarchitekten, Masken- und Kostümbildnern u. a. im Einzelfall in Betracht; vgl. dazu statt aller *Jan Nordemann* in: Fromm/Nordemann, Urheberrecht, § 89 Rn 24 ff. m. w. N..

57 Vgl. §§ 73 ff., 92 UrhG; zur Stellung des Schauspielers als ausübendem Künstler s. *N. Reber* in: von Hartlieb/Schwarz, Hdb. FilmR, 62., 63. Kap.

58 Als solcher gilt der Kameramann hinsichtlich der Einzelbilder des Films, sofern er nicht schon den stärkeren Urheberschutz genießt; vgl. *Lütje* in: Möhring/Nicolini, UrhG, § 91 Rn 5 ff.; *Wolff*, Lizenzen in der Insolvenz, S. 87; zum Verhältnis von Lichtbild, Lichtbildwerk und Filmwerk vgl. *Manegold* in: Wandtke/Bullinger, UrhR, § 91 Rn 5.

59 Der Komponist vorbestehender Werke wird dabei im Gegensatz zum Filmkomponist nicht Urheber des Filmwerkes; vgl. zu dieser Auffassung und der Gegenansicht S. 24.

60 Vgl. § 94 UrhG.

a) Die Vertragspflichten eines Verfilmungsvertrags

Schon zur Erstellung eines Filmwerkes ist der Abschluss von Verfilmungsverträgen nötig.[61] Durch diese Verträge sollen dem Filmhersteller die Urheberrechte an vorbestehenden Werken zur Nutzung eingeräumt werden.[62] Vertragsparteien sind demzufolge meist die Urheber vorbestehender Werke wie Roman, Drehbuch oder Musik auf der einen und der Filmhersteller als derjenige, der die organisatorische und wirtschaftliche Verantwortung für die Erstellung des Films trägt[63], auf der anderen Seite. Die vom Urheber (oder seinem Verleger, Agenten oder einer Verwertungsgesellschaft) zu erbringende charakteristische Vertragspflicht des Verfilmungsvertrags ist die Gestattung, das vorbestehende oder das zu erstellende Werk für die Verfilmung und eine spätere Auswertung des hergestellten Filmwerkes verwenden zu dürfen. Eine Auslegungsregel zum Umfang der Rechtseinräumung findet sich in § 88 UrhG. Die – meist ausschließlich[64] – einzuräumenden Rechte umfassen das Bearbeitungsrecht an dem vorbestehenden Werk, sowie die Rechte das hergestellte Filmwerk zu veröffentlichen, zu vervielfältigen, zu verbreiten und insbesondere im Hinblick auf Übersetzungen zu bearbeiten.[65]

Die Fähigkeit zur Einräumung dieser Rechte wird der Urheber garantieren müssen, da ein gutgläubiger Erwerb nicht möglich ist.[66] Vielfach werden auch Titelverwendungs- oder änderungsrechte sowie Wiederverfilmungs- oder Fortentwicklungsrechte mit eingeräumt.[67] Die Möglichkeit zur Weiterübertragung der eingeräumten Rechte ist im Urheberrecht grundsätzlich an die Zustimmung des Urhebers gebunden, § 34 Abs. 1 UrhG. Diese Bestimmung findet jedoch bei Filmwerken gemäß § 90 Satz 1 UrhG keine Anwendung. Den Filmhersteller trifft aufgrund des hohen wirtschaftlichen Risikos grundsätzlich keine Pflicht, das Werk auch wirklich zu verfilmen. Tut er dies jedoch nicht, steht dem Urheber ein in §§ 90 Satz 2, 41 UrhG vorgesehenes Rückrufsrecht wegen Nichtausübung zu.

Wesentliche Vertragspflicht des Filmherstellers ist die Vergütung des Urhebers. Diese Honorare können sehr unterschiedlich ausgeprägt sein. Die Regel bildet hier die Vereinbarung von Pauschalvergütungen („flat fee"). Teilweise wird auch

---

61 Dieser Begriff soll hier in einem weiten Sinne verstanden werden und auch Filmmanuskript-, Drehbuch- und Filmmusikverträge umfassen.

62 *Wolff*, Lizenzen in der Insolvenz, S. 60 ff; ein Vertragsmuster findet sich in UFITA 63, 181 ff.

63 Vgl. *Schulze* in: Dreier/Schulze, UrhG, § 94 Rn 4; meist ist dies eine Produktionsfirma oder eine Sendeanstalt.

64 *Schwarz/U. Reber* in: von Hartlieb/Schwarz, Hdb. FilmR, 93. Kap. Rn 12.

65 *Schwarz/Reber* in: Loewenheim, Hdb. UrhR, § 74 Rn 26 ff.

66 Vgl. dazu S. 13.

67 *Schwarz/ U. Reber* in: von Hartlieb/Schwarz, Hdb. FilmR, 93. Kap. Rn 10.

ein „Buy-out" vorgesehen, der für eine Einmalzahlung den Erwerb von zeitlich, örtlich und inhaltlich unbeschränkten Nutzungsrechten einschließlich des Wiederverfilmungsrechts bezeichnet.[68] Ebenso kann aber auch eine Grundvergütung mit Wiederholungs- oder Zusatzhonoraren vereinbart werden.[69] Neben der Vergütung kann dem Urheber auch an einer Nennung seines Namens im Film gelegen sein. Dieses Recht ergibt sich bei Filmwerken nicht schon aus dem Urheberpersönlichkeitsrecht[70], sondern wird regelmäßig im Vertrag geregelt.[71]

b) Die Vertragspflichten eines Filmverleihvertrags

Auf der ersten Verwertungsstufe steht der sogenannte Filmverleihvertrag. Dieser bezeichnet die Vertragsbeziehungen zwischen dem Filmhersteller und einem Filmverleihunternehmen[72], das die Auswertung des Films zum Beispiel durch die Vermittlung öffentlicher Filmvorführungen in Filmtheatern vornehmen soll.[73] Als charakteristische Vertragspflicht des Filmherstellers kann hier die Verschaffung derjenigen Rechte angesehen werden, die für eine nach dem Vertragszweck vorgesehene Auswertung des Films notwendig ist. Dies wird regelmäßig die Übertragung oder die ausschließliche Einräumung[74] des Vervielfältigungs-, des Verbreitungs- und des Vorführungsrechts sowie des Rechts zur Funksendung erforderlich machen.[75] Für die Fähigkeit zur Einräumung der Rechte wird der Filmhersteller verschuldensunabhängig einzustehen haben. Besondere Bedeutung kommt bei Abschluss eines Filmverleihvertrags der Bestimmung von Lizenzgebiet und Lizenzzeit zu. Der Hersteller kann einem Filmverleiher die Auswertungsrechte entweder weltweit oder beschränkt auf ein bestimmtes Gebiet exklusiv[76] übertragen oder

68 Vgl. dazu *Wolff*, Lizenzen in der Insolvenz, S. 67 ff.

69 *Schwarz/U. Reber* in: von Hartlieb/Schwarz, Hdb. FilmR, 93. Kap. Rn 26.

70 Vgl. § 93 Abs. 2 UrhG.

71 Nicht näher eingegangen werden soll hier auf die Vertragsverhältnisse zwischen Filmhersteller und den an der Herstellung des Films mitwirkenden Urhebern und Leistungsschutzberechtigten. Hier findet eine umfassende Rechtseinräumung meist innerhalb der geschlossenen Arbeitsverträge und den entsprechenden Tarifverträgen statt. Eine Auslegungsregelung stellt § 89 UrhG bereit. Eingehend dazu *Schwarz/U. Reber* in: von Hartlieb/Schwarz, Hdb. FilmR, 94. Kap.

72 In den USA übernehmen die großen Produktionsstudios neben der Filmherstellung zumeist auch den Verleih und Vertrieb selbst; vgl. *Schwabe*, Filmlizenzen in der Insolvenz, S. 32.

73 *Schwarz* in: von Hartlieb/Schwarz, Hdb. FilmR, 153. Kap. Rn 1.

74 Zur Unterscheidung zwischen translativer und konstitutiver Rechtseinräumung vgl. S. 14.

75 *Schwarz/Reber* in: Loewenheim, Hdb. UrhR, § 74 Rn 234 ff.

76 Die Regel bilden ausschließliche Lizenzen, vgl. *Schack*, Urheberrecht, Rn 1239.

einräumen. Die Exklusivität endet meist nach einer Lizenzvertragslaufzeit von 5 bis 7 Jahren.[77]

Von besonderer Bedeutung für beide Vertragsparteien ist die Vereinbarung von Rechtesperren, nach denen bestimmte Arten der Auswertung nur nach gewissem Zeitablauf möglich sein sollen. Durch eine nacheinander erfolgende Verwertung des Films in Kino, auf DVD/Blu-ray Disc und im Fernsehen wird eine sogenannte Auswertungskaskade sichergestellt.[78] Diese soll letztlich einen maximalen Ertrag des Films ermöglichen. Der Filmhersteller schuldet darüber hinaus auch die Zurverfügungstellung des Films auf einem geeigneten Datenträger. Je nachdem, ob er oder das Verleihunternehmen zum Erstellen der notwendigen Kopien für die Kinoauswertung verpflichtet ist, wird der Filmhersteller entweder das Masternegativ des Films bei einem Kopierwerk hinterlegen oder die angefertigten Kopien an den Vertragspartner übereignen.[79] Das Filmverleihunternehmen hingegen ist im Wesentlichen zur ordnungsgemäßen Auswertung des Films sowie zu Abrechnung und Zahlung der Lizenzgebühr verpflichtet.[80] Die Lizenzgebühr kann in einer einmalig oder gestaffelt zu zahlenden Summe bestehen, wird aber meist als Beteiligung an den Verleiherlösen mit Gewährung einer Minimumgarantie vereinbart.[81] Sofern – wie üblich – eine solche Vergütungsabrede auf prozentualer Basis getroffen wird, besteht für den Verleiher eine Auswertungspflicht als vertragliche Nebenpflicht. Des Weiteren ist er zur ordnungsgemäßen Abrechnung verpflichtet.[82]

c) Die Vertragspflichten eines Filmvorführungsvertrags

Die nächste Stufe innerhalb einer Lizenzkette der Filmauswertung stellt der Filmvorführungsvertrag dar.[83] Dieser Vertrag wird von dem Filmverleihunternehmen mit den Filmtheatern geschlossen.[84] Dabei verpflichtet sich der Filmverleih zur Überlassung einer technisch einwandfreien Filmkopie. Weiterhin schuldet er die Einräumung eines einfachen Nutzungsrechts an das Filmtheater zur Filmvorführung.[85] Diese einfache Lizenz berechtigt das Filmtheater nicht dazu, selbst Stö-

---

77 *Wolff*, Lizenzen in der Insolvenz, S. 104.

78 Vgl. dazu *U. Reber/Schwarz* in: von Hartlieb/Schwarz, Hdb. FilmR, 161. Kap.

79 Dazu näher *Wolff*, Lizenzen in der Insolvenz, S. 103.

80 *Schack*, Urheberrecht, Rn 1239.

81 *Schwarz/Reber* in: Loewenheim, Hdb. UrhR, § 74 Rn 275.

82 *Schwarz* in: von Hartlieb/Schwarz, Hdb. FilmR, 165. und 166. Kap.

83 Dieser Vertrag wird auch bezeichnet als Filmbestellvertrag.

84 *Schack*, Urheberrecht, Rn 1242.

85 *Klingner* in: von Hartlieb/Schwarz, Hdb. FilmR, 188. und 189. Kap.

rungen des Nutzungsrechts geltend zu machen. Vielmehr besitzt es nur schuldrechtliche Ansprüche gegen den Filmverleih auf Einschreiten gegen die Störung.[86] Verpflichtet ist das Filmtheater zur Zahlung der Lizenzgebühr. Diese besteht regelmäßig in einem nach Vorführdauer degressiv gestaffelten Prozentsatz an den erzielten Theatereinnahmen, eventuell verknüpft mit einer Mindestgarantie.[87] Entsprechend der variablen Vergütung ist das Filmtheater auch zur Filmvorführung und zur Einhaltung bestimmter Mindestspielzeiten verpflichtet.[88]

d) Die Vertragspflichten eines Video- oder Fernsehlizenzvertrags

Immer bedeutsamer im Rahmen der Filmauswertung werden die Videolizenzverträge, die von ihrer wirtschaftlichen Bedeutung her die Kinoauswertung inszwischen übersteigen.[89] In einem Videolizenzvertrag werden einem Videovertriebsunternehmen diejenigen ausschließlichen Rechte eingeräumt oder übertragen, die für eine Videoauswertung des Films erforderlich sind. Lizenzgeber ist insoweit entweder der Filmhersteller oder das Verleihunternehmen. Der Lizenznehmer erhält das Recht, das Filmwerk auf einem handelsüblichen Datenträger (zumeist DVD oder Blu-ray Disc, früher auch Videokassette) zu vervielfältigen und zu vertreiben. Die Vergütung erfolgt anteilig am Erlös, dementsprechend trifft ihn eine Auswertungspflicht. Die Videovertriebsunternehmen räumen dann ihrerseits wiederum in einem sogenannten Videovertriebsvertrag den Videohändlern oder Videotheken eine einfache Lizenz ein, die diese berechtigt, die entsprechenden Datenträger zu vermieten oder zu verkaufen. Die Videohändler können die Datenträger uneingeschränkt weiterverkaufen, da das Verbreitungsrecht infolge des Erschöpfungsgrundsatzes aus § 17 Abs. 2 UrhG mit dem Inverkehrbringen des Datenträgers erloschen ist.[90] Die Videotheken hingegen müssen sich das in § 17 Abs. 2, 3 UrhG erwähnte Vermietrecht einräumen lassen, um die Datenträger öffentlich anbieten zu können. Von der vertraglichen Ausgestaltung entsprechen Videolizenz- und Videovertriebsverträge den in der Kinoauswertung abgeschlossenen Filmverleih- und Filmvorführungsverträgen.[91] Nach Ablauf der in der Regel drei- bis sechsmonatigen Sperrfrist für die Videoauswertung erfolgt dann eine letzte Auswertung des Filmwerks im Fernse-

86 *Schack*, Urheberrecht, Rn 1242.

87 *Klingner* in: von Hartlieb/Schwarz, Hdb. FilmR, 194. Kap. Rn 1.

88 BGH UFITA 31, 1960, 333; *Rehbinder*, Urheberrecht, Rn 752.

89 *Schack*, Urheberrecht, Rn 1245; ein Grund hierfür ist sicher die Einführung neuer Medien wie DVD und Blu-ray Disc oder neuer Sendeformate wie Video-on-Demand.

90 Vgl. dazu auch OLG München GRUR 1984, 524, 525.

91 Dementsprechend sei an dieser Stelle auch auf die obigen Ausführungen verwiesen; vertiefend hingegen *Poll/Schwarz* in: von Hartlieb/Schwarz, Hdb. FilmR, 221.-225. Kap.

hen, zuerst im Bezahlfernsehen (Pay-TV), später im frei empfangbaren Rundfunk (Free-TV). Hierzu schließen die Filmhersteller oder Verleihunternehmen Lizenzverträge mit den Fernsehsendern, in denen sie ihnen das exklusive Senderecht[92] für eine bestimmte Anzahl an Ausstrahlungen meist gegen Zahlung eines Festpreises („flat fee") einräumen.[93] Daneben müssen die Sender u. a. Bearbeitungsrechte für Kürzungen oder die Unterbrechung durch Werbung erhalten.

IV. Die Rechtsnatur

Die Rechtsnatur urheberrechtlicher Lizenzverträge erweist sich angesichts der gerade dargestellten Unterschiede im Hinblick auf die Vertragspflichten ebenso als vielschichtig. Insofern kann das für Lizenzverträge heranzuziehende Vertragsrecht des BGB nicht abstrakt von den jeweiligen Ausprägungen gefunden werden.[94] Angesichts der Tatsache, dass der Begriff des Lizenzvertrags ein Sammelbecken unterschiedlichster Verträge darstellt[95], sind die Rechtsnatur und die heranzuziehenden Vertragstypen des BGB vielmehr anhand der in der Praxis verwendeten Ausprägungen zu bestimmen.

1. Charakteristika der in Frage kommenden Vertragstypen

Für die Rechtsnatur der Lizenzverträge kommen im Großen und Ganzen mehrere Vertragstypen des Bürgerlichen Gesetzbuches in Betracht. Es könnte sich bei ihnen um Kaufverträge handeln. Diese zeichnen sich als Veräußerungsgeschäfte dadurch aus, dass sich die Vertragsbeziehungen in einem einmaligen Leistungsaustausch erschöpfen. Sie sind auf dauerhafte und vollständige Entäußerung einer Sache oder eines Rechts gerichtet.[96] Daneben könnte es sich bei Lizenzverträgen auch um Werkverträge handeln. Charakteristisch für Werkverträge ist die Tatsache, dass der

92 Es wird insoweit etwa differenziert zwischen Free-TV, Pay-TV, Pay-Per-Channel, Pay-Per-View, Near-Video-on-Demand und Video-on-Demand; vgl. dazu *Castendyk* in: von Hartlieb/Schwarz, Hdb. FilmR, 257.-258. Kap.; *Schwarz/Hansen* in: von Hartlieb/Schwarz, Hdb. FilmR, 259.-262. Kap.

93 *Diesbach* in: Berger/Wündisch, Urhebervertragsrecht, § 21 Rn 188, 192; *Homann*, Hdb. FilmR, S. 326.

94 So für Filmlizenzverträge auch *Zehnsdorf*, Filmnutzungsrechte in der Insolvenz, S. 72 ff.; anders hingegen: *Seemann*, Lizenzvertrag in der Insolvenz, S. 8 ff.; *Wiedemann*, Lizenzen in der Insolvenz, Rn 1023 ff.; *Pahlow*, Geistiges Eigentum, S. 258 ff.; *Schwabe*, Filmlizenzen in der Insolvenz, S. 25 ff.; *Esser*, Lizenzen in der Insolvenz, S. 67 ff.

95 Vgl. dazu S. 17.

96 *Medicus/Lorenz*, Schuldrecht II, Rn 7.

Besteller zur Herbeiführung eines bestimmten Erfolgs verpflichtet ist (§ 631 Abs. 2 BGB). Er tritt in Vorleistung und hat einen Anspruch auf Vergütung erst bei Abnahme des Werkes (§ 641 BGB). Ebenso könnten Lizenzverträge als Überlassungsverträge einzuordnen sein. Als solche gelten Miet-, Pacht- oder Leasingverträge. Sie zeichnen sich durch eine nur zeitweilige Überlassung eines Gegenstandes aus, wobei die vermögensrechtliche Zuordnung des Gegenstandes unverändert bleibt.[97] Sie begründen dabei Leistungspflichten, die fortlaufend oder regelmäßig erfüllt werden müssen, bis das Rechtsverhältnis ordentlich oder außerordentlich beendet ist.[98] Es handelt sich mithin um Dauerschuldverhältnisse. In Abgrenzung voneinander unterscheiden sich Miet- und Pachtvertrag dadurch, dass die Pacht auch zur Fruchtziehung berechtigt.[99] Für den Leasingvertrag ist regelmäßig ein 3-Personen-Verhältnis vonnöten. Der Leasinggeber hat seine Gewährleistung gegenüber dem Leasingnehmer vertraglich ausgeschlossen, im Gegenzug aber seine Gewährleistungsansprüche gegen den Dritten (einen Hersteller oder Lieferanten) an den Leasingnehmer abgetreten.[100]

2. Der Verlagsvertrag

Der Verlagsvertrag wird umfassend durch das Verlagsgesetz geregelt. Betrachtet man die den Vertrag charakterisierenden Vertragspflichten, so lässt sich keine eindeutige Einordnung in die durch das Bürgerliche Gesetzbuch bestimmten Vertragstypen vornehmen. Vielmehr enthält er Elemente verschiedener Vertragstypen wie dem Kaufvertrag, dem Werkvertrag, dem Miet- oder Pachtvertrag, sowie gegebenenfalls bei Gewinnbeteiligung auch des Gesellschaftsvertrags.[101] Er kann somit als Vertrag eigener Art bezeichnet werden.[102] Gegebenenfalls kann auf das Vertragsrecht des dem konkreten Verlagsvertrag ähnlichen Vertragstypus des BGB zurückgegriffen werden, soweit das Verlagsgesetz Regelungslücken aufweist.

97 Vgl. *Larenz*, Schuldrecht, S. 212.

98 Vgl. *Larenz*, Schuldrecht, S. 212.

99 § 581 Abs. 1 S. 1 BGB.

100 Vgl. zum Leasing allgemein *J. Koch* in: Säcker/Rixecker, MüKo BGB, Finanzierungsleasing Rn 1 ff.

101 *Schricker*, Verlagsrecht, § 1 Rn 11.

102 *Schricker*, Verlagsrecht, § 1 Rn 11.

3. Der Softwareüberlassungsvertrag

Die Einordnung von Softwareüberlassungsverträgen kann nicht pauschal vorgenommen werden. Hier muss vielmehr weiter danach unterschieden werden, ob die Software auf Dauer oder nur für einen bestimmten Zeitraum überlassen wird. Sofern die Software dem Lizenznehmer auf Dauer gegen ein einmaliges Entgelt überlassen wird, so liegt eine Typisierung als Kaufvertrag nahe, da sich die Vertragsbeziehungen in einem einmaligen Leistungsaustausch erschöpfen.[103] Erfolgt die Überlassung hingegen nur für einen im Vertrag bezeichneten Zeitraum, so ist der Lizenzvertrag mehr Überlassungs- als Veräußerungsvertrag. Dementsprechend wird ein solcher Dauerrechtsvertrag auch grundsätzlich nach Mietrecht beurteilt.[104] Ist hingegen eine Gewährleistung des Lizenzgebers vertraglich ausgeschlossen und werden gleichzeitig die Gewährleistungsansprüche des Lizenzgebers gegen den Hersteller an den Lizenznehmer abgetreten, so handelt es sich bei dem Vertrag um einen Softwareleasingvertrag.[105] Auf diesen sind die mietrechtlichen Vorschriften entsprechend anzuwenden.[106]

4. Der Softwareerstellungsvertrag

Sofern in einem Lizenzvertrag die Erstellung von Individualsoftware geschuldet wird, so ist die den Vertrag prägende Pflicht der geschuldete Erfolg einer geistig-schöpferischen Leistung. Anschließend wird die Software aufgrund ihrer Individualität regelmäßig auf Dauer und nicht nur für einen kurzen Zeitraum überlassen. Demzufolge könnte ein solcher Vertrag als Werkvertrag zu charakterisieren sein.[107] Nun ordnet jedoch § 651 BGB an, dass auf die Lieferung herzustellender oder zu erzeugender beweglicher Sachen Kaufrecht Anwendung finden soll. Seitdem ist die Rechtsnatur von Softwareerstellungsverträgen wieder stark umstritten.[108]

---

103 Vgl. dazu BGH WM 1983, 685; BGHZ 102, 135; OLG Schleswig ZIP 1982, 457; OLG Frankfurt a.M. NJW-RR 1997, 555; OLG Köln NJW-RR 1993, 1140; *Marly*, Hdb. SoftwareR, Rn 642 m. w. N.; zur Einordnung von Software als bewegliche Sache i.S.v. § 90 BGB vgl. BGHZ 102, 135, 144; *König*, NJW 1989, 2604; *Hoeren*, GRUR 1988, 340, 344 m. w. N.

104 Vgl. BGH NJW 2007, 2394; BGH CR 1989, 102, 103; *Köhler/Fritzsche* in: Lehmann, Rechtsschutz, Kap. XIII, Rn 189 ff.; *Junker/Benecke*, ComputerR, Rn 165.

105 Vgl. etwa BGH CR 1991, 604, 606; OLG Celle NJW-RR 1993, 432; *Marly*, Hdb. SoftwareR, Rn 719 f.,725 ff.

106 *Oetker/Maultzsch*, vertr. Schuldverhältnisse, § 16 Rn 53 m. w. N.

107 So die ständige Rechtsprechung vor der Schuldrechtsreform von 2001, vlg. BGH NJW 1986, 192; BGH NJW 1987, 1259; BGH NJW 1993, 2436; auch in der Literatur bis dato einhellige Meinung, vgl. *Pres*, Softwarelizenzverträge, S. 166 ff.; *Köhler/Fritzsche* in: Lehmann, Rechtsschutz, Kap. XIII, Rn 136 m. w. N.; *Marly*, Hdb. SoftwareR, Rn 615 m. w. N.

Nimmt man allerdings die Judikatur des BGH ernst, in der der XII. Senat Software als bewegliche Sache einordnet[109], so kann daraus für Softwareerstellungsverträge eine Anwendung der kaufrechtlichen Vorschriften geschlossen werden. Allerdings ist die erstellte Individualsoftware als unvertretbare Sache anzusehen, so dass es § 651 Satz 3 BGB zu beachten gilt. Dementsprechend sind auch grundlegende werkvertragliche Normen entsprechend anzuwenden.[110]

5. Der Verfilmungsvertrag

Für den Verfilmungsvertrag hat der BGH schon früh entschieden, dass es sich aufgrund der elementar unterschiedlichen Interessenlage nicht um einen Verlagsvertrag handelt.[111] Er soll vielmehr ein urheberrechtlicher Lizenzvertrag eigener Art sein,[112] ohne dass durch diese Bezeichnung damit für die Rechtsnatur irgendein Erkenntnisgewinn einhergeht. Das heranzuziehende Recht ist vielmehr anhand der prägenden Ausgestaltung des Vertrags zu ermitteln. Wird das zur Verfilmung vorgesehene Werk dem Filmhersteller zeitlich unbegrenzt im Rahmen eines sogenannten „Buy-out" oder einer „flat fee"[113] überlassen, so besteht wiederum eine starke Nähe zu punktuell abgewickelten Veräußerungsgeschäften wie dem Kaufvertrag in Form des Rechtskaufs (§ 453 BGB).[114] Auch sofern das Werk erst noch zu erstellen ist und der Lizenzgeber die erfolgreiche Erstellung schuldet, so ist nach § 651 BGB wohl dennoch Kaufrecht anwendbar.[115] Für den Fall, dass der Verfilmungsvertrag eine Wiederverfilmung nicht gestattet und die Lizenzzeit dementsprechend begrenzt ist, erscheint eine Anwendung von Pachtrecht angemessen.[116] Gleiches kann sich auch aus dem Indiz einer Vergütung in Raten oder abhängig vom Erfolg

108 Siehe dazu etwa die Beiträge von *Thewalt*, CR 2002, 1 ff.; *Schmidl*, MMR 2004, 590 ff.; *Redeker*, NJOZ 2008, 2917 ff. jeweils m. w. N.; vgl. auch *Frank/Wimmers* in: Berger/Wündisch, Urhebervertragsrecht, § 24 Rn 84 ff.

109 BGH NJW 2007, 2394 zur Rechtsnatur der Softwareüberlassung im Rahmen eines ASP-Vertrags, auf den Kauf- oder Mietrecht Anwendung finden soll.

110 Die §§ 642, 643, 645, 649 und 650 BGB sind mit der Maßgabe anzuwenden, dass an die Stelle der Abnahme der nach den §§ 446, 447 BGB maßgebliche Zeitpunkt tritt.

111 BGHZ 5, 116, 120.

112 OLG Hamburg UFITA 25 (1958), 463.

113 Vgl. zu den Begriffen S. 26.

114 *Schwarz/U. Reber* in: von Hartlieb/Schwarz, Hdb. FilmR, 93. Kap. Rn 3.

115 Auch hier gilt es § 651 Satz 3 BGB zu beachten, da die individuelle Erstellung eines Werkes eine unvertretbare Sache darstellt.

116 *Jan Nordemann* in: Fromm/Nordemann, Urheberrecht, Vor §§ 88 ff. Rn 47; *Schulze* in: Dreier/Schulze, UrhG, Vor § 31 Rn 169.

des Films ergeben. Das OLG Hamburg kam in einer frühen Entscheidung zu einer Anwendung von Dienstvertragsrecht auf einen Drehbuchvertrag.[117]

6. Der Filmverleihvertrag

Auch der Filmverleihvertrag wird vom BGH als urheberrechtlicher Nutzungsvertrag eigener Art qualifiziert.[118] Das ergänzend heranzuziehende Recht soll dem Zweck des Vertrages zu entnehmen sein.[119] Insofern gilt wiederum, dass bei einer zeitlich und örtlich unbeschränkten Einräumung der Rechte gegen einen Festpreis große Ähnlichkeiten zum punktuellen Leistungsaustausch bei einem Kaufvertrag bestehen, so dass Vorschriften des Kaufrechts Anwendung finden können. Erfolgt die Überlassung der Rechte an den Filmverleih hingegen – wie wohl üblich – zeitlich begrenzt und gegen regelmäßige Zahlungen in Form von Erlösbeteiligungen, so ist das Rechtsverhältnis eher dem einer Rechtspacht angenähert.[120] Gegebenenfalls könnte auch bei gemeinsamer Herstellung des Films durch Filmhersteller und Filmverleih eine Beachtung von Regeln des Gesellschaftsrechts geboten sein.[121]

7. Der Filmvorführungsvertrag

Der Filmvorführungsvertrag ist gekennzeichnet durch die Überlassung einer Filmkopie zum vorübergehenden Gebrauch. Dementsprechend scheint die ergänzende Heranziehung der Regelungen des Mietrechts passend zu sein.[122] Hinsichtlich der Einräumung eines einfachen Nutzungsrechts zur Vorführung des Films erscheint eine Anwendung von Mietrecht allerdings zweifelhaft, da es die "Miete eines Rechts" im BGB nicht gibt. Streng genommen sind aber auch die Einnahmen an der Kinokasse kein Ertrag im Sinne des § 99 Abs. 3 BGB, da sie nicht für die Einräumung des Vorführrechts gezahlt werden. Dennoch erscheint hinsichtlich des Nutzungsrechts eine analoge Anwendung der Regelungen der Rechtspacht am ehesten angemessen.[123]

---

117 OLG Hamburg UFITA 25 (1958), 463, 467.

118 BGHZ 2, 331, 335.

119 BGHZ 9, 262, 264.

120 Vgl. dazu insgesamt *Homann*, Hdb. FilmR, S. 316; *Schwarz* in: von Hartlieb/Schwarz, Hdb. FilmR, 156. Kap. Rn 1, 4; *Schwarz/Reber* in: Loewenheim, Hdb. UrhR, § 74 Rn 225.

121 *Schwarz* in: von Hartlieb/Schwarz, Hdb. FilmR, 156. Kap. Rn 5.

122 Vgl. *Homann*, Hdb. FilmR, S. 319; *Klingner* in: von Hartlieb/Schwarz, Hdb. FilmR, 179. Kap. Rn 1.

8. Der Videolizenz- und der Videovertriebsvertrag

Videolizenz- und Videovertriebsvertrag weisen rechtlich und praktisch viele Gemeinsamkeiten mit den Verträgen über Filmverleih und Filmvorführung auf.[124] Sie werden dementsprechend auch als urheberrechtliche Nutzungsverträge eigener Art bezeichnet und bedürfen für eine Charakterisierung der genauen Betrachtung im Einzelfall. Da jedoch bei Videolizenzverträgen die Lizenzzeit in der Regel zwischen 5 und 15 Jahren beträgt und die Vergütung meist in einer prozentualen Beteiligung am Vertriebserlös besteht, erscheint hier aufgrund des Dauerrechtscharakters eine ergänzende Anwendung von Pachtrecht passend zu sein. Im Zentrum des Videovertriebsvertrags steht der Verkauf von Videogrammen an Videohändler zum Weiterverkauf oder an Videotheken zur Weitervermietung. Die Gegenleistung besteht in den meisten Fällen in einem bestimmten Preis für jedes gelieferte Exemplar.[125] Demzufolge erscheint der Vertrag als punktuelles Veräußerungsgeschäft, so dass Vorschriften des Kaufrechts ergänzend heranzuziehen sind.

9. Der Fernsehlizenzvertrag

Fernsehlizenzverträge gestatten den Sendeunternehmen eine bestimmte Anzahl von Austrahlungen des Filmwerkes in der Regel gegen Zahlung eines Festpreises („flat fee"), ohne dass eine Verpflichtung zur Ausstrahlung besteht. Dieser Charakter eines punktuellen Leistungsaustausches spricht für eine Heranziehung kaufrechtlicher Vorschriften.[126]

V. Zusammenfassung

Aus den voranstehenden Ausführungen lässt sich erkennen, dass der Begriff des urheberrechtlichen Lizenzvertrags keinen einheitlichen Vertragstyp bezeichnet. Er umfasst vielmehr eine große Anzahl unterschiedlicher Verträge, die von ihrer Art her Gemeinsamkeiten mit mehreren Vertragstypen des BGB aufweisen. Auf diese Verträge finden daher je nach Ausgestaltung und Vertragszweck verschiedene Rechtsnormen des BGB Anwendung. Häufig kann jedoch entweder eine

123 *Klingner* in: von Hartlieb/Schwarz, Hdb. FilmR, 179. Kap. Rn 1; vertiefend insoweit *Spengler*, UFITA 1954, 163 ff.

124 *Poll/Schwarz* in: von Hartlieb/Schwarz, Hdb. FilmR, 221. Kap. Rn 4; 223. Kap. Rn 3; vgl. auch S. 29.

125 *Poll/Schwarz* in: von Hartlieb/Schwarz, Hdb. FilmR, 224. Kap. Rn 4.

126 Ebenso *Castendyk* in: Loewenheim, Hdb. UrhR, § 75 Rn 23.

Einordnung der Lizenzverträge als punktuelle Leistungsaustauschverhältnisse vorgenommen werden, auf die entsprechend kaufrechtliche Vorschriften Anwendung finden, oder aber sie erscheinen als dauerrechtliche Rechtsverhältnisse, die der Rechtspacht sehr ähnlich sind. Diese differenzierte Betrachtungsweise ist später auch bei der Erörterung des Insolvenzfalls von Bedeutung und soll dort ebenfalls beibehalten werden.

§ 4 Die urheberrechtliche Lizenz als dingliches Recht

I. Einführung

Bisher wurde nur die Seite des Verpflichtungsgeschäfts im voranstehenden Kapitel über Lizenzverträge genauer erörtert. Im Folgenden soll nun die Einräumung der Lizenz im Zentrum der Betrachtung stehen.

Rechtstheoretisch unterscheidet man im Bereich der Lizenzierung negative und positive Lizenzen.[1] Bei einer negativen Lizenz verpflichtet sich der Lizenzgeber nur, etwaige Verletzungsansprüche nicht geltend zu machen, ohne dass dem Lizenznehmer ein positives Benutzungsrecht eingeräumt wird. Ein solches Benutzungsrecht wird hingegen im Rahmen einer positiven Lizenz vermittelt. Gleichzeitig zeichnet die grundlegende Differenzierung zwischen positiven und negativen Lizenzen den geschichtlichen Werdegang nach, den die Einräumung von Benutzungsrechten an Immaterialgütern durchlaufen hat. Die negative Lizenz hat sich als Frühform der Lizenzierung bereits im 19. Jahrhundert entwickelt.[2] Doch schon bald wurde die fehlende Flexibilität und Investitionssicherheit bei dieser Form der rechtlichen Ausgestaltung bemängelt. Kann der Lizenznehmer seine Benutzung des Immaterialgüterrechts lediglich auf einen Verzicht des Lizenzgebers auf die Geltendmachung von Abwehrrechten stützen, so ist dies mit Nachteilen und Unsicherheiten verbunden, die der Lizenznehmer nicht immer zu tragen bereit sein wird. Daher ist Ende des 19. Jahrhunderts in der Rechtslehre der Gedanke einer Stärkung der Lizenz aufgekommen. Sie sollte nicht mehr bloß negatives Verbot, sondern Ausdruck eines subjektiven positiven Rechts sein.[3] Seither wird die Lizenz mit der sachenrechtlichen Kategorie des dinglichen Rechts in Verbindung gebracht.[4]

---

1 *Herbst*, Die Lizenz im bürgerl. Recht, S. 2; *Pahlow*, Geistiges Eigentum, S. 250 ff.

2 Zu der Entwicklung der Lizenz eingehend *Pahlow*, Geistiges Eigentum, S. 32 ff.

3 *Kohler*, Hdb. PatentR, S. 508 ff.; Übersicht über die Entwicklung bei *Pahlow*, Geistiges Eigentum, S. 45 ff.

Trotz der langen zeitlichen Entwicklung, die die urheberrechtliche Lizenz nun seit dem 19. Jahrhundert genommen hat, ist sie in ihrer Rechtsnatur bis heute nicht klar und unstreitig umrissen. Die Einräumung urheberrechtlicher Lizenzen wirft in dogmatischer Hinsicht weiterhin einige Fragen auf. Dabei geht es vordringlich um die Frage, ob die Lizenz eine dingliche Rechtsposition des Lizenznehmers darstellt. Im Fortgang dieser Untersuchung soll nun versucht werden, ein dogmatisches Fundament für die vergegenständlichte Wirkung urheberrechtlicher Lizenzen aufzuzeigen.

II. Der Begriff des dinglichen Rechts

Wenn im Urheberrecht über die Rechtsnatur von Lizenzen gesprochen wird, existieren eine Vielzahl nebeneinander oder anstelle voneinander verwendeter Begriffe. So wird teilweise von einer dinglichen Wirkung gesprochen, während andere diesen Begriff ablehnen und stattdessen lieber auf eine quasidingliche oder eine gegenständliche Wirkung abstellen.[5] Die Verwendung des Begriffs vom dinglichen Recht im Hinblick auf die Rechtsgüter des geistigen Eigentums wird teilweise deshalb abgelehnt, weil das dingliche Recht im Sachenrecht auf eine Sache als körperlichen Gegenstand im Sinne des § 90 BGB bezogen wird. Es wird vorgeschlagen von „quasidinglichen Rechten" zu sprechen, weil das dingliche Recht auf Sachen beschränkt bleiben soll.[6] Dies ist jedoch nicht zwingend, wenn man das dingliche Recht in einem weiteren Sinne versteht. So wird schon in den Motiven zum BGB der Forderungsnießbrauch, also der Nießbrauch an einem Recht, als ein „dingliches Recht" bezeichnet.[7] Demzufolge geht mit der Bezeichnung der Lizenz als quasidingliches oder gegenständliches Recht kein Gewinn an Präzision einher. Inhaltlich bestehen in der Verwendung der Begrifflichkeiten keine Differenzen.[8] Daher spricht insofern nichts dagegen, auch im Zusammenhang mit der Einräumung von Lizenzen an Urheberrechten von dinglichen Rechten zu sprechen.[9] Insgesamt gilt aber hier wieder zu beachten, dass der Streit über eine Begrifflichkeit selbst keinen Beitrag zur Lösung eines rechtlichen Problems

4 Schon im Jahr 1900 hat *Kohler* von der Lizenz als „quasidinglichem Recht" gesprochen, *Kohler*, Hdb. PatentR, S. 508.

5 Vgl. nur *Pahlow*, Geistiges Eigentum, S. 272 ff. m. w. N.

6 So schon *Kohler*, Hdb. PatentR, S. 510; nun auch *Rehbinder*, Urheberrecht, Rn 555, 560; *Brauer/Sopp*, ZUM 2004, 112, 113.

7 Motive BGB, III. Band, S. 544.

8 Nachweis bei *Seemann*, Lizenzvertrag in der Insolvenz, S. 42 ff; *Kraßer*, GRUR Int. 1983, 537, 538.

leistet.[10] Der Begriff des dinglichen Rechts ist trotz jahrzehntelanger Diskussion „schillernd“ geblieben.[11] Das Wesen der Dinglichkeit ist bis heute letztlich im Einzelnen strittig.[12] Es lassen sich jedoch zwei Kriterien ausmachen, die für das Vorliegen eines dinglichen Rechts als notwendig erachtet werden. Zum einen setzt die Dinglichkeit eine Unmittelbarkeit der Gegenstandsbeziehung voraus, zum anderen wird sie durch die Absolutheit der Zuordnung geprägt.[13]

1. Unmittelbarkeit der Gegenstandsbeziehung

Das dingliche Recht setzt zunächst eine unmittelbare Beziehung zu einem betreffenden Gegenstand voraus.[14] Dieser Gegenstand wird seinem Inhaber unmittelbar zugeordnet.[15] Zwischen Inhaber des dinglichen Rechts und dem Gegenstand besteht ein spezifisches Verhältnis, das diesem eine Herrschaft über den Gegenstand vermittelt. Kennzeichnend für das dingliche Recht ist insofern auch die unmittelbare Beherrschung oder Beherrschbarkeit eines Vermögensobjektes.[16] Es wird daher auch mit der Kategorie des Herrschaftsrechts belegt.[17] In den Motiven zum BGB wird das dingliche Recht als Gegenbegriff zum obligatorischen Recht verwandt.[18] Ein solches obligatorisches Recht erschöpft sich in der persönlichen Beziehung zwischen Berechtigtem und Verpflichtetem, erzeugt also lediglich ein Band zu einer anderen Person.[19] Das Zugriffsrecht des dinglich Berechtigten hingegen beruht darauf, dass der Gegenstand zu seinem Vermögen gehört und unabhängig von obligatorischen Pflichten besteht.[20]

---

9 So auch *Spautz* in: Möhring/Nicolini, UrhG, § 31 Rn 39; *Wandtke/Grunert* in: Wandtke/Bullinger, UrhR, § 31 Rn 31; *Jan Bernd Nordemann* in: Fromm/Nordemann, Urheberrecht, § 31 Rn 92; *Forkel*, Geb. Rechtsübertr., S. 78; *Kraßer*, GRUR Int. 1973, 230, 234; *Berger*, FS Kirchhof, S. 7 f.; *Groß*, Lizenzvertrag, Rn 361 ff.; BGH GRUR 1992, 310, 311.

10 So zu dieser Frage auch schon *Seemann*, Lizenzvertrag in der Insolvenz, S. 46.

11 *Stadler* in: Soergel, BGB, Einl. SachenR Rn 24.

12 Dazu *Hans Hermann Seiler* in: Staudinger, BGB, Einl. SachenR Rn 17 ff.; vgl. auch bereits *Kühne*, AcP 140, 11 ff.

13 *Canaris*, FS Flume, S. 373 f.; *Bassenge* in: Palandt, BGB, Einl. SachenR Rn 2; *Gaier* in: Säcker/Rixecker, MüKo BGB, Einl. SachenR Rn 4; zu Lizenzen *Stöckel/Brandi-Dohrn*, CR 2011, 553, 554.

14 *Mugdan*, Materialien BGB, III. Band: Sachenrecht, S. 1.

15 *Canaris*, FS Flume, S. 373; *Westermann/Westermann*, Sachenrecht, § 2 I.

16 *Dulckeit*, Verdinglichung obligatorischer Rechte, S. 7 /mwN

17 *Stadler* in: Soergel, BGB, Einl. SachenR Rn 24; *Canaris*, FS Flume, S. 373

18 *Mugdan*, Materialien BGB, III. Band: Sachenrecht, S. 1.

19 *Dulckeit*, Verdinglichung obligatorischer Rechte, S. 7; *Canaris*, FS Flume, S. 373.

Die soeben skizzierte Beziehung kann aber nicht nur bezüglich eines Gegenstandes selbst, sondern auch in Bezug auf einzelne beschränkte Rechtspositionen bestehen, die aus diesem Gegenstand abgespalten und auf Dritte übertragen werden. Hier verlangt die Unmittelbarkeit der Gegenstandsbeziehung jedoch, dass derjenige, der das Recht gewährt, dessen Bestand nicht fortwährend vermitteln muss. Eine Zuordnung der Rechtsposition zum Vermögen des Erwerbers kann nur dann gelingen, wenn das Recht nach seiner Abspaltung aus dem Gegenstand unabhängig von einer obligatorischen Beziehung des Erwerbers zu dem Eigentümer des Gegenstands besteht. Eine unmittelbare Rechtsbeziehung zu der Sache erwirbt er aber nur dann, wenn ihm die Rechtsposition im Wege der Verfügung eingeräumt wird. Unter einer Verfügung versteht man Rechtsgeschäfte, die unmittelbar auf ein bestehendes Recht einwirken, indem sie es ganz oder teilweise übertragen, belasten, inhaltlich verändern oder aufheben.[21] Die Übertragung ist dabei der Oberbegriff auch für die Belastung, die Inhaltsänderung und die Aufhebung.[22] Im bürgerlichen Recht sind drei Kriterien einer Verfügung auszumachen, die die Vollübertragung oder Belastung des Eigentums charakterisieren.[23] Wesentlich ist zunächst, dass der Verfügende die Befugnis zur unmittelbaren Einwirkung auf die zu übertragende Sache besitzt. Weiterhin muss er bei der Verfügung einen Teil seiner ihm zustehenden Verfügungsmacht verbrauchen. Schließlich verleiht die Verfügung dem Begünstigten eigentumsrechtliche Abwehrbefugnisse gegen Dritte oder den Veräußerer. Die Berechtigung dieser Kriterien ist im Einzelnen nicht unbestritten.[24] Es ist aber ungeachtet dessen festzuhalten, dass von einer Verfügung immer dann auszugehen ist, wenn alle diese Kriterien erfüllt sind.

2. Absolutheit der Zuordnung

Als zweites Merkmal setzt die Dinglichkeit eine Absolutheit der Zuordnung voraus. Die Beherrschung oder Beherrschbarkeit des Gegenstandes oder der aus ihm abgespaltenen beschränkten Rechtsposition zeitigt Wirkungen auch gerade im Verhältnis zu anderen Rechtssubjekten. Der absolute Charakter eines Rechts soll sich dabei in drei Wirkungen offenbaren. Zum einen ist der Herrschaftsinhaber im Umfang seines Herrschaftsrechts erstens befugt, andere von der Einwirkung auf

---

20 *Westermann/Westermann*, Sachenrecht, § 2 I.

21 *von Tuhr*, BGB AT, S. 238; *Westermann/Westermann*, Sachenrecht, S. 26; *Wieling*, Sachenrecht, S. 9.

22 *Kraßer*, GRUR Int. 1973, 230, 232.

23 Dazu *Kraßer*, GRUR Int. 1973, 230, 233.

24 Vgl. *Götting*, FS Schricker 60. Geb., S. 67 f. m. w. N.

den Gegenstand auszuschließen.[25] Ein absolutes Recht bietet insofern umfassenden Klageschutz gegenüber beliebigen Dritten.[26] Der dinglich Berechtigte besitzt Herausgabe- oder Unterlassungsansprüche, wie sie § 985 BGB und § 1004 BGB für das Eigentum normieren. Darüber hinaus wird dieser Klageschutz aber bei absoluten Rechten zweitens ergänzt durch einen Verfügungs- und Sukzessionsschutz. Aufgrund der Zuordnung der gegenständlichen Rechtsposition zum Vermögen der betreffenden Person kann der bisherige Berechtigte oder der Inhaber des Vollrechts nicht mehr mit Wirkung zulasten des nun dinglich Berechtigten darüber verfügen.[27] Als eine dritte Folge der Absolutheit von Rechtspositionen wird schließlich die Insolvenz- und Zwangsvollstreckungsfestigkeit dinglicher Rechte angesehen.[28] Aufgrund ihrer Zuordnung zum Vermögen des dinglich Berechtigten ermöglichen sie in einer Insolvenz des Vollrechtsinhabers die Aussonderung beziehungsweise können nach einer Zwangsvollstreckung gegen den Vollrechtsinhaber im Wege der Drittwiderspruchsklage geltend gemacht werden. Doch ist die Insolvenz- und Zwangsvollstreckungsfestigkeit ihrerseits mehr Folge der Einordnung einer Rechtsposition als dinglich denn echte Voraussetzung oder Wirkung eines dinglichen Rechts. Dies veranschaulicht beispielhaft die Norm des § 47 InsO, die von ihrem Wortlaut her bereits ein dingliches Recht voraussetzt, ohne die zur Aussonderung berechtigenden Rechtspositionen näher zu umschreiben.[29] Sieht man nun aber die Aussonderungsfähigkeit als Voraussetzung für ein absolutes Recht und damit auch für ein dingliches Recht an, so erzeugt dies einen Zirkelschluss. Aus diesem Grund wird die Wirkung absoluter Rechte vorliegend allein anhand des Klage- und des Verfügungsschutzes beurteilt. Auf die Insolvenzfestigkeit soll dann erst im Rahmen der insolvenzrechtlichen Begutachtung eingegangen werden.

III. Die ausschließliche Lizenz als dingliches Recht

Entsprechend der vom Urheberrechtsgesetz für den Bereich der positiven Lizenzen vorgegebenen Unterscheidung zwischen ausschließlichen und einfachen Lizenzen[30] soll im Folgenden jeweils für beide Arten von Lizenzen die Charakterisierung als dingliches Recht erörtert werden.

25 *Hans Hermann Seiler* in: Staudinger, BGB, Einl. SachenR Rn 18.

26 *Canaris*, FS Flume, S. 373; *Westermann/Westermann*, Sachenrecht, § 2 I.

27 *Canaris*, FS Flume, S. 373 f.

28 *Canaris*, FS Flume, S. 374.

29 Vgl. die Formulierung des § 47 InsO: „Wer auf Grund eines dinglichen oder persönlichen Rechts...“; *Ganter* in: Kirchhof, MüKo InsO, § 47 Rn 36.

30 Vgl. § 31 Abs. 1 S. 2, Abs. 2 & 3 UrhG.

1. Unmittelbarkeit der Gegenstandsbeziehung

Die Vollrechtsposition des Urheberrechts wird dem Urheber als dem Schöpfer des geistigen Werkes unmittelbar zugeordnet.[31] Die ihm allein zustehende Befugnis zur Auswertung des Werkes vermittelt ihm eine Herrschaft über den Gegenstand des Urheberrechts. Der Inhaber einer ausschließlichen Lizenz hingegen besitzt eine solche unmittelbare Beziehung zum Urheberrecht lediglich dann, wenn der Bestand seines Lizenzrechts nicht der fortwährenden Vermittlung durch den Urheber bedarf. Es darf nicht allein das obligatorische Band zwischen Urheber und ausschließlichem Lizenznehmer sein, das die Nutzungsberechtigung legitimiert. Diese muss vielmehr von obligatorischen Pflichten unabhängig bestehen und zum Vermögen des Lizenznehmers zu zählen sein. Eine derartige Beziehung zu dem Urheberrecht erwirbt der ausschließliche Lizenznehmer aber nur dann, wenn ihm das Nutzungsrecht im Wege der Verfügung übertragen worden ist.

Die Einräumung einer ausschließlichen Lizenz stellt sich dann als Verfügung dar, wenn sie die zuvor entwickelten Kriterien einer Verfügung aufweist.[32] Der Urheber ist diejenige Person, der gemäß § 15 UrhG nach der Schöpfung des Werkes die Verwertungsbefugnisse als Möglichkeiten der Nutzung seines Urheberrechts zustehen. Er besitzt damit die „Einwirkungsbefugnis" auf den Rechtsgegenstand des geistigen Eigentums. Hat der Urheber ein ausschließliches Nutzungsrecht gewährt, so verliert und verbraucht er diese Befugnis in der Weise, dass er diese ausschließlichliche Rechtsposition nicht noch einmal einräumen kann. Wird beispielsweise eine ausschließliche Lizenz für das Gebiet von Rheinland-Pfalz vergeben, so verbleibt dem Urheber die Befugnis, weitere Lizenzen für andere Bundesländer zu vergeben. Hinsichtlich des Gebietes von Rheinland-Pfalz hat er hingegen seine Verfügungsmacht verbraucht und kann hierüber nicht noch ein zweites Mal verfügen.[33] Das beim Lizenznehmer entstandene ausschließliche Nutzungsrecht berechtigt diesen, das Werk unter Ausschluss aller anderen Personen auf die ihm erlaubte Art zu nutzen und Nutzungsrechte einzuräumen, § 31 Abs. 3 UrhG. Ähnlich formulierte der Gesetzgeber auch schon vor Inkrafttreten des UrhG den Schutz des Verlegers in § 9 Abs. 2 VerlG. Der Verleger kann zum Schutz seines Verlagsrechts diejenigen Befugnisse gegen den Verfasser und gegen Dritte ausüben, die das Gesetz zum Schutz des Urheberrechts vorsieht. Der ausschließliche Lizenznehmer besitzt insofern auch eigentumsähnliche Abwehrbefugnisse gegen den Urheber und Dritte. Die Einräumung einer ausschließlichen Lizenz erfüllt

---

31 Vgl. § 11 UrhG.

32 Vgl. dazu S. 40.

33 *Schulze* in: Dreier/Schulze, UrhG, § 33 Rn 8.

daher alle genannten Voraussetzungen einer Verfügung. Das Nutzungsrecht als Teil des Urheberrechts ist demzufolge dem Vermögen des Lizenznehmers unmittelbar und unabhängig von obligatorischen Pflichten zugeordnet. Entscheidendes Merkmal der dem Lizenznehmer zugeordneten Rechtsposition ist nicht mehr die schuldrechtlich vermittelte Beziehung zu dem Urheber. Prägend ist fortan die unmittelbare Beziehung zu dem aus dem Urheberrecht abgespaltenen Nutzungsrecht als geistigem Eigentumsrecht.

Die einzuräumenden Nutzungsrechte werden aus dem Urheberrecht als solchem abgespalten und gehen im Sinne eines neu entstehenden Tochterrechts auf den Lizenznehmer über.[34] Dabei erhält der ausschließliche Lizenznehmer nichts, was nicht auch der Urheber als Verfügender vorher schon hatte; die Belastung ist mithin eine Form der Teilübertragung.[35] Wegen der Unübertragbarkeit des Urheberrechts außerhalb der erbrechtlichen Gesamtrechtsnachfolge gemäß § 29 Abs. 1 UrhG ist eine Verfügung im Sinne einer vollständigen Übertragung ausgeschlossen. Somit kann sich die Lizenzierung durch den Urheber nur als konstitutive Übertragung darstellen.[36] Erst soweit es um Übertragungsvorgänge auf nachgelagerten Stufen der Lizenzkette geht, ist auch eine vollständige Übertragung der Lizenz im Wege einer translativen Übertragung möglich. Dabei findet aber keine erneute Abspaltung von Teilrechten aus dem Urheberrecht statt. Es wird vielmehr das bereits abgespaltene Teilrecht weiterübertragen. Bei der Belastung des Urheberrechts bleiben Mutter- und Tochterrecht miteinander verbunden. Dieses Band zwischen dem Urheberrecht und seiner Belastung besteht schon aufgrund der persönlichkeitsrechtlichen Seite des Urheberrechts und äußert sich beispielsweise in Zustimmungs- und Rückrufrechten des Urhebers gemäß §§ 35, 41 UrhG.

2. Absolutheit der Zuordnung

Die ausschließliche Lizenz stellt auch eine absolute Rechtsposition dar. Sie wirkt gegenüber jedermann und besitzt gemäß § 31 Abs. 3 UrhG umfassenden Klageschutz. Der ausschließliche Lizenznehmer hat das Recht, Dritte und auch den Urheber von der Nutzung auszuschließen.[37] Zu diesem Zweck stehen ihm die Ansprüche der §§ 97 ff. UrhG zur Verfügung. Der ausschließliche Lizenznehmer ist als „Verletzter" im Sinne dieser Vorschriften anzusehen und damit auch zur Kla-

---

34 *Schack*, Urheberrecht, Rn 594; *Sosnitza*, FS Schricker 70. Geb., S. 183, 189.

35 Vgl. dazu eingehend *Forkel*, Geb. Rechtsübertr., S. 23 ff.

36 *Ulmer*, UrhR/VerlR, S. 358 f.

geerhebung aus eigenem Recht aktivlegitimiert.[38] Darüber hinaus bleibt eine dem Lizenznehmer gewährte ausschließliche Lizenz auch bei der späteren Gewährung weiterer Nutzungsrechte durch den Urheber bestehen. Gemäß § 33 UrhG erfahren ausschließliche Lizenzen Sukzessions- und Verfügungsschutz. Nach alldem ist die ausschließliche Lizenz als dingliches Recht anzusehen.

3. Die ausschließliche Lizenz als nießbrauchsähnliches Recht

Will man nun das ausschließliche Nutzungsrecht mit einer Belastung des sachenrechtlichen Eigentums vergleichen, so fallen Ähnlichkeiten zu der dinglich wirkenden Belastung des Eigentums mit einem Nießbrauch auf.[39] Wie die Lizenz hat auch der Nießbrauch seinen eigenen speziellen Zweck beispielsweise in der Nutzung eines Rechts bei einem Rechtsnießbrauch (§§ 1068 ff. BGB). Der Eigentümer einer Sache oder eines Rechts verliert mit der Bestellung des Nießbrauchs seine Befugnisse an dem Rechtsgegenstand in dem Maße, in dem der Nießbraucher selbst zur Ziehung von Nutzungen berechtigt ist. Auch der Nießbraucher kann sich wie der ausschließliche Lizenznehmer mit eigenen Ansprüchen gegen Verletzungen seines Rechts von dritter Seite schützen, § 1065 BGB. Dabei erstrecken sich seine Abwehransprüche aber nur auf den Teil der Interessen, die ihm eingeräumt worden sind. Wie bei der Lizenz bleibt auch der Eigentümer der Sache oder des Rechts weiterhin zur Rechtsverfolgung befugt. Insofern ist die Belastung des Urheberrechts mit einer ausschließlichen Lizenz der Belastung des Eigentums mit einem Nießbrauch sehr ähnlich. Dies zeigt noch einmal auf, dass es nur konsequent ist, die ausschließliche Lizenz ebenfalls als ein dingliches Recht anzusehen.

---

37 In der Ausschlussfunktion ist auch der Grund für den Ausdruck der *ausschließlichen* Lizenz zu erblicken, vgl. *Forkel*, Geb. Rechtsübertr., S. 51 ff. Die Bezeichnung kann nämlich nicht als Indiz dafür gesehen werden, dass der Lizenznehmer notwendigerweise der Einzige ist, dem die konkrete Nutzungsbefugnis eingeräumt wurde. So kann schon vor der ausschließlichen Lizenzierung ein einfaches Nutzungsrecht zugunsten eines Dritten eingeräumt worden sein. Dieses bleibt aufgrund des in § 33 UrhG verankerten Sukzessionsschutzes auch gegenüber dem später eingeräumten ausschließlichen Nutzungsrecht wirksam. Wesentliches Merkmal der ausschließlichen Lizenz ist folglich nicht die Stellung als alleiniger Lizenznehmer sondern vielmehr die Abwehrfähigkeit der erworbenen Rechtsposition.

38 Vgl. nur *Jan Bernd Nordemann* in: Fromm/Nordemann, Urheberrecht, § 97 Rn 133; *Dreier/Schulze*, UrhG, § 97 Rn 3, 19.

39 So auch *Herbst*, Die Lizenz im bürgerl. Recht, S. 132 ff.; *Lüdecke*, NJW 1966, 815; *Forkel*, Geb. Rechtsübertr., S. 59; *Schack*, Urheberrecht, Rn 594; *Pahlow*, Geistiges Eigentum, S. 365 ff.

IV. Die einfache Lizenz als dingliches Recht

Das Gesetz umschreibt die einfache Lizenz in § 31 Abs. 2 UrhG als Berechtigung, das Werk auf die erlaubte Art zu nutzen, ohne dass eine Nutzung durch andere ausgeschlossen ist. Während die dingliche Wirkung der ausschließlichen Lizenz in der urheberrechtlichen Literatur nahezu einhellig angenommen wird, ist das Meinungsbild zu der einfachen Lizenz weniger eindeutig.[40] Verschiedene Vertreter in der Literatur weisen der einfachen Lizenz lediglich schuldrechtliche Wirkung zu.[41]

1. Position der Rechtsprechung – insbesondere BGH GRUR 2009, 946

Auch die Rechtsprechung hat bereits eine nur schuldrechtliche Wirkung einfacher Lizenzen vertreten[42], ohne dass jedoch bislang eine eindeutige und allgemeine Positionierung erfolgt ist. Eine solche, den Streit über die Rechtsnatur einfacher Nutzungsrechte beendende, eindeutige Positionierung ist auch der „Reifen Progressiv"-Entscheidung des BGH aus dem Jahr 2009 nicht zu entnehmen, selbst wenn es darin heißt: „Das einfache Nutzungsrecht hat – wie auch das ausschließliche Nutzungsrecht – keinen schuldrechtlichen, sondern dinglichen Charakter."[43] Dem Urteil liegt folgender Sachverhalt zugrunde: Der Kläger ist Programmierer und als Urheber eines für Reifenhändler entwickelten Computerprogramms anzusehen. Nach der Insolvenz seines ausschließlichen Lizenznehmers, einer A-GmbH, hat er die ihr eingeräumte ausschließliche Lizenz gemäß § 41 UrhG zurückgerufen und ist nun der Auffassung, dass mit dem Rückruf des ausschließlichen Nutzungsrechts auch eine durch die A-GmbH eingeräumte einfache Sublizenz erloschen ist. Dementsprechend fordert er von dem einfachen Sublizenznehmer, einem Reifenhändler, Unterlassung und Schadensersatz für unberechtigte Nutzung. Der BGH hatte die Frage zu beantworten, ob bei einem Rückruf des vom Urheberrecht abgespaltenen ausschließlichen Tochterrechts auch ein daraus abgeleitetes

40 Vgl. zum Meinungsstand etwa *Pahlow*, ZUM 2005, 865; *Schricker/Loewenheim* in: Schricker/Loewenheim, UrhR, Vor § 28 Rn 83 m. w. N.

41 So etwa *Spautz* in: Möhring/Nicolini, UrhG, § 31 Rn 39; *Sosnitza*, FS Schricker 70. Geb., S. 183, 190 ff.; *Götting*, FS Schricker 60. Geb., S. 53, 68; *Wiedemann*, Lizenzen in der Insolvenz, Rn 23; *Pahlow*, ZUM 2005, 865, 868 ff.

42 Vgl. etwa zum Patentrecht RGZ 83, 93 ff.; BGH GRUR 1982, 411, 412; zum Urheberrecht vgl. etwa die Andeutungen in BGH GRUR 1959, 200, 202.

43 BGH GRUR 2009, 946, 948 - Reifen Progressiv; vgl. für das Markenrecht auch BGH GRUR 2007, 877, 879 - Windsor Estate.

einfaches Enkelrecht erlischt. Zunächst setzt sich der BGH mit den in Literatur und Rechtsprechung zu dieser Rechtsfrage vertretenen Auffassungen auseinander. Die ein Erlöschen des Enkelrechts befürwortende Ansicht stützt sich dabei zum einen auf den Zweckbindungsgrundsatz des § 31 Abs. 5 UrhG, nach dem der Urheber nicht mehr Rechte vergebe, als es dem Zweck des schuldrechtlichen Geschäfts entspreche.[44] Außerdem wird auch der Grundsatz, dass niemand mehr Rechte vergeben könne, als er selbst besitzt und das Fehlen eines gutgläubigen Erwerbs im Urheberrecht als Argument dafür verwendet, dass das Enkelrecht als Teilbefugnis aus dem Tochterrecht mit diesem gemeinsam erlöschen müsse.[45] Schließlich wird angeführt, dass der Sublizenznehmer durch einen Rückfall seines Lizenzrechts aufgrund des bestehenden Lizenzvertrags zu seinem Lizenzgeber und etwaigen Schadensersatzforderungen gegen diesen nicht unzumutbar benachteiligt werde.[46] Für die andere Ansicht, die einen Fortbestand des Enkelrechts bei vorzeitigem Entfallen des Tochterrechts vertritt, spreche die Interessenlage, die einen Schutz des Sublizenznehmers gebiete.[47] Er würde unter Zugrundlegung der anderen Ansicht sein Lizenzrecht verlieren und erhebliche wirtschaftliche Einbußen erleiden, obwohl er die Umstände des Rechterückfalls nicht beeinflussen könne.[48] Sodann entscheidet der BGH, dass – jedenfalls für den zu beurteilenden Fall – die vom ausschließlichen Nutzungsrecht abgeleiteten einfachen Nutzungsrechte bestehen bleiben. Die Geltung des Zweckbindungsgrundsatzes sei auf das jeweilige Lizenzverhältnis beschränkt und könne bei Fortfall der Lizenz nicht für ein Erlöschen von Sublizenzvertrag oder Sublizenz herangezogen werden. Der Grundsatz, dass niemand mehr Rechte vergeben könne, als er selbst besitzt und das Fehlen eines gutgläubigen Erwerbs im Urheberrecht besagen nur, dass der Lizenznehmer ab dem Zeitpunkt einer Beendigung seines Lizenzvertrags mit dem Urheber nicht mehr berechtigt sei weitere Nutzungsrechte zu vergeben, ohne dass insoweit daraus ein Fortfall vorher vorgenommener Sublizenzierungen abzuleiten wäre. Begründet wird die Entscheidung schließlich vor allem mit einer Abwägung der Interessen des Urhebers auf der einen und denen des Sublizenznehmers auf der anderen Seite im Fall des Rückrufs von Nutzungsrechten gemäß § 41 UrhG. Das Rückrufsrecht greife nur hinsichtlich ausschließlicher Nutzungsrechte und diene „dem ideellen

44 OLG Hamburg GRUR 2002, 335, 336; *Schricker*, Verlagsrecht, § 28 Rn 27.

45 *Schricker*, Verlagsrecht, § 28 Rn 27; *Loewenheim/Jan Bernd Nordemann* in: Loewenheim, Hdb. UrhR, § 26 Rn 31 jeweils m. w. N.

46 *Schricker*, Verlagsrecht, § 28 Rn 27; *Loewenheim/Jan Bernd Nordemann* in: Loewenheim, Hdb. UrhR, § 26 Rn 31.

47 *Haberstumpf*, FS Hubmann, S. 127, 140 ff.; *Wandtke/Grunert* in: Wandtke/Bullinger, UrhR, § 35 Rn 9; *Schwarz/Klingner*, GRUR 1998, 103, 110 ff.

48 Vgl. zu den Argumenten und ihren Vertretern insgesamt auch BGH GRUR 2009, 946, 947.

Interesse des Urhebers am Bekanntwerden seines Werkes und seinem materiellen Interesse an dessen Verwertung".[49] Durch das Fortbestehen eines einfachen Lizenzrechts werde aber das Interesse des Urhebers an einer Verwertung und einem Bekanntwerden des Werkes nicht übermäßig beeinträchtigt, da er weitere Nutzungsrechte vergeben könne. Zudem habe er einer Erteilung weiterer Nutzungsrechte durch seinen ausschließlichen Lizenznehmer zugestimmt, so dass er nun die Belastung seines Urheberrechts mit dem einfachen Nutzungsrecht hinnehmen müsse.[50]

Zwischen der kritischen Auseinandersetzung mit den Argumenten der zuerst genannten Ansicht und der vorgenommenen Interessenabwägung formuliert der BGH nun unter Entgegnung auf eine Ansicht der Revision, dass einfache Nutzungsrechte dinglichen Charakter besitzen. „Der Lizenznehmer muss dem Lizenzgeber das Nutzungsrecht daher nicht während der Dauer des Lizenzverhältnisses fortwährend in seinem Bestand vermitteln, vielmehr ist das Enkelrecht nach seiner Abspaltung vom Tochterrecht von dessen Fortbestand unabhängig."[51] Ohne jegliche Begründung oder Auseinandersetzung mit den dazu vertretenen Argumenten scheint der BGH hier eine seit mehr als einem Jahrhundert streitige Rechtsfrage entschieden zu haben.[52] Doch würde ein solches Verständnis die Entscheidung überinterpretieren. Der 1. Senat des BGH macht deutlich, wie er sein Urteil verstanden wissen will. Er schließt sich der Ansicht vom Bestehenbleiben des Enkelrechts bei Fortfall des Tochterrechts nur „jedenfalls für den hier zu beurteilenden Fall des wirksamen Rückrufs eines ausschließlichen Nutzungsrechts nach § 41 UrhG" an.[53] Damit bleibt auch die Zuerkennung eines dinglichen Charakters für einfache Nutzungsrechte zunächst auf diesen speziellen Fall beschränkt.[54] Allerdings ist die vom BGH vorgenommene Interessenabwägung auch auf andere Fallgestaltungen des Fortfalls eines ausschließlichen Nutzungsrechts übertragbar. Die Interessen des Urhebers an einem Bekanntwerden und einer materiellen Auswertung seines Werkes werden auch dann durch ein bereits bestehendes einfaches Sublizenzrecht nicht erheblich beeinträchtigt, wenn die ausschließliche Lizenz beispielsweise infolge einer außerordentlichen Vertragsbeendigung ihr Ende findet. Auch in diesen

49 BGH GRUR 2009, 946, 948.

50 BGH GRUR 2009, 946, 948.

51 BGH GRUR 2009, 946, 948.

52 So jedenfalls wird die Entscheidung teilweise verstanden: *Scholz*, GRUR 2009, 1107, 1111; *Reber*, ZUM 2009, 855, 856 f.; *Raitz von Frentz/Masch*, ZIP 2011, 1245, 1246; eingeschränkt auch *Dieselhorst*, CR 2010, 69, 71.

53 BGH GRUR 2009, 946, 947.

54 So auch *Adolphsen/Tabrizi*, GRUR 2011, 384, 387 ff.; vorsichtiger *Schmid/Kampshoff*, GRUR-Prax 2009, 50.

Konstellationen hat ja wiederum der Urheber einer Sublizenzierung durch seinen ausschließlichen Lizenznehmer zugestimmt, so dass er nun die Belastung seines Urheberrechts mit dem einfachen Sublizenzrecht hinnehmen muss. Meines Erachtens weist die Entscheidung damit schon durchaus über die konkret entschiedene Konstellation hinaus, obwohl jedoch einer einzelfallbezogenen Abwägung der jeweils involvierten Interessen nicht vorzugreifen ist. Es bleibt abzuwarten, ob der BGH auch in anderen Fallgestaltungen an dem dinglichen Charakter der einfachen Lizenz festhält.

2. Unmittelbarkeit der Gegenstandsbeziehung

Untersucht man die einfache Lizenz wiederum anhand der für ein dingliches Recht entwickelten Kriterien[55], so ist zunächst zu fragen, ob der einfache Lizenznehmer eine unmittelbare Beziehung zu seinem Lizenzrecht besitzt. Auch die einfache Lizenz ist dabei nur dann dem Vermögen des Lizenznehmers unmittelbar und von obligatorischen Pflichten unabhängig zuzuordnen, wenn die Einräumung der Lizenz im Wege der Verfügung über das Urheberrecht erfolgt. Greift man nun für die einfache Lizenz wieder auf die oben[56] hergeleiteten Charakteristika einer Verfügung zurück, so zeigt sich, dass hier die Kriterien nicht so eindeutig erfüllt sind. Zwar bleibt der Urheber auch bei Einräumung der einfachen Lizenz derjenige, dem vorher die Verwertungsbefugnisse als Möglichkeiten der Nutzung seines Urheberrechts zustanden. Dieses Merkmal ist eindeutig erfüllt.

Schwieriger wird aber schon die Beantwortung der Frage, ob der Urheber durch die Vergabe einer einfachen Lizenz einen Teil seiner ihm zustehenden Verfügungsmacht verbraucht. Immerhin kann er auch nach der einfachen Lizenzeinräumung ungehindert weitere gleichartige einfache und auch ausschließliche Nutzungsrechte in beliebiger Zahl vergeben. Dies könnte dafür sprechen, dass der Urheber seine Verfügungsmacht in keiner Weise einbüßt.[57] Allerdings wird auch für die einfache Lizenz in § 33 UrhG ein Sukzessionsschutz normiert. So bleiben einfache wie ausschließliche Lizenzen gegenüber später eingeräumten Nutzungsrechten wirksam. Gleiches gilt auch, wenn der die Lizenz einräumende Rechtsinhaber wechselt oder auf sein Recht verzichtet. Dieser Bestandsschutz kann nun so interpretiert werden, dass der Urheber mit Blick auf die bereits vergebenen Lizenzen gerade doch einen Teil seiner Verfügungsmacht verbraucht hat.[58] Er kann keine Lizenz

55 Siehe S. 38 ff.

56 Vgl. S. 40.

57 Nicht erforderlich für eine Verfügung hält den Verbrauch an Verfügungsmacht *Berger* in: Berger/Wündisch, Urhebervertragsrecht, § 1 Rn 24.

mehr vergeben, die auch ein Abwehrrecht gegen das zuvor eingeräumte Nutzungsrecht verleiht. Stets muss auch der neue Lizenznehmer das frühere Lizenzrecht beachten. Ein dem Sachenrecht vergleichbarer „gutgläubig lastenfreier Erwerb" kommt nicht in Betracht.[59] Insofern ist auch das Kriterium des Verbrauchs von Verfügungsmacht für die Gewährung einer einfachen Lizenz erfüllt.

Dem Lizenznehmer fehlt es jedoch an eigentumsähnlichen Abwehrbefugnissen gegenüber Dritten oder dem Urheber.[60] Nach § 31 Abs. 2 UrhG steht dem einfachen Lizenznehmer nur ein Recht zur Nutzung des Werkes zu, ohne dass eine Nutzung durch andere ausgeschlossen ist. Dieses Charakteristikum der Abwehrfähigkeit des Lizenzrechts ist mithin nicht erfüllt. Nun ist aber fraglich, ob die Erlangung von Abwehrbefugnissen überhaupt ein zwingendes Merkmal einer Verfügung darstellt. Teilweise wird hierin eine unzulässige Verquickung von Verfügungsgeschäft und dinglichem Rechtsgeschäft gesehen.[61] Als Beispiel wird die Verfügung über eine Forderung gemäß § 398 BGB angeführt, bei der der Erwerber keine absolute, gegenständliche Rechtsposition erlangt. Es besteht aber ein Unterschied zwischen der Verfügung über eine Forderung und der Einräumung von Lizenzen an einem Urheberrecht. Wenn bei ersterem der Zedent selbst nur eine Rechtsposition innehat, die keine absolute Wirkung entfaltet, so kann er dem Zessionar auch keine solche Position verschaffen.[62] Bei der Lizenzierung seines Urheberrechts ist der Urheber hingegen durchaus in der Lage, dem Lizenznehmer im Rahmen der Einräumung einer ausschließlichen Lizenz eine absolute und dingliche Rechtsstellung mittels einer Verfügung zu verschaffen. Insofern vermag also der Hinweis auf die Unterscheidung von Verfügungsgeschäft und dinglichem Rechtsgeschäft das Problem nicht zu lösen.

Letztendlich kommt es vielmehr darauf an, ob man den Verfügungsbegriff eher restriktiv oder extensiv auslegt. Entscheidend ist insofern die terminologische Zweckmäßigkeit des Verfügungsbegriffs für den Bereich des Urheberrechts.[63] Eine restriktive Auslegung des Verfügungsbegriffs könnte sich daraus rechtfertigen, dass von einer echten „Übertragung" im Sinne eines Wechsels der Rechtszuständigkeit erst bei Vorliegen einer Ausschlusswirkung gesprochen werden kann.[64] Bei einer extensiven Auslegung könnte man aber andererseits den durch den Suk-

---

58 *Kraßer*, GRUR Int. 1973, 230, 233.

59 Vgl. zum Fehlen gutgläubigen Erwerbs im Urheberrecht S. 13.

60 Vgl. dazu schon S. 45.

61 *Götting*, FS Schricker 60. Geb., S. 68.

62 Nemo plus iuris transferre potest quam ipse habet; Corpus Iuris Civilis D. 50, 17, 54.

63 *Kraßer*, GRUR Int. 1973, 230, 234.

64 *Herbst*, Die Lizenz im bürgerl. Recht, S. 191 f.

zessionsschutz normierten Verbrauch an Verfügungsmacht für eine Verfügung als ausreichend erachten. Dem entspräche die Tatsache, dass es gerade der Verbrauch an Verfügungsmacht ist, der die Unterscheidung zwischen Verpflichtungs- und Verfügungsgeschäft erforderlich macht.[65] Die restriktive Auslegung des Verfügungsbegriffs will einen Einklang mit Verfügungen im Rahmen des BGB erzeugen. Doch es gibt auch im Sachenrecht durch Verfügung eingeräumte dingliche Rechte, die nicht über umfassende Ausschließungsbefugnisse verfügen. Der Inhaber einer Grunddienstbarkeit in der Form eines Wegerechts kann beispielsweise dem Eigentümer oder Dritten das Befahren des Grundstücks nicht verbieten, soweit dies die Ausübung seines Rechts nicht behindert.[66] Insofern verlangt die Verfügungswirkung nicht, dass der Drittschutz nach allen Seiten hin bestehen muss.[67]

Es ist also allgemein eher von einem extensiven Verfügungsbegriff auszugehen, der folglich auch für den Bereich des Urheberrechts zugrunde gelegt werden kann. Im Recht des Geistigen Eigentums erleichtert zudem gerade das Fehlen des Typenzwangs, dass den unter Geltung des Sukzessionsschutzes abgeschlossenen Rechtsgeschäften ausnahmslos Verfügungscharakter zukommt.[68] Für das Vorliegen einer Verfügung streitet auch noch ein weiteres Argument, das sich aus dem Regelungsgehalt des § 34 Abs. 1 UrhG ableiten lässt. Die Norm sieht die Übertragbarkeit auch von einfachen Nutzungsrechten vor. Dies spricht für eine Einräumung der einfachen Lizenz durch Verfügung, weil schuldrechtliche Gestattungen nicht verkehrsfähig sind.[69] Mithin ist im deutschen Zivilrecht ein extensiver Verfügungsbegriff anzuwenden, der die Verteidigungsfähigkeit der entstehenden Rechtsposition nicht zu allen Seiten hin erfordert. Insofern vollzieht sich auch die Gewährung einer einfachen Lizenz im Rahmen einer Verfügung. Für das einfache Lizenzrecht hat dies zur Folge, dass es in seinem Bestand nicht fortwährend durch den Lizenzgeber vermittelt zu werden braucht. Nach der Abspaltung aus dem Urheberrecht besteht die einfache Lizenz unabhängig von obligatorischen Pflichten aufgrund der unmittelbaren Beziehung des Lizenznehmers zu seinem einfachen Lizenzrecht.

65 So *Kraßer*, GRUR Int. 1973, 230, 234.

66 Vgl. *Bassenge* in: Palandt, BGB, § 1027 Rn 1.

67 *Forkel*, Geb. Rechtsübertr., S. 89 f.

68 *Kraßer*, GRUR Int. 1973, 230, 234.

69 *Jan Bernd Nordemann* in: Fromm/Nordemann, Urheberrecht, § 31 Rn 87.

3. Absolutheit der Zuordnung

Ein absolutes Recht stellt die einfache Lizenz dann dar, wenn sie umfassenden Klageschutz sowie Verfügungs- oder Sukzessionsschutz besitzt.

a) Bestehen von Sukzessionsschutz

Die Wirkung des Verfügungs- und Sukzessionsschutzes normiert auch für einfache Lizenzen die Vorschrift des § 33 UrhG. Einfache Lizenzen bleiben gegenüber später eingeräumten Nutzungsrechten bestehen, so dass sie insoweit auch gegenüber späteren Lizenznehmern des Urhebers wirken. Interessanterweise wird aber die Norm des § 33 UrhG teilweise gerade als Argument zur Ablehnung der dinglichen Wirkung einfacher urheberrechtlicher Lizenzen herangezogen.[70] Formuliert wird dieses Argument vor dem Hintergrund der Entstehungsgeschichte des § 33 UrhG. Schon vor der Normierung des Sukzessionsschutzes mit Inkrafttreten des Urheberrechtsgesetzes im Jahr 1965 habe aus Gründen der Investitionssicherung ein Bedürfnis nach Bestandsschutz für eingeräumte Nutzungsrechte bestanden. Dies sei auch insbesondere deshalb von Bedeutung gewesen, weil das Urheberrecht damals vollständig veräußerbar war.[71] Insofern habe für einfache Lizenznehmer stets die Gefahr bestanden, dass sie bei einer Übertragung des Urheberrechts durch den Urheber ihre Nutzungsmöglichkeit verlieren könnten. Um dieser Situation entgegenzuwirken, sei mangels gesetzlicher Regelung die dingliche Wirkung auch einfacher Lizenzrechte hergeleitet worden.[72] Dabei habe die Zuerkennung eines dinglichen Charakters nicht den Zweck der Anerkennung eines vollumfänglichen absoluten Nutzungsrechts gehabt, denn ein eigenes Klagerecht sollte dem einfachen Lizenznehmer nicht zustehen.[73] Ziel sei lediglich der Schutz des Lizenznehmers gegenüber dem Erwerber des Urheberrechts gewesen.[74] Der Lizenznehmer sollte auf den Fortbestand seines Lizenzrechts vertrauen dürfen, auch wenn das Urheberrecht veräußert wurde. Mit Entstehung des Urheberrechtsgesetzes 1965 wurde schließlich für einfache Lizenzen normiert, dass sie gegenüber später eingeräumten ausschließlichen Nutzungsrechten abweichend anderer Vereinbarungen Bestand

70 Vgl. dazu *Pahlow*, ZUM 2005, 865 ff.

71 Vgl. § 8 Abs. 3 LUG, Gesetz betreffend das Urheberrecht an Werken der Literatur und der Tonkunst vom 19.06.1901, RGBl. S. 227.

72 Von einer „gegenstandsrechtlichen Befugnis" der einfachen urheberrechtlichen Lizenz spricht erstmals *Kohler* in *Kohler*, Urheberrecht, S. 282; schon vorher für das Patentrecht *Kohler*, Hdb. PatentR, S. 508.

73 *Krause*, Lizenzvertrag, S. 24f.

74 *Pahlow*, ZUM 2005, 865, 868.

haben sollen.[75] Seit diesem Zeitpunkt sei die vorher entwickelte Konstruktion eines dinglichen Rechts nicht mehr notwendig gewesen, da nun der Gesetzgeber den für sinnvoll erachteten Verfügungsschutz vorsah. Der Gesetzgeber habe im Interesse eines Investitionsschutzes „eine Ausnahme von dem Grundsatz [gemacht], dass ein einfaches Nutzungsrecht nur schuldrechtliche Wirkung hat."[76] Seit Einführung des § 33 UrhG sei aber die einfache Lizenz insofern nur noch als lediglich schuldrechtliches Recht aufzufassen.[77] Daran habe auch die Änderung des Gesetzeswortlauts durch die Urhebervertragsrechtsreform[78] von 2002 nichts geändert, da durch die Erfassung der ausschließlichen Lizenzen vom Wortlaut § 33 UrhG lediglich diejenigen „Fälle [in die Vorschrift] einbezogen werden, auf die sie schon bisher analog angewendet" worden ist.[79]

Dieser Ansicht kann jedoch nicht gefolgt werden. Genauso wenig kann aber auch die Gleichstellung von einfachen und ausschließlichen Lizenzen hinsichtlich des Bestandsschutzes seit 2002 so gedeutet werden, dass einfache Nutzungsrechte nun grundsätzlich ebenso dingliche Wirkung entfalten wie ausschließliche Lizenzen.[80] § 33 UrhG will lediglich den Investitionsschutz des Lizenznehmers sicherstellen. Der Gesetzgeber hat die Frage nach dem Wesen der Lizenz bewusst weder in die eine noch in die andere Richtung abschließend normiert, sondern Rechtsprechung und Lehre zur Klärung überlassen.[81] Von daher taugt der Sukzessionsschutz weder als alleiniges Argument für noch gegen die Dinglichkeit urheberrechtlicher Lizenzen. Dies gilt gerade deshalb, weil auch nach der Änderung des § 33 UrhG weiterhin allgemein davon ausgegangen wird, dass der Sukzessionsschutz abdingbar ist.[82] Es erscheint aber dogmatisch fragwürdig, dass eine der Dispositionsfreiheit der Parteien unterliegende Norm allein zwingend den Rechtscharakter eines Nutzungsrechts bestimmen soll.[83] § 33 UrhG erfüllt daher

75 Vgl. den Wortlaut von § 33 UrhG a.F.

76 BT-Drs. IV/270, S. 56.

77 *Pahlow*, ZUM 2005, 865, 870.

78 Gesetz zur Stärkung der vertraglichen Stellung von Urhebern und ausübenden Künstlern vom 22.03.2002; BGBl. I 1155.

79 BT-Drs. 14/6433, S. 16; dazu auch *Pahlow*, ZUM 2005, 865, 870.

80 So aber *Jan Bernd Nordemann* in: Fromm/Nordemann, Urheberrecht, § 33 Rn 1; *Schulze* in: Dreier/Schulze, UrhG, § 33 Rn 4; *Rehbinder*, Urheberrecht, Rn 556; *Schack*, Urheberrecht, Rn 604; *Wandtke/Grunert* in: Wandtke/Bullinger, UrhR, § 31 Rn 31.

81 BT-Drs. 14/6433, S. 16; BT-Drs. 14/7564, S. 6, 11; dazu auch *Wiedemann*, Lizenzen in der Insolvenz, Rn 27.

82 *Jan Bernd Nordemann* in: Fromm/Nordemann, Urheberrecht, § 33 Rn 12; *Schulze* in: Dreier/Schulze, UrhG, § 33 Rn 6.

83 *Pahlow*, Geistiges Eigentum, S. 284 f.

vielmehr die Funktion einer Leitbildprägung, indem das Gesetz durch die Norm zum Ausdruck bringt, dass der einfachen Lizenz – abweichend anderer Parteivereinbarungen – eine entscheidende Wirkung eines absoluten Rechts zukommt.

b) Die fehlende Notwendigkeit von allseitigem Klageschutz aufgrund der Ubiquität

Neben dem Verfügungs- oder Sukzessionsschutz setzt ein absolutes Recht aber auch einen umfassenden Klageschutz voraus. Wie bereits ausgeführt, sieht jedoch § 31 Abs. 2 UrhG nicht vor, dass der Inhaber einer einfachen Lizenz andere von der Nutzung ausschließen kann. Die einfache Lizenz stellt kein abwehrfähiges Recht dar, dem einfachen Lizenznehmer steht ein eigener Unterlassungsanspruch aus § 97 UrhG nicht zu.[84] Diese Abwehrbefugnisse als negativer Gehalt eines Lizenzrechts sind ihm nicht übertragen worden, sondern verbleiben vollständig beim Urheber oder dem Lizenzgeber als Inhaber eines ausschließlichen Nutzungsrechts. Der einfache Lizenznehmer kann jedoch im Wege der gewillkürten Prozessstandschaft gegen Dritte vorgehen, wenn eigene berechtigte Interessen des Lizenznehmers berührt werden.[85] Eine solche Klage hat jedoch stets die Geltendmachung fremder Rechte zum Gegenstand, da trotz des berechtigten Interesses des Lizenznehmers sein einfaches Lizenzrecht durch eine unzulässige Rechtsausübung von dritter Seite nicht beeinträchtigt wird. Zum Inhalt der ihm übertragenen einfachen Lizenz gehört gerade, dass neben ihr weitere Nutzung des Urheberrechts stattfinden kann. Selbst eine unberechtigte Nutzung verletzt insofern nicht das einfache Lizenzrecht, sondern allenfalls das Urheberrecht des Urhebers oder das ausschließliche Lizenzrecht eines ausschließlichen Lizenznehmers. Es zeigt sich schon daran, dass das einfache Lizenzrecht gar keinen Klageschutz benötigt, da es von dritter Seite nicht verletzt werden kann.

In diesem Zusammenhang gilt auch zu bedenken, dass sich die Rechtsfigur des absoluten und auch des dinglichen Rechts historisch vom Leitbild des körperlichen Gegenstandes her entwickelt hat.[86] Von diesen Besonderheiten aufgrund der Körperlichkeit muss man jedoch absehen, wenn man allgemeine Zuweisungsmerkmale an Gütern entwickeln will. Dies verdeutlicht eine Parallele zum Sachenrecht. Stellt man sich beispielsweise vor, dass zulasten eines Grundstücks mehrere gleichrangige Grunddienstbarkeiten in Form von Wegerechten bestellt werden, so kann

84 *v. Wolff* in: Wandtke/Bullinger, UrhR, § 97 Rn 11; *Dreier* in: Dreier/Schulze, UrhG, § 97 Rn 20.

85 Vgl. BGH GRUR 1959, 200, 201; BGH GRUR 1981, 652; BGH GRUR 1998, 376, 377.

86 *Forkel*, Geb. Rechtsübertr., S. 108.

ein Berechtigter die Bestellung weiterer Grunddienstbarkeiten nicht verhindern. § 1024 BGB setzt voraus, dass das dienende Grundstück gleichrangig durch mehrere Grunddienstbarkeiten belastet werden kann. Unterlassungs- oder Schadensersatzansprüche stehen dem Berechtigten gemäß § 1027 BGB erst dann zu, wenn die Grunddienstbarkeit beeinträchtigt wird. Dies ist erst dann der Fall, wenn die zu duldende Belastung des dienenden Grundstücks behindert wird.[87] Die Tatsache, dass kein umfassender Klageschutz nach allen Seiten hin besteht, hindert nicht, die Grunddienstbarkeit allgemein als dingliches Recht anzusehen.[88] Für den Bereich des Urheberrechts besteht nun aber keinerlei Notwendigkeit, die Rechtsposition des einfachen Lizenznehmers überhaupt abwehrfähig auszugestalten. Aufgrund der Ubiquität des Urheberrechts kann eine andere Rechtseinräumung die Ausübung der Rechtsposition des Lizenznehmers faktisch nicht behindern.[89] Der Grund für die Notwendigkeit von Abwehrbefugnissen bei der Grunddienstbarkeit liegt somit in der Körperlichkeit des Bezugsgegenstandes, aus dem sie abgespalten wurde. Das dienende Grundstück ist faktischen Belastungsgrenzen ausgesetzt. Solche Beschränkungen bestehen bei dem zeitlich und örtlich ungebundenen Urheberrecht hingegen nicht. Daher lässt sich rechtfertigen, dass es solcher eingeschränkter Abwehrbefugnisse bei einer einfachen urheberrechtlichen Lizenz nicht bedarf, um dennoch die Absolutheit der Zuordnung anzunehmen. Denn trotz fehlendem Klageschutz wirkt die einfache Lizenz gegenüber jedermann. Sie ist mithin ein absolutes Herrschaftsrecht und damit auch ein dingliches Recht.

V. Zusammenfassung

Zusammenfassend lässt sich festhalten, dass sowohl der ausschließlichen als auch der einfachen urheberrechtlichen Lizenz dingliche Wirkung zukommt. Die Lizenznehmer erwerben mit der im Wege der Abspaltung aus dem Urheberrecht vorgenommenen Rechtseinräumung eine unmittelbare Beziehung zu ihrem Lizenzrecht, das ihnen fortan absolut zugeordnet wird. Für die einfache Lizenz lässt sich die Absolutheit der Zuordnung trotz des Fehlens umfassenden Klageschutzes damit begründen, dass die einfache Lizenz aufgrund der bestehenden Ubiquität nicht durch fremde Rechtsausübung beeinträchtigt werden kann und deshalb nicht abwehrfähig ausgestaltet sein muss. Allgemein kann festgehalten werden, dass die Diskussion um die dingliche Wirkung gerade deshalb so bedeutend ist, weil das

87 Vgl. nur *Bassenge* in: Palandt, BGB, § 1027 Rn 1.

88 *Bassenge* in: Palandt, BGB, Einl. SachenR Rn 5.

89 Auf die Bedeutung der Ubiquität in diesem Zusammenhang gehen auch ein *Kraßer*, GRUR Int. 1973, 230, 235; *Forkel*, Geb. Rechtsübertr., S. 108 f.

Urheberrechtsgesetz das Urheberrecht als unveräußerliches Recht ausgestaltet hat. Fehlt die Möglichkeit zum Erwerb des Urheberrechts als dinglicher Rechtsposition, so muss die Lizenz das Bedürfnis des Rechtsverkehrs nach einer investitionssicheren Nutzungsmöglichkeit durch die Zuschreibung der Eigenschaften eines dinglichen Rechts ausgleichen.

§ 5 Das Abstraktionsprinzip im Urheberrecht

I. Einführung

Eng verknüpft mit den im voranstehenden Kapitel erarbeiteten Ergebnissen zu dem Wesen der Lizenz und dem Rechtscharakter seiner Einräumung ist nun die Frage, ob der urheberrechtliche Lizenzvertrag und die Lizenzierung abstrakt voneinander sind. Das Abstraktionsprinzip stellt einen zentralen Grundsatz des deutschen Privatrechts dar.[1] Anders als das allgemein anerkannte Trennungsprinzip wird der Geltungsanspruch des Abstraktionsprinzip für den Bereich der urheberrechtlichen Lizenzen vielfach bestritten.[2] Relevanz besitzt die Beantwortung der Frage gerade auch für den Bereich des Insolvenzverfahrens. So hat die Geltung des Abstraktionsprinzips Auswirkungen auf das Schicksal von Lizenzen bei Erfüllungsablehnung durch den Verwalter. Besondere Bedeutung erreicht die Frage nach der Geltung auch dann, wenn der Lizenznehmer Unterlizenzen eingeräumt hat. Sollte das Abstraktionsprinzip nicht gelten, so wäre der Unterlizenznehmer in seiner Nutzungsmöglichkeit stets vom Fortbestehen des Vertragsverhältnisses seines Lizenzgebers und der noch höheren Lizenzstufen abhängig.

Das Urheberrechtsgesetz regelt die Frage, ob ein Wegfall oder eine Unwirksamkeit des Lizenzvertrags die Einräumung der Lizenz berührt, nicht allgemein gültig. In § 40 Abs. 3 UrhG wird die Unwirksamkeit einer (Voraus-)Verfügung hinsichtlich solcher Werke bestimmt, die zum Zeitpunkt der Beendigung des Vertrags noch nicht abgeliefert sind, wenn in Erfüllung des Vertrags Nutzungsrechte an künftigen Werken eingeräumt worden sind. Diese Bestimmung verneint insofern mit Bezug auf Verträge über künftige Werke partiell eine Geltung des Abstraktionsprinzips. Gleiches gilt auch für die Normierungen in §§ 41 Abs. 5, 42 Abs. 5 UrhG. Diese Vorschriften bezwecken einen punktuellen Schutz des Urhebers, indem dieser nach

---

1 Zum Abstraktionsprinzip mit seinen zwei Aspekten der inhaltlichen und äußerlichen Abstraktheit vgl. S. 15; näher *Jauernig*, JuS 1994, 721 f.

2 Überblick über den Streitstand bei *Jan Bernd Nordemann* in: Fromm/Nordemann, Urheberrecht, § 31 Rn 30 ff. m. w. N.

Ausübung seines Rückrufsrechts nicht noch den Anspruch auf Rückübertragung der Lizenz durchzusetzen haben soll. Alle diese Vorschriften ordnen somit eine kausale Verknüpfung von Lizenzvertrag und Lizenzierung an. Sie besitzen aber keine grundsätzliche Aussagekraft in der Weise, dass sie den Schluss zulassen, das Abstraktionsprinzip soll im Urheberrecht keine Geltung haben. Die Normierungen taugen nicht als analogiefähige Vorschriften, aus denen sich ein Grundsatz der kausalen Verknüpfung für das Urheberrecht ablesen ließe. Dafür sind sie von ihrem Anwendungsbereich her zu speziell.[3] Es soll jeweils eine besondere Konstellation einer angemessenen Lösung zugeführt werden, ohne dass sich daraus insofern Rückschlüsse für andere Fallgestaltungen ziehen lassen.[4] Auf der anderen Seite fehlt aber auch ein Anhaltspunkt für den grundlegenden Schluss, dass das Urheberrecht nur in diesen konkreten Situationen eine kausale Verknüpfung von Verpflichtung und Verfügung festlegt und somit in allen sonstigen Konstellationen eine Rückübertragung aufgrund der Abstraktheit erforderlich ist.[5] Das Urheberrechtsgesetz regelt den Bereich des Urhebervertragsrechts nur auszugsweise und nicht umfassend.[6] Daher lässt sich aus dem Fehlen einer Bestimmung kein Umkehrschluss ziehen. Die Frage der Geltung des Abstraktionsprinzips lässt sich mithin nicht anhand des Urheberrechtsgesetzes lösen. Im Zentrum der Betrachtung steht vielmehr eine Vorschrift aus dem Verlagsgesetz.

II. Die Anwendbarkeit von § 9 Abs. 1 Hs. 2 VerlG auf urheberrechtliche Lizenzverträge

§ 9 Abs. 1 Hs. 2 VerlG normiert für das Verlagsrecht grundlegend ein automatisches Erlöschen, sofern das Vertragsverhältnis beendet ist. Damit bringt das Gesetz zum Ausdruck, dass das Verlagsrecht – sprich die das Vervielfältigungs- und Verbreitungsrecht beinhaltende Lizenz – allgemein nicht rechtlich abstrakt von dem Vertragsverhältnis ist, durch das es begründet wurde. Vielmehr soll die rechtliche Verknüpfung zwischen dem Verlagsvertrag und dem eingeräumten Verlagsrecht so eng sein, dass beide stets gleichzeitig ihr Ende finden.[7] Dieser automatische Rückfall des Verlagsrechts gilt auch dann, wenn der Verleger das Recht auf einen Dritten übertragen oder diesem Nutzungsrechte eingeräumt hat. In diesem Fall ist dann irrelevant, ob das Vertragsverhältnis des Verlegers mit dem Dritten noch wirksam

3 *Srocke*, GRUR 2008, 867, 871; *Oechsler*, FS Reuter, S. 245, 250 Fn 31.

4 *Nolden*, Abstraktionsprinzip, S. 46.

5 *Forkel*, Geb. Rechtsübertr., S. 156.

6 Vgl. BT-Drs. 4/270, S. 56.

7 *Schricker*, Verlagsrecht, § 9 Rn 6.

ist oder nicht. Allein die Tatsache, dass der Verlagsvertrag zwischen Urheber und Verleger unwirksam ist, bewirkt, dass das Verlagsrecht an den Urheber zurückfällt. Der Dritte kann nämlich nur diejenige Rechtsposition vom Verleger erwerben, die diesem eingeräumt wurde. Das Verlagsrecht ist jedoch von Anfang an mit der kausalen Verknüpfung des § 9 Abs. 1 Hs. 2 VerlG behaftet.[8] Auf die translative Weiterübertragung des Verlagsrechts vom Verleger auf einen Dritten findet § 9 Abs. 1 Hs. 2 VerlG hingegen keine Anwendung. Kommt es hier beispielsweise zu einem Rücktritt vom Vertrag, so muss ein Rückübertragungsanspruch bezüglich des Verlagsrechts geltend gemacht werden. Der Wortlaut des § 9 Abs. 1 VerlG bezieht sich nämlich nur auf konstitutive Übertragungen.[9] Für die vorliegende Arbeit ist nun relevant, ob § 9 Abs. 1 Hs. 2 VerlG – wie vielfach vertreten wird – eine analogiefähige Vorschrift ist, aus der sich ein Grundsatz für alle Verträge des Urheberrechts ableiten lässt oder ob es sich bei der Norm vielmehr – ähnlich den §§ 40 Abs. 3, 41 Abs. 5, 42 Abs. 5 UrhG – um eine besondere Ausnahmevorschrift handelt, deren Anwendungsbereich auf den urheberrechtlichen Teilausschnitt des Verlagsrechts beschränkt bleibt.

1. Die Judikatur des BGH und der Oberlandesgerichte

Der BGH hat sich schon in einer Entscheidung aus dem Jahr 1958 zu der Analogiefähigkeit von § 9 Abs. 1 Hs. 2 VerlG geäußert.[10] Er hat – in dieser bis heute ausführlichsten Auseinandersetzung eines Gerichts mit der Streitfrage – festgestellt, dass das Abstraktionsprinzip als Grundregel des deutschen bürgerlichen Rechts auch im Urheberrecht grundsätzliche Geltung beansprucht. Allerdings könne im Einzelfall überprüft werden, ob die Interessen der Beteiligten eines urheberrechtlichen Lizenzvertrags mit denjenigen Interessen vergleichbar sind, für die das VerlG in § 9 Abs. 1 Hs. 2 einen Ausgleich zu schaffen versucht. Diese Voraussetzung einer Analogie hat der BGH für den streitgegenständlichen Wiederverfilmungsvertrag jedoch als nicht gegeben angesehen.[11] So ist insbesondere das überschaubare wirtschaftliche Risiko eines Verlegers mit dem hohen wirtschaftlichen Risiko eines Filmherstellers nicht vergleichbar. Des Weiteren erfordert die Wiederverfilmung eine Bearbeitung des Werkes, die dem Verlagsvertrag fremd ist. Auch eine bei

8 Vgl. *Wente/Härle*, GRUR 1997, 96, 97; *Nordemann-Schiffel* in: Fromm/Nordemann, Urheberrecht, § 9 VerlG m. w. N.

9 Vgl. etwa *Ulmer*, UrhR/VerlR, S. 392; *Kraßer*, GRUR Int. 1973, 230, 237; *Wiedemann*, Lizenzen in der Insolvenz, Rn 1400 m. w. N.

10 BGH GRUR 1958, 504 - Privatsekretärin.

11 BGH GRUR 1958, 504, 506 - Privatsekretärin.

dem Verlagsvertrag bestehende Auswertungspflicht kennt der Verfilmungsvertrag nicht.[12] Diese Entscheidung des BGH prägte die Judikatur der Folgezeit.[13] So hat der BGH in einem anderen Urteil die analoge Anwendung von § 9 Abs. 1 Hs. 2 VerlG für einen Kunstverlagsvertrag bejaht.[14] Hier bestand eine stärkere Ähnlichkeit zum Verlagsvertrag des VerlG. In zwei weiteren Entscheidungen war der mögliche Rückfall der Lizenz aufgrund einer entsprechenden Vertragsgestaltung zu diskutieren, ohne dass insofern § 9 Abs. 1 Hs. 2 VerlG eine Rolle gespielt hätte.[15]

Ein vermeintlicher Wendepunkt in der Rechtsprechungsentwicklung wird hingegen vielfach in der GELU-Entscheidung des BGH[16] zum Konkurs einer Verwertungsgesellschaft gesehen. In dem Urteil wird festgestellt, dass ein Wahrnehmungsrecht endet, wenn der Berechtigungsvertrag erlischt, ohne dass es einer Rückübertragung der urheberrechtlichen Befugnisse bedarf.[17] Hierin soll eine Abkehr des BGH von seiner Entscheidung aus dem Jahr 1958 zu erblicken sein. Die GELU-Entscheidung erwähnt jedoch eine grundsätzliche Abkehr vom Abstraktionsprinzip mit keinem Wort.[18] Der automatische Rückfall des Wahrnehmungsrechts ist vielmehr allein dem treuhänderischen Charakter des Wahrnehmungsverhältnisses geschuldet.[19] Ungeachtet dessen berufen sich in jüngerer Zeit viele Berufungsgerichte auf diese Entscheidung und gelangen im Anschluss an Vorarbeiten durch *Ulmer*[20] zu der Auffassung, dass das Abstraktionsprinzip im Urheberrecht durch eine entsprechende Anwendung von § 9 Abs. 1 Hs. 2 VerlG verdrängt wird.[21] Vielfach weisen die Urteile aber keine eigene inhaltliche Auseinandersetzung mit der Problematik auf.[22] In der Literatur ist eine große Anzahl von Autoren den Berufungsentscheidungen gefolgt und spricht sich ebenfalls generell für eine kausale

12 BGH GRUR 1958, 504, 506 f. Privatsekretärin.

13 Vgl. zu der Rechtsprechungsentwicklung auch *Srocke*, Abstraktionsprinzip, S. 82 ff.

14 BGH GRUR 1976, 706 - Serigrafie.

15 BGH GRUR 1982, 308 - Kunsthändler; BGH ZUM 1986, 278 - Alexis Sorbas.

16 BGH GRUR 1966, 567 - GELU.

17 BGH GRUR 1966, 567, 569 - GELU.

18 *Srocke*, Abstraktionsprinzip, S. 87 f.

19 So auch *Nolden*, Abstraktionsprinzip, S. 62; *Srocke*, GRUR 2008, 867, 870.

20 *Ulmer*, UrhR/VerlR, S. 390 ff.

21 OLG Hamburg GRUR Int. 1998, 431; OLG Hamburg NJW-RR 1999, 1495; im Leitsatz auch OLG Brandenburg NJW-RR 1999, 839; OLG Hamburg GRUR 2002, 335; OLG Nürnberg ZUM-RD 2003, 260; OLG Karlsruhe ZUM-RD 2007, 76; OLG Köln ZUM 2006, 927, 929; auf Instanzebene auch LG Mannheim DZWiR 2003, 479, 482; LG Köln ZUM 2006, 149.

22 Vgl. etwa OLG Hamburg GRUR Int. 1998, 431, 435; anders hingegen beispielsweise OLG Hamburg GRUR 2002, 335.

Verknüpfung zwischen Lizenzvertrag und der eingeräumten Lizenz im gesamten Urheberrecht aus.[23]

Die bereits im Rahmen der dinglichen Wirkung einfacher Lizenzen erörterte[24] „Reifen Progressiv"-Entscheidung des BGH[25] wird hingegen in der Literatur teilweise so aufgefasst, dass der BGH zu einer Geltung des Abstraktionsprinzips im Urheberrecht tendiert.[26] Diese Frage war aber richtigerweise nicht Gegenstand der Entscheidung, da der Rückruf eines Nutzungsrechts gemäß § 41 UrhG das Verhältnis zwischen der Verfügung in Bezug auf die Hauptlizenz und der Verfügung im Hinblick auf die Sublizenz betrifft, was jedoch systematisch auf einer anderen Ebene liegt als das Verhältnis zwischen einer Verfügung und der ihr zu Grunde liegenden Verpflichtung.[27]

2. Die Argumentationslinien in Literatur und Rechtsprechung

a) Automatischer Rechterückfall aufgrund kausaler Verknüpfung

Eine Anwendung des Kausalitätsprinzips im gesamten Urheberrecht wird auf vielfältige Weise begründet. Dabei steht heute gar nicht mehr allein die Norm des § 9 Abs. 1 Hs. 2 VerlG im Vordergrund. Teilweise wird darauf abgestellt, dass der Urheber die schwächere Position innehabe, da sein Werk einer Auswertung durch andere bedürfe.[28] Nach Beendigung des Vertrags soll er aus diesem Grund so schnell wie möglich wieder die Kontrolle über seine geistige Schöpfung erhalten.[29] Außerdem wird darauf hingewiesen, dass zwischen dem Schöpfer eines Werkes und seinem Werk eine besonders schutzwürdige Beziehung bestehe. Dies bringe schon der Grundsatz des § 11 Satz 2 UrhG zum Ausdruck, demnach der Urheber tunlichst

23 *Kraßer*, GRUR Int. 1973, 237; *Forkel*, Geb. Rechtsübertr., S. 155 ff.; *Ulmer*, UrhR/VerlR, S. 391; *Spautz* in: Möhring/Nicolini, UrhG, § 31 Rn 14; *Wandtke/Grunert* in: Wandtke/Bullinger, UrhR, Vor §§ 31 ff. Rn 50; *Schulze* in: Dreier/Schulze, UrhG, § 31 Rn 18 f.; *Schricker/Loewenheim* in: Schricker/Loewenheim, UrhR, Vor § 28 Rn 100; *Wente/Härle*, GRUR 1997, 96, 98 ff.; *Loewenheim/Jan Bernd Nordemann* in: Loewenheim, Hdb. UrhR, § 26 Rn 3; *Götting*, FS Schricker 60. Geb., S. 70 f.; *Jan Bernd Nordemann* in: Fromm/Nordemann, Urheberrecht, § 31 Rn 30 ff.; *Berger* in: Berger/Wündisch, Urhebervertragsrecht, § 1 Rn 31 ff.

24 Vgl. S. 51 ff.

25 BGH GRUR 2009, 946 - Reifen Progressiv.

26 *Reber*, ZUM 2009, 855, 856 f.

27 *Scholz*, GRUR 2009, 1107, 1111.

28 *Kraßer*, GRUR Int. 1973, 230, 237; *Srocke*, GRUR 2008, 867, 868; dazu auch *Oechsler*, FS Reuter, S. 245, 250.

29 *Wente/Härle*, GRUR 1997, 96, 98; *Haberstumpf*, FS Hubmann, S. 127.

an den wirtschaftlichen Erträgen seines Werkes zu beteiligen ist. Ausgehend von dieser Feststellung wird dem Urheber nun ein besonderes Interesse an der Entscheidung zugestanden, von wem sein Werk ausgewertet wird.[30] Er soll davor geschützt werden, dass unliebsam gewordene Personen an der Verwertung seines Werkes mitwirken. Diesem Interesse werde das Kausalitätsprinzip besser gerecht als eine abstrakte Beziehung zwischen Verpflichtung und Verfügung.[31]

Als Hauptargument gegen das Abstraktionsprinzip wird immer wieder der Zweckübertragungsgrundsatz des § 31 Abs. 5 UrhG ins Feld geführt. Diese Auslegungsregel besagt, dass der Urheber im Zweifel keine weitergehenden Nutzungsrechte einräumt, als es der von den Parteien vereinbarte Zweck der Verfügung erfordert.[32] Dem Urheber sollen seine Rechte soweit als möglich erhalten bleiben. Dies bewirke, dass im Urheberrecht eine enge Verknüpfung von Verpflichtung und Verfügung besteht, wie sie das bürgerliche Recht sonst nicht kennt. In Abweichung von den Grundsätzen des BGB lasse sich daraus mithin die Notwendigkeit einer kausalen Verknüpfung begründen.[33] Hinter dieser Argumentation steht auch der Gedanke, dass das Nutzungsrecht kein bloß eigennütziges Recht ist, sondern auch den Interessen des Urhebers zu dienen bestimmt ist, woraus sich eine fremdnützige Zweckbindung ergibt, der das Kausalitätsprinzip mehr gerecht werde als das Abstraktionsprinzip.[34] So wird denn auch teilweise die Auffassung vertreten, dass allein der Gedanke der Zweckbindung im Urheberrecht eine zum Verlagsrecht identische Interessenlage erzeuge, weshalb es seit der Kodifizierung von § 31 Abs. 5 UrhG im Jahr 1965 kein Bedürfnis mehr zu einer Prüfung der vergleichbaren Interessenlage im Einzelfall gebe.[35] Eine analoge Anwendung von § 9 Abs. 1 Hs. 2 VerlG diene der Vermeidung von Wertungswidersprüchen, da sich zwischen Urheberrecht und Verlagsrecht grundsätzlich keine unterschiedliche Wertung finden lasse.[36]

Ein weiteres Argument zielt auf das Fehlen des *numerus clausus* im Urheberrecht ab. Der fehlende Typenzwang bedingt eine Vielfalt der Gestaltungsmöglichkeiten von Nutzungsrechten, so dass die Verfügung erst durch den schuld-

30 *Forkel*, Geb. Rechtsübertr., S. 161; *Kraßer*, GRUR Int. 1973, 237.

31 Vgl. auch *Wiedemann*, Lizenzen in der Insolvenz, Rn 1408.

32 *Schack*, Urheberrecht, Rn 1104 f. m. w. N.

33 *Loewenheim/Jan Bernd Nordemann* in: Loewenheim, Hdb. UrhR, § 26 Rn 3; *Ulmer*, UrhR/VerlR, S. 391; *Schricker/Loewenheim* in: Schricker/Loewenheim, UrhR, Vor § 28 Rn 100; *Haberstumpf* in: Büscher/Dittmer/Schiwy, Gewerblicher Rechtsschutz, § 31 UrhG Rn 3; *Schulze* in: Dreier/Schulze, UrhG, § 31 Rn 18; OLG Hamburg, GRUR 2002, 335, 336.

34 *Ulmer*, UrhR/VerlR, S. 391; *Forkel*, Geb. Rechtsübertr., S. 161.

35 LG Hamburg, ZUM 1999, 858, 860 - Sesamstraße.

36 *Wente/Härle*, GRUR 1997, 96, 99; LG Mannheim DZWiR 2003, 479, 482.

rechtlichen Vertrag ihre nähere Ausformung erhalte.[37] Mit dem Wegfall eines Lizenzvertrags als Verpflichtungsgeschäft fehle der Rechtseinräumung insofern ihre Ausformung, da die den Rechtsumfang prägende Verbindung nicht mehr vorhanden sei. Dieser Umstand sei am besten dadurch zu korrigieren, dass das Nutzungsrecht nun direkt an den Urheber zurückfällt.[38]

b) Geltung des Abstraktionsprinzips

Für eine Geltung des Abstraktionsprinzips im Urheberrecht werden zwei Argumente von formaler oder dogmatischer Seite formuliert. So wären bei einer allgemeinen Geltung des Kausalitätsprinzips die Regelungen von §§ 40 Abs. 3, 41 Abs. 5, 42 Abs. 5 UrhG überflüssig.[39] Außerdem war dem Urheberrechtsgesetzgeber das Problem um eine Anwendbarkeit von § 9 Abs. 1 Hs. 2 VerlG bekannt. Er hat aber dennoch keine entsprechende Regelung in das UrhG aufgenommen. Dies könne für eine grundsätzliche Geltung des Abstraktionsprinzips sprechen, weil die Planwidrigkeit einer Regelungslücke im Urheberrecht damit zweifelhaft sei.[40]

Daneben finden sich auch einige Argumente, die mehr die Funktion und Wirkung des Abstraktionsprinzips in den Vordergrund rücken. So könne eine Anwendung des Abstraktionsprinzips sowohl für den Urheber als auch für die Verwerter bedeutende Vorteile erzeugen, indem es Rechtsunsicherheit abzubauen helfe.[41] Eine Geltung des Abstraktionsprinzips verstärke die Verkehrsfähigkeit urheberrechtlicher Lizenzen, da nur die Verfügung und nicht auch die Verpflichtung wirksam sein müsse. Eine solche Gewährleistung erhöhter Verkehrsfähigkeit ist auch ein Anliegen des Urheberrechtsgesetzes. In den §§ 88 ff. UrhG kommt dies gerade für den Bereich der Filmlizenzen dadurch zum Ausdruck, dass Zweifelsregelungen die Rechtsstellung des Filmherstellers möglichst umfassend zu sichern suchen. Damit schränkt der Gesetzgeber den Grundsatz der Zweckbindung für Filmlizenzen zugunsten der Verkehrsfähigkeit weitgehend ein, so dass auch das Argument für den automatischen Rechterückfall seine Grundlage verliere.[42] Um auf eine gewisse Investitionssicherheit vertrauen zu können, ist in der Praxis im Rahmen der Lizenzkette ein *chain of title*-Nachweis zu erbringen. Ein Lizenznehmer lässt sich dabei von seinem Vertragspartner die in der Kette vor ihm abgeschlossenen

37 *Kraßer*, GRUR Int. 1973, 230, 237; *Ulmer*, UrhR/VerlR, S. 391.

38 *Jan Bernd Nordemann* in: Fromm/Nordemann, Urheberrecht, § 31 Rn 32.

39 *Wiedemann*, Lizenzen in der Insolvenz, Rn 1418.

40 *Grützmacher*, CR 2004, 814, 815; *Wiedemann*, Lizenzen in der Insolvenz, Rn 1413

41 *Nolden*, Abstraktionsprinzip, S. 83; *Grützmacher*, CR 2004, 814, 815.

42 *Schwarz/Klingner*, GRUR 1998, 103, 112.

Vereinbarungen zeigen, um einen lückenlosen Erwerb der Rechte absichern zu können. Komme es dabei aufgrund des Abstraktionsprinzips nur auf eine Gültigkeit der Verfügungen an, so spare dieser Nachweis für die Parteien Aufwand und Transaktionskosten.[43] Außerdem komme ein nur auf die Verfügungen beschränkter *chain of title*-Nachweis auch etwaigen Geheimhaltungsinteressen des Lizenzgebers nach. Er müsse nicht auch noch die Einzelheiten der Vereinbarungen mit seinem Lizenzgeber offenlegen.[44]

Ein weiteres Argument für die Geltung des Abstraktionsprinzips knüpft an einen Wertungswiderspruch der Gegenauffassung an. Die Vertreter des Kausalitätsprinzips räumen überwiegend ein, dass für eine translative Übertragung des eingeräumten Nutzungsrechts auf zweiter Stufe Verpflichtung und Verfügung abstrakt voneinander sein sollen.[45] Dies ist konsequent, da eine analoge Anwendung von § 9 Abs. 1 Hs. 2 VerlG nicht weiter reichen kann, als der eigene Anwendungsbereich der Norm. § 9 Abs. 1 Hs. 2 VerlG greift jedoch nicht für die translative Weiterübertragung eingeräumter Lizenzen.[46] Räumt aber ein Lizenznehmer des Urhebers seinem Vertragspartner nur konstitutiv eine Lizenz ein, so findet nach den Vertretern des Kausalitätsprinzips ein automatischer Heimfall des Nutzungsrechts statt, wenn das Vertragsverhältnis zwischen Urheber und Lizenznehmer erlischt. Damit werden die Sublizenznehmer auf zweiter Stufe unterschiedlich behandelt, je nachdem, ob sie ihr Lizenzrecht translativ oder konstitutiv erworben haben. Bei sonst gleichen Umständen ist die Lizenz desjenigen Lizenznehmers, der sie nach § 34 UrhG erworben hat, von einem Wegfall des Lizenzvertrages zwischen Urheber und erstem Lizenznehmer unabhängig. Demgegenüber soll ein Lizenznehmer gleicher Stufe, dem die Lizenz nach § 35 UrhG eingeräumt wurde, von einem automatischen Rückfall der Lizenzrechte an den Urheber betroffen sein, wenn das Vertragsverhältnis zwischen Urheber und erstem Lizenznehmer erlischt. Diese Ungleichbehandlung der Sublizenznehmer erscheine nicht gerechtfertigt.[47] Es gebe keine Argumente für eine Besserstellung des Sublizenznehmers, der seine Lizenz aufgrund einer translativen Übertragung erhalten hat. Hier schaffe nur eine Anwendung des Abstraktionsprinzips auf allen Stufen der Verwertung eine den Interessen angemessene Gleichbehandlung der Lizenznehmer und vermeide damit Rechtsunsicherheit.[48]

---

43 *Nolden*, Abstraktionsprinzip, S. 72 ff.

44 *Nolden*, Abstraktionsprinzip, S. 74 f.

45 *Jan Bernd Nordemann* in: Fromm/Nordemann, Urheberrecht, Vor §§ 31 ff. Rn 231 ff.; *Schricker/Loewenheim* in: Schricker/Loewenheim, UrhR, Vor § 28 Rn 101; vgl. dazu auch *Nolden*, Abstraktionsprinzip, S. 79.

46 *Schwarz/Klingner*, UFITA 1999, 29, 36 f.; *Ulmer*, UrhR/VerlR, S. 392; vgl. auch S. 58.

47 *Nolden*, Abstraktionsprinzip, S. 80.

c) Kausalität durch stillschweigende Bedingung

Teilweise wird die Auffassung vertreten, dass das als „unbefriedigend" empfundene Abstraktionsprinzip durch die stillschweigende Vereinbarung einer Bedingung der Gültigkeit des Kausalgeschäfts „nach Möglichkeit unterwandert" werden solle.[49] Ausgegangen wird dabei also von einer Geltung des Abstraktionsprinzips. Das Konstrukt der stillschweigenden Bedingung bewirke aber, dass die praktischen Ergebnisse denen der Anwendung des Kausalitätsprinzips entsprechen.

3. Stellungnahme zu der Verknüpfung von Lizenzvertrag und Lizenz

a) Generelle Analogie zu § 9 Abs. 1 Hs. 2 VerlG?

Auch im Urheberrecht ist grundsätzlich von einer Geltung des für das deutsche Zivilrecht grundlegenden Abstraktionsprinzips auszugehen. Eine kausale Verknüpfung von Lizenzvertrag und der durch ihn eingeräumten Lizenz im gesamten Urheberrecht könnte grundsätzlich nur über eine analoge Anwendung des § 9 Abs. 1 Hs. 2 VerlG erreicht werden. Eine solche Analogie setzt aber eine unbewusste Lücke im gesetzlichen Regelungssystem sowie eine vergleichbare Interessenkonstellation im geregelten und im nicht geregelten Fall voraus.[50]

aa) Planwidrige Regelungslücke

Das Urheberrechtsgesetz äußert sich nicht in allgemeingültiger Form zu dem Verhältnis zwischen der Lizenz und dem Vertragsverhältnis, durch das sie begründet wird. Die in den §§ 40 Abs. 3, 41 Abs. 5, 42 Abs. 5 UrhG enthaltenen Anordnungen einer kausalen Verknüpfung betreffen nur spezielle Konstellationen, ohne aber grundsätzliche Aussagekraft zu entfalten.[51] Es existiert insofern im Urheberrechtsgesetz weder eine Regelung, die eine grundsätzliche Geltung des Abstraktionsprinzips anordnet, noch eine solche, die allgemein eine kausale Verknüpfung normiert. Eine umfassende und abschließende Regelung des Urhebervertragsrechts sah der Gesetzgeber auch gar nicht vor.[52] Dies zugrundegelegt, kann

48 Zum Ganzen eingehend *Nolden*, Abstraktionsprinzip, S. 80 ff.

49 *Rehbinder*, Urheberrecht, Rn 602; *Genthe*, Zweckübertragung, S. 102 ff.

50 *Larenz*, Methodenlehre, S. 381 ff.; vertiefend *Engisch*, Einf. jur. Denken, S. 247 ff.

51 Vgl. dazu bereits S. 57.

52 BT-Drs. 4/270, S. 56.

eine Lücke im Regelungsgefüge durchaus angenommen werden. Planwidrig ist eine solche Lücke, wenn der Gesetzgeber sie nicht gesehen hat oder ihre Existenz zu einem verfassungswidrigen Zustand führt, da nicht anzunehmen ist, dass sich der Gesetzgeber bewusst verfassungswidrig verhalten will. Ob der Gesetzgeber bei Schaffung des Urheberrechtsgesetzes 1965 jedoch nicht gesehen hat, dass eine Lücke bestand, die er durch eine Regelung hätte ausfüllen müssen, erscheint zumindest zweifelhaft. Immerhin lag dem Gesetzgeber für den urheberrechtlichen Teilausschnitt des Verlagsrechts die Norm des § 9 Abs. 1 Hs. 2 VerlG vor. Er hat sich dennoch nicht für eine ähnliche Regelung im Urheberrechtsgesetz ausgesprochen oder einen Verweis auf diese Norm vorgenommen. Daraus in die eine oder andere Richtung einen Schluss zu ziehen, greift jedoch vor dem Hintergrund zu kurz, dass das Urhebervertragsrecht nicht abschließend einer Regelung zugeführt werden sollte.[53] Ein verfassungswidriger Zustand ist durch die fehlende Regelung jedenfalls nicht entstanden, denn im Zweifel gilt im deutschen Zivilrecht das Abstraktionsprinzip.

bb) Vergleichbarkeit der Interessenlage

Weitere Voraussetzung einer Analogie ist eine Vergleichbarkeit der Interessenlage. § 9 Abs. 1 Hs. 2 VerlG ist nur dann im Wege einer generellen Analogie auf alle urheberrechtlichen Lizenzverträge und die durch sie eingeräumten Lizenzen anwendbar, wenn die den Lizenzverträgen zugrunde liegende Interessenkonstellation derjenigen des Verlagsvertrags ähnlich und damit vergleichbar ist. Nur wenn allen urheberrechtlichen Lizenzverträgen eine Ähnlichkeit zu dem gesetzlich normierten Verlagsvertrag gemeinsam ist, kann § 9 Abs. 1 Hs. 2 VerlG im Wege des Analogieschlusses einen Grundsatz für das gesamte Urheberrecht etablieren. Eine solche Vergleichbarkeit des Verlagsvertrags mit anderen Lizenzverträgen ist aber schon deshalb nicht gegeben und eine generelle Analogie von Grund auf zum Scheitern verurteilt, weil sich der Verlagsvertrag in seiner gesetzlich umschriebenen Gestaltung von anderen Lizenzverträgen stark unterscheidet. Er betrifft beispielsweise nur das Verhältnis zwischen Urheber und Verleger auf der ersten Stufe einer Lizenzkette.[54] Weiterhin ist für den Verlagsvertrag die Vervielfältigungs- und Verbreitungspflicht des Verlegers konstitutiv.[55] Diese Auswertungspflicht ist ein typisches Kennzeichen des Verlagsvertrags. Charakteristisch ist darüber hinaus die Beteiligung des Urhebers am Absatz in Form einer Erlösbeteiligung. Letztend-

---

53 BT-Drs. 4/270, S. 56.

54 *Schwarz/Klingner*, GRUR 1998, 103, 106.

55 Vgl. S. 20; *Schricker*, Verlagsrecht, § 1 Rn 7.

lich ist auch die starke personelle Bindung zwischen dem Verfasser und seinem Verleger ein hervorzuhebendes Merkmal.[56] Diese Interessenlage weist nicht jeglicher Lizenzvertrag generell auf. An einem Fernsehlizenzvertrag zwischen einem Filmhersteller oder Verleihunternehmen und einer Fernsehanstalt ist weder ein Urheber beteiligt, noch beinhalten die einzuräumenden Rechte das Vervielfältigungs- und Verbreitungsrecht. Es besteht zumeist weder eine Erlösbeteiligung noch eine Auswertungspflicht in Form einer Ausstrahlungsverpflichtung.[57] Ein solcher Lizenzvertrag unterscheidet sich mithin in allen grundlegenden Merkmalen von einem Verlagsvertrag. Daher ist auch die Interessenlage der beteiligten Parteien des Vertrags eine ganz andere als bei einem Verlagsvertrag. Dies zeigt, dass die für eine generelle Analogie notwendige Vergleichbarkeit der Interessenlage nicht prinzipiell unterstellt werden kann. Aufgrund der Vielseitigkeit urheberrechtlicher Lizenzverträge kann die Lösung daher nicht pauschal gefunden werden, sondern ist allenfalls für jeden konkreten Vertragstyp selbständig zu suchen.[58]

b) Untersuchung der Lizenzverträge auf eine Nähe zum Verlagsvertrag

Nach Maßgabe der vom BGH in seiner Entscheidung aus dem Jahr 1958 aufgezeigten Vorgehensweise kann sich daher nur im Einzelfall herausstellen, dass eventuell aus der Natur bestimmter Lizenzverträge eine Ähnlichkeit der Interessenkonstellation zu der für den Verlagsvertrag in § 9 Abs. 1 Hs. 2 VerlG normierten Interessenabwägung besteht. Ob dies für die im Rahmen dieser Arbeit näher beleuchteten Typen urheberrechtlicher Lizenzverträge[59] zutrifft, soll nun individuell für jeden Vertragstyp untersucht werden.

aa) Die Vergleichbarkeit mit Filmlizenzverträgen

aaa) Der Verfilmungsvertrag

Der Verfilmungsvertrag als Vertrag zwischen dem Filmhersteller und den Urhebern vorbestehender und zu schaffender Werke kennt aufgrund des hohen wirtschaftlichen Risikos einer Filmproduktion für den Filmhersteller in der Regel keine Auswertungspflicht.[60] Dies betont auch das Gesetz dadurch, dass es dem Urheber

56 *Schricker*, Verlagsrecht, § 1 Rn 20; *Schwarz/Klingner*, GRUR 1998, 103, 106.

57 Zu den Merkmalen eines Fernsehlizenzvertrags siehe S. 29.

58 So auch *Srocke*, Abstraktionsprinzip, S. 139 ff.; *Nolden*, Abstraktionsprinzip, S. 52.

59 Dazu S. 19 ff.

60 Vgl. S. 26; *Schwarz/U. Reber* in: von Hartlieb/Schwarz, Hdb. FilmR, 93. Kap. Rn 13.

in §§ 90 Satz 2, 41 UrhG ein Rückrufsrecht für den Fall der Nichtverfilmung zuerkennt, das jedoch schon ab dem frühen Zeitpunkt des Drehbeginns nicht mehr ausgeübt werden kann.[61] Die Vergütung der Urheber eines Verfilmungsvertrags erfolgt zumeist durch die Vereinbarung von pauschalen Honoraren in Form von *flat fees* oder *Buy-outs*. Eine Erlösbeteiligung bildet bei der Vergütung nicht den Kernbestandteil und ist auch nicht die Regel.[62] Schon aus diesen beiden Merkmalen der fehlenden Auswertungspflicht und der zumeist pauschalen Vergütung lässt sich ablesen, dass zwischen dem Filmhersteller und den Urhebern vorbestehender Werke keine dem Verlagsvertrag vergleichbare starke personelle Bindung besteht. Dies ergibt sich auch daraus, dass für die Herstellung eines Films mit einer Vielzahl von Urhebern Verfilmungsverträge abgeschlossen werden müssen, so dass die Bindung zu dem Einzelnen in den Hintergrund tritt.[63] Auch eine Zustimmung des Urhebers zu einer Weiterübertragung der eingeräumten Lizenzen ist für den Filmbereich nach § 90 UrhG nicht erforderlich, was ebenfalls die fehlende persönliche Bindung der Parteien deutlich macht. Mithin weist der Verfilmungsvertrag keines der charakteristischen Kennzeichen des Verlagsvertrags auf, so dass eine analoge Anwendung von § 9 Abs. 1 Hs. 2 VerlG insoweit ausscheidet.[64]

bbb) Die weiteren Lizenzverträge in der Filmauswertung

An den weiteren Lizenzverträgen in der Filmauswertung sind Urheber nicht mehr beteiligt. Vertragsparteien sind hier der Filmhersteller, der Filmverleih sowie deren Lizenznehmer und Sublizenznehmer.[65] Insofern lässt sich für diese Verträge auch keine identische Interessenlage zu dem zwischen dem Urheber und seinem Verleger bestehenden Verlagsvertrag herleiten.[66] Eine Analogie zu § 9 Abs. 1 Hs. 2 VerlG kommt also auch für diese Verträge nicht in Betracht.

---

61 *Schwarz/Klingner*, GRUR 1998, 103, 107.

62 *Schwarz/U. Reber* in: von Hartlieb/Schwarz, Hdb. FilmR, 93. Kap. Rn 26; vgl. auch S. 26.

63 Zu dem mangelnden Interesse der Urheber an einem Rechterückfall instruktiv *Schwarz/Klingner*, GRUR 1998, 103, 106 f.

64 Zur vertraglichen Annäherung von Verfilmungsverträgen an den Verlagsvertrag vgl. *Schwarz/Klingner*, GRUR 1998, 103, 108 f.

65 Zu der vertraglichen Gestaltung von Filmvorführungsverträgen sowie von Video- und Fernsehlizenzverträgen vgl. die Ausführungen auf S. 28 ff.

66 *Schwarz/Klingner*, GRUR 1998, 103, 106.

bb) Die Vergleichbarkeit mit Softwarelizenzverträgen

Auch Softwarelizenzverträge können allenfalls dann mit dem Verlagsvertrag vergleichbar sein, wenn sie die erste Verwertungsstufe betreffen und mithin ein Programmierer als Urheber am Vertrag beteiligt ist. Dabei besteht jedoch weder für die Erstellung von Individualsoftware noch für die Überlassung von Standardsoftware eine Auswertungsverpflichtung des Lizenznehmers.[67] Für den Programmierer ist es letztlich nicht von großer Bedeutung, ob der Nutzer das Programm verwendet oder nicht. Die Vergütung des Urhebers kann bei Softwarelizenzverträgen in allen denkbaren Ansätzen erfolgen.[68] Insofern stellt das erfolgsabhängige Honorar, selbst wenn es vereinbart wird, kein den Lizenzvertrag prägendes Merkmal dar. Auch die Beziehung zwischen dem Programmierer und seinem Lizenznehmer ist nicht mit dem engen personellen Bezug zwischen Verfasser und Verleger vergleichbar. So kommt es für den Programmierer ganz entscheidend auf Details an, die im Verlagsvertrag keine Entsprechung finden. Für ihn ist beispielsweise relevant, ob er zur Überlassung des Quellcodes verpflichtet ist oder ob eine Wartung und Weiterentwicklung der Software geschuldet wird. Schon diese aus der Verschiedenheit der Werke herzuleitenden Differenzen verbieten es, für den Softwarelizenzvertrag eine dem Verlagsvertrag identische Interessenlage anzunehmen. Von daher ist auch für Softwarelizenzverträge eine analoge Anwendung von § 9 Abs. 1 Hs. 2 VerlG versperrt.

cc) Zwischenergebnis

Sämtliche im Rahmen dieser Arbeit betrachteten Lizenzvertragstypen weisen insofern keine dem Verlagsvertrag ähnliche Interessenlage auf. Auf sie ist daher auch im Einzelfall § 9 Abs. 1 Hs. 2 VerlG nicht analog anwendbar. Angesichts der Tatsache, dass sich die Argumentation gegen das Abstraktionsprinzip jedoch auch von der Vorschrift des § 9 Abs. 1 Hs. 2 VerlG gelöst hat[69], sollen die vorgetragenen Argumente im Folgenden auf ihre Tragweite überprüft werden.

c) Kritik an einer Kausalität durch stillschweigende Bedingung

Die Annahme einer Kausalität durch stillschweigende Bedingung ist nur schwer mit der allgemeinen Rechtsgeschäftslehre in Einklang zu bringen. Sie wirkt wie

67 *Hoeren*, CR 2005, 773, 774.

68 Vgl. S. 24; Beispiele bei *Groß*, Lizenzvertrag, Rn 103 ff..

69 Siehe S. 61 ff.

eine konstruierte[70] Verlegenheitslösung.[71] Dem Schweigen kommt im Rechtsverkehr grundsätzlich kein Erklärungswert zu. Es stellt weder Zustimmung noch Ablehnung dar. Von einer Willenserklärung ist nur dann auszugehen, wenn sich aus dem Schweigen ein schlüssiges Verhalten ableiten lässt.[72] Es erscheint aber abwegig, in jedem Abschluss eines Urheberrechtsvertrags eine durch schlüssiges Verhalten vereinbarte bedingte Rechtseinräumung zu sehen. Eine solche Bedingung kann sich nur im Einzelfall aus einer Auslegung des Willens der Parteien ergeben, kann aber nicht generell für alle Vertragsschlüsse unterstellt werden.[73] Hierzu sind die Interessen der Vertragspartner oftmals viel zu gegenläufig.

d) Kritik an den Argumenten des Kausalitätsprinzips

So plausibel sich die unabhängig von § 9 Abs. 1 Hs. 2 VerlG vorgebrachten Argumente der Gegner des Abstraktionsprinzips auf den ersten Blick lesen lassen, so wenig überzeugend sind sie in ihrer Pauschalität nach einer differenzierteren Analyse. Es ist nicht zu bezweifeln, dass dem Urheber ein Interesse daran zusteht zu entscheiden, von wem sein Werk ausgewertet wird. Allerdings widmen sich der Beziehung des Urhebers zu seinem Werk und dessen Verwertern auch die §§ 41, 42 UrhG. Sie ordnen für den Fall der Nichtausübung des Nutzungsrechts und den Fall der gewandelten Überzeugung des Urhebers ein Rückrufsrecht an, bei dessen Ausübung ein automatischer Rückfall der Lizenz besteht.[74] Insofern nimmt das Gesetz schon durch spezielle Schutzvorschriften zugunsten des Urhebers auf dessen besondere Beziehung zu seinem Werk Rücksicht, ohne dass es dazu einer generellen Geltung des Kausalitätsprinzips bedarf. Die vorgetragenen Argumente zu der schwächeren und deshalb zu schützenden Position des Urhebers vermögen nicht zu überzeugen, weil ebenfalls eine Anwendung des Abstraktionsprinzips aufgrund der erhöhten Verkehrsfähigkeit und der Anwendbarkeit von § 320 BGB Vorteile erzeugen kann, die die Position des Urhebers stärken.[75]

Weiterhin überzeugt auch der Zweckübertragungsgrundsatz letztendlich nicht als Argument. Von seiner Konzeption her erscheint § 31 Abs. 5 UrhG lediglich als Auslegungsregel. Als solche kann sie jedoch das Abstraktionsprinzip nicht grundlegend in Frage stellen.[76] Zur Begründung des Kausalitätsprinzips wird auch

70 So formuliert es *Fink-Hooijer*, Kündigung im UrhR, S. 40.

71 Diesen Ausdruck verwendet *Kraßer*, GRUR Int. 1973, 230, 237.

72 *Flume*, BGB AT, S. 64 ff.

73 Vgl. auch *Nolden*, Abstraktionsprinzip, S. 56 f.

74 §§ 41 Abs. 5, 42 Abs. 5 UrhG.

75 Dazu auch *Oechsler*, FS Reuter, S. 245, 250 f.

unterstellt, dass der Begriff des Zwecks im Sinne der Zweckübertragungstheorie identisch ist mit dem Zweck des Verpflichtungsgeschäfts. Nur so ist aus § 31 Abs. 5 UrhG eine Notwendigkeit der kausalen Verknüpfung herzuleiten. Diese Annahme ist jedoch falsch. Der Zweck der Lizenzeinräumung ist weiter als die causa des Verpflichtungsgeschäfts, so dass die Verfügung bei Wegfall der Verpflichtung durchaus noch fortbestehen kann.[77] Wird beispielsweise das Verpflichtungsgeschäft wegen eines Irrtums über die Höhe der Vergütung angefochten, so entfällt dadurch nicht notwendigerweise der Zweck der Lizenzeinräumung, der in der umfassenden Verbreitung des Werkes liegt.[78] Der Zweckübertragungsgrundsatz taugt somit zwar als Auslegungsregel *bei* der Rechtseinräumung, ist aber für die dogmatische Klärung des Verhältnisses von Verpflichtung und Verfügung *nach* der Rechtseinräumung ungeeignet.[79] Auch die fremdnützige Zweckbindung des Nutzungsrechts kann als Argument gegen das Abstraktionsprinzip nicht bestehen, da treuhänderische Bindungen im deutschen Privatrecht lediglich schuldrechtliche Rechtsfolgen entfalten.[80]

Gleichfalls wird die Intensität der Verknüpfung von Verfügungs- und Verpflichtungsgeschäft und das Fehlen eines Typenzwangs von den Vertretern des Kausalitätsprinzips überschätzt. Selbst wenn beide Rechtsgeschäfte oft in einem Vertrag geregelt werden, so sind sie dennoch getrennt voneinander zu beurteilen.[81] Vertragsklauseln, die beispielsweise Art und Umfang des Nutzungsrechts beschreiben, kommt insoweit eine Doppelfunktion zu. Sie stellen die schuldrechtliche Verpflichtung zur Einräumung des beschriebenen Rechts auf und bestimmen gleichzeitig die Reichweite des gewährten Lizenzrechts. Eine solche Doppelfunktion von Vertragsklauseln ist aber keine Eigenheit des Urheberrechts. Auch bei einem Kaufvertrag kann die Beschreibung des Kaufgegenstandes einerseits die Verpflichtung aus § 433 Abs. 1 S. 1 BGB klarstellen und andererseits der Einhaltung des Bestimmtheitsgrundsatzes dienen. Gerade auch bei der Einräumung von Dienstbarkeiten ist die Formulierung der vertraglichen Abrede für den Inhalt des Rechts von großer Bedeutung, ohne dass dort das Abstraktionsprinzip in Frage gestellt wird. Daher erfordert weder die enge Verbindung zwischen Verpflichtung und Verfügung noch das Fehlen des Typenzwangs im Urheberrecht zwingend einen automatischen Rückfall des Lizenzrechts.[82]

---

76 *Oechsler*, FS Reuter, S. 245, 252.

77 *Nolden*, Abstraktionsprinzip, S. 91 ff.

78 Vgl. das Beispiel bei *Nolden*, Abstraktionsprinzip, S. 54, 92.

79 *Pahlow*, GRUR 2010, 112, 117; *Hoeren*, CR 2005, 773, 774; *Oechsler*, FS Reuter, S. 245, 252 f.

80 *Oechsler*, FS Reuter, S. 245, 253.

81 *Wente/Härle*, GRUR 1997, 96, 98.

e) Bedeutende Argumente für das Abstraktionsprinzip im Urheberrecht

Für eine Geltung des Abstraktionsprinzips im Urheberrecht spricht in bedeutender Weise gerade auch ein Blick auf die Entstehungsgeschichte und den historischen Normzweck des § 9 Abs. 1 Hs. 2 VerlG.[83] Die Anordnung, dass das Verlagsrecht mit Beendigung des Verlagsverhältnisses erlischt, beruht ursprünglich auf der Tatsache, dass eine Anwendung des Trennungsprinzips im Verlagsrecht für nicht durchführbar gehalten wurde.[84] Diese Sichtweise ist jedoch heute sowohl für das Verlagsrecht als auch für das gesamte Urheberrecht überholt. Zudem spiegelt die Norm das damalige Verständnis der Lizenz als schuldrechtliches Recht wider, dem heute ebenfalls nicht mehr gefolgt wird.[85] Letzlich wird die für die Begründung des Kausalitätsprinzips herangezogene Vorschrift des § 9 Abs. 1 Hs. 2 VerlG damit angesichts des überholten Normzwecks überinterpretiert und in ihrem Anwendungsbereich überdehnt. Zudem wäre eine Begründung der generellen Geltung des Kausalitätsprinzips im Urheberrecht mit der Vorschrift des § 9 Abs. 1 Hs. 2 VerlG auch vor dem Hintergrund fragwürdig, dass die Norm selbst nur dispositiver Natur ist.[86] Ist eine Vorschrift aber durch die Vertragsparteien abdingbar, so kann aus ihr nicht der Anspruch formuliert werden, dass sie das unverhandelbare Abstraktionsprinzip für den gesamten Bereich des Urheberrechts außer Kraft setzt.[87]

III. Zusammenfassung

Das Urheberrecht regelt das Verhältnis von Lizenzvertrag und Lizenzierung nicht grundlegend. Lediglich § 9 Abs. 1 Hs. 2 VerlG sieht für das Verlagsrecht eine kausale Verknüpfung mit dem Verlagsvertrag vor. Aus dieser Vorschrift lässt sich aber – entgegen vielfacher Äußerungen – kein Grundsatz für das gesamte Urheberrecht ableiten. Auch im Urheberrecht ist vielmehr allgemein von einer Geltung des Abstraktionsprinzips auszugehen. Lediglich im Einzelfall kann der Lizenzvertrag auf seine Nähe zu den Charakteristika des Verlagsvertrags untersucht werden, um eine Analogie zu § 9 Abs. 1 Hs. 2 VerlG und somit eine Anwendung des Kausalitätsprinzips herzuleiten. Für die hier typisiert betrachteten Lizenzverträge

82 *Nolden*, Abstraktionsprinzip, S. 55 f.

83 Hierauf verweist besonders *Oechsler*, FS Reuter, S. 245, 247 ff.

84 *Oechsler*, FS Reuter, S. 245, 249.

85 *Oechsler*, FS Reuter, S. 245, 249.

86 *Schricker*, Verlagsrecht, § 1 VerlG Rn 3; *Oechsler*, FS Reuter, S. 245, 255 ff.

87 So schon *Oechsler*, FS Reuter, S. 245, 257.

aus dem Bereich Software und Film ist eine Vergleichbarkeit der Interessenlage aber zu verneinen.

Zweiter Teil:

Urheberrechtliche Lizenzen in der nationalen Insolvenz

§ 6 Einführung

Nach der grundlegenden Betrachtung der relevanten urheberrechtlichen Dogmatik soll nun in den folgenden Kapiteln der Insolvenzfall einer der beteiligten Parteien untersucht werden. Dabei ist zu unterscheiden zwischen der Insolvenz des Lizenzgebers und der Insolvenz des Lizenznehmers. Erster originärer Lizenzgeber ist zunächst einmal der Urheber selbst. Fällt er in Insolvenz, gilt es stets, die vom Gesetzgeber für besonders schützenswert erachtete Beziehung des Urhebers zu seinem Werk im Auge zu behalten. Doch auch der Lizenznehmer des Urhebers kann nach der Vergabe von Sublizenzen insolvent werden. Im Verhältnis zu seinen Sublizenznehmern ist auch diese Insolvenz dann eine Insolvenz des Lizenzgebers. Wird hingegen das Verhältnis zum Urheber betrachtet, so stellt die Insolvenz eine Insolvenz des Lizenznehmers dar.

I. Ablauf und Organisation des Insolvenzverfahrens

1. Grundsätze des Verfahrens

Das Insolvenzverfahren wird im deutschen Recht durch die Insolvenzordnung (InsO)[1] geregelt und ist ein Gesamtvollstreckungsverfahren eines wirtschaftlich zusammengebrochenen Schuldners.[2] Es soll, wenn möglich eine Rettung des insolventen Unternehmens, ansonsten eine bestmögliche, gleichmäßige Befriedigung aller vermögensrechtlichen Gläubiger erzielen.[3] Oberste Priorität hat im Insolvenzrecht dabei der Grundsatz der gleichmäßigen Gläubigerbefriedigung (*par conditio creditorum*), der das Prioritätsprinzip der Einzelvollstreckung ablöst, um einen Wettlauf der Gläubiger zu verhindern.[4] Zur Erreichung dieses Ziels ver-

---

1 Insolvenzordnung vom 5.10.1994 (BGBl. I S. 2866); die Insolvenzordnung löste am 1.1.1999 die vorher geltende Konkursordnung vom 10.2.1877 und die Vergleichsordnung vom 26.2.1935 sowie die im Gebiet der DDR geltende Gesamtvollstreckungsordnung ab.

2 Auch schon der drohende wirtschaftliche Zusammenbruch reicht zur Eröffnung des Verfahrens auf Antrag des Schuldners, vgl. § 18 InsO; zu den Eröffnungsgründen allgemein *Smid*, Grdz. InsR, § 3 Rn 30 ff.

3 Diese doppelte Zielsetzung ist normiert in § 1 InsO; vgl. auch *Bork*, Einf. InsR, Rn 1 ff.

liert der Insolvenzschuldner gemäß § 80 Abs. 1 InsO mit Verfahrenseröffnung die Verwaltungs- und Verfügungsbefugnis über sein gegenwärtiges Vermögen sowie über die während des Verfahrens erworbenen Vermögensbestandteile. Diese Insolvenzmasse wird fortan vom Insolvenzverwalter verwaltet. Die Gläubiger des Schuldners werden – abgesehen von den aussonderungsberechtigten Gläubigern[5] – zu einer Gemeinschaft zusammengeführt und können über das Organ der Gläubigerversammlung sowie über einen fakultativen Gläubigerausschuss auf das Verfahren einwirken und ihre Interessen geltend machen.[6]

2. Die Verfahrensabschnitte

Der Ablauf des Insolvenzverfahrens gliedert sich in zwei Teile.[7] Durch den Eröffnungsantrag beginnt zunächst das Eröffnungsverfahren. Hierin prüft das Insolvenzgericht, ob die Zulässigkeitsvoraussetzungen des Insolvenzverfahrens gegeben sind, ein Insolvenzgrund vorliegt und ob die Insolvenzmasse zur Deckung der Verfahrenskosten ausreicht.[8] Das Gericht kann gemäß § 21 InsO darüber hinaus auch schon Sicherungsmaßnahmen anordnen, um eine für die Gläubiger nachteilige Veränderung der Vermögenslage zu verhindern. Hierzu gehört etwa die Bestellung eines vorläufigen Insolvenzverwalters (§ 21 Abs. 2 S. 1 Nr. 1 InsO) oder die Auferlegung eines allgemeinen Verfügungsverbots (§ 21 Abs. 2 S. 1 Nr. 2 InsO).

Liegen die Voraussetzungen zur Verfahrenseröffnung vor, so leitet das Gericht mit dem Eröffnungsbeschluss das eigentliche Insolvenzverfahren ein und bestimmt einen Insolvenzverwalter, § 27 InsO. Dieser erhält die Verwaltungs- und Verfügungsmacht über das Vermögen, bewertet die Insolvenzmasse und nimmt sie in Besitz. Er soll das Schuldnervermögen verwerten, Forderungen eintreiben und laufende Verträge abwickeln. Gläubiger können beim Insolvenzverwalter ihre Forderungen zur Eintragung in die Insolvenztabelle anmelden, §§ 28, 174 InsO. Diese werden dann auf die formellen Voraussetzungen des § 174 Abs. 2, 3 InsO hin überprüft und in die Insolvenztabelle eingetragen. Die Gläubigerversammlung beschließt in einem ersten Berichtstermin das weitere Vorgehen.[9] Sie kann entschei-

4 *Stürner* in: Kirchhof, MüKo InsO, Einl. Rn 62.

5 Zum Aussonderungsanspruch vgl. *Brinkmann* in: Uhlenbruck, InsO, § 47 Rn 3ff.

6 §§ 67 ff. InsO; Überblick bei *Jauernig/Berger*, ZwVollstrR/InsR, § 42 Rn 1 ff.

7 Zum Ablauf vgl. auch *Reischl*, Insolvenzrecht, Rn 29 ff.

8 Die genannten Voraussetzungen sind in den §§ 14 Abs. 1, 16, 26 InsO normiert.

9 Vgl. dazu § 157 InsO; zur Bedeutung der Gläubigerversammlung *Häsemeyer*, Insolvenzrecht, Rn 6.09a ff.

den, ob das Unternehmen durch Liquidation (Stilllegung) oder durch Übertragung auf einen anderen Rechtsträger (übertragende Sanierung) verwertet wird. Nach einer etwaigen Verwertung werden die Gläubiger entsprechend bestimmter Kriterien aus dem Verwertungserlös quotal befriedigt und das Insolvenzverfahren danach durch Gerichtsbeschluss beendet.[10] Die Gläubigerversammlung kann aber den Insolvenzverwalter auch mit der Erarbeitung eines Insolvenzplans beauftragen, der entweder Liquidations-, Übertragungs- oder auch Sanierungsplan sein kann. Ein Insolvenzplanverfahren bietet die Möglichkeit von den starren Vorgaben des Regelinsolvenzverfahrens abzuweichen und eigene Regelungen autonom zu gestalten.[11] Die Erfüllung eines bestätigten Plans kann durch den Insolvenzverwalter überwacht werden, §§ 260 ff. InsO. Die Überwachung wird durch Gerichtsbeschluss aufgehoben, sobald die festgelegten Ansprüche erfüllt sind.

II. Die Einwirkungsmöglichkeiten des vorläufigen Insolvenzverwalters auf Lizenzen und Lizenzverträge

Im Eröffnungsverfahren kann durch das Insolvenzgericht ein vorläufiger Insolvenzverwalter bestellt werden, § 21 Abs. 2 S. 1 Nr. 1 InsO. Dessen Stellung in Bezug auf Lizenzen und Lizenzverträge des Schuldners soll zunächst betrachtet werden. Dem Insolvenzgericht stehen bei der Bestellung eines vorläufigen Insolvenzverwalters zwei Alternativen zur Verfügung. Es kann gemäß §§ 21 Abs. 2 S. 1 Nr. 1, 22 Abs. 2 S. 1 InsO einen sogenannten „schwachen" vorläufigen Insolvenzverwalter bestellen. Dessen Position ist schwach, weil der Schuldner die Verfügungsbefugnis über sein Vermögen behält. Das Gericht bestimmt in einem solchen Fall den Inhalt der dem vorläufigen Insolvenzverwalter obliegenden Pflichten. Daneben steht dem Insolvenzgericht aber auch die Möglichkeit der Bestellung eines „starken" vorläufigen Insolvenzverwalters zur Verfügung, §§ 21 Abs. 2 S. 1 Nr. 2, 22 Abs. 1 InsO. Hier wird dem Schuldner ein allgemeines Verfügungsverbot auferlegt und die Verwaltungs- und Verfügungsbefugnis über das Vermögen geht auf den vorläufigen Insolvenzverwalter über.

10 §§ 187 - 200 InsO.

11 Vgl. §§ 217 ff. InsO und die Ausführungen bei *Smid*, Grdz. InsR, §§ 24, 25.

1. Bestellung eines „schwachen" vorläufigen Insolvenzverwalters

Bei der Bestellung eines „schwachen" vorläufigen Insolvenzverwalters hängt die Einwirkungsmöglichkeit auf Lizenzen und Lizenzverträge von der Bestimmung der Befugnisse durch das Gericht im Einzelfall ab. Hat das Gericht weder einen Einwilligungsvorbehalt noch andere ähnliche Beschränkungen[12] gegen den Schuldner verhängt, so ist dieser weiterhin dazu berechtigt, Lizenzen zu vergeben oder zu übertragen sowie Lizenzverträge abzuschließen oder zu kündigen. Der „schwache" vorläufige Insolvenzverwalter kann dann im Grundsatz nicht verhindern, dass der Schuldner eventuell auch zum Nachteil der Masse über Lizenzen verfügt. Er muss dem Insolvenzgericht jedoch solche Umstände anzeigen, die eine Gefährdung der Masse bewirken, so dass das Gericht gegebenenfalls nachträglich noch ein Verfügungsverbot oder einen Zustimmungsvorbehalt anordnen kann.[13] Wird dem Schuldner vom Gericht ein allgemeiner Zustimmungsvorbehalt angeordnet, so sind Verfügungen ohne Zustimmung oder nachträgliche Genehmigung gemäß §§ 24 Abs. 1, 81, 82 InsO absolut unwirksam. Der „schwache" vorläufige Insolvenzverwalter hat in diesem Fall also eine „Veto-Funktion".[14] Er kann insofern nachteilige Verfügungen über Lizenzen verhindern. Eine Befugnis zur Beendigung von Lizenzverträgen besitzt der „schwache" vorläufige Insolvenzverwalter hingegen nicht.[15] Dem widerspricht schon die Tatsache, dass der „schwache" vorläufige Insolvenzverwalter zu Eigenhandlungen nicht berechtigt ist.[16] Der Zweck seiner Arbeit besteht in der Sicherung und Erhaltung des Schuldnervermögens.[17] Eine Kündigungsmöglichkeit würde aber über die Erhaltungsfunktion hinausgehen und diese in Frage stellen.[18] Auch eine gerichtliche Ermächtigung zur Kündigung von Lizenzverträgen wird man nicht allgemein für zulässig erachten können. Lizenzverträge haben für die jeweiligen Unternehmen in vielen Fällen einen so großen Stellenwert, dass ihre Beendigung einer Betriebsstilllegung nahekommen könnte, die jedoch der Vorschrift des § 22 Abs. 1 S. 2 Nr. 2 InsO zufolge nur nach Erteilung der Zustimmung durch das Insolvenzgericht vollzogen werden darf.

---

12 Vgl. Aufzählung in § 21 Abs. 2 S. 1 InsO, die jedoch nicht abschließend ist, wie das Wort „insbesondere" zum Ausdruck bringt.

13 *Pohlmann*, Vorl. Insverw., Rn 220; *Vallender* in: Uhlenbruck, InsO, § 22 Rn 6 f.

14 *Wiedemann*, Lizenzen in der Insolvenz, Rn 1609.

15 a.A. LAG Baden-Württemberg ZIP 1996, 1387, 1388.

16 Vgl. § 21 InsO; das Insolvenzgericht ist zur Anordnung von Sicherungsmaßnahmen befugt.

17 *Leithaus* in: Andres/Leithaus, InsO, § 22 Rn 6.

18 *Pohlmann*, Vorl. Insverw., Rn 221; *Wiedemann*, Lizenzen in der Insolvenz, Rn 1611.

2. Bestellung eines „starken" vorläufigen Insolvenzverwalters

Die Stellung des „starken" vorläufigen Insolvenzverwalters ist derjenigen eines endgültigen Verwalters stark angenähert, wie der in § 22 Abs. 1 InsO angeordnete Übergang der Verwaltungs- und Verfügungsbefugnis zum Ausdruck bringt.[19]

a) Einwirkungsmöglichkeiten auf Lizenzverträge

Daher stellt sich die Frage, ob bereits der „starke" vorläufige Insolvenzverwalter das eventuell bestehende Wahlrecht des § 103 InsO ausüben und somit die Erfüllung noch offener Lizenzverträge ablehnen darf. Allerdings spricht schon die systematische Stellung im Gesetz gegen eine Anwendbarkeit der §§ 103 ff. InsO im Eröffnungsverfahren.[20] Außerdem ist der „starke" vorläufige Insolvenzverwalter zur Sicherung und Erhaltung des Schuldnervermögens verpflichtet, § 22 Abs. 1 S. 2 Nr. 1 InsO. Eine Ausübung des Wahlrechts würde als Masseverwertung aber der Erhaltungsaufgabe widersprechen.[21] Mit Bezug auf den Lizenzvertrag stellt sich weiterhin die Frage, ob er durch den „starken" vorläufigen Insolvenzverwalter in Ausnahmefällen beendet werden darf. Teilweise wird hierzu vertreten, dass die Sicherungsfunktion dem vorläufigen Verwalter eine Beendigung von solchen Dauerschuldverhältnissen erlaubt, die für das verwaltete Vermögen nicht mehr sinnvoll sind.[22] Dem ist beizupflichten, wenn der vorläufige Insolvenzverwalter zu der Auffassung gelangt, dass das schuldnerische Unternehmen stillgelegt werden muss und er dementsprechend die nach § 22 Abs. 1 S. 2 Nr. 2 InsO erforderliche insolvenzgerichtliche Zustimmung eingeholt hat.[23] Hier gebietet die Aufgabe der Werterhaltung eine möglichst frühzeitige Beendigung der Vertragsverhältnisse.

Im Übrigen ist eine Befugnis des vorläufigen Verwalters zur Beendigung von Lizenzverträgen jedoch nur sehr eingeschränkt anzunehmen. Für den „starken" vorläufigen Insolvenzverwalter gilt § 55 Abs. 2 S. 2 InsO. Demnach werden Verbindlichkeiten aus einem Dauerschuldverhältnis zu Masseverbindlichkeiten, wenn der vorläufige Verwalter die Gegenleistung in Anspruch nimmt. Lizenzgebühren aus einer ungenutzten Lizenz bleiben hingegen einfache Insolvenzforderungen nach § 38 InsO. Insofern verpflichtet die Werterhaltungsfunktion den vorläufigen

19 *Haarmeyer* in: Kirchhof, MüKo InsO, § 22 Rn 23; *Pohlmann*, Vorl. Insverw., Rn 87.

20 BGH ZInsO 2007, 1275; *Wegener* in: Uhlenbruck, InsO, § 103 Rn 24.

21 *Wiedemann*, Lizenzen in der Insolvenz, Rn 1616; *Häsemeyer*, Insolvenzrecht, Rn 7.47; für Filmlizenzverträge *Abel*, NZI 2003, 121, 122 f.

22 *Pohlmann*, Vorl. Insverw., Rn 501.

23 *Pohlmann*, Vorl. Insverw., Rn 503; *Wiedemann*, Lizenzen in der Insolvenz, Rn 1628.

Verwalter zwar dazu, von einer Lizenz bis zum Eröffnungsbeschluss keinen Gebrauch zu machen. Eine zwingende Pflicht zur Beendigung des Lizenzvertrags lässt sich aus ihr aber nicht ableiten.[24] Im Allgemeinen sprechen auch die vom Gesetz intendierte Stärkung der Gläubigerautonomie und die oft zentrale Bedeutung von Lizenzen für die Sanierung eines Betriebs gegen die Befugnis zur Kündigung im Eröffnungsverfahren.[25]

b) Einwirkungsmöglichkeiten auf Lizenzen

Mit Blick auf die dem Insolvenzschuldner eingeräumten Lizenzen ist fraglich, ob der „starke" vorläufige Insolvenzverwalter diese Lizenzen weiterübertragen oder an ihnen Unterlizenzen einräumen darf. Dies wird teilweise dann bejaht, wenn der Insolvenzschuldner seine Zustimmung erteilt.[26] Zur Begründung wird die Vermögenserhaltungsfunktion gemäß § 22 Abs. 1 S. 2 Nr. 1 InsO in eine Bestandserhaltungs- und eine Werterhaltungsfunktion unterteilt.[27] Eine für den Werterhalt der Masse „günstige" Veräußerung wird dann unter Verzicht auf die Bestandserhaltung im Wege einer teleologischen Reduktion des § 22 Abs. 1 InsO für zulässig erachtet, wenn der Schuldner sich seines Schutzes aufgrund autonomer Entscheidung entledige.[28] Diese Auffassung verkennt aber, dass die Bestandserhaltungsfunktion auch der Gläubigerautonomie dient. Die Gläubigergemeinschaft soll unter den gleichwertigen Verwertungsarten der Sanierung, der übertragenden Sanierung und der Liquidierung wählen dürfen, § 157 InsO. Eine solche Wahl ist jedoch nur dann effektiv möglich, wenn die wirtschaftlich-funktionale Einheit des Unternehmens nach Maßgabe der Bestandserhaltungsfunktion gesichert bleibt.[29] Daher ist die Verwertung des Vermögens im Eröffnungsverfahren grundsätzlich unzulässig.[30] Demzufolge ist eine – selbst für die Masse „günstige" – Unterlizenzierung oder Weiterübertragung von Lizenzen durch den vorläufigen Verwalter auch mit Zustimmung des Insolvenzschuldners abzulehnen, weil dies die Verwertungsentscheidung der Gläubiger auf die Liquidation verengen könnte.[31]

---

24 *Wiedemann*, Lizenzen in der Insolvenz, Rn 1630.

25 Vgl. *Pape/Uhlenbruck/Voigt-Salus*, Insolvenzrecht, Kap. 20 Rn 31: „Das Eröffnungsverfahren darf niemals das eröffnete Verfahren vorwegnehmen und damit die Gläubigerautonomie aushebeln."

26 *Pohlmann*, Vorl. Insverw., Rn 390 ff.

27 Dazu auch *Haarmeyer* in: Kirchhof, MüKo InsO, § 21 Rn 13.

28 *Pohlmann*, Vorl. Insverw., Rn 390.

29 *Wiedemann*, Lizenzen in der Insolvenz, Rn 1621.

30 *Pape/Uhlenbruck/Voigt-Salus*, Insolvenzrecht, Kap. 20 Rn 30; *Böhm* in: Braun, InsO, § 22 Rn 14; BGH ZIP 2001, 296, 298; in Bezug auf Filmlizenzen auch *Abel*, NZI 2003, 121, 123.

3. Zusammenfassung

Abschließend lässt sich festhalten, dass dem vorläufigen Insolvenzverwalter sowohl in seiner „schwachen“ als auch in seiner „starken“ Ausprägung nur eingeschränkt Einwirkungsmöglichkeiten auf den Lizenzvertrag und die eingeräumten Lizenzen zustehen. Dies rührt daher, dass er einer Verwertung des Betriebs durch den endgültigen Verwalter und die Gläubigergemeinschaft nicht vorgreifen soll und er insofern das Vermögen des Schuldners nur zu sichern und zu erhalten hat. Von ungleich größerer Bedeutung ist daher die Betrachtung von Lizenzen und Lizenzverträgen im eigentlichen Insolvenzverfahren, das mit dem Eröffnungsbeschluss beginnt.

31 *Wiedemann*, Lizenzen in der Insolvenz, Rn 1623.

§ 7 Die Massezugehörigkeit urheberrechtlicher Rechtspositionen

I. Die Bestimmung der Insolvenzmasse

Die Frage der Massezugehörigkeit von Gegenständen und Rechten spielt im Insolvenzverfahren eine bedeutende Rolle, denn nur für das zur Insolvenzmasse gehörende Vermögen geht die Verwaltungs- und Verfügungsbefungnis gemäß § 80 Abs. 1 InsO auf den Insolvenzverwalter über. Gemäß § 148 InsO hat der Insolvenzverwalter das zur Insolvenzmasse gehörende Vermögen sofort nach Verfahrenseröffnung in Besitz und Verwaltung zu nehmen.

1. § 35 InsO und der Vermögensbegriff

Den Ausgangspunkt für die Bestimmung der Masse bildet § 35 InsO. Hiernach erfasst das Insolvenzverfahren das gesamte Vermögen, das dem Schuldner zum Zeitpunkt der Verfahrenseröffnung gehört sowie dasjenige, das er während des Verfahrens erlangt (sog. Neuerwerb[1]). Der insolvenzrechtliche Vermögensbegriff wird dabei zumeist durch eine Abgrenzung von den Persönlichkeitsrechten definiert.[2] Reine Persönlichkeitsrechte können im heutigen Recht der Vermögensexekution nicht Objekt der Zwangsvollstreckung und damit auch nicht Teil der Insolvenzmasse werden.[3] Vereint ein Recht hingegen sowohl persönlichkeitsrechtliche als auch vermögensrechtliche Aspekte in sich, so bereitet die Definition über eine Negativabgrenzung Probleme. Nach der monistischen Theorie ist auch das Urheberrecht ein solches Recht mit persönlichkeits- und vermögensrechtlichen Anteilen.[4] Würde man hier nun allgemein wegen des Persönlichkeitsbezugs von einer Nichtzuge-

---

1 *Bork*, Einf. InsR, Rn 119; *Hirte* in: Uhlenbruck, InsO, § 35 Rn 110 ff.; kritisch zum Neuerwerb *Jauernig/Berger*, ZwVollstrR/InsR, § 48 Rn 1 f.

2 *Häsemeyer*, Insolvenzrecht, Rn 9.06 ff.; *Bäuerle* in: Braun, InsO, § 35 Rn 3; *Hirte* in: Uhlenbruck, InsO, § 35 Rn 13 ff.; vertiefend *Wallner*, Insolvenz des Urhebers, S. 20 ff.

3 *Hubmann*, FS Lehmann, 812, 813 f.

4 Vgl. S. 11.

hörigkeit zur Masse ausgehen, so bliebe der Vermögenswert von Urheberrechten gänzlich unbeachtet. Dies ist angesichts der wirtschaftlichen Bedeutung von Urheberrechten unangemessen, so dass die geistigen Eigentumsrechte als Vermögen im Sinne des § 35 Abs. 1 InsO anzusehen sind.[5] Der persönlichkeitsrechtliche Aspekt des Urheberrechts ist aber auch bei einer grundsätzlichen Massezugehörigkeit im Rahmen der Insolvenz besonders zu berücksichtigen.[6]

2. § 36 InsO und die Unpfändbarkeit

Eine bedeutende Einschränkung erfährt die Massezugehörigkeit durch § 36 Abs. 1 InsO, wonach solche Gegenstände aus der Insolvenzmasse herausgenommen sind, die nicht der Einzelzwangsvollstreckung unterliegen.[7] Damit verweist die Insolvenzordnung auf die Vorschriften der §§ 811 ff., 850 ff. ZPO über unpfändbare Gegenstände.[8] Diese Vorschriften beschränken den Anwendungsbereich der Pfändungsverbote allerdings auf die Zwangsvollstreckung wegen Geldforderungen in das bewegliche Vermögen. Das Urheberrecht und an ihm gewährte Lizenzen stellen zwar kein bewegliches Vermögen dar, unterfallen aber der Kategorie der anderen Vermögensrechte im Sinne des § 857 ZPO. Insofern gelten die Pfändungsschutzvorschriften der §§ 850 ff. InsO durch die Anordnung in § 857 Abs. 1 ZPO entsprechend. Von besonderer Bedeutung für das geistige Eigentum ist dabei die über § 857 Abs. 1 ZPO anzuwendende Vorschrift des § 851 Abs. 1 ZPO. Hiernach sind die Vermögensrechte der Pfändung nur insoweit unterworfen, als sie übertragbar sind. Die Möglichkeit zur Übertragung des Rechts am geistigen Eigentum ist folglich die entscheidende Voraussetzung der Zwangsvollstreckung und über § 36 Abs. 1 InsO damit auch der Zugehörigkeit zur Insolvenzmasse.

Allgemein unterfallen Rechte immer dann der Insolvenzmasse, wenn die folgenden vier Voraussetzungen erfüllt sind: Die Rechte müssen Vermögensrechte sein, sie müssen der Zwangsvollstreckung unterliegen, sie müssen dem Schuldner

---

5 Ein weiter gefasster Vermögensbegriff im Rahmen des § 35 InsO ist auch deshalb unschädlich, weil die Insolvenzmasse - wie sogleich behandelt wird - schon durch § 36 InsO ein Korrektiv erhält, vgl. auch *Wallner*, Insolvenz des Urhebers, S. 34.

6 Vgl. *Wiedemann*, Lizenzen in der Insolvenz, Rn 146; *Hubmann*, FS Lehmann, 812, 815; auch der BGH stellt für das Urheberpersönlichkeitsrecht fest, dass nur ein Restbestandteil unverzichtbar sei, BGH JZ 1955, 211, 214.

7 Trotz Unpfändbarkeit gemäß der ZPO erklärt § 36 Abs. 2, 3 InsO hingegen einige - für den Kontext dieser Arbeit jedoch zu vernachlässigende - Sachen für zur Insolvenzmasse gehörig.

8 Auch im Gesamtvollstreckungsrecht der InsO soll das in Art. 20 Abs. 3 GG verankerte Sozialstaatsprinzip ausreichend Berücksichtigung erfahren, indem besonders das Existenzminimum des Schuldners geschützt wird; vgl. *Stickelbrock*, WM 2004, 549.

zustehen und der Schuldner muss diese Rechte vor der Eröffnung oder während des Insolvenzverfahrens erworben haben.[9] Im Rahmen dieser Arbeit sind davon vor allem die ersten beiden Voraussetzungen bedeutsam. Die anderen beiden Merkmale werfen insoweit keine spezifischen Probleme auf und bedürfen daher keiner näheren Untersuchung.

II. Das Urheberrecht als Bestandteil der Insolvenzmasse?

Das Urheberrecht ist in seinem Kern als solches gemäß § 29 Abs. 1 UrhG nicht übertragbar.[10] Dies ergibt sich daraus, dass der Kern des Urheberrechts persönlichkeitsrechtlicher Natur ist und Persönlichkeitsrechte als höchstpersönliche Rechte nicht übertragbar sind.[11] Zu diesem persönlichkeitsrechtlichen Kern des Urheberrechts zählen insbesondere das Veröffentlichungsrecht (§ 12 UrhG), das Recht auf Anerkennung der Urheberschaft (§ 13 UrhG) sowie das Recht, eine Entstellung oder andere Beeinträchtigung des Werkes zu verbieten (§ 14 UrhG). Daneben zählt man auch das Recht auf Zugang zu den Werkstücken (§ 35 UrhG) zu diesem Kern.[12] Über den Wortlaut von § 29 Abs. 1 UrhG hinaus gilt auch für das umfassende urheberrechtliche Verwertungsrecht des § 15 UrhG, dass es nicht übertragen werden kann.[13] Das Recht neue Arten der Verwertung zu erschließen und für sich nutzbar zu machen, steht höchstpersönlich dem Urheber zu. Aus dieser Unübertragbarkeit folgt für den Urheberrechtskern sowie das umfassende Verwertungsrecht, dass beide gemäß §§ 857 Abs. 1, 851 Abs. 1 ZPO nicht pfändbar sind. Aus dieser Unpfändbarkeit ergibt sich wiederum schließlich die Tatsache, dass der Urheberrechtskern und das umfassende Verwertungsrecht § 36 Abs. 1 InsO zufolge nicht Bestandteil der Insolvenzmasse in einer Insolvenz des Urhebers werden.

Man könnte zwar insofern für den Urheberrechtskern und das umfassende Verwertungsrecht an eine Anwendung von § 857 Abs. 3 ZPO denken. Nach dieser Vorschrift unterliegen auch unveräußerliche Rechte insoweit der Pfändung, als ihre Ausübung einem anderen überlassen werden darf. Dies gilt jedoch nur, soweit keine besonderen Vorschriften eingreifen. Solche Sondervorschriften finden sich für

9 *Lwowski/Peters* in: Kirchhof, MüKo InsO, § 35 Rn 16.

10 Eine gesetzlich zugelassene Ausnahme stellt lediglich die Übertragung im Rahmen der Erbfolge dar, wie § 28 UrhG zum Ausdruck bringt.

11 Vgl. nur *Schack*, Urheberrecht, Rn 637 m. w. N.

12 Vgl. *Henckel* in: Jaeger, Insolvenzordnung, § 35 Rn 42 m. w. N.

13 *Spautz* in: Möhring/Nicolini, UrhG, § 29 Rn 7; *Gamm*, UrhG, § 113 Rn 6; *Schack*, Urheberrecht, Rn 539; *Stickelbrock*, WM 2004, 549, 550.

den Bereich des Urheberrechts aber in den §§ 112 ff. UrhG.[14] Gemäß § 113 UrhG ist die Zwangsvollstreckung gegen den Urheber wegen Geldforderungen nur mit seiner Einwilligung und nur insoweit zulässig, als er Nutzungsrechte einräumen kann. An dem persönlichkeitsrechtlichen Urheberrechtskern und dem umfassenden Verwertungsrecht können aber keine Nutzungsrechte eingeräumt werden. Auch die Erteilung der Einwilligung bleibt damit für den unveräußerlichen Urheberrechtskern ebenso wie für das umfassende Verwertungsrecht versperrt. Insofern bringt diese Vorschrift noch einmal zum Ausdruck, dass der Gesetzgeber die persönlich-geistigen Interessen des Urhebers höher gewichtet als die finanziellen Interessen der Gläubiger.[15] Diese Wertentscheidung ist aufgrund von § 36 Abs. 1 InsO auch für das Insolvenzverfahren maßgeblich, so dass der Urheberrechtskern und das umfassende Verwertungsrecht dank ihres Persönlichkeitsbezugs nicht Bestandteil der Insolvenzmasse sind.[16]

III. Die Verwertungsrechte als Bestandteil der Masse eines insolventen Urhebers

Über den Urheberrechtskern und das umfassende Verwertungsrecht hinaus erscheint aber eine Massezugehörigkeit insbesondere der vermögensrechtlich geprägten Verwertungsrechte möglich. Der den § 857 Abs. 3 ZPO verdrängende § 113 UrhG hält die Zwangsvollstreckung insoweit für zulässig, als der Urheber Nutzungsrechte einräumen kann. Damit wird auf die Möglichkeit zur Gewährung von Lizenzen gemäß § 31 UrhG verwiesen. Eine Zugehörigkeit zur Insolvenzmasse des Urhebers könnte mithin für solche Nutzungsmöglichkeiten in Betracht kommen, für die der Urheber bislang noch keine Lizenzen gewährt hat. Doch § 113 UrhG macht die Zwangsvollstreckung zudem von einer Einwilligung des Urhebers abhängig. Zur Insolvenzmasse im Sinne der §§ 35, 36 InsO können damit nur solche Verwertungsrechte gehören, die der Urheber durch seine Einwilligung für zur Masse gehörig erklärt.[17] An § 113 UrhG wird die rechtspolitische

14 *Klopp/Kluth* in: Gottwald, Hdb. InsR, § 25 Rn 59; *Becker* in: Musielak, ZPO, § 857 Rn 11; *Stöber* in: Zöller, ZPO, § 857 Rn 11; *Westrick/Bubenzer*, FS Hertin, S. 287, 290.

15 *Rehbinder*, Urheberrecht, Rn 957; *Lütje* in: Möhring/Nicolini, UrhG, § 112 Rn 3; *Paulus*, ZIP 1996, 2, 3.

16 Allg. Auffassung, vgl. *Schack*, Urheberrecht, Rn 884; *Westrick/Bubenzer*, FS Hertin, S. 287, 291; *Stickelbrock*, WM 2004, 549, 550; *Lwowski/Peters* in: Kirchhof, MüKo InsO, § 35 Rn 339 ff.; *Ulmer*, UrhR/VerlR, S. 571; *Bork*, Einf. InsR, Rn 122; *Hirte* in: Uhlenbruck, InsO, § 35 Rn 248; *Hoffmann*, ZInsO 2003, 732, 734; *Kammel* in: Kilian/Heussen, Hdb. ComputerR, Kap. 171 Rn 13; *Lütje* in: Möhring/Nicolini, UrhG, § 112 Rn 9; *Wallner*, Insolvenz des Urhebers, S. 41; *Henckel* in: Jaeger, Insolvenzordnung, § 35 Rn 42 ff.

Wertentscheidung des Gesetzgebers deutlich, dass das durch den Urheber geschaffene Werk Teil des Kulturgutes ist. Aufgrund der engen Verbindung des Urhebers zu seinem Werk soll ihm in Zwangsvollstreckung und Insolvenz die persönliche Verfügungsbefugnis erhalten bleiben.

1. Die Einwilligung des § 113 UrhG

Die erforderliche Einwilligung ist ein einseitiges, empfangsbedürftiges Rechtsgeschäft. Sie ist formfrei und kann daher mündlich, schriftlich oder auch stillschweigend erteilt werden.[18] Gemäß § 113 S. 2 UrhG kann die Einwilligung nicht durch den gesetzlichen Vertreter erteilt werden. Zum Schutz der Persönlichkeit ist die Einwilligung durch den Urheber selbst zu erteilen.[19] So wie der Urheber gemäß § 31 Abs. 1 UrhG die Erteilung von Nutzungsrechten sachlich, räumlich, zeitlich und persönlich beschränken kann, ist ihm dies auch bei der Erteilung der Einwilligung in die Zwangsvollstreckung möglich.

a) Zeitpunkt der Einwilligung

Im Sinne des § 183 Abs. 1 BGB ist die Einwilligung als vorherige Zustimmung zu verstehen, so dass die Einwilligung zu Beginn der Einzelzwangsvollstreckung vorliegen muss.[20] Eine nachträgliche Genehmigung bewirkt keine Heilung, so dass eine Pfändung ohne Einwilligung unwirksam ist. Diese enge Wortlautauslegung ist für die Zwangsvollstreckung aufgrund der dort herrschenden Formenstrenge plausibel.[21] Ein Gläubiger kann die gescheiterte Pfändung jederzeit rechtswirksam wiederholen. Für den Bereich des Insolvenzverfahrens ist sie hingegen problematisch. Der Urheber kann die Einwilligung gegenüber dem Insolvenzverwalter nicht vor Verfahrenseröffnung erteilen, da zu diesem Zeitpunkt ein Insolvenzverwalter noch nicht bestellt ist.[22] Teilweise wird deswegen eine Anwendbarkeit der

---

17 *Westrick/Bubenzer*, FS Hertin, S. 287, 292.

18 *Wild* in: Schricker/Loewenheim, UrhR, § 113 Rn 6.

19 Die Einwilligung ist aber kein höchstpersönliches Geschäft; der Urheber kann einen Vertreter rechtsgeschäftlich bevollmächtigen; *Kefferpütz* in: Wandtke/Bullinger, UrhR, § 113 Rn 13; *Ulmer*, UrhR/VerlR, S. 573; a. A. *Westrick/Bubenzer*, FS Hertin, S. 287, 294; *Wiedemann*, Lizenzen in der Insolvenz, Rn 267.

20 *Lütje* in: Möhring/Nicolini, UrhG, § 113 Rn 12; *Wild* in: Schricker/Loewenheim, UrhR, § 113 Rn 6; *Boddien* in: Fromm/Nordemann, Urheberrecht, § 113 Rn 20; *Gamm*, UrhG, § 113 Rn 7; *Ulmer*, UrhR/VerlR, S. 575; *Stickelbrock*, WM 2004, 549, 552; *Schricker*, Verlagsrecht, § 36 Rn 25.

21 *Schack*, Urheberrecht, Rn 880; *Kirchmaier* in: Mestmäcker/Schulze/Schulze, Urheberrechtskommentar, § 113 Rn 11.

§§ 112 ff. UrhG für das Insolvenzverfahren verneint.[23] Eine solche Sichtweise verkennt aber die in § 36 Abs. 1 InsO zum Ausdruck kommende Abhängigkeit der Massezugehörigkeit von der Pfändbarkeit, die eine Beachtung der zwangsvollstreckungsrechtlichen Sonderregeln der §§ 112 ff. UrhG erfordert. Andere gehen insofern davon aus, dass die Einwilligung des Urhebers erst dann erforderlich ist, wenn der Insolvenzverwalter das Nutzungsrecht verwertet.[24] Vorher falle es zunächst auch ohne Einwilligung in die Insolvenzmasse. Doch auch diese Auffassung lässt sich nicht mit § 36 Abs. 1 InsO in Einklang bringen. Nach dieser Vorschrift ist die Pfändbarkeit eines Gegenstandes bereits für die Zugehörigkeit zur Insolvenzmasse vonnöten und nicht erst für die Verwertung.

Wieder andere plädieren für die Möglichkeit einer nachträglichen Zustimmung, die aber auf den Zeitpunkt der Verfahrenseröffnung zurückwirken soll.[25] Diese Konstruktion stellt einen „Kunstgriff"[26] dar, der letztlich über den Wortlaut des § 113 UrhG hinaus auch die Genehmigung des Urhebers ermöglichen soll. Der Grund für diese dogmatisch fragwürdige Fiktion ist darin zu erblicken, dass unter Geltung der Konkursordnung nur das bei Verfahrenseröffnung vorhandene Vermögen an dem Konkursverfahren teilnehmen konnte.[27] Diese Beschränkung besteht nun aber nicht mehr. Nach § 35 InsO erfasst die Insolvenzmasse auch den sogenannten Neuerwerb an Vermögen, den der Schuldner während des Verfahrens erwirbt. Damit wird die Insolvenzmasse nicht mehr durch das zum fixen Zeitpunkt der Verfahrenseröffnung vorhandene Vermögen festgelegt, sondern kann auch nachträglich noch um solche Vermögenswerte angereichert werden, die später erworben oder später pfändbar werden. Für die Einwilligung im Sinne des § 113 UrhG hat dies zur Folge, dass sie auch noch nach der Verfahrenseröffnung erteilt werden kann. Mit der Erteilung wird das urheberrechtliche Verwertungsrecht dann pfändbar und dementsprechend auch Teil der Insolvenzmasse.[28] Dieses Ergebnis

22 Vgl. auch *Wallner*, Insolvenz des Urhebers, S. 60 ff.

23 *Rehbinder*, Urheberrecht, Rn 956.

24 *Lütje* in: Möhring/Nicolini, UrhG, § 112 Rn 10.

25 So zum Recht der Konkursordnung *de Boor*, ZHR 1916, 421, 444; *Ulmer*, UrhR/VerlR, S. 574; auch unter Geltung der InsO *Schricker*, Verlagsrecht, § 36 Rn 25.

26 So bezeichnet auch von *Wiedemann*, Lizenzen in der Insolvenz, Rn 258.

27 Zum Recht unter der Konkursordnung vgl. nur *Henckel* in: Jaeger, Insolvenzordnung, § 35 Rn 99 ff.; *Eickmann* in: Kreft, HK-InsO, § 35 Rn 33 ff.; auch *Wallner* sieht den Grund für die Konstruktion in der fehlenden Einbeziehung des Neuerwerbs, *Wallner*, Insolvenz des Urhebers, S. 63.

28 *Wallner*, Insolvenz des Urhebers, S. 64; *Schack*, Urheberrecht, Rn 884; *Hirte* in: Uhlenbruck, InsO, § 35 Rn 248; *Kreuzer/Reber* in: Loewenheim, Hdb. UrhR, § 95 Rn 52; *Wiedemann*, Lizenzen in der Insolvenz, Rn 265.

berücksichtigt die Besonderheiten des Insolvenzverfahrens ohne mit dem Wortlaut von § 36 Abs. 1 InsO oder § 113 UrhG in Konflikt zu geraten. Eine Rückwirkung der Einwilligung ist nach heutigem Recht nicht mehr nötig.

b) Möglichkeiten der Ersetzung der Einwilligung

Für die Gläubiger eines insolventen Urhebers ist die bestmögliche Auswertung des urheberrechtlichen Werkes von entscheidender Bedeutung, da das Werk den elementaren Vermögensbestandteil des Schuldners darstellen kann. Ein insolventer Urheber kann aber grundsätzlich die Einwilligung in die Zwangsvollstreckung und damit auch in die insolvenzrechtliche Verwertung seines Werkes ohne Angabe von Gründen verweigern.[29] Insofern stellt sich für den Insolvenzverwalter die Frage, ob er – zugunsten der Gläubiger – irgendeine Einflussmöglichkeit auf die Erteilung der Einwilligung besitzt. Gemäß § 113 S. 2 UrhG kann die Einwilligung nicht durch den gesetzlichen Vertreter erteilt werden.[30] Eine Erklärung durch den Insolvenzverwalter scheidet insofern aus.[31] Für die Zwangsvollstreckung gegen den Rechtsnachfolger des Urhebers ist dessen Einwilligung erforderlich, § 115 UrhG. Der Insolvenzverwalter ist aber nicht als Rechtsnachfolger des Urhebers anzusehen, da er nur die Verwaltungs- und Verfügungsbefugnis übernimmt.[32] Im Rahmen des Insolvenzverfahrens trifft den Insolvenzschuldner eine allgemeine Mitwirkungspflicht gemäß § 97 InsO, deren Inhalt im pflichtgemäßen Ermessen des Insolvenzverwalters steht.[33] Diese Mitwirkungspflicht reicht jedoch nicht so weit, dass der Insolvenzverwalter durch sie die Einwilligung des Urhebers erzwingen kann.[34] Dies würde den hohen Stellenwert des Urheberpersönlichkeitsrechts untergraben und letztlich aushöhlen.

aa) Entbehrlichkeit bei Verwertungsabsicht?

Fraglich ist jedoch, ob § 113 UrhG nicht dahingehend teleologisch zu reduzieren ist, dass eine Einwilligung dann nicht mehr erforderlich ist, wenn der Urheber

29 *Kefferpütz* in: Wandtke/Bullinger, UrhR, § 113 Rn 15, 17; *Stickelbrock*, WM 2004, 549, 553.

30 Gegen einen geschäftsunfähigen Urheber ist die Zwangsvollstreckung damit insgesamt ausgeschlossen, so dass seine Verwertungsrechte nicht in die Insolvenzmasse fallen; *Westrick/Bubenzer*, FS Hertin, S. 287, 294; *Gamm*, UrhG, § 113 Rn 7.

31 *Wiedemann*, Lizenzen in der Insolvenz, Rn 267.

32 Vgl. *Stickelbrock*, WM 2004, 549, 552.

33 *Kayser* in: Kreft, HK-InsO, § 97 Rn 30; *App* in: Wimmer, FK-InsO, § 97 Rn 15.

34 *Westrick/Bubenzer*, FS Hertin, S. 287, 294; *Stickelbrock*, WM 2004, 549, 553.

seine Verwertungsabsicht kundgegeben hat.[35] Dies wird insbesondere für urheberrechtlich geschützte Software vertreten, sofern der Urheber eine kommerzialisierte Nutzung seines Werkes anstrebt. Die Auffassung begründet sich durch einen Vergleich mit dem Patentrecht. Der Erfinder soll sich auch nicht mehr auf seine Erfinderpersönlichkeitsrechte berufen können, sobald er seine Absicht zur Vermarktung der Erfindung zu erkennen gegeben hat und das Erfinderrecht damit zum Vermögensrecht wird.[36] Übertragen auf das Urheberrecht bedeute dies, dass bei solchen Werken, die vornehmlich Wirtschaftsgut seien, der persönlichkeitsrechtliche Aspekt so weit in den Hintergrund trete, dass eine Notwendigkeit für die Einwilligung nicht mehr bestehe. Mittels einer teleologischen Reduktion des § 113 UrhG solle daher ab dem Zeitpunkt der geäußerten Kommerzialisierungsabsicht die Zwangsvollstreckung auch ohne Einwilligung des Urhebers möglich sein, so dass die Verwertungsrechte zu diesem Zeitpunkt auch Gegenstand der Insolvenzmasse werden. Doch diese Auffassung begegnet einigen Zweifeln. Es ist zwar richtig, dass gerade im Softwarebereich die Urheberpersönlichkeitsrechte teilweise nur eine untergeordnete Bedeutung haben. Dennoch rechtfertigt ein Interesse an effektivem Gläubigerschutz im Ergebnis nicht den generellen Verzicht auf das Einwilligungserfordernis bei kommerziellen Werken.[37] Dies würde zu weit gehen, verweigert es doch auch solchen kommerziell arbeitenden Urhebern das Einwilligungsrecht, deren Werk ungeachtet der Vermarktung Ausdruck schöpferischer Entfaltung der Persönlichkeit ist. Manche Urheber mögen vielleicht – trotz geäußerter Kommerzialisierungsabsicht – innerliche Restriktionen in Bezug auf Art und Weise oder Umfang der Verwertung hegen, die sich nur über das Einwilligungserfordernis adäquat berücksichtigen lassen.

Etwas anderes ist es jedoch, wenn in der Äußerung der Verwertungsabsicht eine konkludente Einwilligung zu erblicken ist. Eine konkludente Einwilligung ist grundsätzlich möglich.[38] Die Handlungen des Erklärenden müssen dazu nur den Schluss auf einen bestimmten Rechtsfolgewillen zulassen.[39] Sobald der Urheber

---

35 *Paulus* in: Lehmann, Rechtsschutz, Kap. XVII Rn 20; *Breidenbach*, CR 1989, 971, 972; *Roy/Palm*, NJW 1995, 690, 692.

36 Vgl. BGH NJW 1955, 628; *Breidenbach*, CR 1989, 971, 972; *Zimmermann*, GRUR 1999, 121, 122.

37 So auch *Stickelbrock*, WM 2004, 549, 552 f.; *Lütje* in: Möhring/Nicolini, UrhG, § 113 Rn 20 f.; *Kreuzer/Schwarz* in: Loewenheim, Hdb. UrhR, § 95 Rn 18; *Boddien* in: Fromm/Nordemann, Urheberrecht, § 113 Rn 23; *Wiedemann*, Lizenzen in der Insolvenz, Rn 273 ff.

38 *Kreuzer/Schwarz* in: Loewenheim, Hdb. UrhR, § 95 Rn 17; *Lütje* in: Möhring/Nicolini, UrhG, § 113 Rn 13.

39 *Flume*, BGB AT, S. 69 f.; *Larenz/Wolf*, BGB AT, § 24 Rn 17; *Ellenberger* in: Palandt, BGB, Einf. v. § 116 Rn 6.

in hinreichend bestimmter Form zum Ausdruck gebracht hat, das Werk auf eine konkrete Art und Weise verwerten zu wollen, ist dies als konkludente Einwilligung anzusehen.[40] Dies bereitet auch vor dem Hintergrund persönlichkeitsrechtlichen Schutzes keine Bedenken, da die konkludente Einwilligung jederzeit bis zum Beginn der Vollstreckungsmaßnahmen frei widerruflich ist.[41]

bb) Analogie zu § 34 Abs. 1 S. 2 UrhG?

Ein anderer Vorschlag zum Gläubigerschutz bemüht den Grundsatz von Treu und Glauben. Aus einer Analogie zu § 34 Abs. 1 S. 2 UrhG sei herzuleiten, dass der Urheber die Einwilligung des § 113 UrhG nicht treuwidrig verweigern darf.[42] Eine rechtsmissbräuchliche Ausübung des Einwilligungsrechts soll immer dann vorliegen, wenn sich kommerzielle Interessen und Absichten des Urhebers schon so weit manifestiert haben, dass sie die persönlichkeitsrechtlichen Interessen des Urhebers nicht aufzuwiegen vermögen.[43] Im Vergleich zu der teleologischen Reduktion bei Verwertungsabsicht sei an dieser Lösung vorteilhaft, dass eine Vollstreckung ohne Einwilligung unzulässig bliebe und nur ein Anspruch auf Erteilung der Einwilligung bestehe, der selbständig gerichtlich überprüft werden könne. Die Analogie setzt aber eine unbewusste Lücke im gesetzlichen Regelungssystem sowie eine vergleichbare Interessenkonstellation im geregelten und im nicht geregelten Fall voraus.[44] Eine Restriktion der Einwilligungsfreiheit durch Treu und Glauben ist für § 113 UrhG nicht vorgesehen. Dies könnte eine planwidrige Regelungslücke darstellen.

Fraglich ist aber, ob nicht bei § 34 UrhG solche Interessen den Ausschlag für die Zustimmungsbegrenzung geben, die bei § 113 UrhG keine vergleichbare Entsprechung finden. § 34 Abs. 1 S. 2 UrhG versagt dem Urheber die treuwidrige Verweigerung der Zustimmung, sofern es um die Weiterübertragung einer Lizenz vom Lizenznehmer auf einen Sublizenznehmer geht. Der Urheber hat sich in dieser Situation also bereits für eine bestimmte Verwertung seines Werkes entschieden und eine Lizenz an einen Dritten eingeräumt. Nun soll er nicht rechtsmissbräuch-

40 A. A. *Lütje* in: Möhring/Nicolini, UrhG, § 113 Rn 14; *Wiedemann*, Lizenzen in der Insolvenz, Rn 283, die praktisch keinen Anwendungsbereich der konkludenten Einwilligung sehen.

41 Das ergibt sich schon aus § 183 S. 1 BGB; *Boddien* in: Fromm/Nordemann, Urheberrecht, § 113 Rn 21; *Wild* in: Schricker/Loewenheim, UrhR, § 113 Rn 6; *Gamm*, UrhG, § 113 Rn 7.

42 *Paulus*, CR 1987, 651, 656; *Lütje* in: Möhring/Nicolini, UrhG, § 113 Rn 22; *Kirchmaier* in: Mestmäcker/Schulze/Schulze, Urheberrechtskommentar, § 113 Rn 11; ähnlich auch *Abel* in: Berger/Wündisch, Urhebervertragsrecht, § 13 Rn 95 f.

43 *Lütje* in: Möhring/Nicolini, UrhG, § 113 Rn 22.

44 *Larenz*, Methodenlehre, S. 381 ff.; vertiefend *Engisch*, Einf. jur. Denken, S. 247 ff.

lich eine translative Übertragung der Lizenz verhindern können, da es in diesem Fall nur um die Person des Nutzenden geht. § 113 UrhG schützt den Urheber hingegen davor, dass er auch in Zwangsvollstreckung und Insolvenz nicht die Dispositionsbefugnis über die konkrete Art der Verwertung seines Werkes verliert. Er hat die vom Insolvenzverwalter gewünschte Verwertung seines Werkes noch nicht vorgenommen, so dass es bei seiner Entscheidung um das „Ob" der Verwertung geht. Eine solche Entscheidung muss er nicht durch sachliche Gründe rechtfertigen.[45] Mit Blick auf urheberpersönlichkeitsrechtliche Aspekte ist die Interessenlage bei der Ersteinräumung von Lizenzen und der Weiterübertragung bereits eingeräumter Lizenzen nicht vergleichbar. Insofern fehlt es an einer Voraussetzung für die Analogie zu § 34 Abs. 1 S. 2 UrhG. Der Urheber ist bei seiner Entscheidung über die Einwilligung im Sinne des § 113 UrhG mithin nicht durch den Grundsatz von Treu und Glauben beschränkt.[46]

cc) Versagung der Restschuldbefreiung?

Teilweise wird zum Schutz der Gläubiger auch vertreten, dass dem Insolvenzschuldner bei Verweigerung der Einwilligung eine Versagung der Restschuldbefreiung gemäß §§ 286 ff. InsO anzudrohen sei.[47] Die Nutzung eines werthaltigen Urheberrechts könne im Interesse der Gläubiger als Schuldnerobliegenheit im Sinne des § 295 Abs. 1 Nr. 1 InsO[48] oder die Verweigerung der Einwilligung als Versagungsgrund im Sinne des § 290 Abs. 1 Nr. 6 InsO[49] angesehen werden. Ansonsten bestünde die Gefahr, dass ein Werk in der Phase der Restschuldbefreiung zurückbehalten und erst danach erstmals oder erneut verwertet wird.[50] Die Androhung der Versagung einer Restschuldbefreiung kommt aber einer Erpressung des Urhebers zur Abgabe der Einwilligung gleich, die mit dem Urheberpersönlichkeitsrecht schlichtweg nicht zu vereinbaren ist.[51] Außerdem stellt ein solcher Vorschlag eine Ungleichbehandlung desjenigen Urhebers dar, der als natürliche Person insolvent wird, denn nur bei diesem gibt es das Druckmittel der Versagung der Restschuldbefreiung.[52]

---

45 So auch *Stickelbrock*, WM 2004, 549, 553; *Wiedemann*, Lizenzen in der Insolvenz, Rn 290.

46 Ebenso *Wallner*, Insolvenz des Urhebers, S. 81 f.; *Dietrich* in: Büscher/Dittmer/Schiwy, Gewerblicher Rechtsschutz, § 113 UrhG Rn 7; *Wiedemann*, Lizenzen in der Insolvenz, Rn 296; *Stickelbrock*, WM 2004, 549, 553.

47 *Wallner*, Insolvenz des Urhebers, S. 85 ff.; *Hoffmann*, ZInsO 2003, 732, 735.

48 *Hoffmann*, ZInsO 2003, 732, 735.

49 *Wallner*, Insolvenz des Urhebers, S. 86.

50 *Wallner*, Insolvenz des Urhebers, S. 85.

51 *Wiedemann*, Lizenzen in der Insolvenz, Rn 300 f.; *Stickelbrock*, WM 2004, 549, 553.

2. Umfang einer erteilten Einwilligung

Durch die Einwilligung des Urhebers wird ein Verwertungsrecht Bestandteil der Insolvenzmasse. Dabei kann die Einwilligung – wie oben erarbeitet[53] – auch noch während des Verfahrens erteilt werden, so dass das Recht dann unter den Neuerwerb im Sinne des § 35 InsO fällt. Für den Umfang der Einwilligung kann der Zweckübertragungsgrundsatz des § 31 Abs. 5 UrhG herangezogen werden.[54] Der Urheber wird demzufolge nur so wenig wie möglich von seinem Urheberrecht preisgeben wollen. Insbesondere ist nicht davon auszugehen, dass mit einer einmaligen Zustimmung des Urhebers auch eine Verwertung in Form der Veräußerung von Lizenzen gestattet ist.[55]

IV. Die urheberrechtliche Lizenz als Bestandteil der Insolvenzmasse des Lizenznehmers

Räumt der Urheber an seinem Werk eine einfache oder eine ausschließliche Lizenz ein, so geschieht dies grundsätzlich dadurch, dass im Rahmen einer Verfügung ein Teil aus dem Urheberrecht abgespalten und auf den Lizenznehmer übertragen wird. Die Lizenz vermittelt ihrem Inhaber dabei ein dingliches Recht.[56] Dies gilt gleichermaßen auch dann, wenn der Lizenznehmer des Urhebers seinerseits Unterlizenzen einräumt oder die gewährte Lizenz weiter überträgt. Stets sind einfache und ausschließliche Lizenzen ihrem Inhaber als dingliches Recht zugeordnet. Aufgrund dieser Zuordnung zum Lizenznehmer kann die urheberrechtliche Lizenz allenfalls Bestandteil der Insolvenzmasse eines insolventen Lizenznehmers sein. Für den Insolvenzbeschlag von Lizenzen kommt es gemäß § 36 Abs. 1 InsO i.V.m. §§ 857 Abs. 1, 851 Abs. 1 ZPO entscheidend auf ihre Übertragbarkeit an. Anders als bei den Verwertungsrechten greifen in diesem Fall die §§ 112 ff. UrhG nicht ein. Sie beziehen sich gemäß dem Wortlaut von §§ 113, 115 UrhG nur auf Zwangsvollstreckungsmaßnahmen gegen den Urheber und dessen Rechtsnachfolger, nicht aber auf solche gegen etwaige Lizenznehmer.[57]

---

52 *Stickelbrock*, WM 2004, 549, 553.

53 Vgl. S. 89 ff.

54 *Wiedemann*, Lizenzen in der Insolvenz, Rn 310.

55 A. A. aber *Wallner*, Insolvenz des Urhebers, S. 64 f.; zur Kritik daran vgl. *Wiedemann*, Lizenzen in der Insolvenz, Rn 313 ff.

56 Vgl. S. 43 und S. 51.

57 *Roy/Palm*, NJW 1995, 690, 692; *Lütje* in: Möhring/Nicolini, UrhG, Vor § 112 S. 1021; *Boddien* in: Fromm/Nordemann, Urheberrecht, § 112 Rn 18.

Für die Übertragbarkeit von Lizenzen sieht § 34 UrhG Regelungen vor. Diese Norm stellt aus persönlichkeitsrechtlichen Gründen wiederum ein Zustimmungserfordernis des Urhebers auf. Anders als bei § 113 UrhG darf die Zustimmung hier jedoch nicht wider Treu und Glauben verweigert werden, § 34 Abs. 1 S. 2 UrhG. Der Urheber ist weniger schutzwürdig, wenn er bereits durch Einräumung einer Lizenz in die Verwertung eingewilligt hat.[58] Wird die Zustimmung zur Übertragbarkeit erteilt, so ist die Lizenz pfändbar und fällt demzufolge auch gemäß §§ 35, 36 InsO in die Insolvenzmasse eines Lizenznehmers. Für den Bereich der Filmlizenzen ist ein Insolvenzbeschlag auch ohne Zustimmung des Urhebers anzunehmen. § 90 UrhG normiert hier eine Nichtanwendbarkeit von § 34 UrhG, so dass die Übertragbarkeit nicht von einer Zustimmung des Urhebers abhängig ist. Fraglich ist aber, ob auch solche Lizenzen in die Insolvenzmasse fallen, deren Übertragbarkeit vertraglich ausgeschlossen ist[59] oder für die eine Zustimmung des Urhebers zu der Übertragbarkeit noch nicht vorliegt.

Teilweise wird vertreten, dass Lizenzen trotz mangelnder Übertragbarkeit in die Insolvenzmasse fallen sollten.[60] Die Zustimmung sei noch nicht für die Pfändbarkeit, sondern erst für eine Verwertung der Lizenz von Bedeutung.[61] § 34 UrhG solle lediglich eine Weiterübertragung verhindern, die durch den Insolvenzbeschlag jedoch nicht erfolge.[62] Weiterhin sei eine Massezuehörigkeit geboten, um eine spätere Sanierung des Unternehmens nicht zu behindern.[63] Von anderer Seite wird auf § 34 Abs. 3 UrhG verwiesen.[64] Nach dieser Norm bedarf es der Zustimmung des Urhebers auch dann nicht, wenn die Übertragung im Rahmen einer Gesamt- oder Teilveräußerung des Unternehmens erfolgt. Zwar stelle die Eröffnung des Insolvenzverfahrens keine Unternehmensveräußerung dar, sie erfasse aber ebenso wie eine solche das gesamte Unternehmen. Demzufolge sei aus dem Rechtsgedanken von § 34 Abs. 3 UrhG abzuleiten, dass die Lizenz zustimmungsfrei in die Insolvenzmasse fallen müsse.[65]

58 Vgl. dazu schon S. 93 ff.

59 Hierunter fallen insbesondere auch die Betriebslizenz und die persönliche Lizenz; vgl. dazu *Wiedemann*, Lizenzen in der Insolvenz, Rn 169 ff. und Rn 184 ff.

60 *Schack*, Urheberrecht, Rn 885; *Kammel* in: Kilian/Heussen, Hdb. ComputerR, Kap. 171 Rn 23; *Wolff*, Lizenzen in der Insolvenz, S. 142; *Berger*, FS Kirchhof, S, 1, 5.

61 *Berger*, FS Kirchhof, S. 1, 5.

62 *Schack*, Urheberrecht, Rn 885

63 *Wolff*, Lizenzen in der Insolvenz, S. 142; *Berger*, FS Kirchhof, S. 1, 5.

64 *Gamm*, UrhG, § 34 Rn 19; *Schricker*, Verlagsrecht, § 36 Rn 3; *Westrick/Bubenzer*, FS Hertin, S. 287, 325.

65 *Westrick/Bubenzer*, FS Hertin, S. 287,325.

Wieder andere sehen, gerade auch für unübertragbare persönliche Lizenzen und Betriebslizenzen, eine Massezugehörigkeit aufgrund teleologischer Reduktion des § 36 Abs. 1 InsO.[66] Schutzzweck der Norm sei die Sicherstellung eines Existenzminimums des Schuldners. Dieser Schutzzweck werde durch die Massezugehörigkeit von Lizenzen nicht betroffen.[67] Ungeachtet der unterschiedlichen dogmatischen Herleitung besteht letztlich Einigkeit darin, dass Lizenzen Bestandteil der Insolvenzmasse eines insolventen Lizenznehmers sind.[68] Der Lizenzgeber kann auch keine schutzwürdigen Interessen gegen einen Insolvenzbeschlag der Lizenz geltend machen, da der die Verwaltungs- und Verfügungsbefugnis erlangende Insolvenzverwalter denselben Beschränkungen der Lizenz unterworfen ist wie der insolvente Lizenznehmer selbst. Mithin wird die Lizenz gemäß §§ 35, 36 InsO Teil der Insolvenzmasse des Lizenznehmers.

Dies gilt – ungeachtet vielfach anderer Ausführungen[69] – sowohl für die einfache als auch für die ausschließliche Lizenz. Da sie beide dingliche Wirkung entfalten und auch § 34 UrhG keine Unterscheidung vornimmt, ist zwischen den beiden Lizenzformen im Hinblick auf den Insolvenzbeschlag nicht zu differenzieren.[70] Etwas anderes gilt hingegen für die lediglich schuldrechtliche Lizenz, mag sie einfach sein oder auch ausschließlich. Den Vertragsparteien steht es gemäß § 29 Abs. 2 UrhG grundsätzlich frei, statt der dinglichen Lizenz nur eine schuldrechtliche Einwilligung zu vereinbaren.[71] Solche obligatorischen Rechtspositionen sind nicht übertragbar[72] und fallen dementsprechend mangels Pfändbarkeit auch nicht in die Insolvenzmasse des Lizenznehmers.[73]

---

66 *Wiedemann*, Lizenzen in der Insolvenz, Rn 340 ff.

67 *Wiedemann*, Lizenzen in der Insolvenz, Rn 341.

68 *Schack*, Urheberrecht, Rn 885; *Westrick/Bubenzer*, FS Hertin, S. 287, 324; *Kreuzer/Reber* in: Loewenheim, Hdb. UrhR, § 95 Rn 52; *Gamm*, UrhG, § 34 Rn 19; *Kreuzer/U. Reber* in: von Hartlieb/Schwarz, Hdb. FilmR, 293. Kap. Rn 5; *Klauze*, Nutzungsrechte in der Insolvenz, S. 200 ff.; *Lütje* in: Möhring/Nicolini, UrhG, § 112 Rn 50; auch vom BGH wird die Massezugehörigkeit von Softwarelizenzen vorausgesetzt, vgl. BGH GRUR 2005, 860, 862.

69 *Leithaus* in: Andres/Leithaus, InsO, § 35 Rn 7; *Lwowski/Peters* in: Kirchhof, MüKo InsO, § 35 Rn 311; *Henckel* in: Jaeger, Insolvenzordnung, § 35 Rn 62; *Hirte* in: Uhlenbruck, InsO, § 35 Rn 254; *Cepl*, NZI 2000, 357; *Abel*, NZI 2003, 121, 122; *Wiedemann*, Lizenzen in der Insolvenz, Rn 217.

70 *Lütje* in: Möhring/Nicolini, UrhG, § 112 Rn 50; *Westrick/Bubenzer*, FS Hertin, S. 287, 324; *Wolff*, Lizenzen in der Insolvenz, S. 143; wohl auch *Stickelbrock*, WM 2004, 549, 557.

71 Vgl. dazu schon S. 43.

72 *Jan Bernd Nordemann* in: Fromm/Nordemann, Urheberrecht, § 29 Rn 24; *Schricker/Loewenheim* in: Schricker/Loewenheim, UrhR, Vor § 28 Rn 55.

73 Dazu *Hubmann*, FS Lehmann, 812, 829; *Lütje* in: Möhring/Nicolini, UrhG, § 112 Rn 51; *Stickelbrock*, WM 2004, 549, 557.

V. Die Lizenzgebühren als Massebestandteil des Lizenzgebers

Massebestandteil der Insolvenz eines Urhebers oder eines anderen Lizenzgebers werden die Einnahmen aus der Lizenzierung.[74] Dies gilt sowohl für solche, die zum Zeitpunkt der Verfahrenseröffnung bestanden haben, als auch für solche, die erst später entstehen. Anders als die Konkursordnung erfasst die Insolvenzordnung gemäß § 35 InsO auch den Neuerwerb. Eine Ausnahme von der Massezugehörigkeit besteht allerdings für solche Einnahmen, die als pfändungsfreies Einkommen gemäß § 36 Abs. 1 InsO, §§ 850 ff. ZPO massefrei sind.

VI. Die Massezugehörigkeit von Werkoriginalen und Vorrichtungen zur Vervielfältigung, Vorführung oder Sendung

Teilweise sind für die Nutzung von urheberrechtlichen Werken originale Werkstücke sowie Vorrichtungen zur Vervielfältigung, Vorführung oder Sendung erforderlich. So ist insbesondere in der Filmauswertung das Masterband oder der Filmstreifen von Bedeutung. Im Eigentum des Urhebers befindliche Werkoriginale unterliegen gemäß § 114 Abs. 1 UrhG wiederum nur dann der Zwangsvollstreckung, wenn der Urheber hierzu seine Einwilligung erteilt.[75] Mithin ist bei Werkoriginalen auch der Insolvenzbeschlag von einer Einwilligung des Urhebers abhängig. Dies gilt allerdings nicht insoweit, als ein Ausschlusstatbestand des § 114 Abs. 2 UrhG eingreift. Solange und soweit die Zwangsvollstreckung in ein Werkoriginal für die Zwangsvollstreckung in ein Nutzungsrecht notwendig ist (§ 114 Abs. 2 S. 1 Nr. 1 UrhG), entfällt das Einwilligungserfordernis ebenso wie bei Werkoriginalen der Baukunst (§ 114 Abs. 2 S. 1 Nr. 2 UrhG) oder bei veröffentlichten Werken der bildenden Künste (§ 114 Abs. 2 S. 1 Nr. 3 UrhG). Ist beispielsweise in der Insolvenz eines Lizenznehmers der Verwalter für die Nutzung der Lizenz auf ein Werkoriginal angewiesen, so ist auch dieser Gegenstand über § 36 Abs. 1 InsO ohne Einwilligung des Urhebers massezugehörig.[76]

§ 119 UrhG regelt die Zwangsvollstreckung in bestimmte Vorrichtungen. Darunter versteht das Gesetz Formen, Platten, Steine, Druckstöße, Matrizen, Negative, Masterbänder, Filmrollen oder CD-ROMs.[77] Sie unterfallen der Zwangsvollstre-

---

74 *Lwowski/Peters* in: Kirchhof, MüKo InsO, § 35 Rn 364; *Wiedemann*, Lizenzen in der Insolvenz, Rn 361; *Stickelbrock*, WM 2004, 549, 554.

75 Zu Zeitpunkt, Wirkung, Entbehrlichkeit oder Ersetzung der Einwilligung sei auf obige Ausführungen verwiesen, S. 89 ff.

76 Vgl. *Wiedemann*, Lizenzen in der Insolvenz, Rn 355.

77 Aufzählung bei *Boddien* in: Fromm/Nordemann, Urheberrecht, § 119 Rn 8.

ckung nur, soweit der Gläubiger zur Nutzung des Werkes mittels dieser Vorrichtung berechtigt ist. Nur, wer ein Vervielfältigungsrecht an einem Film pfändet, benötigt auch die entsprechenden Masterbänder oder Filmrollen. Massezugehörig sind die Vorrichtungen entsprechend §§ 35, 36 InsO nur dann, wenn sie für die Ausübung einer insolvenzbefangenen Lizenz nötig sind. Sie dürfen nur zusammen mit der Übertragung der Lizenz veräußert werden.[78]

VII. Zusammenfassung

Der Umfang der Insolvenzmasse bestimmt sich nach §§ 35, 36 InsO, so dass vom Insolvenzbeschlag alle pfändbaren vermögenswerten Güter erfasst sind. Der Urheberrechtskern und das umfassende Verwertungsrecht des Urhebers bleiben aufgrund ihres engen Persönlichkeitsbezugs und der in § 29 Abs. 1 UrhG angeordneten Unübertragbarkeit massefrei. Die vom Urheber noch nicht ausgeübten Verwertungsrechte fallen gemäß § 113 UrhG nur mit Einwilligung oder Genehmigung des Urhebers in die Insolvenzmasse. Eine Ersetzung dieser Zustimmung ist nicht möglich. Bereits gewährte Lizenzen fallen – auch bei vertraglich oder gesetzlich angeordneter Unübertragbarkeit – in die Insolvenzmasse des Lizenznehmers. Lizenzgebühren werden Bestandteil der Masse des Lizenzgebers. Werkoriginale fallen nur dann in die Insolvenzmasse, wenn der Urheber dazu seine Zustimmung erteilt, es sei denn, der Gegenstand ist für die Nutzung des Werks erforderlich. Auch für Vorrichtungen zur Vervielfältigung, Sendung und Vorführung besteht eine Massezugehörigkeit dann, wenn sie zur Ausübung der Lizenz nötig sind.

78 *Henckel* in: Jaeger, Insolvenzordnung, § 35 Rn 55.

§ 8 Die Behandlung von Lizenzverträgen in der Insolvenz

I. Einführung

Die Abwicklung und Erfüllung von Vertragsverhältnissen des Schuldners stellt eine wesentliche Aufgabe des Insolvenzverwalters dar. Regelmäßig hat der Schuldner vor der Eröffnung des Insolvenzverfahrens eine große Zahl von Verträgen abgeschlossen, die noch nicht vollständig abgewickelt sind. Im Interesse der Masse hat der Insolvenzverwalter nun die Pflicht darauf zu achten, dass vertragliche Ansprüche erfüllt und unvorteilhafte Verträge möglichst beendet werden. Zu diesem Zweck gewährt die Insolvenzordnung dem Verwalter ein Wahlrecht hinsichtlich nicht oder nicht vollständig erfüllter Verträge. Er kann gemäß § 103 Abs. 1 InsO anstelle des Schuldners den Vertrag erfüllen und die Erfüllung vom anderen Teil verlangen oder aber die Erfüllung gemäß § 103 Abs. 2 InsO ablehnen. Die Wahl der Erfüllung hat zur Konsequenz, dass sowohl der Verwalter als auch der Vertragspartner einen durchsetzbaren Anspruch auf die Vertragsleistung haben, den der Vertragspartner als Massegläubiger gemäß § 55 Abs. 1 Nr. 2 Alt. 1 InsO geltend machen kann.[1] Im Falle der Erfüllungsablehnung kann der Vertragspartner nur einen Schadensersatzanspruch wegen Nichterfüllung als Insolvenzgläubiger geltend machen, § 103 Abs. 2 S. 1 InsO. Die Regelung verfolgt zwei Ziele.[2] Zum einen soll durch die mögliche Erfüllungswahl hinsichtlich vorteilhafter Verträge und die Erfüllungsablehnung bezüglich nachteiliger Verträge die Masse gemehrt und die Gesamtheit der Gläubiger begünstigt werden. Zum anderen soll aber auch in der Insolvenz das Synallagma der vertraglichen Pflichten gewahrt bleiben, indem der Vertragspartner nur dann zur Leistung verpflichtet werden kann, wenn er aus der Insolvenzmasse eine vollwertige Gegenleistung erhält. Es gibt allerdings auch Vertragstypen, die ohne ein Wahlrecht des Verwalters mit Verfahrenseröffnung

---

1 Vgl. dazu *Häsemeyer*, Insolvenzrecht, Rn 20.16 f; *Wegener* in: Uhlenbruck, InsO, § 103 Rn 132.

2 Dazu *Tintelnot* in: Kübler/Prütting/Bork, InsO, § 103 Rn 3 f.; *Hess* in: Hess/Weis/Wienberg, InsO, § 103 Rn 5; *Bork*, Einf. InsR, Rn 155.

erlöschen. Die §§ 115, 116 InsO normieren dies für Aufträge und Geschäftsbesorgungen. Miet- und Pachtverhältnisse über unbewegliche Gegenstände oder Räume sowie Dienstverhältnisse bestehen hingegen auch mit Wirkung für die Insolvenzmasse fort, § 108 Abs. 1 InsO. Für diese Verträge ist mithin das Wahlrecht des Verwalters gemäß § 103 InsO ausgeschlossen.

II. Lizenzverträge im Anwendungsbereich des Insolvenzverwalterwahlrechts

Das Schicksal von Lizenzverträgen wird in der Insolvenzordnung nicht explizit geregelt. In der 16. Legislaturperiode wurde eine Regelung zu Lizenzverträgen diskutiert. In einem einzufügenden § 108a InsO-E sollte das Wahlrecht des Insolvenzverwalters für einen vom Schuldner als Lizenzgeber abgeschlossenen Lizenzvertrag ausgeschlossen sein.[3] Der Entwurf ist jedoch nicht Gesetz geworden und dem Diskontinuitätsgrundsatz zum Opfer gefallen. In der 17. Legislaturperiode wurde nun jüngst in einem Referentenentwurf ein neuer Vorschlag für einen einzufügenden § 108a InsO-E gemacht, der nun eine Anwendbarkeit des Verwalterwahlrechts auf Lizenzverträge in der Lizenzgeberinsolvenz vorsehen soll, aber dem Lizenznehmer bei Erfüllungsablehnung ein Recht auf Neuabschluss eines Lizenzvertrags zu angemessenen Konditionen zubilligt.[4] Es bleibt abzuwarten, ob dieser Entwurf den Weg in die Insolvenzordnung finden wird. Vor Einführung der Insolvenzordnung wurden Lizenzverträge auch in der Konkursordnung zwar nicht erwähnt, es war aber nach allgemeiner Ansicht möglich, die Sonderregeln für Miet- und Pachtverhältnisse der §§ 19-21 KO auf Lizenzverträge entsprechend anzuwenden.[5] Dadurch war das Wahlrecht des Verwalters für Lizenzverträge ausgeschlossen. Diese Ansicht lässt sich aber nicht ohne weiteres auf die Rechtslage unter der Insolvenzordnung übertragen. Anders als § 21 KO beschränkt § 108 Abs. 1 S. 1 InsO die Fortgeltung von Verträgen über Miet- und Pachtverhältnisse nämlich auf solche über unbewegliche Gegenstände oder Räume, worunter sich der Lizenzgegenstand nicht subsumieren lässt. Auch die anderen Einschränkungen des Wahlrechts gemäß §§ 106 ff. InsO greifen nicht für Lizenzverträge. Insofern

3 Vgl. BT-Drs. 16/7516; § 108a S. 1 InsO-E: „Ein vom Schuldner als Lizenzgeber abgeschlossener Lizenzvertrag über ein Recht am geistigen Eigentum besteht mit Wirkung für die Insolvenzmasse fort." Eine Kommentierung des Entwurfs fand sich bereits bei *Marotzke* in: Kreft, HK-InsO, 5. Auflage, § 108a InsO (RegE) Rn 1-28.

4 Vgl. den Referentenentwurf des Bundesministeriums der Justiz vom 23.01.2012; Besprechungen dazu etwa bei *Brandi-Dohrn* et al., CR 2012, 216; *Schmid*, GRUR-Prax 2012, 75.

5 BGH KTS 1995, 656, 658; *Paulus* in: Lehmann, Rechtsschutz, Kap. XVII Rn 74 f.; *Jaeger/Henckel*, Konkursordnung, § 21 Rn 6 m. w. N.

ist im Rahmen dieser Darstellung zunächst eine Anwendbarkeit von § 103 InsO auf Lizenzverträge de lege lata zu untersuchen.

1. Anwendungsvoraussetzungen des § 103 InsO

Die Vorschrift des § 103 InsO setzt zunächst einmal voraus, dass ein Insolvenzverfahren eröffnet ist. Dies legt zum einen fest, dass die Vorschrift auf den vorläufigen Insolvenzverwalter nicht anwendbar ist[6] und bestimmt zum anderen den Zeitpunkt, zu dem die nachfolgenden Voraussetzungen vorliegen müssen.[7]

a) Gegenseitiger Vertrag

Weiterhin verlangt die Norm einen gegenseitigen Vertrag. Darunter sind vollkommen zweiseitige Verträge zu verstehen, bei denen eine Partei ihre Leistung gerade wegen der Gegenleistung verspricht.[8] Im Sinne des § 320 BGB müssen die vereinbarten Leistungspflichten in einem synallagmatischen Verhältnis zueinander stehen.[9] Bei Lizenzverträgen verpflichtet sich der Lizenzgeber im Wesentlichen zur Einräumung des genauer bezeichneten Lizenzrechts, der Lizenznehmer zur Zahlung der vereinbarten Lizenzgebühr.[10] Diese zentralen Hauptleistungspflichten stehen in einem Verhältnis des *do ut des*[11] zueinander. Mithin ist der Lizenzvertrag in allen seinen hier näher beleuchteten Ausprägungen ein gegenseitiger Vertrag.

b) Beiderseits nicht vollständig erfüllter Vertrag

Schließlich ist § 103 InsO nur anwendbar, wenn der Vertrag vom Insolvenzschuldner und seinem Vertragspartner noch nicht oder nicht vollständig erfüllt worden ist. Haben beide Seiten vor der Verfahrenseröffnung vollständig erfüllt, so ist das Vertragsverhältnis im Zeitpunkt der Insolvenzeröffnung bereits durch Erfüllung erloschen, § 362 Abs. 1 BGB. Hat nur der spätere Insolvenzschuldner seine Leistungspflicht aufgrund einer Vorleistungspflicht bereits vollständig erfüllt, darf

6 Vgl. dazu schon S. 81.

7 *Wegener* in: Uhlenbruck, InsO, § 103 Rn 24.

8 *Zeuner* in: Leonhardt/Smid/Zeuner, InsO, § 103 Rn 9; *Wegener* in: Wimmer, FK-InsO, § 103 Rn 5; *Huber* in: Kirchhof, MüKo InsO, § 103 Rn 55.

9 *Wegener* in: Uhlenbruck, InsO, § 103 Rn 25; *Kroth* in: Braun, InsO, § 103 Rn 10; *Marotzke* in: Kreft, HK-InsO, § 103 Rn 19.

10 Dazu ausführlich S. 19 ff.

11 Lat. „Ich gebe, damit du gibst“.

sie der Vertragspartner nach der Verfahrenseröffnung behalten, muss aber seinerseits an die Masse leisten. Wenn lediglich der Vertragspartner seine Leistung vor Insolvenzeröffnung vollständig erbracht hat, fällt sie – sofern noch vorhanden – in die Masse und der Vertragspartner kann seinen Anspruch auf die Gegenleistung nur als einfache Insolvenzforderung nach §§ 38, 87, 174 ff. InsO geltend machen. Er hat durch die Vorleistung den Schutz des Synallagmas verloren. Ein Wahlrecht des Insolvenzverwalters besteht in diesen Fällen jeweils nicht.[12] Der Anwendungsbereich des § 103 InsO ist vielmehr nur dann eröffnet, wenn keine der Vertragsparteien den Vertrag bereits vollständig erfüllt hat.[13]

aa) Der Begriff der Erfüllung

Für die Beantwortung der Frage, wann eine vollständige Erfüllung im Sinne des § 103 InsO eingetreten ist, wird auf die allgemeine Vorschrift des § 362 Abs. 1 BGB zurückgegriffen.[14] Danach erlischt ein Schuldverhältnis, wenn die geschuldete Leistung entsprechend dem Inhalt des Vertrags bewirkt wird.[15] Dafür genügt insofern nicht die Vornahme der Leistungs*handlung*; es kommt vielmehr auf den Eintritt des Leistungs*erfolgs* an.[16] Auch im Anwendungsbereich des § 103 InsO kann die Erfüllung durch Annahme einer Leistung an Erfüllungs Statt (§ 364 BGB) oder durch Erfüllungssurrogate wie beispielsweise die Aufrechnung (§ 389 BGB) bewirkt werden.[17]

bb) Erfüllung trotz offener Nebenpflicht?

Umstritten ist hingegen, ob Erfüllung im Sinne des § 103 InsO auch dann schon eintreten kann, wenn lediglich die Erfüllung von Nebenpflichten noch aussteht. Es wird vertreten, dass es bei § 103 InsO nur auf die Erfüllung der im Synallagma stehenden Pflichten ankommt.[18] Ausgegangen wird im Rahmen der Argumentation von dem Zweck des Wahlrechts, das funktionale Synallagma der Vertragspflichten

---

12 Vgl. auch *Huber* in: Kirchhof, MüKo InsO, § 103 Rn 57 ff.; BGH NJW 2006, 2919, 2921.

13 *Wegener* in: Wimmer, FK-InsO, § 103 Rn 35; *Häsemeyer*, Insolvenzrecht, Rn 20.13; *Huber* in: Gottwald, Hdb. InsR, § 34 Rn 21.

14 *Zeuner* in: Leonhardt/Smid/Zeuner, InsO, § 103 Rn 26; *Kroth* in: Braun, InsO, § 103 Rn 21.

15 Vgl. statt vieler *Grüneberg* in: Palandt, BGB, § 362 Rn 3.

16 *Wegener* in: Uhlenbruck, InsO, § 103 Rn 59; *Huber* in: Kirchhof, MüKo InsO, § 103 Rn 122.

17 *Huber* in: Gottwald, Hdb. InsR, § 34 Rn 23; *Kroth* in: Braun, InsO, § 103 Rn 19.

18 *Tintelnot* in: Kübler/Prütting/Bork, InsO, § 103 Rn 37; *Pape/Uhlenbruck/Voigt-Salus*, Insolvenzrecht, Kap. 31 Rn 6; *Häsemeyer*, Insolvenzrecht, Rn 20.15; *Henckel* in: Jaeger/Henckel, Konkursordnung, § 17 Rn 7.

auch in der Insolvenz zu schützen.[19] Das Wahlrecht des § 103 InsO könne nur dann bestehen, wenn durch die ausstehende Pflicht ein für die Masse relevanter Vermögenswert zurückgehalten werde. Für die Erfüllungsleistung des Insolvenzverwalters müsse eine Gegenleistung in die Insolvenzmasse gelangen können. Dies sei jedoch nur bei einer synallagmatischen Pflicht der Fall, so dass auch nur eine solche Pflicht den Anwendungsbereich des Wahlrechts aus § 103 InsO eröffne.[20] Diese Auffassung vernachlässigt aber, dass es der Vorschrift neben der Aufrechterhaltung des Synallagmas auch um den Schutz der Masse geht. Die Vorteilhaftigkeit eines Vertrags für die Masse hängt aber nicht von der rechtlichen Natur der Pflichten, sondern vom wirtschaftlichen Wert der Leistung ab.[21] Weiterhin unterstützt eine extensivere Auslegung des Wahlrechts auch das in § 1 InsO zum Ausdruck kommende Ziel der Insolvenzordnung, Sanierungschancen zu eröffnen.[22] Darüber hinaus verkennt die Auffassung, dass zur Befriedigung des Leistungsinteresses die Erfüllung sämtlicher Leistungspflichten notwendig ist. Dieser Grundsatz wird durch die Insolvenzeröffnung nicht beeinflusst, weil das Wahlrecht des Insolvenzverwalters das Pflichtenprogramm der Parteien nicht modifiziert.[23]

Mithin tritt bei einem gegenseitigen Vertrag Erfüllung auch im Sinne des § 103 InsO erst dann ein, wenn die synallagmatischen Hauptleistungspflichten und die sie ergänzenden Nebenleistungspflichten erfüllt sind. Es besteht insoweit kein Grund, von dem allgemeinen Erfüllungsbegriff des § 362 Abs. 1 BGB abzuweichen. Das Wahlrecht des § 103 InsO ist mithin selbst dann anwendbar, wenn nur die teilweise Erfüllung einer Nebenleistungspflicht noch aussteht.[24] Allerdings muss diese noch offene Pflicht auf das Leistungsinteresse bezogen sein und einen klagbaren Erfüllungsanspruch gewähren. Reine Nebenpflichten hingegen, die gemäß § 241 Abs. 2 BGB in Form von Schutz-, Aufklärungs- oder Rücksichtnahmepflichten existieren, vermögen die Erfüllungswahl des Insolvenzverwalters nicht aufrecht zu erhalten.[25] Sie sind – anders als die Neben*leistungs*pflichten – nicht auf Primäre-

19 Vgl. zum Zweck des Wahlrechts S. 101 m. w. N.

20 Diskutiert am Beispiel der kaufrechtlichen Abnahmepflicht von *Häsemeyer*, Insolvenzrecht, Rn 20.14; *Tintelnot* in: Kübler/Prütting/Bork, InsO, § 103 Rn 37 f; vgl. auch *Marotzke*, Gegenseitige Verträge, Rn 4.92 ff.

21 *Balthasar* in: Nerlich/Römermann, Insolvenzordnung, § 103 Rn 33.

22 *Wolff*, Lizenzen in der Insolvenz, S. 153.

23 *Pape* in: Fuchs, Kölner Schrift zur InsO, S. 545; *Wegener* in: Uhlenbruck, InsO, § 103 Rn 58.

24 BGH NJW 1983, 1619; *Huber* in: Kirchhof, MüKo InsO, § 103 Rn 123; *Kroth* in: Braun, InsO, § 103 Rn 20; *Zehnsdorf*, Filmnutzungsrechte in der Insolvenz, S. 105 ff.; *Klauze*, Nutzungsrechte in der Insolvenz, S. 34; *Abel*, NZI 2003, 121, 124.

25 *Wegener* in: Uhlenbruck, InsO, § 103 Rn 58.

bene einklagbar, sondern gewähren bei Verletzung nur Sekundäransprüche. Mithin greift in ihrem Fall nicht der Schutzzweck des § 103 InsO. Bei nachvertraglichen Verhaltenspflichten würde eine Anerkennung des Insolvenzverwalterwahlrechts zudem auch zu einer enormen Rechtsunsicherheit führen, die es zu vermeiden gilt.[26]

Trotz der Einbeziehung von Nebenleistungspflichten wird aber zumeist eine Einschränkung des Anwendungsbereichs von § 103 InsO hinsichtlich solcher Pflichten vorgenommen, die völlig unbedeutend sind.[27] Steht letztlich nur eine völlig untergeordnete Pflicht aus, so soll das Wahlrecht des Insolvenzverwalters nicht einschlägig sein. Diese Einschränkung ergibt sich aber nicht durch eine Anwendung des § 320 Abs. 2 BGB, der für die Bestimmung der Erfüllung nicht anwendbar ist[28] und eine viel zu starke Einengung des Anwendungsbereichs vornehmen würde.[29] Als solche völlig untergeordneten Pflichten werden unbedeutende Informationspflichten oder die Lieferung von wertlosem Zubehör genannt. Nicht davon erfasst wird allerdings die Pflicht zur Rückgabe von Material am Ende der Vertragslaufzeit, da § 103 InsO nur auf Pflichten abstellt, die auf Durchführung des Vertrags gerichtet sind.[30]

cc) Erfüllung bei den typisiert betrachteten Lizenzverträgen

Angesichts der Vielfältigkeit der in der Praxis abgeschlossenen Lizenzverträge ist es auch mit Bezug auf den Erfüllungszeitpunkt angebracht, die bereits[31] typisiert vorgestellten Lizenzverträge einzeln zu untersuchen, um eine Anwendbarkeit des Insolvenzverwalterwahlrechts herausarbeiten zu können. Eine abschließende Beurteilung wird letztlich nur im Einzelfall anhand des konkreten Vertragsinhalts möglich sein. Hier sollen aber die für den Eintritt der Erfüllung entscheidenden Kriterien anhand der Lizenzvertragstypen herausgearbeitet werden, um damit eine Entscheidung im Einzelfall zu erleichtern oder sogar vorzuzeichnen.

---

26 Vgl. *Klauze*, Nutzungsrechte in der Insolvenz, S. 35.

27 *Abel* in: Berger/Wündisch, Urhebervertragsrecht, § 13 Rn 141; *Wegener* in: Wimmer, FK-InsO, § 103 Rn 35; *Huber* in: Kirchhof, MüKo InsO, § 103 Rn 123; BGH NJW 1983, 1619.

28 *Huber* in: Kirchhof, MüKo InsO, § 103 Rn 123.

29 *Abel*, NZI 2003, 121, 124; LG Mannheim DZWiR 2003, 479, 481.

30 *Zehnsdorf*, Filmnutzungsrechte in der Insolvenz, S. 108.

31 Siehe S. 17 ff.

aaa) Der Verlagsvertrag

Der Verlagsvertrag zwischen Verfasser und Verleger wird charakterisiert durch die Verpflichtung zur Einräumung des Vervielfältigungs- und Verbreitungsrechts an den Verleger. Hat der Verfasser das Werk an den Verleger abgeliefert und das Verlagsrecht eingeräumt, so sind seine Pflichten des Verlagsvertrags als erfüllt anzusehen.[32] Weiterhin bestehende Unterlassungspflichten berühren die Erfüllung als reine Nebenpflichten nicht. Wird nach diesem Zeitpunkt über das Vermögen einer Vertragspartei das Insolvenzverfahren eröffnet, fände das Wahlrecht des Insolvenzverwalters gemäß § 103 InsO mithin auf den Verlagsvertrag keine Anwendung mehr. Allerdings normiert hier § 36 Abs. 1 VerlG eine Ausnahme für das Insolvenzverfahren über das Vermögen des Verlegers. Die Vorschrift des § 103 InsO soll auch dann Anwendung finden, wenn das Werk bereits vor Verfahrenseröffnung abgeliefert worden war. Der Verfasser kann jedoch einer Ausübung des Wahlrechts zuvorkommen und von dem in § 36 Abs. 3 VerlG normierten Kündigungsrecht Gebrauch machen, wenn bei Verfahrenseröffnung noch nicht mit der Vervielfältigung begonnen worden ist. Für den Bereich des Insolvenzverfahrens über das Vermögen des Verfassers existiert im Verlagsgesetz keine Sonderregel. Hier bleibt es mithin bei den allgemeinen Regelungen der Insolvenzordnung. Dies hat zur Konsequenz, dass das Wahlrecht aus § 103 InsO für den Insolvenzverwalter dann nicht eröffnet ist, wenn der Verfasser vor Verfahrenseröffnung durch Ablieferung des Werkes und Einräumung des Verlagsrechts bereits vollständig erfüllt hat.[33]

bbb) Die Filmlizenzverträge

Für Filmlizenzverträge ist hinsichtlich des Erfüllungszeitpunktes weiter zu differenzieren.[34] Nach ihrer schuldrechtlichen Einordnung können die Verträge einerseits auf einen einmaligen Leistungsaustausch gerichtet und damit rechtskaufähnlich sein. Andererseits besteht auch die Möglichkeit, dass die Rechtsverschaffung ein Dauerrechtsverhältnis[35] in Vollzug setzt, das pachtähnlich ausgestaltet ist. Im ersten Fall wäre die Erfüllung auf Seiten des Lizenznehmers bereits zu dem recht frühen Zeitpunkt der Rechtsverschaffung, sowie auf Seiten des Lizenzgebers mit Zahlung der Pauschalvergütung anzunehmen, sofern keine besonderen noch

---

32 So auch *Schack*, Urheberrecht, Rn 887; a. A. *Schricker*, Verlagsrecht, § 36 Rn 12; *Esser*, Lizenzen in der Insolvenz, S. 155.

33 A. A. *Schricker*, Verlagsrecht, § 36 Rn 12.

34 Vgl. *Kreuzer/U. Reber* in: von Hartlieb/Schwarz, Hdb. FilmR, 293. Kap. Rn 20.

35 Zu diesem Begriff, insbesondere auch in Abgrenzung zum Dauerschuldverhältnis vgl. *Schmidt* in: Staudinger, BGB, Einl. zu §§ 241 ff. Rn 367.

offenen Nebenleistungspflichten vereinbart sind. Im Falle der Annahme eines Dauerrechtsverhältnisses hingegen liegt es nahe, dass die beiderseitige Erfüllung während der gesamten Leistungszeit noch aussteht.

(1) als punktuelle Leistungsaustauschverhältnisse

Sieht ein Filmlizenzvertrag hinsichtlich des Urhebers als Lizenzgeber eine zeitlich unbeschränkte Pflicht zur Einräumung eines Lizenzrechts vor, für das der Lizenznehmer eine einmalig zu entrichtende Vergütung zu leisten hat, so ist dieser Lizenzvertrag auf einen punktuellen Leistungsaustausch gerichtet. Gleiches gilt dann, wenn der Lizenzgeber zweiter Stufe sein Lizenzrecht gegen eine Pauschalvergütung translativ auf den Lizenznehmer übertragen soll. Unerheblich ist dabei insofern, ob das Lizenzrecht konstitutiv oder translativ erworben wird, mithin auch ob Lizenzgeber der Urheber oder ein Lizenznehmer des Urhebers ist.[36] Wie bei einem Veräußerungsgeschäft hat der Lizenznehmer dann erfüllt, wenn er seine Gegenleistung in Form der Vergütung vollständig erbracht hat. Ist eine einmalig zu erbringende Lizenzgebühr vereinbart, so trifft den Lizenznehmer in der Regel auch keine Auswertungspflicht, die als Nebenleistungspflicht den Erfüllungszeitpunkt hinauszögern könnte.[37] Der Lizenzgeber hingegen hat seine Leistungspflichten dann erfüllt, wenn er das Lizenzrecht eingeräumt hat. Diese Lizenzierung erfolgt im Urheberrecht zumeist zeitgleich mit Abschluss des Lizenzvertrags.[38] Daraus folgt, dass bereits zum Zeitpunkt des Lizenzvertragsschlusses der Lizenzgeber seine Pflicht zur Einräumung des Lizenzrechts vollständig erfüllt. Für eine Anwendung des Insolvenzverwalterwahlrechts gemäß § 103 InsO bleibt mithin bei solchen Austauschverhältnissen wenig Raum.[39] Eine Ausnahme ist dann zu machen, wenn zu der Lizenzierung noch eine Nebenleistungspflicht des Lizenzgebers hinzutritt. Schuldet er beispielsweise auch die Übereignung von Materialien, die der Lizenznehmer für eine sinnvolle Auswertung seines Lizenzrechts benötigt, so hat der Lizenzgeber erst dann vollständig erfüllt, wenn auch die Übereignung erfolgt ist.

Es wird hingegen auch vertreten, dass der Lizenzgeber trotz erfolgter Lizenzie-

36 A. A. dargestellt bei *Kreuzer/U. Reber* in: von Hartlieb/Schwarz, Hdb. FilmR, 293. Kap. Rn 21.

37 *Raitz von Frentz/Marrder*, ZUM 2001, 761, 769; *Raitz von Frentz/Marrder*, ZUM 2003, 94, 98.

38 *Nolden*, Abstraktionsprinzip, S. 55 m. w. N.

39 *Zehnsdorf*, Filmnutzungsrechte in der Insolvenz, S. 99, 109; allgemein für Erfüllung des Lizenzgebers mit Rechtseinräumung eintretend *Schwarz/Klingner*, UFITA 1999, 29, 44; *Hub*, Filmlizenzen, S. 117.

rung noch nicht vollständig erfüllt hat.[40] Begründet wird dies zumeist mit einer Rechtserhaltungspflicht, die ihn generell bis zum Ende der Vertragslaufzeit treffen soll. Der Lizenzgeber sei nicht nur zur Verschaffung, sondern auch zur Aufrechterhaltung der Nutzungsmöglichkeit verpflichtet, so dass von einer Erfüllung stets erst am Ende der Vertragszeit auszugehen sei.[41] Die Formulierung einer Rechtserhaltungspflicht klingt zunächst, als ob von einer lediglich schuldrechtlichen Wirkung der Lizenz im Sinne einer Einwilligung die Rede ist. Bei einer schuldrechtlich wirkenden Einwilligung gemäß § 29 Abs. 2 UrhG muss die Nutzungsbefugnis durch den Urheber während der gesamten Vertragslaufzeit aufrechterhalten werden. Anders ist dies hingegen im Fall der Einräumung oder Übertragung eines Lizenzrechts, das aus dem Urheberrecht abgespalten und auf den Lizenznehmer übertragen wurde. Der Lizenznehmer hat dann ein dingliches Recht mittels Verfügung erworben, das keiner weiteren Aufrechterhaltung bedarf.[42] Interessanterweise gehen aber auch die Vertreter der hier dargestellten Ansicht von einer dinglichen oder „quasi dinglichen" Wirkung der Nutzungsbefugnis aus.[43]

Hergeleitet wird der Gedanke der Rechtserhaltungspflicht daher offenbar aus dem Patentlizenzvertragsrecht.[44] Dort ist eine solche Pflicht anerkannt, weil eine Vernichtung des Patentrechts durch den Patentlizenzgeber im Rahmen einer Rückgabe des Patents möglich ist.[45] Eine solche Gefahr der einseitigen Zerstörung des Lizenzrechts besteht aber im Urheberrecht nicht. Ein Verzicht des Urhebers auf sein Urheberrecht oder einzelne Verwertungsrechte ist nicht möglich.[46] Auf Seiten des Lizenznehmers ist ein Verzicht auf das Nutzungsrecht zwar vorstellbar.[47] Ein solcher Verzicht vermag aber nicht bereits vorher gewährte Sublizenzen oder Weiterübertragungen der Lizenz zu beeinflussen. Im Umfang der vorherigen Verfügung über das Nutzungsrecht hat sich der Lizenznehmer seiner Verfügungsmacht begeben, so dass eine spätere Verzichtserklärung diesen Teil des Lizenzrechts nicht

40 *Abel*, NZI 2003, 121, 124; *Adolphsen*, DZWiR 2003, 228, 229; *Brauer/Sopp*, ZUM 2004, 112, 119; *Raitz von Frentz/Marrder*, ZUM 2001, 761, 769; mit Einschränkung für den „Outright Sale" *Raitz von Frentz/Marrder*, ZUM 2003, 91, 97 und *Hoffmann*, ZInsO 2003, 732, 738; *Hausmann*, ZUM 1999, 914, 923; *Oeter/Ruttig*, ZUM 2003, 611, 614; *Stickelbrock*, WM 2004, 549, 558; *von Westerholt/Joppich*, ZUM 2003, 262, 263

41 Vgl. nur *Brauer/Sopp*, ZUM 2004, 112, 119.

42 Dazu S. 41 ff.

43 Siehe nur *Brauer/Sopp*, ZUM 2004, 112, 119.

44 *Hub*, Filmlizenzen, S. 113.

45 *Groß*, Lizenzvertrag, Rn 266; *Ullmann* in: Benkard/Asendorf, Patentgesetz, § 15 Rn 152.

46 *Jan Bernd Nordemann* in: Fromm/Nordemann, Urheberrecht, § 29 Rn 12; *Schack*, Urheberrecht, Rn 347 f.

47 Dies sieht auch § 33 S. 2 UrhG vor.

erfassen kann. Auf den Sublizenznehmer hat der Verzicht seines Lizenzgebers daher keine Auswirkungen.[48] Weiterhin besteht im Urheberrecht auch keine kausale Beziehung zwischen dem schuldrechtlichen Lizenzvertrag und dem Lizenzrecht, so dass bei Beendigung des Vertragsverhältnisses kein Rechtsverlust infolge eines automatischen Rechterückfalls droht.[49] Darüber hinaus sind im Filmbereich auch die auf den Persönlichkeitsrechten fußenden Rückrufrechte des Urhebers aus §§ 41, 42 UrhG gemäß § 90 UrhG nahezu ausgeschlossen. Nach alldem ist das Lizenzrecht des Lizenznehmers oder Sublizenznehmers nicht von einem plötzlichen Rechtsverlust bedroht, dem mit einer Rechtserhaltungspflicht Einhalt geboten werden müsste. Die Behauptung einer Rechtserhaltungspflicht dient daher den Vertretern der hier dargestellten Ansicht vielmehr als Mittel, punktuelle Austauschverhältnisse in Dauerschuldverhältnisse umzuinterpretieren. Dem kann jedoch nicht gefolgt werden.

Eine kaufähnliche Vertragsgestaltung findet sich im Filmlizenzbereich beispielsweise häufig bei Verfilmungsverträgen. Der Lizenzgeber verpflichtet sich zur Einräumung des Verfilmungsrechts für unbestimmte Zeit; die vom Lizenzgeber zu zahlende Vergütung besteht regelmäßig in einer *flat fee* oder sogar in einem *Buy-out*.[50] Aber auch Fernsehlizenzverträge im Free-TV sehen nicht selten einen einmaligen Leistungsaustausch vor, der dem Vertrag eine Ähnlichlichkeit zu Veräußerungsgeschäften verleiht. Die Fernsehsendeunternehmen erwerben das Recht, eine bestimmte Anzahl von Austrahlungen des Filmwerkes in der Regel gegen Zahlung eines Festpreises (*flat fee*) vornehmen zu dürfen, ohne dass dabei eine Verpflichtung zur Ausstrahlung besteht.[51] Diese Verträge sind insofern mit Einräumung des Nutzungsrechts beziehungsweise mit vollständiger Zahlung der Pauschalvergütung erfüllt, sofern keine Nebenleistungspflichten mehr ausstehen. Sind – wie beispielsweise beim Fernsehlizenzvertrag – Filmmaterialien zu übereignen, so tritt Erfüllung erst mit Übergabe und Übereignung des Materials ein. Einzig leistungsbezogene Unterstützungspflichten können eine Erfüllung auf Seiten des Lizenzgebers zeitlich nach hinten schieben. Für das Insolvenzverwalterwahlrecht gemäß § 103 InsO verbleibt aber bei diesen Vertragstypen lediglich ein geringer Anwendungsbereich.[52]

48 Dazu auch *Hub*, Filmlizenzen, S. 113.

49 Vgl. S. 63 ff.

50 Siehe S. 26 und S. 33; *Schwarz/U. Reber* in: von Hartlieb/Schwarz, Hdb. FilmR, 93. Kap. Rn 3, 26.

51 Vgl. S. 29 und S. 35; *Castendyk* in: Loewenheim, Hdb. UrhR, § 75 Rn 23.

52 *Zehnsdorf*, Filmnutzungsrechte in der Insolvenz, S. 109.

(2) als Dauerrechtsverhältnisse

Andere Filmlizenzverträge sehen eine zeitlich befristete Einräumung des Lizenzrechts vor und verpflichten den Lizenznehmer zu einer erfolgsabhängigen Vergütung. Vielfach werden notwendige Materialien in diesem Fall für die Dauer des Vertrags miet- oder leihweise überlassen.[53] Der Lizenznehmer ist bei erfolgsabhängiger Vergütung regelmäßig zur Auswertung und zur ordnungsgemäßen Abrechnung verpflichtet.[54] Hier kommt eine frühzeitige Erfüllung vor Ablauf der Vertragslaufzeit häufig nicht in Betracht, da auf Seiten beider Vertragsparteien Haupt- und Nebenleistungspflichten bis zum Vertragsende offen bleiben. Die Nebenleistungspflicht zur miet- oder leihweisen Überlassung von Materialien ist erst dann vollständig erfüllt, wenn nach den Vertragsbestimmungen der Zeitpunkt der Rückgabe eingetreten ist. Die Auswertungspflicht besteht für die vollständige Laufzeit des Vertrages. Auch die Pflichten des Lizenznehmers zur Abrechnung und Zahlung der ermittelten Vergütung können erst dann vollständig erfüllt werden, wenn nach Ablauf der Nutzungszeit die letzte Lizenzgebühr in Abhängigkeit vom Erfolg der Nutzung ermittelt und bezahlt ist. Weiterhin werden in manchem Vertrag verschiedene Lizenzrechte zeitlich gestaffelt erst nach Ablauf einer bestimmten Zeit übertragen, um eine Auswertungskaskade bilden zu können.[55] Von daher entstehen bei diesen Vertragsverhältnissen über die gesamte Vertragslaufzeit verteilt Pflichten, die dem Vertrag den Charakter eines Dauerrechtsverhältnisses verleihen.[56] Fällt bei einem solchen Vertrag eine der beiden Parteien in Insolvenz, so ist das Verwalterwahlrecht des § 103 InsO zumeist bis zum Ende der Vertragslaufzeit eröffnet, da auf keiner Seite vorher vollständige Erfüllung eingetreten sein wird.

Fraglich ist aber, ob das auch dann gilt, wenn den Lizenzgeber neben der Pflicht zur zeitlich beschränkten Einräumung oder Übertragung des Lizenzrechts keine weiteren Haupt- oder Nebenleistungspflichten treffen, während der Lizenznehmer eine erfolgsabhängige Vergütung schuldet. Hier könnte man unter Ablehnung einer generellen Rechtserhaltungspflicht des Lizenzgebers annehmen, dass er mit Rechtseinräumung oder -übertragung bereits vollständig erfüllt hat und das Insolvenzverwalterwahlrecht gemäß § 103 InsO damit ausgeschlossen ist.[57] Eine solche Sichtweise berücksichtigt aber nicht in ausreichendem Maße den von den Parteien intendierten Charakter des Schuldverhältnisses. Die Vereinbarung einer

53 *Wolff*, Lizenzen in der Insolvenz, S. 103, 123.

54 Vgl. S. 28; *Schwarz* in: von Hartlieb/Schwarz, Hdb. FilmR, 165. und 166. Kap.

55 Dazu S. 28.

56 Zum Begriff des Dauerrechtsverhältnisses und seiner Abgrenzung vom Dauerschuldverhältnis siehe *Schmidt* in: Staudinger, BGB, Einl. zu §§ 241 ff. Rn 367.

57 So vertreten von *Schwarz/Klingner*, UFITA 1999, 29, 44; *Hub*, Filmlizenzen, S. 117.

Vertragslaufzeit, einer erfolgsabhängigen Vergütung und einer Auswertungspflicht bringen zum Ausdruck, dass der Vertrag beide Seiten bis zum Ablauf der Vertragslaufzeit miteinander verbinden soll.[58] Von daher ist einer Gesamtbetrachtung der vertraglich vereinbarten Pflichten zu entnehmen, dass in diesem Fall die Pflicht des Lizenzgebers nicht primär auf die punktuelle Rechtsverschaffung gerichtet ist. Im Zentrum steht vielmehr die Pflicht, dafür einzustehen, dass der Lizenznehmer sein Lizenzrecht für die Dauer der vereinbarten Verwertung auszunutzen in der Lage ist.[59] Dies lässt sich auch durch Grundsätze der Risikoverteilung verdeutlichen. Sofern man keine andauernde Verpflichtung des Lizenzgebers annimmt, ist er stets zur Vorleistung verpflichtet, da seine Pflicht schon im Zeitpunkt des Vertragsschlusses erfüllt wird[60], während der Lizenznehmer erst am Ende der Vertragslaufzeit vollständig erfüllt hat. Die Vereinbarung einer solchen Vorleistungspflicht kann den Parteien aber gerade vor dem Hintergrund der synallagmatischen Verknüpfung der Hauptpflichten nicht generell unterstellt werden. Ein Lizenzgeber möchte nicht grundlos für eine mehrjährige Vertragslaufzeit auf die Vorteile eines „do ut des"[61] verzichten. Dies gilt umso mehr für den Fall, dass eine der Vertragsparteien insolvent wird.

Ähnlich hat auch schon das Reichsgericht argumentiert, als es über das einer Nießbrauchsbestellung zugrunde liegende Schuldverhältnis zu entscheiden hatte.[62] Der Kläger hatte dem Beklagten für 5 Jahre ein Nießbrauchsrecht an seinem Grundstück eingeräumt und ihn im Gegenzug zu der Zahlung eines periodischen Entgelts sowie zur Instandhaltung des Grundstücks verpflichtet. Als über das Vermögen des Beklagten der Konkurs eröffnet wurde, war nun fraglich, ob das sich damals nach § 17 KO richtende Wahlrecht des Verwalters auf den Vertrag Anwendung findet oder ob der Kläger bereits mit der Bestellung des Nießbrauchs vollständig erfüllt hatte. Das Reichsgericht hat seinerzeit eine Erfüllung des Bestellers mit Gedanken zu der vertraglichen Risikoverteilung abgelehnt. Es fasste „das Rechtsverhältnis als dauerrechtliche Kombination schuldrechtlicher und sachenrechtlicher Elemente"[63] auf, bei dem eine beiderseitige Erfüllung erst am Ende der Vertragslaufzeit eintreten sollte. Der Besteller habe für die Dauer des Nießbrauchs dafür einzustehen, dass der Nießbraucher sein erworbenes Recht auszunutzen vermag.[64]

58 *Zehnsdorf*, Filmnutzungsrechte in der Insolvenz, S. 97.

59 Vgl. zu dieser Formulierung RG DJZ 1916, 814.

60 Vgl. *Nolden*, Abstraktionsprinzip, S. 55 m. w. N.

61 Zur Bedeutung vgl. S. 103.

62 RG DJZ 1916, 813.

63 *Schön*, Nießbrauch, S. 357.

64 RG DJZ 1916, 813, 814.

Diese Ausführungen zum Nießbrauch sind durchaus auf das urheberrechtliche Lizenzvertragsrecht übertragbar, besteht doch auch in dogmatischer Hinsicht eine starke Ähnlichkeit zwischen der Nießbrauchsbestellung und der urheberrechtlichen Lizenzierung.[65] Mithin steht die Erfüllung des Lizenzgebers bei Vereinbarung erfolgsabhängiger Vergütung selbst dann bis zum Ende der Vertragslaufzeit aus, wenn ihn neben der Lizenzrechtsverschaffung keine weiteren Leistungspflichten treffen.

Aus dem Kreis der Filmlizenzverträge weisen mehrere Vertragstypen die Charakteristika eines Dauerrechtsverhältnisses auf. Der Filmverleihvertrag zwischen dem Filmhersteller und dem Filmverleihunternehmen hat die zeitlich beschränkte Übertragung verschiedener Nutzungsrechte gegen Zahlung einer erfolgsabhängigen Vergütung zum Inhalt.[66] Dabei müssen Materialien überlassen und Rechtesperren für die Auswertungskaskade vereinbart werden.[67] Den Lizenznehmer trifft aufgrund der erfolgsabhängigen Vergütung eine Abrechnungs- und Auswertungspflicht.[68] Diese Vielfalt der Pflichten auf beiden Seiten verbindet die Vertragsparteien für die Dauer der Vertragslaufzeit. Von einer vollständigen Erfüllung ist somit sowohl für den Lizenznehmer als auch für den Lizenzgeber erst am Ende der Laufzeit des Vertrages auszugehen. Auch der Filmvorführungsvertrag zwischen dem Filmverleihunternehmen und den Filmtheatern beinhaltet neben der Einräumung eines einfachen Nutzungsrechts gegen eine Beteiligung an den Einspielerlösen noch die Pflicht zur Überlassung einer Filmkopie sowie die Einhaltung von Mindestspielzeiten.[69] Auch bei diesem Dauerrechtsverhältnis ist eine vollständige Erfüllung auf beiden Seiten erst am Ende der Vertragslaufzeit anzunehmen. Weiterhin ist auch der Videolizenzvertrag durch die zeitlich befristete Einräumung des Rechts zur Vervielfältigung eines Filmwerks auf geeigneten Datenträgern gegen Zahlung einer erfolgsabhängigen Erlösbeteiligung charakterisiert.[70] Schließlich wird auch bei Fernsehlizenzverträgen für das Pay-TV regelmäßig eine Erlösbeteiligung vereinbart, die eine Auswertungs- und Abrechnungsverpflichtung zur Folge hat.[71] Auch diese Verträge werden als Dauerrechtsverhältnisse durch die Vertragsparteien mithin erst zum Ende der Vertragslaufzeit vollständig erfüllt. Bei

65 Vgl. S. 44; *Zehnsdorf*, Filmnutzungsrechte in der Insolvenz, S. 98.

66 Dazu näher S. 28; *Schack*, Urheberrecht, Rn 1239 f.

67 *U. Reber/Schwarz* in: von Hartlieb/Schwarz, Hdb. FilmR, 161. und 162. Kap.

68 *Schwarz/Reber* in: Loewenheim, Hdb. UrhR, § 74 Rn 267 ff.

69 Nähere Ausführungen auf S. 28; *Schack*, Urheberrecht, Rn 1242 f.

70 Dazu S. 29; *Jan Bernd Nordemann* in: Fromm/Nordemann, Urheberrecht, Vor §§ 88 ff. Rn 83.

71 *Castendyk* in: von Hartlieb/Schwarz, Hdb. FilmR, 258. Kap. Rn 6.

den genannten Verträgen kommt demzufolge regelmäßig das Insolvenzverwalterwahlrecht des § 103 InsO zur Anwendung, wenn ein Vertragspartner während der Laufzeit des Vertrags insolvent wird.

ccc) Die Softwarelizenzverträge

Auch bei Softwarelizenzverträgen bietet sich die oben für Filmlizenzverträge entwickelte Differenzierung an. Softwarelizenzverträge können ebenso entweder auf einen punktuellen Leistungsaustausch gerichtet sein, der ihnen Ähnlichkeit zu einem kaufrechtlichen Veräußerungsgeschäft verleiht, oder aber sie bilden aufgrund vielfältiger innerhalb des Vertragszeitraums entstehender und bestehender Leistungspflichten ein Dauerrechtsverhältnis, für das eine beiderseitige Erfüllung der Vertragsparteien erst am Ende der Vertragslaufzeit in Betracht kommt. Unter Erarbeitung differenzierender Kriterien soll nun eine Einteilung typisierter Softwareerstellungs- und Softwareüberlassungsverträge erfolgen.

(1) als punktuelle Leistungsaustauschverhältnisse

Auch bei Softwarelizenzverträgen gibt es solche Verträge, die den Lizenzgeber zu der Einräumung oder Übertragung einer zeitlich unbeschränkten Lizenz und gegebenenfalls zu der Übereignung eines die Software enthaltenden Datenträgers gegen Zahlung einer festen Pauschalvergütung verpflichten.[72] Da tritt die Erfüllung auf Seiten des Lizenzgebers mit der Lizenzierung oder mit der eventuell später erfolgenden Übereignung des Datenträgers ein, sofern keine dauerrechtlichen Nebenleistungspflichten bestehen. Als solche Nebenleistungspflichten kommen etwa in den Lizenzvertrag integrierte Pflichten zur Wartung und Pflege der Software oder Einweisungs- und Installationspflichten in Betracht.[73] Auf Seiten des Lizenznehmers wird die geschuldete Pflicht regelmäßig mit Zahlung des vereinbarten Festpreises erfüllt. Ein solcher den Veräußerungsgeschäften ähnlicher Charakter ist häufig bei der dauerhaften Überlassung von Standardsoftware an private oder gewerbliche Kunden anzutreffen, wenn keine Wartungs- oder Pflegeleistungen geschuldet oder diese in separaten Verträgen geregelt sind. Auch bei der Erstellung von Individualsoftware kann eine frühzeitige Erfüllung dann angenommen werden, wenn die erstellte Software auf Dauer ohne Wartung und Pflege gegen eine einmalige Vergütung lizenziert wird. Bei diesen Verträgen wird der frühe Erfül-

72 Vgl. S. 22 ff.; *Marly*, Hdb. SoftwareR, Rn 614 ff.

73 Ein Beispiel für die Verpflichtung zu Updates findet sich bei *Pagenberg/Geissler*, Lizenzverträge, S. 554.

lungszeitpunkt dazu führen, dass im Falle der Insolvenz einer der Vertragsparteien eine Anwendung des Wahlrechts aus § 103 InsO durch den Insolvenzverwalter zumeist ausscheidet.

(2) als Dauerrechtsverhältnisse

Sieht ein Softwarelizenzvertrag hingegen eine Lizenzierung auf Zeit vor, ist für die Vertragslaufzeit auch Wartung und Pflege der Software geschuldet oder hat die Lizenzgebühr erfolgsabhängige beziehungsweise periodisch zu zahlende Komponenten, so spricht vieles für die Annahme eines Dauerrechtsverhältnisses. Das Vertragsverhältnis erschöpft sich nicht in einem einmaligen Leistungsaustausch. Es entstehen und bestehen vielmehr ständig Pflichten auf beiden Seiten, die erst am Ende der Vertragslaufzeit ihren Abschluss finden.[74] Sollte der Lizenzgeber ohne Wartungspflicht nur zur zeitlich beschränkten Lizenzierung gegen Zahlung einer periodisch fälligen Vergütung verpflichtet sein, so gilt auch hier – entsprechend obigen Ausführungen für den Filmlizenzbereich[75] – aus Grundsätzen der Risikoverteilung, dass der Lizenzgeber nicht ohne besondere Vereinbarung vorleistet, sondern seine Pflicht zur Ausübungsgewährleistung auch erst am Ende der Vertragslaufzeit erfüllt hat. Dauerrechtliche Softwarelizenzverträge treten inbesondere bei Softwareüberlassung auf Zeit[76] sowie bei umfassenden Softwareerstellungsprojekten[77] auf. Bei Softwareerstellungsverträgen steht die vertragsgerechte Erfüllung auch so lange aus, als das geschuldete Werk nicht dem vertraglich vorausgesetzten Gebrauch entspricht, was bei der Fehlergeneigtheit von Softwareerstellung zu einer enormen Verzögerung der Erfüllung führen kann.[78] In all diesen Fällen bleibt eine Anwendung des Insolvenzverwalterwahlrechts aus § 103 InsO während der Vertragslaufzeit möglich, wenn eine Vertragspartei in Insolvenz fällt.

c) Zwischenergebnis zur Anwendbarkeit von § 103 InsO

Betrachtet man die Erfüllung von Lizenzvertragsverhältnissen als entscheidende Voraussetzung des § 103 InsO genauer, so ist zwischen punktuellen Leistungsaustauschverhältnissen und Dauerrechtsverhältnissen zu differenzieren. Bei ersteren

---

74 So angenommen bei BGH NJW 2006, 915, 916; LG Mannheim DZWiR 2003, 479; Erfüllung aufgrund einmaligen Leistungsaustausches hingegen bei LG München ZIP 2008, 751, 752.

75 Siehe S. 111 ff.

76 Dazu *Marly*, Hdb. SoftwareR, Rn 717 ff.

77 Vgl. zu den Pflichten *Köhler/Fritzsche* in: Lehmann, Rechtsschutz, Kap. XIII, Rn 139 ff.

78 *Wallner*, Insolvenz des Urhebers, S. 172 f.

wird aufgrund frühzeitiger beidseitiger Erfüllung der Anwendungsbereich des § 103 InsO gering bleiben. Viele Lizenzverträge werden aber aufgrund vielfältiger Pflichten auf beiden Seiten über einen längeren Zeitraum nicht vollständig erfüllt. Typische Beispiele sind der Filmverleih- und der Filmvorführungsvertrag, der Videolizenzvertrag und der Fernsehlizenzvertrag für das Pay-TV sowie Softwareüberlassungsverträge auf Zeit und umfassende Softwareerstellungsprojekte. Hier kann die Insolvenz einer der Vertragsparteien zu einer Anwendbarkeit des Wahlrechts aus § 103 InsO führen. In der Insolvenz des Verlegers ist eine Anwendbarkeit von § 103 InsO stets durch § 36 Abs. 1 VerlG vorgesehen.

2. Ein Ausschluss des Wahlrechts durch § 108 InsO?

a) Analoge Anwendung des § 108 Abs. 1 S. 1 InsO?

Mancherorts wird aber die Anwendbarkeit des Insolvenzverwalterwahlrechts grundsätzlich bestritten.[79] Die Norm des § 108 Abs. 1 S. 1 InsO sieht einen Ausschluss des Wahlrechts für Miet- und Pachtverhältnisse über unbewegliche Gegenstände sowie für Dienstverhältnisse vor. Teilweise werden Lizenzverträge nun den Miet- und Pachtverhältnissen im Sinne der Norm zugerechnet, um so eine generelle Insolvenzfestigkeit von Lizenzverträgen zu begründen.[80] Da jedoch der Lizenzgegenstand kein unbeweglicher Vermögensgegenstand ist, kommt allenfalls eine analoge Anwendung in Betracht.[81] Begründet wird die Analogie mit der vor der Einführung von § 108 InsO bestehenden Rechtsauffassung. Die Vorgängernorm des § 21 KO, die nicht auf Miet- und Pachtverträge über Immobilien beschränkt war, sei bereits ein Jahrundert lang auf Lizenzverträge angewendet worden. Dies hatte zur Konsequenz, dass Lizenzverträge nicht dem Verwalterwahlrecht unterfielen. An diesem Ergebnis sollte auch durch die Reduktion des Wortlauts von § 108 Abs. 1 S. 1 InsO nichts geändert werden.[82] Eine Analogie lässt sich aber nicht auf den Wortlaut einer Vorgängerregelung stützen. Erforderlich ist vielmehr, dass bei Bestehen einer planwidrigen Regelungslücke die Interessenlage für Lizenzverträge mit dem von § 108 Abs. 1 S. 1 InsO geregelten Interessenkonflikt vergleichbar ist. Man könnte schon das Bestehen einer planwidrigen Regelungslücke für Li-

79 *Koehler/Ludwig*, WRP 2006, 1342, 1344; insbesondere für Markenlizenzverträge *Fezer*, WRP 2004, 793, 799 ff.

80 *Fezer*, WRP 2004, 793, 799 ff; *Koehler/Ludwig*, WRP 2006, 1342, 1344.

81 Missverständliche Ausführungen zu der Analogie bei *Klauze*, Nutzungsrechte in der Insolvenz, S. 54 ff., der erst eine grundsätzliche Anwendbarkeit des Regelungskomplexes der §§ 108 ff. InsO bejaht, um anschließend eine Analogie zu § 108 Abs. 1 S. 1 InsO abzulehnen.

82 *Fezer*, WRP 2004, 793, 800.

zenzverträge in Zweifel ziehen, da mit dem Verwalterwahlrecht des § 103 InsO eine Regelung besteht, die auch Lizenzverträge in ihrem Anwendungsbereich erfasst.[83] Die Anwendung dieser Regelung fördert auch das gesetzgeberisch postulierte Ziel, die Masse zu stärken und zu begünstigen.[84] Weiterhin sind die den Anwendungsbereich des § 103 InsO beschränkenden Ausnahmevorschriften eng auszulegen. Berücksichtigt man zudem den Willen des Gesetzgebers, dass nur bei Verträgen über Immobilien die Bedeutung des Vertragsverhältnisses für die Parteien einen insolvenzrechtlichen Bestandsschutz erfordert, so ist gezeigt, dass sich die Interessenlage für Miet- und Pachtverträge über unbewegliche Gegenstände nicht unbedingt mit der Interessenlage bei Lizenzverträgen decken muss.[85] Mithin fehlen die Voraussetzungen für eine Analogie zu § 108 Abs. 1 S. 1 InsO, so dass es für Lizenzverträge grundsätzlich bei einer Anwendbarkeit des § 103 InsO bleibt.[86]

b) Anwendungsbereich von § 108 Abs. 1 S. 2 InsO

Anders hingegen zu beurteilen ist eine Anwendbarkeit von § 108 Abs. 1 S. 2 InsO. Diese Vorschrift ist von ihrem Anwendungsbereich her insofern weiter als sie auch Miet- und Pachtverhältnisse über sonstige Gegenstände erfasst. Dadurch erscheint eine Anwendbarkeit auf Lizenzverträge möglich. Gemäß § 108 Abs. 1 S. 2 InsO bestehen Miet- oder Pachtverhältnisse über sonstige Gegenstände, die der Insolvenzschuldner als Vermieter oder Verpächter abgeschlossen hat, dann für die Insolvenzmasse fort, wenn der Schuldner die Gegenstände einem die Anschaffung oder Herstellung finanzierenden Dritten zur Sicherheit übereignet hat. Die Vorschrift zielt dabei im Wesentlichen auf Leasingverträge in der Insolvenz des Leasinggebers, bei denen die Anschaffung des Leasinggegenstandes durch eine Bank finanziert wurde, an die die Sache zur Sicherheit übereignet und die Forderungen aus dem Leasingvertrag abgetreten wurden.[87] Durch die Insolvenzfestigkeit solcher Verträge soll die Refinanzierungsmöglichkeit von Leasinggebern gesichert werden. Bei einer Anwendbarkeit des Insolvenzverwalterwahlrechts wür-

83 So *Wolff*, Lizenzen in der Insolvenz, S. 169.

84 *Andres* in: Andres/Leithaus, InsO, § 103 Rn 5.

85 I. E. auch *Klauze*, Nutzungsrechte in der Insolvenz, S. 56.

86 So ebenfalls BGH NJW 2006, 915, 916; *Bullinger* in: Wandtke/Bullinger, UrhR, § 108 InsO Rn 4; *Kreuzer/Reber* in: Loewenheim, Hdb. UrhR, § 95 Rn 64; *Hausmann*, ZUM 1999, 914, 922; *von Westerholt/Joppich*, ZUM 2003, 262, 263; *Westrick/Bubenzer*, FS Hertin, S. 287, 316; *Scherenberg*, Lizenzverträge in der Insolvenz, S. 64; *Wolff*, Lizenzen in der Insolvenz, S. 168 f.

87 BT-Drs. 13/4699, S. 5 f.; *Wegener* in: Wimmer, FK-InsO, § 108 Rn 14; Kritik an der Regelung bei *Marotzke* in: Kreft, HK-InsO, § 108 Rn 24.

de nämlich die Abtretung zukünftiger Forderungen aus dem Vertragsverhältnis an § 91 Abs. 1 InsO scheitern, selbst wenn der Insolvenzverwalter Erfüllung wählt.[88] Die Leasingraten gebühren mit der Erfüllungswahl nicht mehr der finanzierenden Bank, sondern werden originäre Masseforderungen, so dass die Vorausabtretung hinfällig wäre.[89] Da Banken dieses Insolvenzrisiko nicht zu tragen bereit sind, ist § 108 Abs. 1 S. 2 InsO gerade zum Schutz mittelständischer banken- und herstellerunabhängiger Leasingunternehmen eingeführt worden. Ein Nachteil für die Insolvenzmasse ergibt sich durch den Ausschluss der Möglichkeit zur Erfüllungsablehnung zudem nicht.[90] Der Verwalter könnte bei Ablehnung der Erfüllung zwar den Gegenstand vom Leasingnehmer herausverlangen, sähe sich dann aber der möglichen Geltendmachung eines Absonderungsrechts gemäß § 51 Nr. 1 InsO durch die sicherungsnehmende Bank ausgesetzt. Der Gegenstand müsste verwertet und der Erlös an den Sicherungsnehmer ausgekehrt werden, ohne dass der Insolvenzmasse ein über den Kostenbeitrag hinausgehender Vermögenswert zufließen würde.

Der in § 108 Abs. 1 S. 2 InsO verwendete Begriff des von dem Miet- oder Pachtverhältnis betroffenen Gegenstands erfasst sowohl Sachen als auch Rechte und Forderungen, mithin alle denkbaren Bestandteile der Insolvenzmasse.[91] Auch der von der Norm gebrauchte Begriff der Sicherungsübertragung ist weit auszulegen und umfasst nicht nur die Sicherungsübereignung von Sachen als Leasinggut, sondern auch die Sicherungsabtretung von Forderungen oder die Sicherungsübertragung von Rechten.[92] Bei urheberrechtlichen Lizenzverträgen kann das Nutzungsrecht an einem Urheberrecht zur Sicherheit übertragen werden, während gleichzeitig die Befugnis zur Einräumung von Unterlizenzen zurückbehalten oder zurückübertragen wird.[93] Dies ermöglicht in diesem Bereich ebenfalls die Refinanzierung. Die sicherheitshalber erfolgende Übertragung des Rechts an einem Recht wird dabei vom Wortlaut der Norm des § 108 Abs. 1 S. 2 InsO erfasst. Dementsprechend kann die Vorschrift auch auf fremdfinanzierte urheberrecht-

88 *Wolff*, Lizenzen in der Insolvenz, S. 230; BT-Drs. 13/4699, S. 6; zu der rechtlichen Wirkung von Verfahrenseröffnung und Ausübung des Wahlrechts vgl. die Ausführungen auf S. 122 ff.

89 *Sinz* in: Uhlenbruck, InsO, § 108 Rn 132.

90 Vgl. BT-Drs. 13/4699, S. 6; *Wolff*, Lizenzen in der Insolvenz, S. 230.

91 BT-Drs. 13/4699, S. 6.

92 *Marotzke* in: Kreft, HK-InsO, § 108 Rn 25; *Sinz* in: Uhlenbruck, InsO, § 108 Rn 134; BT-Drs. 13/4699, S. 6.

93 Vgl. nur *Klauze*, Nutzungsrechte in der Insolvenz, S. 58 m. w. N.; widersprüchliche Ausführungen dazu bei *Wiedemann*, Lizenzen in der Insolvenz, Rn 1175 ff., der annimmt, dass Gegenstand des Lizenzvertrags das unübertragbare Urheberrecht selbst ist, um anschließend dennoch eine Sicherheitsübertragung zuzulassen.

liche Lizenzverträge angewendet werden, wenn diese miet- oder pachtähnlich ausgestaltet sind.[94] Der Gesetzgeber selbst hatte bei Schaffung der Bestimmung auch die finanzierten Softwarelinzenzverträge im Sinn.[95] Voraussetzung für eine Anwendung von § 108 Abs. 1 S. 2 InsO auf Lizenzverträge ist aber, dass der Lizenzgeber Sicherungsgeber und Insolvenzschuldner ist sowie dass zwischen der Übertragung zur Sicherheit und der Finanzierung ein zeitlicher und sachlicher Zusammenhang besteht.[96] Irrelevant ist hingegen, ob der Urheber selbst oder sein Lizenznehmer den Lizenzvertrag als Lizenzgeber abschließt, sofern die kausale Verbindung zwischen Sicherungsübertragung und Finanzierung besteht.[97] Eine darüber hinaus diskutierte Reduktion der Vorschrift dahingehend, dass der Miet- oder Pachtgegenstand bereits vor Verfahrenseröffnung überlassen sein muss[98], wird bei Lizenzverträgen keine Rolle spielen, da hier mit Vertragsschluss zeitgleich auch die Einräumung des Nutzungsrechts erfolgt.[99] Hat also ein später insolvent werdender Lizenzgeber die Herstellung eines Films beziehungsweise einer Software oder den Erwerb von Nutzungsrechten hieran durch Dritte finanziert und die Nutzungsrechte ebenso wie aus ihnen erwachsende Erlösansprüche zur Sicherheit übertragen, so ist der Lizenzvertrag mit einem Lizenznehmer entsprechend § 108 Abs. 1 S. 2 InsO insolvenzfest. Zu einer Anwendbarkeit des Insolvenzverwalterwahlrechts kommt es in diesem Fall nicht; die Abtretung der Erlösansprüche aus dem Vertrag zugunsten der finanzierenden Bank bleibt wirksam.

Alternativ zu der Sicherungsübertragung des Nutzungsrechts könnte eine Refinanzierung auch durch eine Verpfändung des Lizenzrechts erfolgen. Die Subsumtion der Verpfändung des Nutzungsrechts unter den Wortlaut des § 108 Abs. 1 S. 2 InsO ist hingegen problematischer, da bei einer Verpfändung das Nutzungsrecht als solches nicht übertragen wird. Allerdings steht dem Sicherungsnehmer bei der Verpfändung genau wie bei der Sicherungsübertragung ein Absonderungsrecht zu[100], so dass – entsprechend der ratio von § 108 Abs. 1 S. 2 InsO – die Masse

94 *Hausmann*, ZUM 1999, 914, 923; *Abel*, NZI 2003, 121, 127; *Wegener* in: Wimmer, FK-InsO, § 108 Rn 15; *Kreuzer/Reber* in: Loewenheim, Hdb. UrhR, § 95 Rn 101; *Klauze*, Nutzungsrechte in der Insolvenz, S. 57; *Wiedemann*, Lizenzen in der Insolvenz, Rn 1176; *Hub*, Filmlizenzen, S. 121 ff.; *Wolff*, Lizenzen in der Insolvenz, S. 230 ff.

95 *Schmid-Burgk/Ditz*, ZIP 1996, 1123, 1124; *Wiedemann*, Lizenzen in der Insolvenz, Rn 1176.

96 *Wegener* in: Wimmer, FK-InsO, § 108 Rn 15a; *Wolff*, Lizenzen in der Insolvenz, S. 232.

97 *Brandt*, NZI 2001, 337, 341 f.

98 So *Marotzke* in: Kreft, HK-InsO, § 108 Rn 25; *Tintelnot* in: Kübler/Prütting/Bork, InsO, § 108 Rn 23.

99 Ebenfalls die Praxisrelevanz der Frage bezweifelnd *Zeuner* in: Leonhardt/Smid/Zeuner, InsO, § 108 Rn 13.

100 Vgl. § 50 Abs. 1 InsO.

durch ein Wahlrecht keinen nennenswerten Vermögenszuwachs gewinnen könnte. Dies spricht für eine Ausdehnung des Anwendungsbereichs von § 108 Abs. 1 S. 2 InsO auch auf die Verpfändung von Lizenzrechten, so dass auch hier das Verwalterwahlrecht ausgeschlossen ist.[101] Werden Nutzungsrechte an eine Bank verpfändet, um den Erwerb zu finanzieren, so ist ein von dem später insolvent werdenden Verpfänder als Lizenzgeber abgeschlossener Lizenzvertrag ebenfalls entsprechend § 108 Abs. 1 S. 2 InsO insolvenzfest.

3. Teilbare Leistungen im Sinne des § 105 InsO

Sieht ein Lizenzvertrag auf beiden Seiten mehrere Leistungspflichten vor, so kann im Zusammenhang mit dem Insolvenzverwalterwahlrecht auch § 105 InsO zur Anwendung gelangen. Gemäß § 105 Satz 1 InsO ist ein Vertragspartner des Insolvenzschuldners, der bei einer teilbaren Leistung vor Eröffnung des Insolvenzverfahrens in Vorleistung getreten ist, mit dem der Vorleistung entsprechenden Betrag des Anspruchs auf die Gegenleistung selbst dann Insolvenzgläubiger, wenn der Insolvenzverwalter die Erfüllung der ausstehenden Leistung verlangt. Der Vertragspartner ist darüber hinaus gemäß § 105 Satz 2 InsO nicht berechtigt, wegen der Nichterfüllung seines Anspruchs auf die Gegenleistung die Rückgabe der vor Verfahrenseröffnung erbrachten Teilleistung aus der Insolvenzmasse zu verlangen. Diese Regelungen reduzieren den Schutz des Vertragspartners im Vergleich zu der Situation außerhalb eines Insolvenzverfahrens erneut. Ein sonst bestehendes Leistungsverweigerungsrecht gemäß § 320 Abs. 1 S. 1 BGB bezüglich des ausstehenden Teils der Leistung bis zur vollständigen Bewirkung der Gegenleistung geht in der Insolvenz verloren. Der Vertrag wird statt dessen in zwei rechtlich unterschiedlich zu behandelnde Teile aufgespalten, indem vor der Eröffnung des Insolvenzverfahrens erbrachte Leistungen anders zu beurteilen sind als nach Verfahrenseröffnung noch zu erfüllende Pflichten.[102] Der Gesetzgeber will mit § 105 InsO die Masse stärken, indem er in Höhe der Vorleistung das Entstehen einer Masseverbindlichkeit gemäß § 55 Abs. 1 Nr. 2 InsO verhindert. Die Masse soll nur dann Leistungen erbringen müssen, wenn sie im Gegenzug durch eine Leistung des Vertragspartners an die Masse profitiert, nicht aber wenn die Leistungen schon vor Verfahrenseröffnung an den Schuldner geflossen sind.[103] Dies fördert auch

---

101 *Brandt*, NZI 2001, 337, 341; *Abel*, NZI 2003, 121, 127; *Klauze*, Nutzungsrechte in der Insolvenz, S. 59; zumindest für ausländische Pfandrechte *Schmid-Burgk/Ditz*, ZIP 1996, 1123, 1125; *Eckert* in: Kirchhof, MüKo InsO, § 108 Rn 50.

102 *von Westerholt/Joppich*, ZUM 2003, 262, 264 f.; *Kreft* in: Kirchhof, MüKo InsO, § 103 Rn 47.

103 *Scherer*, NZI 2004, 113, 115.

den Grundsatz der Gläubigergleichbehandlung, indem der teilweise Vorleistende bezüglich seines vorgeleisteten Teils ebenso an die Quote verwiesen wird wie der vollständig Vorleistende.[104] Das Kriterium der Teilbarkeit einer Leistung ist dabei – korrespondierend zu dem Normzweck des § 105 InsO – denkbar weit auszulegen.[105] Es genügt, wenn sich die erbrachte Teilleistung feststellen und bewerten lässt.[106] Eine Geldleistung ist damit immer teilbar. Bei Sachleistungen lässt sich die Bewertung zumindest durch einen Sachverständigen vornehmen, wenn die Leistung rein tatsächlich teilweise erbracht werden kann.[107] Dies hat zur Folge, dass eine unteilbare Leistung in der Praxis eher die Ausnahme bildet und § 105 InsO damit einen großen Anwendungsbereich erfährt.[108]

Bei Lizenzverträgen ist eine gestaffelt zu erbringende Lizenzgebühr immer in Teilleistungen zerlegbar. Allerdings ist bei der Staffelung zu berücksichtigen, dass ein Lizenzrecht oftmals am Anfang der Lizenzzeit einen höheren Wert aufweist als zum Ende des Nutzungszeitraums, so dass die Gebühren nicht linear sondern degressiv zu verteilen sein werden.[109] Auch die Einräumung des Lizenzrechts lässt sich als solche rein tatsächlich feststellen und finanziell in Anlehnung an die Lizenzgebühr bewerten.[110] Sie ist damit ebenfalls eine Teilleistung im Sinne des § 105 S. 1 InsO. Dies gilt insbesondere auch für eine Aufteilung in einzelne Nutzungsgebiete oder gestaffelte Rechtseinräumungen.[111] Hinsichtlich etwaiger Nebenleistungspflichten wie der Überlassung von notwendigen Materialien oder den Pflichten zur Wartung und Pflege ist danach zu differenzieren, ob der in Rede stehenden Pflicht ein konkreter Anteil des vereinbarten Nutzungsentgelts zuzurechnen ist, mithin ob die Erfüllung der Nebenleistungspflicht selbständig wirtschaftlich be- und verwertbar ist.[112] Ist dies der Fall, so sind solche Pflichten auch als teilbare Leistungen aufzufassen. Insofern hat der § 105 InsO auch bei Lizenzverträgen eine enorme Bedeutung, die in dem folgenden Abschnitt über die Rechtsfolgen der Wahlrechtsausübung berücksichtigt werden soll.

---

104 *Wegener* in: Uhlenbruck, InsO, § 105 Rn 5; *Zeuner* in: Leonhardt/Smid/Zeuner, InsO, § 105 Rn 1; *Scherer*, NZI 2004, 113, 116.

105 *Kreft* in: Kirchhof, MüKo InsO, § 105 Rn 12; *Wegener* in: Uhlenbruck, InsO, § 105 Rn 7.

106 BGH NJW 2001, 3704, 3705; BGH NJW 2002, 2783, 2784.

107 *Wegener* in: Uhlenbruck, InsO, § 105 Rn 9.

108 *Zeuner* in: Leonhardt/Smid/Zeuner, InsO, § 105 Rn 5; *Kreft* in: Kirchhof, MüKo InsO, § 105 Rn 14; *Esser*, Lizenzen in der Insolvenz, S. 154.

109 OLG Hamburg ZUM 2001, 241; *Kreuzer/ U. Reber* in: von Hartlieb/Schwarz, Hdb. FilmR, 293. Kap. Rn 30; *Oeter/Ruttig*, ZUM 2003, 611, 623.

110 *von Westerholt/Joppich*, ZUM 2003, 262, 265.

111 *Kreuzer/Reber* in: Loewenheim, Hdb. UrhR, § 95 Rn 82.

112 *Wallner*, Insolvenz des Urhebers, S. 192.

III. Rechtsfolgen einer Ausübung des Insolvenzverwalterwahlrechts

1. Kriterien bei der Ausübung des Wahlrechts

Sofern ein Lizenzvertrag von beiden Vertragsparteien noch nicht vollständig erfüllt worden ist, kann der Insolvenzverwalter nach seinem pflichtgemäßen Ermessen die Erfüllung des Vertrages wählen oder ablehnen. Bei seiner Ausübung des Wahlrechts ist er nur dem Interesse der Masse und der Gläubigergesamtheit verpflichtet.[113] Schon vor dem Hintergrund einer möglichen Haftung nach § 61 InsO wird der Insolvenzverwalter seine Entscheidung nach sorgfältiger Prüfung aller Umstände daran orientieren, was für die Masse letztlich günstiger ist.[114] In der *Insolvenz eines Lizenzgebers* hat der Verwalter die Erfüllung abzulehnen, wenn die Vertragskonditionen aus aktueller Sicht suboptimal sind und die Chance auf eine bessere Verwertungsmöglichkeit besteht. Bietet der Vertrag hingegen eine hohe Lizenzgebühr, so wird der Insolvenzverwalter die Erfüllung wählen, um die Gebühren zur Masse ziehen zu können. Im Fall der *Insolvenz des Lizenznehmers* ist die Erfüllung dann abzulehnen, wenn die Kosten für die zu entrichtenden Lizenzgebühren den Nutzen an dem Lizenzrecht übersteigen. Gleiches gilt wohl dann, wenn der Verwalter keine Sanierungschancen für das insolvente Lizenznehmer-Unternehmen sieht. Ist hingegen die weitere Nutzung der Rechte trotz der aus der Masse zu erbringenden Zahlungspflicht lohnend, so wird der Insolvenzverwalter die Erfüllung des Vertrags wählen. Dies gilt auch dann, wenn eine Weiterveräußerung oder Sublizenzierung der Rechte vertraglich möglich und wirtschaftlich sinnvoll ist.

2. Die rechtliche Wirkung von Verfahrenseröffnung und Wahlrechtsausübung

Bevor auf die Rechtsfolgen einer Wahlrechtsausübung im Konkreten einzugehen ist, soll zunächst dargestellt werden, welche rechtliche Wirkung der Verfahrenseröffnung und der Ausübung des Wahlrechts zukommt. Hier herrscht seit langem Streit darüber, welchen Einfluss die Eröffnung des Insolvenzverfahrens auf die Erfüllungsansprüche hat und ob dem Erfüllungsverlangen oder der Erfüllungsablehnung rechtsgestaltende Wirkung zukommt.[115] Die vertretenen Ansichten und

---

113 *Abel* in: Berger/Wündisch, Urhebervertragsrecht, § 13 Rn 154; *Andres* in: Andres/Leithaus, InsO, § 103 Rn 20.

114 *Huber* in: Kirchhof, MüKo InsO, § 103 Rn 196, 198.

besonders die Rechtsprechungsentwicklung zu diesen Fragen sollen im Folgenden zum besseren Verständnis kurz nachgezeichnet werden.

Zunächst wurde unter Geltung der Konkurs- und der Gesamtvollstreckungsordnung überwiegend davon ausgegangen, dass die Verfahrenseröffnung keine Auswirkungen auf die Erfüllungsansprüche habe und daher eine Art Schwebezustand herbeiführe.[116] Erst die Erfüllungsablehnung bewirke, dass die Erfüllungsansprüche erlöschen und dass das Vertragsverhältnis in ein auf Schadensersatz wegen Nichterfüllung gerichtetes Abwicklungsverhältnis umgestaltet wird.[117] Ebenso solle auch dem Erfüllungsverlangen rechtsgestaltende Wirkung zukommen, indem der Schwebezustand durch Aufwertung der Insolvenzforderung zur Masseverbindlichkeit beendet wird. Mangels einer § 105 InsO vergleichbaren Regelung sei das Erfüllungsverlangen jedoch nicht teilbar. Dies habe zur Folge, dass auch solche Gegenleistungsansprüche des Vertragspartners von der Masse erfüllt werden mussten, die vor Konkurseröffnung erbrachte Teilleistungen betrafen.[118]

Mit dem Ziel Masseverkürzungen zu verhindern und die Masse zu stärken erfolgte im Jahr 1988 eine grundlegende Wende in der Rechtsprechung.[119] Nun wurde davon ausgegangen, dass bereits die Eröffnung des Konkursverfahrens das Vertragsverhältnis zwischen dem Schuldner und seinem Vertragspartner so umgestalte, dass die gegenseitigen Erfüllungsansprüche erlöschen[120] und durch den Anspruch des anderen Teils auf Schadensersatz wegen Nichterfüllung als Konkursforderung ersetzt werden. Die Erfüllungsablehnung habe demzufolge nur noch rein deklaratorische Wirkung, da die Umgestaltung bereits ipso iure durch den Eröffnungsbeschluss des Gerichts erfolgt ist. Eine Erfüllungswahl bewirke, dass die ursprünglichen Ansprüche aus dem Schuldverhältnis mit ihrem bisherigen Inhalt ex nunc neu begründet und zu Masseschulden aufgewertet werden. Hinsichtlich der Wirkung von Teilleistungen hat der BGH später schon die mittlerweile in § 105 InsO normierte Regelung in seiner Rechtsprechung vorweggenommen.[121] Die Gegenleistung für eine vor Verfahrenseröffnung erfolgte Teilleistung muss mithin selbst bei Erfüllungswahl nicht mehr aus der Masse beglichen werden.

115 Vgl. nur *Musielak*, AcP 1979, 189, 193 ff.; *Wegener* in: Uhlenbruck, InsO, § 103 Rn 4 ff.

116 BGHZ 48, 203, 205 ff.; BGH NJW 1982, 768, 769; *Huber*, NZI 2002, 467 f.

117 Dies war ständige Rechtsprechung des BGH; vgl. etwa BGH NJW 1977, 1345; BGH NJW 1986, 2948, 2950.

118 BGH NJW 1982, 2196, 2197; vgl. auch *Huber* in: Gottwald, Hdb. InsR, § 34 Rn 38.

119 BGHZ 103, 250; BGHZ 106, 236; ständige Rechtsprechung bis zum Jahr 2000, zuletzt BGH NJW 1998, 992.

120 Daher in der Literatur „Erlöschenstheorie“ genannt; ein Begriff, der nach Ansicht von *Kreft* viel „Verwirrung gestiftet“ hat, *Kreft* in: Kirchhof, MüKo InsO, § 103 Rn 3.

121 BGH ZIP 1997, 688.

Wohl auch begründet durch die zahlreiche Kritik[122] an dieser Auffassung hat der BGH seine Theorie vom Erlöschen der Erfüllungsansprüche mit Verfahrenseröffnung im Jahr 2002 explizit wieder aufgegeben.[123] Fortan geht er in ständiger Rechtsprechung[124] davon aus, dass „die Eröffnung des Insolvenzverfahrens kein Erlöschen der Erfüllungsansprüche aus gegenseitigen Verträgen im Sinne einer materiell-rechtlichen Umgestaltung bewirkt. Vielmehr verlieren die noch offenen Ansprüche im Insolvenzverfahren ihre Durchsetzbarkeit, soweit sie nicht auf die anteilige Gegenleistung für vor Verfahrenseröffnung erbrachte Leistungen gerichtet sind. Wählt der Verwalter Erfüllung, so erhalten die zunächst nicht durchsetzbaren Ansprüche die Rechtsqualität von originären Forderungen der und gegen die Masse".[125] Der wesentliche Unterschied der aktuellen Rechtsprechung zu der „Erlöschenstheorie" liegt darin, dass die Erfüllungsansprüche durch die Verfahrenseröffnung nur noch für die Dauer des Insolvenzverfahrens suspendiert werden, ohne dass eine Umgestaltung erfolgt.[126]

3. Rechtsfolgen einer Ablehnung der Erfüllung durch den Insolvenzverwalter

Auf dieser dogmatischen Grundlage können nun die konkreten Auswirkungen einer Ausübung des Wahlrechts durch den Verwalter erarbeitet werden. Dabei ist sowohl für die Erfüllungswahl als auch für die Erfüllungsablehnung jeweils danach zu differenzieren, ob schon ein Leistungsaustausch stattgefunden und welche Vertragspartei bereits teilweise geleistet hat.

a) Kein Leistungsaustausch vor Insolvenzeröffnung

Hat weder der Lizenzgeber noch der Lizenznehmer vor der Insolvenzeröffnung eine Vertragsleistung erbracht, so bleiben die geschuldeten Pflichten durch den Eröffnungsbeschluss zunächst unberührt, sind aber bis zur Ausübung des Insolvenzverwalterwahlrechts undurchsetzbar geworden. Dieser Zustand wird durch

122 *Adam*, DZWiR 1998, 227 ff.; *Marotzke*, JR 1990, 331, 333 ff.; *Tintelnot*, ZIP 1995, 616, 618, jeweils m. w. N.

123 Grundsatzurteil BGH NJW 2002, 2783, 2785; schon vorher schleichende Abkehr von der Erlöschenstheorie in BGH NJW 2001, 1136, 1137; BGH ZIP 2001, 2142, 2144 f.; theoretische Vorarbeit für die Kehrtwende bei *Kreft*, FS Uhlenbruck, S. 387 ff.

124 BGH NJW 2005, 2231, 2232; BGH ZIP 2005, 2267; BGH NJW 2006, 915, 916; BGH NJW 2007, 1594; BGH ZIP 2008, 372, 374.

125 BGH NJW 2002, 2783, 3. Leitsatz.

126 *Huber*, NZI 2002, 467, 469.

eine Ablehnung der Erfüllung nicht verändert, da der Erfüllungsablehnung keine rechtsgestaltende Wirkung zukommt.[127] Eine Umgestaltung des Vertragsverhältnisses erfolgt vielmehr erst dann, wenn der Vertragspartner wegen der Nichterfüllung einen Schadensersatzanspruch statt der Leistung geltend macht.[128] Besteht noch ein Anspruch des Insolvenzschuldners gegen den Vertragspartner aus der Zeit vor der Insolvenzeröffnung, so kann der Vertragspartner nicht gegen diesen Anspruch mit seiner Forderung wegen Nichterfüllung aufrechnen, weil dem § 95 Abs. 1 S. 3 InsO entgegensteht.[129] Hat der Vertragspartner den Erfüllungsanspruch gegen den Schuldner besichern lassen, so besteht diese Sicherheit auch für die Forderung wegen Nichterfüllung.[130]

In der *Insolvenz des Lizenzgebers* bewirkt die Erfüllungsablehnung, dass der Lizenznehmer die Einräumung des Lizenzrechts sowie die Erfüllung sonstiger vertraglicher Pflichten nicht mehr verlangen kann. Hat er durch die Nichterfüllung einen Schaden erlitten, kann er diesen Schadensersatzanspruch gemäß § 103 Abs. 2 S. 1 InsO als Insolvenzforderung zur Insolvenztabelle anmelden. Dadurch wird das Vertragsverhältnis in ein Abrechnungsverhältnis umgewandelt. Der Lizenznehmer kann aber auch von der Geltendmachung des Schadensersatzanspruchs absehen und statt dessen seine Erfüllungsansprüche nach Verfahrensbeendigung gegen den Schuldner geltend machen.[131] Dass diese Möglichkeit gegeben sein muss, zeigt schon der Wortlaut des § 201 Abs. 1 InsO. Ein solches Vorgehen ist jedoch dann nicht möglich, wenn in einem Insolvenzplan eine andere Regelung enthalten, eine Restschuldbefreiung erteilt worden oder das schuldnerische Unternehmen liquidiert ist. In der *Insolvenz des Lizenznehmers* hat die Ablehnung der Erfüllung zur Folge, dass der Lizenzgeber nicht zur Einräumung der Nutzungsrechte verpflichtet ist, aber auch die Lizenzgebühr nicht verlangen kann. Hat er dadurch einen Schaden erlitten, so kann er diesen als Insolvenzgläubiger zur Tabelle anmelden oder aber auf eine Beendigung des Verfahrens warten, um dann erneut die Lizenzrechtseinräumung gegen Zahlung der Lizenzgebühr anzubieten.

---

127 Vgl. *Huber*, NZI 2002, 467, 469; *Kreft* in: Kirchhof, MüKo InsO, § 103 Rn 20.

128 BFH ZIP 2007, 976, 977; *Bork*, Einf. InsR, Rn 159; i. E. auch *Esser*, Lizenzen in der Insolvenz, S. 135.

129 *Kreft* in: Kirchhof, MüKo InsO, § 103 Rn 23.

130 *Huber*, NZI 2002, 467, 469.

131 Vgl. *Kreft* in: Kirchhof, MüKo InsO, § 103 Rn 22.

b) Teilweise Vorleistung des Vertragspartners

Hat der Vertragspartner des Schuldners vor der Insolvenzeröffnung bereits eine teilbare Leistung erbracht, so kann er die der Vorleistung entsprechende Gegenleistung nur als Insolvenzforderung zur Tabelle anmelden.[132] Diese Rechtsfolge ergibt sich aus § 105 S. 1 InsO. Gleichfalls kann der Vertragspartner mit dem seiner Vorleistung entsprechenden und auf Geldleistung gerichteten Erfüllungsanspruch gegen einen bei Verfahrenseröffnung bestehenden Zahlungsanspruch des Schuldners aufrechnen.[133] Eine Rückforderung der erbrachten Teilleistung ist hingegen gemäß § 105 S. 2 InsO nicht möglich. Hinsichtlich der über die Vorleistung und ihre Gegenleistung hinausgehenden Ansprüche gilt wiederum, dass der Vertragspartner entweder gemäß § 103 Abs. 2 S. 1 InsO einen Schadensersatzanspruch wegen Nichterfüllung geltend machen oder aber nach Beendigung des Insolvenzverfahrens eine Durchsetzung seiner Erfüllungsansprüche wieder aufgreifen kann.

Eine teilweise Vorleistung des Vertragspartners kommt bei Lizenzverträgen häufig in der *Insolvenz des Lizenznehmers* vor. Der Lizenzgeber räumt sein Nutzungsrecht meist zeitlich parallel zum Vertragsschluss ein, während bei Verträgen im Anwendungsbereich des Wahlrechts die Lizenzgebühr vielfach über die Lizenzzeit verteilt erbracht wird.[134] Der auf die Vorleistung entfallende Anteil der Lizenzgebühr ist in diesem Fall durch ein Gutachten zu ermitteln und kann dann vom Lizenzgeber als Insolvenzforderung geltend gemacht werden. Etwaige Schäden aus der Erfüllungsablehnung kann der Lizenzgeber ebenfalls als Insolvenzgläubiger anmelden, sofern er eine Geltendmachung der Erfüllungsansprüche nach Verfahrensbeendigung ausschließt. In der *Insolvenz des Lizenzgebers* kann der Lizenznehmer ebenfalls vorgeleistet haben, wenn er beispielsweise die Herstellung des später zu lizenzierenden Werkes teilweise vorfinanziert. In der Höhe eines solchen vor Verfahrenseröffnung gezahlten Betrags nimmt der Lizenznehmer dann wieder als Insolvenzgläubiger am Insolvenzverfahren teil, § 105 S. 1 InsO. Für Schäden wegen der Nichterfüllung kann wiederum eine Insolvenzforderung gemäß § 103 Abs. 2 S. 1 InsO geltend gemacht werden.

---

132 A. A. *Henckel* in: Jaeger/Henckel, Konkursordnung, § 17 Rn 7, 70, der dem Vertragspartner nur einen Anspruch wegen der Nichterfüllung zugesteht; zur Kritik daran vgl. *Kreft* in: Kirchhof, MüKo InsO, § 103 Rn 26.

133 Vgl. §§ 94, 95 Abs. 1 InsO; *Kreft* in: Kirchhof, MüKo InsO, § 103 Rn 29.

134 Vgl. S. 111 ff. und S. 115 jeweils m. w. N.

c) Teilweise Vorleistung des Insolvenzschuldners

In dem Fall einer teilweisen Vorleistung des Insolvenzschuldners hat der Vertragspartner den auf die Vorleistung des Schuldners entfallenden Anteil der Gegenleistung an die Masse zu erbringen. Eine Rückforderung der Vorleistung durch den Verwalter kommt dabei nicht in Betracht.[135] Aufgrund der Ablehnung der Vertragserfüllung durch den Insolvenzverwalter besteht ein weiterer Erfüllungsanspruch des Vertragspartners nicht. Er kann nur eine Forderung wegen der Nichterfüllung als Insolvenzgläubiger geltend machen. Macht er einen solchen Schadensersatzanspruch wegen Nichterfüllung geltend, sind die gegenseitigen Ansprüche aus der Vertragsdurchführung miteinander zu verrechnen.[136] Der Wert der vom Schuldner erbrachten Teilleistung ist dabei zu berücksichtigen. Ergibt die Verrechnung einen Saldo zugunsten der Masse, so steht dieser ein Bereicherungsanspruch zu. Einen Saldo zugunsten des Vertragspartners kann dieser nur als Insolvenzforderung anmelden. Statt der Geltendmachung des Schadensersatzanspruchs kann der Vertragspartner wiederum eine Beendigung des Insolvenzverfahrens abwarten, um dann seine Erfüllungsansprüche erneut aufzugreifen.

Praktisch äußerst relevant ist die Vorleistung des Schuldners aufgrund der frühzeitigen Rechtseinräumung in der *Insolvenz des Lizenzgebers*. Hat der Lizenzgeber vor seiner Insolvenz das Lizenzrecht eingeräumt, ohne dafür bereits die anteilige Lizenzgebühr erhalten zu haben, so hat der Lizenznehmer diesen der Nutzungszeit entsprechenden Anteil der Gegenleistung in die Masse zu entrichten. Er selbst kann nur gegebenenfalls einen Schadensersatzanspruch wegen Nichterfüllung als Insolvenzforderung geltend machen, der dann mit der der Vorleistung entsprechenden Lizenzgebühr verrechnet wird. In der *Insolvenz des Lizenznehmers* kann eine Vorleistung des Schuldners beispielsweise aus einer Vorfinanzierung des zu lizenzierenden Werkes resultieren. Der Lizenzgeber hat in diesem Fall den der Vergütung entsprechenden Anteil der Lizenzierung zugunsten der Masse zu erbringen, indem eine der Vergütung gleichwertige Lizenzzeit ermittelt wird.

4. Rechtsfolgen einer Erfüllungswahl des Insolvenzverwalters

Für den Fall, dass der Insolvenzverwalter die Erfüllung des Lizenzvertrags wählt, ergeben sich andere Rechtsfolgen. Bei der Untersuchung erfolgt eine Differenzierung danach, ob schon ein Leistungsaustausch zwischen den Lizenzvertrags-

135 BGHZ 155, 87, 96.

136 *Zehnsdorf*, Filmnutzungsrechte in der Insolvenz, S. 121; BGH NJW 2001, 1136, 1137 f.; Rechenbeispiel bei *Kreft* in: Kirchhof, MüKo InsO, § 103 Rn 35.

parteien stattgefunden hat und welche Vertragspartei bereits teilweise geleistet hat.

a) Kein Leistungsaustausch vor Insolvenzeröffnung

Hat keine Vertragspartei vor Insolvenzeröffnung Leistungen erbracht, so erhalten die wechselseitigen Erfüllungsansprüche durch die Wahl der Erfüllung die Rechtsqualität von originären Masseverbindlichkeiten und Masseforderungen.[137] Aufgrund dieser Aufwertung der ursprünglichen Ansprüche wird in diesem Zusammenhang auch von einem „Qualitätssprung" gesprochen.[138] Dies darf aber nicht darüber hinwegtäuschen, dass die Ansprüche inhaltlich noch identisch sind und insofern rechtlich die gleiche Wirkung wie bei einem identisch neu abgeschlossenen Vertrag eintritt.[139] Der Erfüllungsanspruch der Masse kann gemäß § 96 Abs. 1 Nr. 1 InsO nicht mit Insolvenzforderungen des Vertragspartners aufgerechnet werden.[140] Auch eine vor Insolvenzeröffnung durch den Schuldner vorgenommene Abtretung ist nach § 91 Abs. 1 InsO unwirksam.[141]

In der *Insolvenz des Lizenzgebers* hat der Verwalter nach Erfüllungswahl dem Lizenznehmer das Nutzungsrecht einzuräumen oder zu übertragen beziehungsweise die anderen dem Lizenzgeber obliegenden Pflichten aus der Masse zu erfüllen. Die vom Lizenznehmer zu zahlende Lizenzgebühr hat der Verwalter zur Masse zu ziehen. Handelt der Insolvenzverwalter hingegen im Fall der *Insolvenz des Lizenznehmers*, so kann er nach Erfüllungswahl vom Lizenzgeber die Einräumung oder Übertragung der Lizenz sowie die Erfüllung von vereinbarten Materialüberlassungspflichten sowie Pflichten zur Pflege und Wartung verlangen. Die Lizenzgebühren muss er im Gegenzug aus der Masse entrichten.

b) Teilweise Vorleistung des Vertragspartners

Hat aber der Vertragspartner vor der Eröffnung des Insolvenzverfahrens schon eine teilbare Leistung erbracht, so bewirkt das Erfüllungsverlangen des Insol-

137 BFH ZIP 2007, 976, 977.

138 *Huber*, NZI 2002, 467, 470; *Ganter* in: Kirchhof, MüKo InsO, § 47 Rn 229; *Kroth* in: Braun, InsO, § 103 Rn 55; in der Vorauflage auch bei *Kreft*, der nun allerdings von einer „Qualitätszuweisung" spricht, vgl. *Kreft* in: Kirchhof, MüKo InsO, § 103 Rn 40.

139 *Kreft* in: Kirchhof, MüKo InsO, § 103 Rn 39 ff.

140 BGH NJW 1992, 507; *Wegener* in: Wimmer, FK-InsO, § 103 Rn 74; *Bork*, Einf. InsR, Rn 160a; *Kreft* in: Kirchhof, MüKo InsO, § 103 Rn 41.

141 BGHZ 106, 236, 241 ff.; BGH ZIP 2006, 859, 860; *Kreft* in: Kirchhof, MüKo InsO, § 103 Rn 41.

venzverwalters eine Vertragsspaltung. Hinsichtlich der für die Vorleistung zu bewirkenden Gegenleistung bleibt der Vertragspartner trotz der Erfüllungswahl als Insolvenzgläubiger auf die Quote verwiesen, § 105 S. 1 InsO. Insofern hat die Wahl der Vertragserfüllung keine Auswirkungen, da der Vertragspartner auch ohne Erfüllungsverlangen einen Anspruch auf die für seine Leistung zu erbringende Gegenleistung als Insolvenzforderung geltend machen könnte. Auch wenn diese Konsequenz zunächst verwundert, so steht sie doch im Einklang mit den insolvenzrechtlichen Zielen der Gläubigergleichbehandlung und der Massemehrung.[142] Die Masse soll nur für das bezahlen müssen, was ihr zufließt, aber die Gegenleistung für von ihr erbrachte Leistungen ungeschmälert erhalten.[143] Deshalb soll der teilweise Vorleistende bezüglich seiner Vorleistung genauso behandelt werden wie der insgesamt Vorleistende und nur als Insolvenzgläubiger am Insolvenzverfahren teilnehmen.[144] Der Insolvenzverwalter wird die Erfüllung in diesem Fall nur dann wählen, wenn der Masse unabhängig von der Vorleistung noch ein nennenswerter Vermögenswert zufließt, für den sich die Erbringung der Gegenleistung aus der Masse lohnt. Dem Vertragspartner steht wegen des auf die Vorleistung entfallenden Gegenleistungsanspruchs kein Zurückbehaltungsrecht gemäß § 273 Abs. 1 BGB zu. Gleiches gilt für die Einrede des nicht erfüllten Vertrags aus § 320 BGB im Hinblick auf noch ausstehende Pflichten. Mit Bezug auf die bei Verfahrenseröffnung noch nicht erfüllten Pflichten hat die Wahl der Vertragerfüllung zur Folge, dass der Vertragspartner an die Masse leisten muss und seine Gegenleistungsansprüche für noch ausstehende Leistungen gemäß § 55 Abs. 1 Nr. 2 InsO gegen die Masse richten kann.

In der *Insolvenz des Lizenzgebers* bedeutet dies, dass der Lizenznehmer einen Anspruch auf Einräumung der Lizenz als Forderung gegen die Masse hat, sofern der Zeitraum nach Verfahrenseröffnung betroffen ist. Bezüglich des Zeitraums vor Eröffnung des Insolvenzverfahrens kann er einen Anspruch auf Lizenzgewährung als Gegenleistung für etwaige finanzielle Vorleistungen aber nur als Insolvenzforderung geltend machen. In der *Insolvenz des Lizenznehmers* hat der Lizenzgeber nur insoweit einen Anspruch auf die Lizenzgebühren als Masseschuld, als es sich um Gegenleistungen für eigene noch zu erbringende Leistungen handelt. Der Anspruch auf Lizenzgebühren für die Zeit vor Verfahrenseröffnung kann nur als Insolvenzforderung mit der Folge einer quotalen Befriedigung geltend gemacht werden.

142 Vgl. dazu schon S. 120.

143 *Scherer*, NZI 2004, 113, 115; *Huber*, NZI 2002, 467, 470.

144 *Wegener* in: Uhlenbruck, InsO, § 105 Rn 5; *Zeuner* in: Leonhardt/Smid/Zeuner, InsO, § 105 Rn 1; *Scherer*, NZI 2004, 113, 116.

c) Teilweise Vorleistung des Insolvenzschuldners

Auch bei einer teilweisen Vorleistung des Insolvenzschuldners bewirkt die Erfüllungswahl des Verwalters eine Vertragsteilung, die sich faktisch aber nur mit Blick auf eine Aufrechnung oder eine Abtretung auswirkt. Auf den der Vorleistung des Schuldners entsprechenden Anteil der Gegenleistung hat der Insolvenzverwalter einen Anspruch, ohne dass es dazu eines Erfüllungsverlangens bedarf.[145] Durch die Wahl der Erfüllung werden nun auch die jenseits der Vorleistung und ihrer Gegenleistung bestehenden Ansprüche zu Masseforderungen und Masseverbindlichkeiten. Der Vertragspartner hat folglich sowohl für die der Vorleistung entsprechenden Gegenleistung als auch für die nach Verfahrenseröffnung zu erfüllenden Ansprüche an die Masse zu leisten. Mit Bezug auf den Gegenleistungsanspruch für die Vorleistung bleibt eine Abtretung des Schuldners gegenüber dem Verwalter wirksam, wohingegen Verfügungen des Schuldners über noch zu erfüllende Vertragsansprüche mit Verfahrenseröffnung unwirksam sind. Gegen den der Teilleistung entsprechenden Erfüllungsanspruch kann gemäß §§ 94 ff. InsO mit Insolvenzforderungen des Vertragspartners aufgerechnet werden, was bei dem darüber hinausgehenden Anspruchsteil nicht möglich ist.[146] Diese unterschiedlichen Rechtsfolgen verdeutlichen auch hier die Teilung des Vertrags.

In der *Insolvenz des Lizenzgebers* erhält der Insolvenzverwalter sowohl für die als Vorleistung erbrachte Rechtsgewährung vor Verfahrenseröffnung als auch für die Lizenzierung nach diesem Zeitpunkt eine Masseforderung gegen den Vertragspartner. Hat der später *insolvente Lizenznehmer* eine Vorleistung in Form einer etwaigen Vorfinanzierung erbracht, so ist die dementsprechende Lizenzgewährung ebenso eine Forderung der Masse wie die Einräumung des Nutzungsrechts für den darüber hinausgehenden Zeitraum.

IV. Rechtsfolgen bei fehlender Anwendbarkeit von § 103 InsO

Hat bereits eine Partei ihre Vertragspflichten vollständig erfüllt, so findet das Wahlrecht des Insolvenzverwalters gemäß § 103 InsO auf den Vertrag keine Anwendung mehr. Wie bereits gezeigt, ist dies häufig bei solchen Lizenzverträgen der Fall, die auf einen punktuellen Leistungsaustausch gerichtet sind.[147] Mit Bezug auf die Rechtsfolgen ist danach zu differenzieren, welche Vertragspartei in Insolvenz gefallen ist.

---

145 *Wegener* in: Uhlenbruck, InsO, § 103 Rn 21.

146 Vgl. zu beidem *Kreft* in: Kirchhof, MüKo InsO, § 103 Rn 51.

147 Vgl. dazu ausführlich S. 108 ff.

1. Insolvenz des Lizenzgebers

Sofern der später insolvent werdende Lizenzgeber bereits vor der Verfahrenseröffnung vollständig erfüllt hat, kann der Verwalter die noch zu erbringenden Leistungen des Lizenznehmers zur Masse ziehen, so dass der Vertrag wie außerhalb eines Insolvenzverfahrens abgewickelt wird. Hat der Lizenznehmer als Vertragspartner des Insolvenzschuldners vor Verfahrenseröffnung vollständig erfüllt, so kann er seinen Anspruch auf die Gegenleistung nur als einfacher Insolvenzgläubiger im Sinne des § 38 InsO geltend machen. Die in der Lizenzrechtsgewährung oder der Erfüllung von Nebenpflichten bestehende Gegenleistung wird dabei gemäß § 45 InsO in ihrem Wert erfasst und in eine Geldforderung umgerechnet, die dann an der quotalen Befriedigung teilnehmen kann. Stattdessen besteht auch die Möglichkeit, auf eine Anmeldung zur Tabelle zu verzichten und den Erfüllungsanspruch nach Beendigung des Insolvenzverfahrens erneut geltend zu machen. Dies birgt jedoch das Risiko, dass dies aus verschiedenen Gründen nach Verfahrensbeendigung nicht mehr möglich ist.[148]

2. Insolvenz des Lizenznehmers

Hat der Lizenznehmer vor seiner Insolvenz bereits vollständig erfüllt, so kann der Insolvenzverwalter vom Lizenzgeber die Erfüllung zur Masse verlangen. Für den Fall, dass der Lizenzgeber vor der Eröffnung des Insolvenzverfahrens über das Vermögen des Lizenznehmers bereits alle Leistungspflichten erfüllt hat, kann er nur einen Schadensersatzanspruch wegen Nichterfüllung zur Tabelle anmelden oder aber auf eine Erfüllung des Gegenleistungsanspruchs durch den Insolvenzschuldner nach Beendigung des Verfahrens hoffen. Hat beispielsweise der Lizenzgeber bereits durch die Einräumung oder Übertragung der Lizenz seine Pflichten vollständig erfüllt, so trägt er das Risiko, dass er bei einer Insolvenz des Lizenznehmers statt der Lizenzgebühr nur einen mit der Insolvenzquote zu befriedigenden Schadensersatzanspruch erhält.

V. Zusammenfassung

Lizenzverträge unterfallen dem Insolvenzverwalterwahlrecht des § 103 InsO dann, wenn der Vertrag zum Zeitpunkt der Verfahrenseröffnung noch von keiner Vertragspartei vollständig erfüllt worden ist. Der Erfüllungszeitpunkt bestimmt sich

148 Vgl. zu diesen Gründen S. 125.

nach Maßgabe des § 362 BGB, wobei es entscheidend auf die den Parteien obliegenden Pflichten ankommt. Bei Lizenzverträgen, die auf einen punktuellen Leistungsaustausch gerichtete kaufähnliche Verträge sind, spielt aufgrund frühzeitiger Erfüllung das Verwalterwahlrecht nur eine untergeordnete Rolle. Sind die Lizenzverträge aber pachtähnliche Dauerrechtsverhältnisse, die den Parteien für die Vertragslaufzeit verschiedene Pflichten auferlegen, deren Erfüllung erst am Ende der Vertragszeit angenommen werden kann, so führt in diesen Fällen die Insolvenz einer Vertragspartei zu einer Anwendbarkeit des § 103 InsO. Eine Ausnahme besteht jedoch für fremdfinanzierte Lizenzverträge, die dem Anwendungsbereich des § 108 Abs. 1 S. 2 InsO unterfallen und dadurch mit Wirkung für die Insolvenzmasse fortbestehen. Auch wenn ein Vertrag das Wahlrecht des Verwalters ermöglicht, sind bereits vor Verfahrenseröffnung erbrachte teilbare Leistungen gemäß § 105 InsO anders zu beurteilen als der Rest des Vertrags. Der Insolvenzschuldner erhält für seine Vorleistungen Anspruch auf die volle Gegenleistung an die Masse, während der Vertragspartner für seinen der Vorleistung entsprechenden Gegenleistungsanspruch nur eine Insolvenzforderung erwirbt. Die Eröffnung des Insolvenzverfahrens und eine etwaige Ablehnung der Erfüllung durch den Insolvenzverwalter bewirken nicht, dass die vertraglichen Ansprüche erlöschen; sie werden vielmehr nur für die Dauer des Verfahrens suspendiert. Eine etwaige Erfüllungswahl beendet die Suspendierung und lässt die ursprünglichen Ansprüche wieder aufleben. Für Lizenzverträge folgen aus diesen ganzen Vorgaben unterschiedliche, zu differenzierende Rechtsfolgen, abhängig davon, ob vor Eröffnung des Insolvenzverfahrens bereits ein Leistungsaustausch stattgefunden hat und welche Vertragspartei vorgeleistet hat.

§ 9 Die Zulässigkeit vertraglicher Lösungsklauseln

Wie im voranstehenden Kapitel über Lizenzverträge aufgezeigt, kann die Insolvenz des Vertragspartners für die andere Vertragspartei vielfach negative Auswirkungen mit sich bringen. Der Gegenleistungsanspruch für erbrachte Leistungen kann unter Umständen für die Dauer des Insolvenzverfahrens nicht mehr geltend gemacht werden. Durch eine statt dessen vorgenommene Anmeldung eines Schadensersatzanspruches wegen der Nichterfüllung erfährt die nicht insolvente Vertragspartei allenfalls eine Befriedigung in Höhe der Insolvenzquote, die jedoch im Regelfall nicht sehr hoch ausfällt.[1] Insofern stellt sich insbesondere für Lizenzgeber die Frage, ob sie sich mit sogenannten Lösungsklauseln gegen den Insolvenzfall ihres Vertragspartners absichern können. Eine solche Klausel reduziert im Fall der Erfüllungsablehnung für den Lizenzgeber das Risiko, seinen Anspruch auf die Lizenzgebühr nicht durchsetzen zu können. Aber auch bei einer Erfüllungswahl können dem Lizenzgeber, der eine erfolgsabhängige Vergütung vereinbart hat, Einbußen dadurch entstehen, dass der Insolvenzverwalter den Auswertungspflichten nicht adäquat nachkommt oder aber das Manko der Insolvenz zu Absatzschwierigkeiten führt. Solche Ausfälle können durch eine Lösung vom Vertrag umgangen werden, indem anschließend eine neue erfolgversprechendere Lizenzierung vorgenommen werden kann. Eine Lösungsklausel berechtigt den Lizenzgeber zur Beendigung des Vertragsverhältnisses, wenn der Insolvenzfall die Erfüllung seines Gegenleistungsanspruchs gefährdet. Dies hat zur Folge, dass das Wahlrecht des Insolvenzverwalters durch die vorherige Auflösung des Vertragsverhältnisses hinfällig würde. Dem Insolvenzverwalter wäre damit die Chance genommen, die den Verträgen innewohnenden Werte zugunsten der Gläubigergesamtheit zu realisieren, was auch die Sanierungschancen beeinträchtigen kann. Mithin bedarf die Frage nach der Zulässigkeit von Lösungsklauseln einer Abwägung der Interessen der Masse und der Gläubigergesamtheit auf der einen Seite und den Interessen des speziellen Gläubigers auf der anderen Seite.

---

1 Für die einfachen Insolvenzgläubiger liegt die Quote durchschnittlich bei 3 bis 5 Prozent; vgl. *Pape/Uhlenbruck/Voigt-Salus*, Insolvenzrecht, Kap. 1 Rn 3.

Lösungsklauseln haben sowohl in der deutschen Lizenzvertragspraxis als auch in internationalen Verträgen eine große Bedeutung.[2] Die Vertragsparteien haben durchaus ein Bedürfnis, Regelungen für den Insolvenzfall zu treffen, um sich gegen das mit einer Insolvenz des Vertragspartners einhergehende Risiko eines Ausfalls abzusichern. Dabei sind verschiedene Gestaltungsmöglichkeiten gegeben. Als Kündigungsklausel wird eine vertragliche Regelung bezeichnet, die dem Vertragspartner im Insolvenzfall ein Rücktritts-, Kündigungs-, Widerrufs- oder Anfechtungsrecht zubilligt. Von einer Beendigungsklausel spricht man dann, wenn der Lizenzvertrag auflösend bedingt ist für den Fall der Insolvenz des Lizenznehmers.[3] Im Geltungsbereich der Konkursordnung hat der BGH dazu tendiert, solche Klauseln, die ein Kündigungsrecht für den Konkursfall vorsahen, grundsätzlich als zulässig anzusehen.[4] Unter Geltung der Insolvenzordnung sind in diesem Zusammenhang insbesondere die Normen der §§ 112, 119 InsO zu beachten. § 112 InsO verbietet die Kündigung von Miet- und Pachtverhältnissen aufgrund eines vor Insolvenzeröffnung eingetretenen Verzugs oder der Verschlechterung der Vermögensverhältnisse. § 119 InsO erklärt solche vertraglichen Vereinbarungen für unwirksam, die von den Regelungen der §§ 103 bis 118 InsO abweichen.

I. Gesetzliche Rücktrittsrechte für den Insolvenzfall

Unabhängig von vertraglichen Vereinbarungen sieht auch der Gesetzgeber in manchen Fällen ein Kündigungsrecht für den Fall der Vermögensverschlechterung des Vertragspartners vor.[5] Mit Bezug auf urheberrechtliche Lizenzen ist hier insbesondere § 36 Abs. 3 VerlG zu nennen, der dem Verfasser ein Rücktrittsrecht für den Fall einräumt, dass der Verleger insolvent wird und mit der Vervielfältigung noch nicht begonnen wurde. Diese Ausnahme von den insolvenzrechtlichen Grundsätzen findet ihre Begründung in der besonderen Schutzwürdigkeit des Verfassers, der den Verlagsvertrag aufgrund besonderen Vertrauens in die Person des Verlegers abgeschlossen hat und der in einer Insolvenz sein Interesse gefährdet sieht, dass mit seinem Werk in künstlerisch angemessener Weise umgegangen wird.[6] Angesichts der Tatsache, dass der Verlagsvertrag eine besondere Ausformung des urheberrechtlichen Lizenzvertrags ist, stellt sich die Frage einer analogen Anwendung der

2 *Schwarz/Klingner*, UFITA 1999, 29, 33 f.; *Adolphsen*, DZWiR 2003, 228, 230; zu internationalen Verträgen *Straßer*, ZUM 1999, 928, 932, dazu auch näher S. 213 ff.

3 Vgl. zu dieser Unterscheidung *Cepl*, NZI 2000, 357, 359; *Berger*, ZIP 1994, 173; *Wiedemann*, Lizenzen in der Insolvenz, Rn 1250.

4 BGH NJW 1986, 255, 256; BGH NJW 1994, 449; kritische Anmerkung dazu *Berger*, ZIP 1994, 173 ff. m. w. N.

5 Vgl. etwa § 490 Abs. 1 BGB; weitere Beispiele bei *Esser*, Lizenzen in der Insolvenz, S. 162.

Vorschrift auf andere Lizenzverträge zwischen dem Urheber und seinem Lizenznehmer.[7] Von den hier näher betrachteten Vertragstypen sind dabei insbesondere Verfilmungsverträge sowie Softwarelizenzverträge mit Urhebern relevant, da auch der Regelungsbereich des § 36 Abs. 3 VerlG nur Verträge zwischen dem Urheber und dem Verleger umfasst.[8]

Eine analoge Anwendung setzt dabei neben dem Bestehen einer Regelungslücke vor allem eine vergleichbare Interessenlage zwischen dem Verlagsvertrag und den Verfilmungs- oder Softwarelizenzverträgen voraus.[9] Der Verlagsvertrag ist gekennzeichnet durch das besondere Vertrauensverhältnis zwischen Verfasser und Verleger.[10] Dieses Vertrauensverhältnis kann zwar auch bei Verfilmungs- und Softwarelizenzverträgen vorkommen, ist aber für diese Verträge nicht in gleicher Weise konstitutiv.[11] Der Urheber ist in diesen Verträgen oft mehr in seiner Funktion als Unternehmer denn in seinem Wirken als geistiger Schöpfer eines Werkes angesprochen.[12] Weiterhin kennen diese Verträge regelmäßig auch nicht die für den Verlagsvertrag grundlegende Auswertungspflicht des Lizenznehmers.[13] Diese grundsätzlichen Unterschiede machen deutlich, dass die Interessenlage bei Verfilmungs- und Softwarelizenzverträgen eine deutlich andere ist als bei dem Verlagsvertrag. Mithin kann das gesetzliche Rücktrittsrecht für den Insolvenzfall aus § 36 Abs. 3 VerlG nicht über seinen Anwendungsbereich hinaus analog auf diese Verträge angewendet werden.[14] Für die hier betrachteten Lizenzverträge gibt es daher kein gesetzliches Lösungsrecht für den Fall einer Insolvenz. Insofern

---

6 *Rippner*, ZHR 1910, 98, 103, der Stellungnahmen aus dem Reichstag zitiert, nach denen das Recht des Schriftstellers keine Heringsware sei; *Goldschmidt*, UFITA 1929, 1, 15, der von einer Schutzvorschrift zugunsten der geistigen Arbeit spricht; *Zehnsdorf*, Filmnutzungsrechte in der Insolvenz, S. 124 f.

7 Zur analogen Anwendung von § 36 VerlG auf Filmlizenzverträge bereits *Goldschmidt*, UFITA 1929, 1, 8 ff.

8 *Schricker*, Verlagsrecht, § 36 Rn 5.

9 *Larenz*, Methodenlehre, S. 381 ff.; vertiefend *Engisch*, Einf. jur. Denken, S. 247 ff.

10 Vgl. S. 21; *Schricker*, Verlagsrecht, § 1 Rn 20; *Schwarz/Klingner*, GRUR 1998, 103, 106.

11 *Zehnsdorf*, Filmnutzungsrechte in der Insolvenz, S. 125; *Schwarz/Klingner*, GRUR 1998, 103, 107 f.

12 *Klauze*, Nutzungsrechte in der Insolvenz, S. 69; Softwarehersteller als Urheber einer Software sind wegen des hohen finanziellen Aufwands der Herstellung zumeist Softwareunternehmen, *Marly*, Hdb. SoftwareR, Rn 602 ff.; das Verfilmungsrecht wird dem Filmhersteller häufig von Verlagen und Agenturen eingeräumt, *Schwarz/Reber* in: Loewenheim, Hdb. UrhR, § 74 Rn 10.

13 Vgl. S. 24 und S. 26; *Schwarz/Klingner*, GRUR 1998, 103, 106, 107.

14 So auch *Berger*, FS Kirchhof, 1, 10 f.; *Klauze*, Nutzungsrechte in der Insolvenz, S. 69 f.; *Zehnsdorf*, Filmnutzungsrechte in der Insolvenz, S. 125 f.

obliegt es den Vertragsparteien, eine Klausel zu vereinbaren, sofern die Beendigung oder Auflösung des Vertrags im Insolvenzfall gewünscht ist. Die Wirksamkeit solcher Klauseln soll im Folgenden anhand der §§ 112, 119 InsO überprüft werden.

II. Die Kündigungssperre des § 112 InsO

Haben die Vertragsparteien in ihren Vertrag eine Lösungsklausel aufgenommen, so könnte diese mit der in § 112 InsO normierten Kündigungssperre für Miet- und Pachtverhältnisse in Konflikt treten. Die Vorschrift ist ohne Vorbild in der Konkursordnung und dementsprechend eine Neuerung der Insolvenzordnung. Anders als beispielsweise § 108 Abs. 1 S. 1 InsO ist § 112 InsO nicht auf Miet- und Pachtverträge über unbewegliche Gegenstände beschränkt.

1. Der Regelungsgehalt der Vorschrift

Die Vorschrift des § 112 InsO bestimmt für Miet- und Pachtverhältnisse, die der Schuldner als Mieter oder Pächter eingegangen war, dass der Vertragspartner sie nach dem Antrag auf Eröffnung des Insolvenzverfahrens nicht unter Berufung auf die beiden genannten Kündigungsgründe kündigen darf. Zum einen ist eine Kündigung gestützt auf einen Verzug des Mieters oder Pächters versagt, der in der Zeit *vor* dem Eröffnungsantrag eingetreten ist (§ 112 Nr. 1 InsO). Diese Regelung bezieht sowohl verzugsbedingte Kündigungen auf gesetzlicher Grundlage als auch vertraglich vereinbarte Kündigungsrechte ein. Für eine Kündigung wegen eines Verzugs in der Zeit *nach* der Antragstellung greift § 112 InsO aber nicht, so dass hier eine Kündigung ohne weiteres möglich bleibt.[15] Zum anderen darf eine Kündigung nicht an eine Verschlechterung der Vermögensverhältnisse des Schuldners anknüpfen (§ 112 Nr. 2 InsO). Angesichts der Tatsache, dass es kein gesetzliches Kündigungsrecht wegen Vermögensverschlechterung gibt, betrifft diese Normierung vertraglich vereinbarte Kündigungsrechte. Der Begriff der Vermögensverschlechterung meint eine Verringerung der Leistungsfähigkeit des Schuldners im Sinne des § 321 BGB und ist weit auszulegen.[16] Er erfasst sowohl formelle Anknüpfungspunkte wie den Eröffnungsantrag oder die Verfahrenseröffnung als auch materielle Umstände wie Einzelzwangsvollstreckungsmaßnahmen oder die Kreditunwürdigkeit.[17] Die Regelung dient ganz elementar dem Ziel, die

15 BT-Drs. 12/2443, S. 148 (zu § 126 RegE); *Abel*, NZI 2003, 121, 122 f.

16 *Wegener* in: Uhlenbruck, InsO, § 112 Rn 13; *Eckert* in: Kirchhof, MüKo InsO, § 112 Rn 27 f.

17 *Wegener* in: Wimmer, FK-InsO, § 112 Rn 7; *Zehnsdorf*, Filmnutzungsrechte in der Insolvenz, S. 131 f.

Massearmut zu bekämpfen und die Sanierungschancen insolventer Unternehmen zu erhöhen, indem die wirtschaftliche Einheit erhalten und das schuldnerische Unternehmen nicht schon vor Verfahrenseröffnung auseinander gerissen wird.[18]

2. Teleologische Reduktion bei fehlender Überlassung?

Ausgehend von dem Regelungszweck des § 112 InsO könnte man den Schluss ziehen, dass die Kündigungssperre nur dann greifen soll, wenn der Miet- oder Pachtgegenstand zum Zeitpunkt der Kündigung bereits überlassen worden ist.[19] Will man mit der Vorschrift die wirtschaftliche Einheit *im Besitz* des Schuldners erhalten[20], so setze dies als ungeschriebenes Tatbestandsmerkmal die Gebrauchsüberlassung voraus, denn nur ab dem Zeitpunkt der Überlassung ist der Vertragsgegenstand in die zu schützende wirtschaftliche Einheit integriert.[21] Weiterhin deute auch die Verwendung des Begriffs Kündigung in diese Richtung, da die Insolvenzordnung in der Situation vor Überlassung des Vertragsgegenstandes den Begriff Rücktritt verwende, wie die beiden Absätze des § 109 InsO verdeutlichen.[22]

Eine solche Auffassung vermag aber letztlich trotz der beiden Argumente nicht zu überzeugen. Der Verweis auf die Gesetzesbegründung ist im Endeffekt nicht stichhaltig, wenn der darin zum Ausdruck kommende Wille keinen Niederschlag im Wortlaut des Gesetzes gefunden hat. Der Wortlaut des § 112 InsO stellt aber alleine auf den Vertragsschluss ab und unterscheidet nicht zwischen vollzogenen und nicht vollzogenen Verträgen. Auch die terminologische Unterscheidung zwischen Rücktritt und Kündigung ist kein zwingendes Argument, da ein Mietverhältnis auch vor Übergabe der Mietsache gekündigt werden kann.[23] § 112 InsO schützt im Ergebnis nicht den Besitz des Schuldners an dem überlassenen Vertragsgegenstand, sondern den zwischen den Parteien abgeschlossenen Vertrag, der die

---

18 Der Gesetzgeber spricht von einem Auseinanderreißen „zur Unzeit“, BT-Drs. 12/2443, S. 148 (zu § 126 Reg-E); *Andres* in: Andres/Leithaus, InsO, § 112 Rn 1.

19 So *Marotzke* in: Kreft, HK-InsO, § 112 Rn 5; *Wegener* in: Wimmer, FK-InsO, § 112 Rn 3; *Balthasar* in: Nerlich/Römermann, Insolvenzordnung, § 112 Rn 11; *Tintelnot* in: Kübler/Prütting/Bork, InsO, § 112 Rn 4; *Zehnsdorf*, Filmnutzungsrechte in der Insolvenz, S. 138 f.; a. A. hingegen *Wegener* in: Uhlenbruck, InsO, § 112 Rn 5; *Eckert* in: Kirchhof, MüKo InsO, § 112 Rn 11; *Kroth* in: Braun, InsO, § 112 Rn 4; *Cepl*, NZI 2000, 357, 359.

20 So die ausdrückliche Begründung des Gesetzgebers, BT-Drs. 12/2443, S. 148 (zu § 126 Reg-E).

21 Vgl. etwa *Marotzke* in: Kreft, HK-InsO, § 112 Rn 5 m. w. N.

22 *Marotzke*, FS Zöllner, 1193, 1199; *Marotzke* in: Kreft, HK-InsO, § 112 Rn 5.

23 *Eckert* in: Kirchhof, MüKo InsO, § 112 Rn 11; dies wird auch anerkannt von *Marotzke* in: Kreft, HK-InsO, § 112 Rn 5.

Grundlage des Besitzrechts bildet.[24] Insofern ist nach zutreffender Ansicht eine teleologische Reduktion der Vorschrift bei fehlender Überlassung abzulehnen.[25] Unerheblich ist damit auch die Frage, welches Äquivalent die Überlassung des Vertragsgegenstandes im Bereich der urheberrechtlichen Lizenzverträge finden könnte.

3. Anwendbarkeit des § 112 InsO auf Lizenzverträge

Zur rechtlichen Beurteilung der Wirksamkeit von Lösungsklauseln in Lizenzverträgen ist zu untersuchen, ob die Klauseln überhaupt der Regelung des § 112 InsO unterfallen können. Soweit dies verneint wird, gilt der Grundsatz der Vertragsfreiheit, so dass der Vertragsinhalt nur an allgemeinen Grenzen wie beispielsweise derjenigen von Treu und Glauben gemäß § 242 BGB zu messen ist. In der insolvenzrechtlichen Literatur wird die Anwendbarkeit von § 112 InsO auf Lizenzverträge in fast einhelliger Weise bejaht.[26] Begründet wird diese Sichtweise mit dem pachtähnlichen Charakter von Lizenzverträgen. Diese Aussage ist jedoch in ihrer Pauschalität nicht haltbar. Die bisherigen Untersuchungen haben bereits gezeigt, dass vielmehr in differenzierender Art und Weise vorzugehen ist, da Lizenzverträge sehr unterschiedlich ausgestaltet sein können. Auch hier ist wiederum zwischen solchen Lizenzverträgen zu unterscheiden, die kaufähnlich und auf einen punktuellen Leistungsaustausch gerichtet sind sowie solchen, die ein pachtähnliches Dauerrechtsverhältnis bilden.[27]

24 *Wegener* in: Uhlenbruck, InsO, § 112 Rn 5.

25 *Klauze*, Nutzungsrechte in der Insolvenz, S. 101 f.; *Eckert* in: Kirchhof, MüKo InsO, § 112 Rn 11; *Wegener* in: Uhlenbruck, InsO, § 112 Rn 5; *Kroth* in: Braun, InsO, § 112 Rn 4; *Cepl*, NZI 2000, 357, 359.

26 *Wegener* in: Wimmer, FK-InsO, § 112 Rn 5; *Schwörer*, Lösungsklauseln, Rn 400; *Wegener* in: Uhlenbruck, InsO, § 112 Rn 3; *Eckert* in: Kirchhof, MüKo InsO, § 112 Rn 7 f.; *Huber* in: Gottwald, Hdb. InsR, § 37 Rn 4; *Häsemeyer*, Insolvenzrecht, Rn 20.46; *Marotzke* in: Kreft, HK-InsO, § 112 Rn 24; *Cepl*, NZI 2000, 357, 358; *Abel*, NZI 2003, 121, 123; *Hausmann*, ZUM 1999, 914, 917; *Raitz von Frentz/Marrder*, ZUM 2001, 761, 762; *Oeter/Ruttig*, ZUM 2003, 611, 616 f.; *Schwarz/Klingner*, GRUR 1998, 103, 104; *Adolphsen*, DZWiR 2003, 228, 230; *Hoffmann*, ZInsO 2003, 732, 735; kritisch hingegen *Straßer*, ZUM 1999, 928, 933; differenzierend *Reinhard/Lober*, K&R 2003, 126, 128.

27 Vgl. zu dieser Unterscheidung schon S. 107 ff.; anders *Klauze*, der eine Differenzierung danach vornimmt, ob die Rechtsübertragung translativ oder konstitutiv erfolgte; *Klauze*, Nutzungsrechte in der Insolvenz, S. 103 ff. Dieses Kriterium ist aber nicht entscheidend. Das wird deutlich, wenn man sich als Beispiele den Verfilmungsvertrag mit *Buy-Out* oder die von einem Softwarehaus an den Massenmarkt lizenzierte Software vergegenwärtigt, bei denen trotz der – als vermeintliches Merkmal für die Nähe zu Pachtverhältnissen ausgemachten – konstitutiven Rechtseinräumung ein den Veräußerungsgeschäften ähnlicher Vertrag vorliegt.

a) als pachtähnliche Dauerrechtsverhältnisse

Sieht der Lizenzvertrag eine zeitlich befristete Einräumung des Lizenzrechts vor, sind die Lizenzgebühren periodisch zu entrichten oder besteht für einen gewissen Zeitraum eine Auswertungsverpflichtung, so ist der Vertrag als Dauerrechtsverhältnis der Rechtspacht sehr ähnlich. Dies gilt auch dann, wenn eine erfolgsabhängige Lizenzgebühr geschuldet wird, da auch die erfolgsabhängige Vergütung dem Wesen der Pacht nicht grundsätzlich widerspricht.[28] In diesem Fall ist § 112 InsO im Rahmen der Vereinbarung einer Lösungsklausel zugunsten des Lizenzgebers zu beachten.[29] Mithin ist die Vereinbarung eines Kündigungsrechts unzulässig, das an den Fall der Vermögensverschlechterung oder den Fall des Verzugs mit der Entrichtung der Lizenzgebühr vor Stellung des Insolvenzantrags anknüpft.

b) als kaufähnliche Leistungsaustauschverhältnisse

Hat der Vertrag aber eine zeitlich unbeschränkte Lizenzierung gegen Zahlung eines Festpreises zum Inhalt, so stellt er ein kaufrechtsähnliches Leistungsaustauschverhältnis dar. Für solche Verträge beansprucht der Regelungsgehalt des § 112 InsO keine unmittelbare Geltung. Will man die Vorschrift dennoch auf solche kaufrechtlichen Verträge anwenden[30], so stellt sich die Frage, ob die Interessenkonstellation bei punktuellen Leistungsaustauschverhältnissen vergleichbar ist mit derjenigen von Miet- und Pachtverhältnissen. Dies ist aber zu verneinen, da der Vermieter oder Verpächter bei auf Dauer angelegten Nutzungsüberlassungsverträgen in ganz besonderer Weise von der fortdauernden wirtschaftlichen Leistungsfähigkeit des Vertragspartners abhängig ist. Bei kaufrechtlichen Verträgen ist dies selbst dann nicht in vergleichbarer Weise der Fall, wenn Ratenzahlung vereinbart ist. Darüber hinaus enthält § 112 InsO auch keinen verallgemeinerungsfähigen Rechtsgedanken, sondern ist eine Ausnahmevorschrift für Nutzungsüberlassungsverträge.[31] Für eine analoge Anwendung fehlt schon die Regelungslücke. Die Kündigungssperre stellt zudem einen derartig gravierenden Eingriff in die Privatautonomie dar, dass sie auch in diesem Zusammenhang einer expliziten gesetzlichen Anordnung bedürfte.[32] Insofern unterliegen kaufrechtlich geprägte Lizenzverträge nicht der

---

28 *Reinhard/Lober*, K&R 2003, 126, 128; *Stickelbrock*, WM 2004, 549, 561.

29 So auch ausdrücklich BGH NJW 2006, 915, 916.

30 So vertreten von *Marotzke* in: Kreft, HK-InsO, § 112 Rn 24, § 107 Rn 31 f.

31 *Balthasar* in: Nerlich/Römermann, Insolvenzordnung, § 112 Rn 16; *Wegener* in: Uhlenbruck, InsO, § 112 Rn 19; *Eckert* in: Kirchhof, MüKo InsO, § 112 Rn 10.

32 *Stickelbrock*, WM 2004, 549, 561; *Balthasar* in: Nerlich/Römermann, Insolvenzordnung, § 112 Rn 16.

Kündigungssperre des § 112 InsO. Bei ihnen kann eine Kündigungsklausel auch an die Vermögensverschlechterung oder den Verzug mit der Lizenzgebührzahlung vor Antragstellung als Kündigungsgrund anknüpfen.

III. Die Unwirksamkeit abweichender Vereinbarungen gemäß § 119 InsO

Ergänzt wird die Kündigungssperre des § 112 InsO durch die Regelung des § 119 InsO, die auch solche Vereinbarungen für unwirksam erklärt, durch die im voraus eine Anwendung der §§ 103 bis 118 InsO ausgeschlossen oder beschränkt wird. Die Vorschrift stellt mithin klar, dass die §§ 103 bis 118 InsO zwingendes Recht sind und verhindert ihre Umgehung durch kautelarjuristische Vereinbarungen.[33] Sinn und Zweck der Regelung ist es, dass der Insolvenzverwalter in die Lage versetzt wird, die Insolvenzmasse anzureichern und den Einfluss Dritter auf die Masse auszuschließen.[34] Hat der Lizenzgeber anstelle einer Kündigungsklausel vereinbart, dass das Lizenzrecht im Falle des Verzugs vor Antragstellung oder der Vermögensverschlechterung aufgrund einer auflösenden Bedingung wieder an ihn zurückfällt, so soll auch eine solche Beendigungsklausel nach §§ 112, 119 InsO unwirksam sein. Gleiches gilt für Klauseln, die für das Eintreten der Umstände von § 112 Nr. 1, 2 InsO ein Rücktritts-, Widerrufs- oder Anfechtungsrecht vorsehen. Dies leuchtet ein, da die Wirksamkeit nicht von der rechtlichen Auflösungskonstruktion und der Vermeidung des Begriffs Kündigung abhängen kann.[35]

Teilweise wird aber noch weiter gegangen und aus § 119 InsO ein allgemeines Verbot insolvenzrechtlicher Lösungsklauseln abgeleitet.[36] Begründet wird dies mit dem Zweck der §§ 103 ff. InsO die Massearmut zu bekämpfen. Dieses Ziel würde durch eine Zulässigkeit von Lösungsklauseln konterkariert, weil Lösungsklauseln das Wahlrecht des § 103 InsO aushöhlen.[37] Bemerkenswert ist an dieser Argumentation, dass unter Geltung der Konkursordnung Lösungsklauseln nahezu 100 Jahre zulässig waren, ohne dass dieser Vorwurf in Bezug auf das Wahlrecht

---

33 BT-Drs. 12/2443, S. 152 f. (zu § 137 Abs. 1 RegE); *Balthasar* in: Nerlich/Römermann, Insolvenzordnung, § 119 Rn 3; *Sinz* in: Uhlenbruck, InsO, § 119 Rn 1.

34 *Balthasar* in: Nerlich/Römermann, Insolvenzordnung, § 119 Rn 5; *Treffer*, MDR 2000, 1178.

35 *Wortberg*, Lösungsklauseln, S. 150; *Hess* in: Hess/Weis/Wienberg, InsO, § 119 Rn 21.

36 *Pape* in: Fuchs, Kölner Schrift zur InsO, S. 531, 569 ff.; *Marotzke* in: Kreft, HK-InsO, § 119 Rn 3 f.; *Balthasar* in: Nerlich/Römermann, Insolvenzordnung, § 119 Rn 10 ff.; *Berger* in: Fuchs, Kölner Schrift zur InsO, S. 499, 516 ff.; *Tintelnot*, ZIP 1995, 616, 622; *Andres* in: Andres/Leithaus, InsO, § 119 Rn 3.

37 Vgl. etwa *Pape* in: Fuchs, Kölner Schrift zur InsO, S. 531, 571.

erhoben wurde.[38] Der Streit entzündet sich zudem an der Entstehungsgeschichte des § 119 InsO. Der dem § 119 InsO entsprechende § 137 Reg-E enthielt noch einen Absatz 2, der die Unwirksamkeit von Lösungsklauseln für den Insolvenzfall ausdrücklich festlegte.[39] Im Rechtsausschuss wurde dieser Absatz dann jedoch auf Anraten von Wirtschaftsverbänden wegen seiner Sanierungsfeindlichkeit gestrichen. Die Verbände meinten, dass gerade die Unwirksamkeit von Lösungsklauseln die Insolvenzgefahr für Unternehmen erhöhe, denn potentielle Vertragspartner würden aufgrund dieses Verbots von Vertragsabschlüssen mit insolvenzgefährdeten Unternehmen absehen.[40] Streitig ist in diesem Zusammenhang letztlich, ob die Regelung des § 137 Abs. 2 Reg-E deklaratorische oder konstitutive Wirkung gehabt hätte.[41]

Richtigerweise ist dem Rechtsausschuss darin zuzustimmen, dass ein grundsätzliches Verbot von Lösungsklauseln einen schwerwiegenden Eingriff in die Vertragsfreiheit darstellt.[42] Solch ein Eingriff hätte einer expliziten Regelung bedurft, die nun aber durch die Streichung des § 137 Abs. 2 Reg-E fehlt. Es ist insofern falsch, wenn man auch nach der Streichung des Absatzes 2 dessen Inhalt als zwingend ansieht, weil man der Regelung nur deklaratorische Wirkung zuerkannt hätte. Daher kann aus der Gesetz gewordenen Fassung des § 119 InsO kein allgemeines Verbot insolvenzrechtlicher Lösungsklauseln subsumiert werden.[43] Es ist nun vielmehr de lege lata im Wege einer Einzelfallauslegung abzuwägen, ob eine Lösungskausel wirksam ist. Unter Berücksichtigung der beiderseitigen Interessen ist dabei zu fragen, ob das Festhalten am Vertrag unzumutbare Nachteile mit sich bringt.[44] Diese Vorgehensweise soll nun im Folgenden auf die behandelte

38 *Wortberg*, Lösungsklauseln, S. 150.

39 § 137 Abs. 2 Reg-E lautete: „Vereinbarungen, die für den Fall der Eröffnung des Insolvenzverfahrens die Auflösung eines gegenseitigen Vertrags vorsehen oder der anderen Partei das Recht geben, sich einseitig vom Vertrag zu lösen, sind unwirksam. Ist in einem gegenseitigen Vertrag vereinbart, dass bei einer Verschlechterung der Vermögensverhältnisse einer Vertragspartei die andere das Recht hat, sich einseitig vom Vertrag zu lösen, so kann dieses Recht nach der Eröffnung des Insolvenzverfahrens nicht mehr ausgeübt werden.“

40 Vgl. Begründung des Rechtsausschusses zur Änderung des § 137 Reg-E, abgedruckt in *Kübler/Prütting*, Das neue InsR, S. 315.

41 *Tintelnot* in: Kübler/Prütting/Bork, InsO, § 119 Rn 15, 18; *Sinz* in: Uhlenbruck, InsO, § 119 Rn 10.

42 Vgl. *Kübler/Prütting*, Das neue InsR, S. 315.

43 So auch *Huber* in: Gottwald, Hdb. InsR, § 35 Rn 13; ausführlich *Huber* in: Kirchhof, MüKo InsO, § 119 Rn 18 ff.; *Wegener* in: Wimmer, FK-InsO, § 119 Rn 3 ff.; *Hess* in: Hess/Weis/Wienberg, InsO, § 119 Rn 22; *Wortberg*, Lösungsklauseln, S. 150; *Eckert*, ZIP 1996, 897, 902.

44 Vgl. *Hess* in: Hess/Weis/Wienberg, InsO, § 119 Rn 22.

Thematik übertragen werden, um Gestaltungsmöglichkeiten für Lösungsklauseln in urheberrechtlichen Lizenzverträgen aufzuzeigen.

IV. Gestaltungsmöglichkeiten für Lösungsklauseln

Will man Chancen für die wirksame Vereinbarung von Lösungsklauseln in urheberrechtlichen Lizenzverträgen ausloten, so ist vor allem der formelle oder materielle Umstand wichtig, an den das Gestaltungsrecht oder die auflösende Bedingung anknüpft sowie gegebenenfalls der Zeitpunkt, zu dem dieser innerhalb der Krise eines Unternehmens eintritt. Grundsätzlich unterscheiden lassen sich dabei insolvenzunabhängige und insolvenzabhängige Lösungsklauseln.

1. Insolvenzunabhängige Lösungsklauseln

Insolvenzunabhängig sind solche Klauseln, die an Ereignisse oder Zustände anknüpfen, die gleichfalls innerhalb wie außerhalb einer Insolvenz eintreten können. Gewährt beispielsweise eine Vereinbarung ein Lösungsrecht für den Fall des Verzugs, sonstiger Vertragsverletzungen oder der Unzumutbarkeit weiteren Festhaltens am Vertrag, so können diese Umstände unabhängig von einer Krise des Unternehmens eintreten. Da demzufolge kein unmittelbarer Zusammenhang zu einem Insolvenzverfahren besteht, treten solche Regelungen nicht in Konflikt mit § 119 InsO. Sie sind mithin grundsätzlich wirksam.[45] Eine Ausnahme bilden hierbei lediglich diejenigen Klauseln, die in den Anwendungsbereich des § 112 InsO fallen. Dies sind Kündigungs- oder Beendigungsklauseln, die bei pachtähnlichen Lizenzverträgen ein Lösungsrecht für den Verzugsfall im Zeitraum vor Antragstellung vorsehen und von denen der Lizenzgeber nach Antragstellung Gebrauch machen will.[46]

Bei solchen pachtähnlichen dauerrechtlichen Lizenzverträgen wird aber häufig eine Vergütung mit erfolgsabhängigen Komponenten vereinbart, was wiederum auf Seiten des Lizenznehmers eine Auswertungsverpflichtung zur Folge hat.[47] In einem solchen Fall kann eine Lösungsklausel statt an den Verzug auch daran anknüpfen, dass der Lizenznehmer seiner Auswertungspflicht nicht oder nur un-

---

45 *Huber* in: Kirchhof, MüKo InsO, § 119 Rn 19; *Marotzke* in: Kreft, HK-InsO, § 119 Rn 2; *Paulus*, FS Uhlenbruck, S. 33, 46; *Treffer*, MDR 2000, 1178, 1179; *Schwörer*, Lösungsklauseln, Rn 488.

46 Vgl. S. 139.

47 So regelmäßig bei Filmverleih- und Filmvorführungsverträgen, aber auch bei Fernsehlizenzverträgen für das Pay-TV; vgl. S. 28 ff.

zureichend nachkommt. Eine solche Vereinbarung ist insolvenzunabhängig, da die Verletzung der Auswertungspflicht in keinem unmittelbaren Zusammenhang zu Insolvenz oder Krise des Lizenznehmers steht. Ein Festhalten am Vertrag ist dem Lizenzgeber aber in einer derartigen Situation nicht mehr zumutbar, da ihm ohne eine adäquate Auswertung des Lizenzrechts keine Lizenzgebühren zustehen. Hier überwiegt mithin das Interesse des Lizenzgebers, der – gerade als Urheber – das Recht auf eine angemessene finanzielle Vergütung für die Einräumung von Nutzungsrechten an seinem Geisteswerk besitzt.[48] Eine Aushöhlung des Wahlrechts muss durch eine solche Lösungsklausel nicht zwangsläufig eintreten, wie es von Vertretern eines allgemeinen Verbots von Lösungsklauseln proklamiert wird. Der Lizenzgeber kann von diesem Kündigungs- oder Beendigungsrecht gerade auch dann Gebrauch machen, wenn der Verwalter die Erfüllung des Lizenzvertrags abgelehnt hat, da dieser dann die weitere Auswertung einstellen wird. Eine an die Auswertungspflicht anknüpfende Lösungsvereinbarung stellt auch keine Umgehung des § 112 InsO dar. § 112 Nr. 1 InsO stellt nur auf einen Verzug mit der finanziellen Gegenleistung ab; die Verletzung der Auswertungspflicht hat zwar einen mittelbaren Einfluss auf die finanzielle Gegenleistung, begründet aber keinen Verzug mit dieser Vergütung. Darüber hinaus weist diese Pflichtverletzung zudem keinen direkten Zusammenhang zu einer Verschlechterung der Vermögensverhältnisse auf, so dass auch § 112 Nr. 2 InsO nicht einschlägig ist. Insofern ist über die Anknüpfung an die Auswertungspflicht eine Gestaltungsmöglichkeit von Lösungsklauseln für pachtähnliche Lizenzverträge mit erfolgsabhängiger Vergütung aufgezeigt.[49]

Der BGH hat in einer Entscheidung aus dem Jahr 2005 zu einer insolvenzunabhängigen Lösungsklausel in einem Softwarelizenzvertrag Stellung bezogen.[50] In dem Fall enthielt der streitgegenständliche Vertrag eine Vereinbarung, die jedem Vertragsteil die Kündigung gestattete, wenn Tatsachen gegeben sind, auf Grund derer dem Kündigenden eine Fortsetzung des Vertrags nicht mehr zugemutet werden kann.[51] Nachdem der Insolvenzverwalter der Lizenznehmerin den Nichteintritt in den Lizenzvertrag gemäß § 103 InsO erklärt hatte, hat der Lizenzgeber daraufhin den Lizenzvertrag unter Berufung auf die Lösungsklausel gekündigt. Der BGH hat die vertragliche Regelung und die Geltendmachung des in ihr verkörperten Rechts nicht beanstandet, da die Vereinbarung weder an die Insolvenzeröffnung noch an

48 Dies stellt schon § 11 S. 2 UrhG klar; vgl. auch BGH NJW 2002, 896; *Jan Bernd Nordemann* in: Fromm/Nordemann, Urheberrecht, Vor §§ 31 ff. Rn 159.

49 So auch *Zehnsdorf*, Filmnutzungsrechte in der Insolvenz, S. 135 f.

50 BGH NJW 2006, 915, 917.

51 Zum genauen Wortlaut der Klausel vgl. BGH NJW 2006, 915.

eine Ausübung des Wahlrechts aus § 103 InsO anknüpft.[52] Die für den Kündigungsgrund erforderlichen Tatsachen können vielmehr auch und gerade außerhalb einer Insolvenz eintreten. Diese Umstände führen dazu, dass die Vertragsklausel keine Beschränkung der in den §§ 103 bis 118 InsO normierten Rechte zum Gegenstand hat und daher nicht als nach § 119 InsO unwirksame Lösungsklausel anzusehen ist.

2. Insolvenzabhängige Lösungsklauseln

Insolvenzabhängige Lösungsklauseln zeichnen sich dadurch aus, dass der Grund, den die Vereinbarung für eine Kündigung oder Beendigung nennt, auf dem Eintritt eines Umstandes beruht, der in engem Zusammenhang zu einem Insolvenzverfahren über das Vermögen einer Vertragspartei steht. Als Beispiele sollen hier genannt werden die Zahlungseinstellung (§ 17 InsO), die Stellung eines Antrages auf Eröffnung des Insolvenzverfahrens (§ 13 InsO), die Insolvenzeröffnung selbst (§ 27 InsO), die Ausübung des Wahlrechts durch den Verwalter (§ 103 InsO) oder aber materielle Umstände wie etwa die Kreditunwürdigkeit.

a) Für den Fall der Zahlungseinstellung oder eines Insolvenzantrages

Stellen die Klauseln inhaltlich auf einen Eröffnungsgrund oder auf einen Eröffnungsantrag ab, so geraten sie trotz ihres Insolvenzbezuges ebenfalls nicht in Konflikt mit § 119 InsO. Die Anwendbarkeit des § 119 InsO setzt nämlich ein eröffnetes Verfahren voraus, denn nur dort kann es zu der von § 119 InsO sicherzustellenden „Anwendung der §§ 103 bis 118“ kommen.[53] Weiterhin wäre die Regelung des § 112 InsO überflüssig, wenn § 119 InsO schon im Eröffnungsverfahren Geltung beanspruchen würde.[54] § 119 InsO würde in einem solchen Fall alle in den Anwendungsbereich des § 112 InsO fallenden Sachverhalte ebenfalls erfassen. Zudem gibt der Gesetzgeber durch den Wortlaut des § 112 InsO zu erkennen, dass er solche Regelungen ausdrücklich vermerkt, die eine Lösung vom Vertrag bereits im Eröffnungsverfahren für unzulässig erachten. Die gesetzlichen Regelungen bringen somit zum Ausdruck, dass die Interessen der Masse und ihrer Gläubiger in

---

52 BGH NJW 2006, 915, 917.

53 *Marotzke* in: Kreft, HK-InsO, § 119 Rn 2; *Zeuner* in: Leonhardt/Smid/Zeuner, InsO, § 119 Rn 6; *Huber* in: Kirchhof, MüKo InsO, § 119 Rn 22; lediglich § 112 InsO knüpft an den Eröffnungsantrag an; vgl. *Wegener* in: Uhlenbruck, InsO, § 112 Rn 6.

54 Dennoch zur Erhaltung des Haftungswertes so vertreten von *Schwörer*, Lösungsklauseln, Rn 411 ff.

diesen Fällen nicht unbedingt höher einzuschätzen sind als das berechtigte Interesse des Lizenzgebers an einer Lösung vom Vertrag. Daher kann eine Lösungsklausel auch wirksam an die Zahlungseinstellung oder die Stellung eines Insolvenzantrags anknüpfen. Eine Ausnahme bilden hier wiederum diejenigen Verträge, die in den Anwendungsbereich des § 112 InsO fallen. Bei pachtähnlichen dauerrechtlichen Lizenzverträgen ist eine solche Klausel daher nicht zulässig, weil die Kriterien der Zahlungseinstellung und des Insolvenzantrages unter den von § 112 Nr. 2 InsO gesperrten Grund der Verschlechterung der Vermögensverhältnisse fallen.[55]

b) Für den Fall der Insolvenzeröffnung oder der Ausübung des Wahlrechts

Vielfach knüpfen die Lösungsklauseln in urheberrechtlichen Lizenzverträgen jedoch erst an den späteren Zeitpunkt der Verfahrenseröffnung oder gar der Ausübung des Wahlrechts an. Aus wirtschaftlicher Sicht ist dies verständlich, haben die Parteien doch ein Interesse daran, den Vertrag ordnungsgemäß zu erfüllen und nur bei akuter Gefahr von Zahlungsausfällen zu beenden. Aus rechtlicher Sicht bestehen hier aber die größten Probleme einer Vereinbarkeit mit § 119 InsO. Es kommt in diesen Fällen zu einem Aufeinandertreffen von Zielsetzungen der Insolvenzordnung wie Masseschutz, Gläubigergleichbehandlung oder Stärkung der Stellung des Insolvenzverwalters mit dem zivilrechtlichen Paradigma privatautonomer Gestaltungsfreiheit auch zur Krisenvorsorge.[56] Bei der Beantwortung der Frage, ob solche Klauseln nicht eine von § 119 InsO untersagte Umgehung der Regelung des § 103 InsO darstellen, sind – wie bereits angedeutet – die involvierten Interessen gegeneinander abzuwägen.[57] Dabei ist zunächst festzustellen, dass ein Eingriff in die Privatautonomie grundsätzlich der Rechtfertigung bedarf.[58] Die Interessen des Lizenzgebers, sich vom Vertrag lösen zu wollen, wenn ihm ein akuter Zahlungsausfall droht, sind durchaus legitim. Für den Urheber als primären Lizenzgeber sieht § 11 S. 2 UrhG vor, dass eine angemessene Vergütung für die Einräumung von Nutzungsrechten sichergestellt werden muss.[59]

Doch kann sich die privatautonome Gestaltungsfreiheit nicht der Verantwortung entziehen, die ein Insolvenzverfahren durch seine spezifischen Haftungsfragen mit sich bringt.[60] Die Gesamtvollstreckung ist nur dann im Sinne aller Gläubiger,

---

55 Vgl. dazu schon S. 136 m. w. N.

56 *Berger*, ZIP 1994, 173, 174; *Klauze*, Nutzungsrechte in der Insolvenz, S. 110 f.

57 *Klauze*, Nutzungsrechte in der Insolvenz, S. 115; *Gerhardt*, AcP 200, 426, 443; *Berger*, ZIP 1994, 173, 181.

58 BT-Drs. 12/7302, S. 170.

59 Vgl. zu diesem Grundsatz auch *Jan Bernd Nordemann* in: Fromm/Nordemann, Urheberrecht, Vor §§ 31 ff. Rn 159.

wenn die Insolvenzmasse durch das Verfahren einen starken Schutz erfährt, was insbesondere durch einen breiten Anwendungsbereich des § 103 InsO sichergestellt werden kann. Das Bedürfnis nach privatautonomer Krisenvorsorge erfährt aber schon dadurch einen Legitimitätsverlust, dass gerade die Regelung des § 103 InsO auch die finanziellen Interessen der Gläubiger zu schützen sucht. Durch die Erfüllungswahl des Insolvenzverwalters erhält die Forderung des Gläubigers den Rang einer Masseforderung.[61] Die vollständige Erfüllung der Forderung aus der Masse wird dadurch sichergestellt, dass der Insolvenzverwalter vor dem Hintergrund einer eigenen Haftung gemäß § 61 InsO nur dann Erfüllung wählen wird, wenn die Mittel der Masse zur Erfüllung ausreichen. Damit sind die Anlass für die privatautonome Krisenvorsorge gebenden Sorgen um einen Zahlungsausfall in diesem Fall unberechtigt. Daher kann auch die im Voraus an Verfahrenseröffnung oder Wahlrechtsausübung anknüpfende Lösungsklausel nicht darauf gestützt werden, dass ein Festhalten am Vertrag in dieser Situation generell unzumutbar wäre. Mithin überwiegen in der Abwägung die Interessen der Masse an einer Stärkung und der Gläubiger an einer gleichmäßigen Befriedigung, so dass derartige Lösungsklauseln nicht mit § 119 i.V.m. § 103 InsO vereinbar und daher unwirksam sind.

In diese Richtung tendieren auch die Ausführungen des BGH in seinem – bereits zitierten[62] – Urteil aus dem Jahr 2005.[63] Zwar nimmt das Gericht zu insolvenzabhängigen Lösungsklauseln mangels Entscheidungserheblichkeit nicht abschließend Stellung. Die Äußerungen des IX. Senats können jedoch so verstanden werden, dass solche Lösungsklauseln als unwirksam nach § 119 InsO anzusehen sind, die darauf ausgerichtet sind, das Wahlrecht des Insolvenzverwalters zu unterlaufen.[64] Als Beispiele werden die Anknüpfung an die Insolvenzeröffnung oder an die Ausübung des Wahlrechts aus § 103 InsO genannt.

Auf den ersten Blick mag es verwundern, dass solche Klauseln, die sich auf die Verfahrenseröffnung oder die Wahlrechtsausübung beziehen, daran scheitern, dass sie in einer mit § 119 InsO nicht zu vereinbarenden Art und Weise die Anwendung des § 103 InsO beschränken, während Klauseln, die an Eröffnungsgründe oder den Eröffnungsantrag anknüpfen, zulässig sein sollen, obwohl durch sie in gleicher Weise eine Anwendung des Verwalterwahlrechts ausgeschlossen wird. Diese

---

60 *Tintelnot*, Vereinbarungen für den Konkursfall, S. 167: „Wer jede Unzuträglichkeit des Konkurses abnehmen will, übergeht nicht nur die gesetzliche Zumutbarkeitsabwägung; er entzieht der Privatautonomie auch einen Teil ihrer rechtsethischen Grundlage."

61 *Häsemeyer*, Insolvenzrecht, Rn 20.21; *Wegener* in: Uhlenbruck, InsO, § 103 Rn 132 ff.

62 Dazu S. 143.

63 BGH NJW 2006, 915, 917.

64 BGH NJW 2006, 915, 917.

Unterscheidung lässt sich aber mit Blick auf den Anwendungsbereich des § 119 InsO erklären. Greift diese Verbotsnorm erst ab der Eröffnung des Insolvenzverfahrens[65], so kann von ihr auch erst ab diesem Zeitpunkt eine Umgehung des § 103 InsO für unwirksam erklärt werden. Das Verbot eines Umgehungsgeschäfts kommt nur dann in Betracht, wenn auch der Zweck der Verbotsnorm die Zeitpunkte erfasst, an die die Vereinbarungen anknüpfen.[66]

V. Zusammenfassung

Insbesondere Lizenzgeber zeigen in der Praxis ein großes Bedürfnis, sich für den Fall einer Krise ihres Vertragspartners Lösungsrechte im Lizenzvertrag einräumen zu lassen. Diese vertraglichen Kündigungs- oder Beendigungsklauseln sind insolvenzrechtlich an §§ 112, 119 InsO zu messen. Mit diesen Normen vereinbar sind dabei grundsätzlich solche Klauseln, die an insolvenzunabhängige Tatsachen wie beispielsweise die Unzumutbarkeit eines weiteren Festhaltens am Vertrag oder an das Vorliegen von Eröffnungsgründen sowie an die Stellung des Insolvenzantrags anknüpfen. In pachtähnlichen dauerrechtlichen Lizenzverträgen sind jedoch auch solche Klauseln aufgrund der Kündigungssperre des § 112 InsO versagt. Bei diesen Verträgen können aber – aufgrund einer regelmäßig bestehenden erfolgsabhängigen Vergütung – Vereinbarungen getroffen werden, die als Kündigungs- oder Beendigungsgrund eine Verletzung der dann bestehenden Auswertungspflicht nennen. So können auch bei pachtähnlichen Verträgen die in diesem Fall berechtigten Interessen an einer Lösung vom Vertrag berücksichtigt werden. Lösungsklauseln, die sich auf eine Insolvenzeröffnung oder eine Ausübung des Wahlrechts beziehen, sind hingegen nicht mit den Wertungen des § 119 InsO vereinbar und als Umgehung des § 103 InsO unwirksam.

---

65 Vgl. dazu bereits S. 144.

66 *Klauze*, Nutzungsrechte in der Insolvenz, S. 118.

§ 10 Die Insolvenzfestigkeit dinglich wirkender Lizenzen

I. Die Bedeutung der Insolvenzfestigkeit für Lizenzen

Kann der Inhaber einer dinglich wirkenden Lizenz sein Recht in einem Insolvenzverfahren seines Vertragspartners verteidigen, so spricht man in diesem Zusammenhang von der Insolvenzfestigkeit des Rechts. Diese Insolvenzfestigkeit ist gerade für den Lizenznehmer oft von eminent großer Bedeutung. Die Vertragsparteien werden teilweise nur dann übereinkommen, wenn sichergestellt ist, dass das Lizenzrecht auch im Fall der Insolvenz des Lizenzgebers weiterhin zur Verfügung steht. Dies gilt insbesondere dann, wenn im Hinblick auf dieses Recht eventuell beträchtliche Investitionen vorgenommen werden. In einem solchen Fall kann der Lizenznehmer nicht das Risiko eingehen, dass seine Investitionen hinfällig werden, weil die Nutzungsbefugnis aufgrund der mit einer Insolvenz einhergehenden Folgen erlischt. Der dingliche Charakter sowohl von einfachen als auch von ausschließlichen Lizenzrechten wurde bereits im Rahmen dieser Arbeit für den Bereich des Urheberrechts herausgearbeitet.[1] In der Situation der Insolvenz einer der beiden Vertragsparteien kann sich diese Gegenständlichkeit nun beweisen. Dingliche Rechte erfahren im Insolvenzverfahren gegenüber rein schuldrechtlichen Rechten eine gesonderte Behandlung. Dies bringt beispielsweise der Aussonderungsanspruch des § 47 InsO zum Ausdruck, der den Inhabern dinglicher Rechte zusteht. Es wäre jedoch unzutreffend, allein aufgrund der Bezeichnung von Lizenzen als dingliche Rechte rein begriffsjuristisch bestimmte Rechtsfolgen ableiten zu wollen. Aus der Dinglichkeit als solcher lassen sich noch keine klaren rechtlichen Schlussfolgerungen ziehen. Es bedarf vielmehr einer Untersuchung des Normzwecks anzuwendender Vorschriften und einer Erforschung der Interessenlage in konkreten Fällen. Daneben ist auch zu beachten, dass neben der dinglichen Wirkung von Lizenzen für die Insolvenzfestigkeit auch die Geltung des Abstraktionsprinzips im Urheberrecht eine elementare Rolle spielt.[2] Im Folgenden soll

---

1 Vgl. dazu die Ausführungen auf S. 38 ff.

2 Zum Abstraktionsprinzip vgl. S. 57 ff.

nun aufgezeigt werden, wann und in welcher Weise sich dinglich wirkende urheberrechtliche Lizenzen als insolvenzfest erweisen. Des Weiteren sollen auch die Auswirkungen einer Vertragsbeendigung auf die Lizenzierung erarbeitet werden.

II. Der Anwendungsbereich des Aussonderungsrechts gemäß § 47 InsO

Ausgehend von einer dinglichen Wirkung einfacher und ausschließlicher urheberrechtlicher Lizenzen erlangt im Insolvenzverfahren die Frage Bedeutung, ob und gegebenenfalls auf welche Art und Weise die Lizenzen ihren Inhaber zu einer Aussonderung gemäß § 47 InsO berechtigen. § 47 InsO bestimmt für die Inhaber eines dinglichen oder persönlichen Rechts, dass sie keine Insolvenzgläubiger werden, sondern nach den außerhalb des Insolvenzverfahrens geltenden Gesetzen einen Anspruch auf Aussonderung geltend machen können. Die Vorschrift ist insofern die insolvenzrechtliche Parallele zu der Drittwiderspruchsklage gemäß § 771 ZPO in der Einzelzwangsvollstreckung.[3] Hier wie dort geht es darum, nicht der Vollstreckung unterliegende Gegenstände vor einer Inanspruchnahme zu sichern. Aussonderung bedeutet „die Verteidigung eines massefremden Rechts".[4] Rechte Dritter werden davor geschützt, zugunsten der Insolvenzgläubiger verwertet zu werden. Für den Insolvenzverwalter trägt die Erfüllung von Aussonderungsansprüchen zum Übergang von der „Ist-Masse"[5] zu der „Soll-Masse"[6] bei, indem die haftungsrechtlich nicht den Insolvenzgläubigern zugeordneten Rechtspositionen ausgeschieden werden.[7] Zugeschnitten ist die Aussonderung auf die Herausnahme einer massefremden Sache aus der Insolvenzmasse und auf eine entsprechende Herausgabeklage. Doch der Anwendungsbereich von § 47 InsO erstreckt sich weit darüber hinaus. Aussonderungsberechtigt sind beispielsweise auch der frühere Besitzer[8], der Inhaber einer Forderung[9] oder der Vermieter bezüglich seines

3 *Brinkmann* in: Uhlenbruck, InsO, § 47 Rn 1.

4 *Schmidt*, ZZP 90, S. 38, 50 f.

5 Vermögensmasse, die der Verwalter beim Schuldner *tatsächlich* vorfindet und nach § 148 InsO in Besitz nimmt; vgl. *Lwowski/Peters* in: Kirchhof, MüKo InsO, § 35 Rn 20; *Henckel* in: Jaeger, Insolvenzordnung, § 35 Rn 7.

6 Insolvenzmasse als *rechtliches* Phänomen im Sinne der Legaldefinition der §§ 35 Abs. 1, 36 Abs. 1 InsO; vgl. *Hirte* in: Uhlenbruck, InsO, § 35 Rn 46; *Häsemeyer*, Insolvenzrecht, Rn 9.06.

7 *Häsemeyer*, Insolvenzrecht, Rn 11.01.

8 *Gottwald/Adolphsen* in: Gottwald, Hdb. InsR, § 40 Rn 15; *Henckel* in: Jaeger, Insolvenzordnung, § 47 Rn 117 ff; *Imberger* in: Wimmer, FK-InsO, § 47 Rn 66.

Herausgabeanspruchs aus § 566 Abs. 1 BGB.[10] Der Anspruch auf Aussonderung bestimmt sich dabei jeweils nach den Gesetzen, die außerhalb des Insolvenzverfahrens gelten, § 47 S. 2 InsO. Ist der Insolvenzschuldner im Besitz einer Sache, die im Eigentum eines anderen steht, so kann dieser seinen auf Herausgabe gerichteten Aussonderungsanspruch auf § 985 BGB stützen und gegebenfalls im Wege einer Leistungsklage geltend machen.

III. Die Anwendbarkeit von § 47 InsO auf urheberrechtliche Lizenzen

Die Insolvenzordnung bestimmt nicht selbst, wer zu einer Aussonderung berechtigt sein soll. Wie die Formulierung des § 47 S. 1 InsO („Wer auf Grund...") zeigt, legt vielmehr das sonstige Recht fest, welche Rechte als dingliche oder persönliche Rechte zur Aussonderung berechtigen sollen.[11] Für die urheberrechtlichen Lizenzen ist dementsprechend auf die Bestimmungen des Urheberrechtsgesetzes abzustellen. Wie bereits erarbeitet wurde[12], ist dabei sowohl in Bezug auf einfache als auch auf ausschließliche urheberrechtliche Lizenzen mit Blick auf die rechtliche Wirkung von einem dinglichen Charakter des Rechts zu sprechen. Die Lizenzen werden als Teilrechte aus dem Urheberrecht abgespalten und im Rahmen einer Verfügung auf den Lizenznehmer übertragen. Fortan besteht für sie Sukzessionsschutz, so dass sie gegenüber später eingeräumten Nutzungsrechten wirksam bleiben, § 33 UrhG. Die ausschließliche Lizenz ist dabei als absolutes Recht auch mit der Möglichkeit ausgestattet, alle anderen von der Nutzung auszuschließen.[13] Bei einer einfachen Lizenz ist dieser absolute Charakter für die dingliche Wirkung nicht vonnöten, da die Ausübung des Lizenzrechts selbst bei einer exzessiven Nutzung durch andere Lizenznehmer aufgrund der Ubiquität urheberrechtlicher Rechte nicht negativ beeinflusst werden kann.[14] Entsprechend ihrer urheberrechtlichen Einordnung sind damit sowohl ausschließliche als auch einfache Lizenzrechte unter den Begriff des dinglichen Rechts im Sinne des § 47 InsO zu subsumieren.[15] Der Anspruch auf Aussonderung steht dem Inhaber einer

9 *Brinkmann* in: Uhlenbruck, InsO, § 47 Rn 72; *Häsemeyer*, Insolvenzrecht, Rn 11.13; *Pape/Uhlenbruck/Voigt-Salus*, Insolvenzrecht, Kap. 23 Rn 3.

10 *Leithaus* in: Andres/Leithaus, InsO, § 47 Rn 10; *Ganter* in: Kirchhof, MüKo InsO, § 47 Rn 341; *Bork*, Einf. InsR, Rn 242.

11 *Ganter* in: Kirchhof, MüKo InsO, § 47 Rn 36.

12 Vgl. die entsprechenden Erörterungen auf den S. 38 ff.

13 Vgl. § 31 Abs. 3 S. 1 UrhG und die Ausführungen auf S. 41.

14 Dazu S. 53.

urheberrechtlichen Lizenz insofern dann zu, wenn er geltend machen kann, dass das Lizenzrecht nicht zur Insolvenzmasse gehört. Wann dies konkret der Fall ist und welche Rechtsfolgen sich aus der Aussonderung dann ergeben, soll im Folgenden einzeln für die Insolvenz des Lizenzgebers und des Lizenznehmers erläutert werden.

Der Anwendungsbereich des Aussonderungsrechts kann allerdings dadurch beschränkt sein, dass das Gesetz dem Inhaber der dinglichen Rechtsposition nur ein Absonderungsrecht zuerkennt.[16] Für den Bereich urheberrechtlicher Lizenzen kann dies dann vorkommen, wenn das Lizenzrecht zur Sicherheit übertragen oder verpfändet wurde. Hat beispielsweise ein Lizenznehmer den Erwerb seiner Lizenz durch ein Kreditinstitut finanzieren lassen, dann wird dieses sich zur Besicherung der Darlehensforderung die Lizenz als Sicherheit übertragen lassen. In einem solchen Fall ist der Sicherungsnehmer in der Insolvenz des Lizenznehmers nur zur abgesonderten Befriedigung gemäß §§ 50 Abs. 1, 51 Nr. 1 Fall 2 InsO berechtigt.[17] Dies ist auch deshalb sinnvoll, weil das Kreditinstitut an einer Nutzung des Lizenzrechts regelmäßig kein Interesse haben wird, so dass die Absonderung eher seinen Interessen entspricht als eine Aussonderung. Das Lizenzrecht wird demzufolge – meist durch Veräußerung – verwertet und der Erlös abzüglich der Feststellungs- und Verwertungskosten an den Sicherungsnehmer ausgekehrt, damit dieser daraus Befriedigung für die besicherte Darlehensforderung erlangen kann.[18]

IV. Insolvenzfestigkeit und Aussonderung im Rahmen einer Insolvenz des Lizenzgebers

In der Insolvenz des Lizenzgebers ist es für den Lizenznehmer wichtig, dass sich seine urheberrechtliche Lizenz als insolvenzfest erweist. Er ist oft für die Fortführung seiner Unternehmung auf die dauerhafte Nutzungsberechtigung hinsichtlich

15 So auch *Henckel* in: Jaeger, Insolvenzordnung, § 47 Rn 107; *Ganter* in: Kirchhof, MüKo InsO, § 47 Rn 339; *Brinkmann* in: Uhlenbruck, InsO, § 47 Rn 71; *Prütting* in: Kübler/Prütting/Bork, InsO, § 47 Rn 72; *Weis* in: Hess/Weis/Wienberg, InsO, § 47 Rn 297; *Klauze*, Nutzungsrechte in der Insolvenz, S. 103; a. A. *Wallner*, Insolvenz des Urhebers, S. 88 ff., der allgemein ein Absonderungsrecht annimmt, weil der Inhaber eines Lizenzrechts nicht besser gestellt werden soll als ein unter Umständen vorrangiger Verwertungsberechtigter (beispielsweise ein Pfandrechtsinhaber), dem aber lediglich ein Absonderungsrecht zusteht - fehlen indes vorrangig zu befriedigende Verwertungsrechte, so sei das Absonderungsrecht über den Rechtsgedanken des § 1242 Abs. 2 BGB in seiner Wirkung an ein Aussonderungsrecht anzugleichen; ebenfalls a. A. ohne Begründung *Lohmann* in: Kreft, HK-InsO, § 47 Rn 14.

16 *Wallner*, Insolvenz des Urhebers, S. 93.

17 Dazu ausführlich *Berger*, FS Kirchhof, S. 1 ff.

18 *Berger*, FS Kirchhof, S. 1, 13.

des geistigen Eigentumsrechts angewiesen. Da die Lizenzierung zumeist zeitgleich zum Vertragsschluss vorgenommen wird[19], ist der Lizenznehmer im Insolvenzfall seines Vertragspartners in der Regel auch bereits Inhaber der dinglich wirkenden Lizenz. Diese Nutzungsmöglichkeit möchte er nun unabhängig von der Insolvenz des Lizenzgebers und den Handlungen des Insolvenzverwalters behalten. Ein Anspruch auf Aussonderung kann bei der Erreichung dieses Ziels in vielfältiger Weise Bedeutung erlangen. Die anschließenden Ausführungen sollen die Situation des Lizenznehmers in Abhängigkeit von den Handlungsmöglichkeiten des Insolvenzverwalters darstellen.

1. Vor Ausübung des Wahlrechts und nach Erfüllungswahl

a) Insolvenzfestigkeit der Lizenz

Wird über das Vermögen eines Lizenzgebers das Insolvenzverfahren eröffnet, so bewirkt die Verfahrenseröffnung zwar eine Hemmung der Ansprüche aus dem Lizenzvertrag. Der Vertrag wird aber dadurch nicht beendet.[20] Besteht aber der die Grundlage für die Lizenzierung bildende Vertrag fort, so kann auch das an den Lizenznehmer lizenzierte Nutzungsrecht durch die Eröffnung des Insolvenzverfahrens nicht berührt werden.[21] Wählt der Insolvenzverwalter schließlich die Erfüllung des Vertrages, so werden die vertraglichen Ansprüche zu Forderungen der und gegen die Masse.[22] Die bereits vorher unberührt gebliebene Lizenzierung wird auch davon nicht tangiert. Weder die Insolvenzverfahrenseröffnung noch die Erfüllungswahl haben insofern Auswirkungen auf die Lizenzierung. Der Lizenznehmer ist mithin in dem Zeitraum vor Ausübung des Wahlrechts und ab der Erfüllungswahl ununterbrochen zur Nutzung des Werkes berechtigt.[23]

b) Anwendungsfälle des Aussonderungsrechts

Diese Berechtigung kann aber möglicherweise durch Handlungen des Insolvenzverwalters in Frage gestellt werden. Es lassen sich dabei drei Situationen vorstellen.

---

19 *Nolden*, Abstraktionsprinzip, S. 55 m. w. N.

20 Dies ist ständige Rechtsprechung des BGH seit 2002: BGH NJW 2002, 2783, 2785; BGH NJW 2005, 2231, 2232; BGH NJW 2006, 915, 916; BGH NJW 2007, 1594; vgl. auch *Kreft* in: Kirchhof, MüKo InsO, § 103 Rn 13 ff.

21 *Wiedemann*, Lizenzen in der Insolvenz, Rn 1459; *Schmidt*, WM 2003, 461, 472.

22 Vgl. zu dieser Formulierung den 3. Leitsatz von BGH NJW 2002, 2783.

23 A. A. lediglich *Huber/Riewe*, ZInsO 2006, 290, 294; dazu sogleich auf S. 155 ff.

Zum einen kann der Insolvenzverwalter vor einer Wahlrechtsausübung die Existenz der Lizenz bestreiten. Er kann behaupten, dass die Lizenzierung nie wirksam vorgenommen wurde oder aber dass die Lizenz aufgrund der Ausübung von Gestaltungsrechten[24] oder aufgrund des Eintritts von Bedingungen erloschen ist. In solchen Fällen steht dem Lizenznehmer ein Anspruch auf Aussonderung gemäß § 47 InsO zu, da die vom Insolvenzverwalter begehrte Nutzungsmöglichkeit aufgrund der eingeräumten Lizenz nicht Teil der Insolvenzmasse ist.[25]

Eine zweite denkbare Situation ist diejenige, dass der Insolvenzverwalter versucht, eine mit dieser alten Lizenz unvereinbare weitere Lizenzierung vorzunehmen. Dies wird insbesondere ausschließliche Lizenzen betreffen, weil nur hier faktisch eine Beeinträchtigung der Lizenz durch den Versuch der erneuten Lizenzrechtseinräumung droht. Zwar ist die Einräumung eines solchen mit der alten ausschließlichen Lizenz identischen Nutzungsrechts nicht möglich, da sich der Lizenzgeber durch die vorherige Verfügung seiner Verfügungsmacht in diesem Bereich begeben hat. Doch kann zwischen Insolvenzverwalter und Lizenznehmer möglicherweise Streit über die Auslegung der Ausschließlichkeit oder der Exklusivität der Lizenz entstehen. Dabei wird schon das Bekanntwerden der Aufnahme von Lizenzvertragsverhandlungen mit einem Dritten zu Umsatzeinbußen und Imageschäden bei einem ausschließlichen oder exklusiven Lizenznehmer führen. Dies gilt besonders dann, wenn die Lizenz für den Lizenznehmer von grundlegender Bedeutung ist und sie auch großen Anteil an dem guten Ruf des Lizenznehmer-Unternehmens hat. In diesen Fällen gilt es, die Aktionen des Insolvenzverwalters mithilfe des Aussonderungsanspruchs möglichst frühzeitig zu beenden.

Darüber hinaus kann sich die Situation drittens so darstellen, dass der Insolvenzschuldner selbst auch nur Lizenznehmer ist und sein Lizenzrecht an einen Sublizenznehmer weiterlizenziert hat. In einem solchen Fall kann der Insolvenzverwalter das Lizenzrecht zu Sanierungszwecken weiterübertragen und der Erwerber die Sublizenzierung bestreiten wollen. Angesichts der Tatsache, dass der gutgläubig lastenfreie Erwerb im urheberrechtlichen Lizenzverkehr nicht existiert[26], kann auch hier der Sublizenznehmer das Bestehen seiner Lizenz durch den Aussonderungsanspruch geltend machen.

Den Aussonderungsanspruch kann der Lizenznehmer dabei auf einen Anspruch aus § 97 Abs. 1 UrhG stützen und im Wege der Leistungsklage geltend machen. Eine andere Möglichkeit ist eine Aussonderungsklage gerichtet auf die Feststellung, dass ihm das Nutzungsrecht entgegen der Behauptungen des Insolvenzverwalters

---

24 Bei gleichzeitiger Vereinbarung einer kausalen Verknüpfung von aufgelöstem Vertrag und gewährter Lizenz.

25 Siehe dazu die Ausführungen auf S. 95 ff.

26 *Ulmer*, UrhR/VerlR, S. 360; *Schwarz/Klingner*, UFITA 1999, 29, 42.

zusteht. Eine solche Klage wäre demnach als Feststellungsklage gemäß § 256 ZPO zu erheben. Zulässigkeitsvoraussetzung beider Klagen ist dabei das Bestehen eines Rechtsschutzbedürfnisses, das bei der Feststellungsklage als spezielles „rechtliches Interesse" qualifiziert sein muss. Während diese Voraussetzung bei Leistungsklagen in der Regel unproblematisch ist, erfordert sie bei Feststellungsklagen, dass eine gegenwärtige Gefahr der Unsicherheit droht und das erstrebte Urteil geeignet ist, diese Gefahr zu beseitigen.[27] Dies liegt dann vor, wenn der Insolvenzverwalter das festzustellende Recht bestreitet oder den Rechten des Klägers zuwiderhandelt.[28] Zwar kann der Insolvenzverwalter mangels gutgläubigen Erwerbs nicht wirksam entgegen den Rechten des Klägers über das festzustellende Recht verfügen. Doch genügen die geschilderten negativen Folgen eines Bestreitens der Lizenz, um mit dieser Unsicherheit das Rechtsschutzbedürfnis einer Aussonderungsklage zu begründen.[29]

2. Nach Ablehnung der Erfüllung

a) Insolvenzfestigkeit der Lizenz

Hat der Insolvenzverwalter die Erfüllung des Lizenzvertrags abgelehnt, so bewirkt diese Handlung noch nicht, dass der Vertrag dadurch beendet wird. Nach dem vom BGH seit dem Jahr 2002 judizierten Verständnis zu den rechtlichen Wirkungen des Wahlrechts kommt der Erfüllungsablehnung keine rechtsgestaltende Wirkung zu; die noch offenen Erfüllungsansprüche bleiben für die Dauer des Insolvenzverfahrens nur undurchsetzbar.[30] Daher wäre es nur konsequent, wenn man davon ausgeht, dass die vor Verfahrenseröffnung an den Lizenznehmer übertragene Lizenz von der Erfüllungsablehnung unberührt bleibt.[31] Teilweise wird jedoch davon ausgegangen, dass die Erfüllungsablehnung die Lizenz erlöschen[32] oder

27 BGH NJW 1986, 2507; *Greger* in: Zöller, ZPO, § 256 Rn 7.

28 BGH NJW 1986, 2507; *Reichold* in: Thomas/Putzo, ZPO, § 256 Rn 15; *Greger* in: Zöller, ZPO, § 256 Rn 7; *Ganter* in: Kirchhof, MüKo InsO, § 47 Rn 482.

29 BGH NJW 1986, 2507; a. A. offenbar *Klauze*, Nutzungsrechte in der Insolvenz, S. 207 ff.

30 BGH NJW 2002, 2783, 2785; *Huber*, NZI 2002, 467, 469; *Kreft* in: Kirchhof, MüKo InsO, § 103 Rn 20 ; vgl. auch S. 124.

31 *Wiedemann*, Lizenzen in der Insolvenz, Rn 1466 f.

32 Ohne nähere Begründung oder Differenzierung *Brandt*, NZI 2001, 337, 340; *Stickelbrock*, WM 2004, 549, 558; *Lwowski/Peters* in: Kirchhof, MüKo InsO, § 35 Rn 318; LG Mannheim DZWiR 2003, 479, 481; insoweit widersprüchlich *Hoffmann*, ZInsO 2003, 732, 741, der zwar das Fortbestehen des Lizenzvertrages nach Erfüllungsablehnung erkennt, aber dennoch ein Berufen auf die Lizenz aufgrund fehlender Durchsetzbarkeit der Ansprüche versagt.

den Rechtsgrund der Lizenzierung entfallen lasse.[33] Dies habe zur Folge, dass der Lizenznehmer nach Ablehnung der Vertragserfüllung jedenfalls von der Nutzung seines Lizenzrechts ausgeschlossen sei.

Dem kann jedoch nicht gefolgt werden. Eine solche Aufassung steht im Widerspruch zu der vom BGH judizierten beschränkten Wirkung der Erfüllungsablehnung.[34] Die Ablehnung der Vertragserfüllung bringt schon den Vertrag nicht zum Erlöschen und kann deswegen erst recht keine Konsequenzen für einen bereits erfolgten dinglichen Rechtsübergang nach sich ziehen.[35] Der gegenständliche Charakter der Lizenz zeigt sich gerade in der Weise, dass die Nutzungsbefugnis des Lizenznehmers gegenüber dem Lizenzgeber und Insolvenzschuldner nicht schuldrechtlich sondern dinglich begründet ist.[36] Daher kann die Undurchsetzbarkeit noch offener vertraglicher Ansprüche keine Auswirkungen auf das dingliche Rechtsgeschäft der Verfügung haben. Dies gilt in besonderer Weise, da – wie hier vertreten – auch im Urheberrecht das Abstraktionsprinzip Geltung beansprucht.[37] Mit dem Abstraktionsprinzip ist es nicht zu vereinbaren, die Lizenz als zweckgebundenes Recht aufzufassen, das stets unter der stillschweigend vereinbarten auflösenden Bedingung der Nichterfüllung von Vertragspflichten stehen soll. Eine derartige Bindung der dinglichen Lizenz an das Schicksal des schuldrechtlichen Vertrages pauschal zu unterstellen, entspricht nicht dem Parteiwillen und stellt eine unzulässige Fiktion dar.[38]

b) Aussonderungsrecht des Lizenznehmers

Die urheberrechtliche Lizenz ist daher auch in der Insolvenz als dingliches Recht anzuerkennen. Der Lizenznehmer kann demzufolge auch nach Ablehnung der Erfüllung weiterhin auf seine Lizenz zurückgreifen. Wird das Fortdauern der Nutzungsmöglichkeit durch den Insolvenzverwalter bestritten, so besitzt er den Anspruch, die Lizenz gemäß § 47 InsO auszusondern.[39] Dieser Aussonderungs-

33 *Abel*, NZI 2003, 121, 126; für markenrechtliche Lizenzen *Fezer*, WRP 2004, 793, 807.

34 BGH NJW 2002, 2783.

35 So ausdrücklich BGH NJW 2006, 915, 916 f.; vgl. auch die Anmerkung dazu bei *Huber/Riewe*, ZInsO 2006, 290, 293 f., die letztlich allerdings trotz der dinglichen Wirkung für eine Suspendierung von Lizenzrechten bereits mit Insolvenzeröffnung plädieren.

36 Insoweit a. A. *Huber/Riewe*, ZInsO 2006, 290, 294.

37 Zu dem urheberrechtlichen Streit um die Geltung des Abstraktionsprinzips siehe auch S. 57 ff.

38 *Wiedemann*, Lizenzen in der Insolvenz, Rn 1390.

anspruch kann – entsprechend obiger Ausführungen[40] – im Wege einer auf § 97 Abs. 1 UrhG gestützten Leistungsklage oder im Wege einer Feststellungsklage gemäß § 256 ZPO geltend gemacht werden.

c) Kein Recht des Verwalters auf Herausgabe der Lizenz

Der Verwalter hingegen kann die Lizenz nach Ablehnung der Erfüllung nicht vom Lizenznehmer gemäß § 812 Abs. 1 S. 2 Alt. 1 BGB herausverlangen, da durch die Erfüllungsablehnung nicht der Rechtsgrund für die Übertragung des Lizenzrechts entfallen ist. Es wird aber vereinzelt vertreten, dass sich ein Rückforderungsrecht des Verwalters bezüglich geleisteter Vorleistungen des Schuldners auf eine Anlehnung an das Anfechtungsrecht stützen lasse.[41] So soll ein für die Masse im Eröffnungszeitpunkt bestehender nachteiliger Abwicklungsstand wie ein gemäß § 132 Abs. 1 InsO nachteiliges Geschäft behandelt und dementsprechend unter Wahrung des Synallagmas rückabgewickelt werden, damit der Vertragspartner gegenüber anderen Insolvenzgläubigern nicht bevorzugt werde.[42] Übertragen auf die Insolvenz eines Lizenzgebers würde dies bedeuten, dass der Insolvenzverwalter nach Ablehnung der Vertragserfüllung die Lizenz in Anlehnung an §§ 132 Abs. 1, 143 Abs. 1 InsO herausverlangen könnte.

Dagegen spricht jedoch, dass die Regelungen des Insolvenzanfechtungsrechts nicht dazu bestimmt sind, nachteilige „Abwicklungsstände" von ansonsten vertragsgemäß vollzogenen Lizenzverträgen zu korrigieren.[43] Das Insolvenzanfechtungsrecht dient vielmehr dazu, vor Verfahrenseröffnung erfolgte und die Gläubiger benachteiligende Handlungen des Schuldners rückgängig zu machen.[44] Eine Ausdehnung der Anfechtungstatbestände auf die hier vorgestellten Sachverhalte widerspricht insofern auch der abschließenden Natur der §§ 129 ff. InsO[45] und ist daher unzulässig. Die Lizenz verbleibt mithin in der Lizenzgeberinsolvenz auch

39 Zum Aussonderungsrecht des urheberrechtlichen Lizenznehmers allgemein *Gottwald/Adolphsen* in: Gottwald, Hdb. InsR, § 40 Rn 21; *Weis* in: Hess/Weis/Wienberg, InsO, § 47 Rn 297; *Bäuerle* in: Braun, InsO, § 47 Rn 51; *Smid/Leonhardt* in: Leonhardt/Smid/Zeuner, InsO, § 47 Rn 15; *Prütting* in: Kübler/Prütting/Bork, InsO, § 47 Rn 72; *Henckel* in: Jaeger, Insolvenzordnung, § 47 Rn 107; *Brinkmann* in: Uhlenbruck, InsO, § 47 Rn 71.

40 Vgl. S. 154.

41 *Häsemeyer*, Insolvenzrecht, Rn 20.26.

42 *Häsemeyer*, Insolvenzrecht, Rn 20.26.

43 So auch *Wiedemann*, Lizenzen in der Insolvenz, Rn 1471.

44 *Zeuner* in: Leonhardt/Smid/Zeuner, InsO, § 129 Rn 1; *Dauernheim* in: Wimmer, FK-InsO, § 129 Rn 1; *Hirte* in: Uhlenbruck, InsO, § 129 Rn 2.

45 *Wiedemann*, Lizenzen in der Insolvenz, Rn 1471.

nach Ablehnung der Erfüllung durch den Verwalter in den Händen des Lizenznehmers; der Insolvenzverwalter erhält die Lizenz nach der Erfüllungsablehnung nicht zur erneuten Verwertung zurück. Angesichts dieser Tatsache stellt sich die Frage, in welcher Situation für ihn die Ablehung überhaupt sinnvoll ist. Dies betrifft vor allem Konstellationen, in denen ein Großteil der Vergütung schon an den Insolvenzschuldner geflossen ist und dauerrechtliche Pflichten wie Wartung und Pflege von Software oder Pflichten wie Anpassung oder Bearbeitung des Filmwerks Aufwand und Kosten verursachen, die der Insolvenzverwalter nicht zu tragen bereit ist.

d) Folgen einer von der Wahlrechtsausübung unabhängigen Vertragsbeendigung

Will der Insolvenzverwalter hingegen eine erneute eventuell lukrativere Verwertung des Werks vornehmen, so muss er von einem gesetzlichen oder vertraglichen Lösungsrecht Gebrauch machen. Erst die Ausübung eines solchen Rechts bewirkt die Beendigung des Lizenzvertrags. Nach dem hier vertretenen abstrakten Verhältnis von Lizenzvertrag und Lizenzierung[46] erwirbt der Verwalter anschließend einen bereicherungsrechtlichen Anspruch auf Rückübertragung der Lizenz gemäß § 812 Abs. 1 S. 2 Alt. 1 BGB. Diesen Anspruch muss der Lizenznehmer als Verbindlichkeit der Masse erfüllen.

Hat der Lizenznehmer hingegen durch die Nichterfüllung einen Schaden, den er als Schadensersatz statt der Leistung durch Anmeldung zur Insolvenztabelle geltend machen will, so legt er sich dadurch auf eine Abwicklung des lizenzvertraglichen Verhältnisses fest und kann dementsprechend auch nach Beendigung des Insolvenzverfahrens seinen Erfüllungsanspruch nicht mehr geltend machen. Mithin bewirkt auch diese Anmeldung eine Beendigung des lizenzvertraglichen Verhältnisses. Der Insolvenzverwalter erwirbt dadurch gemäß § 281 Abs. 5 i.V.m. § 346 BGB einen Anspruch auf Rückübertragung der Lizenz. Doch zeigt auch diese Konstellation, dass es in der Hand des Lizenznehmers liegt, ob er das Lizenzrecht weiter auswerten möchte oder ob er die Geltendmachung von Schadensersatz vorzieht. Die Lizenz erweist sich demzufolge selbst im Falle der Erfüllungsablehnung als insolvenzfest.[47]

---

46 Dazu S. 57 ff.

47 So auch allgemein *Kellenter*, FS Tilmann, 807, 816; *Kreuzer/Reber* in: Loewenheim, Hdb. UrhR, § 95 Rn 107.

3. Bei mangelnder Anwendbarkeit des Wahlrechts

a) Insolvenzfestigkeit der Lizenz

Fällt ein Lizenzvertrag nicht in den Anwendungsbereich des Insolvenzverwalterwahlrechts aus § 103 InsO, so wird der Vertrag durch das Insolvenzverfahren zwar berührt aber nicht beendet. Der Lizenznehmer hat noch offene Ansprüche an die Masse zu erfüllen, kann selbst aber noch offene Forderungen nur als Schadensersatz wegen Nichterfüllung geltend machen.[48] Die vor Verfahrenseröffnung erfolgte dinglich wirkende Lizenzierung wird durch das Verfahren aber nicht tangiert, da der den Rechtsgrund bildende Vertrag unabhängig vom Insolvenzverfahren fortbesteht. Insofern ist die dinglich wirkende Lizenz auch bei mangelnder Anwendbarkeit des Wahlrechts insolvenzfest. Unter diese Kategorie fallen vor allem Lizenzierungen, die auf Grundlage eines kaufrechtlich geprägten Lizenzvertrags erfolgen sowie solche, die aufgrund eines in den Anwendungsbereich von § 108 Abs. 1 S. 2 InsO fallenden Vertrags ergangen sind.

b) Anspruch auf Aussonderung für Lizenznehmer

Wird diese fortdauernde Nutzungsmöglichkeit vom Insolvenzverwalter bestritten oder versucht er die Lizenz zu beeinträchtigen, so steht dem Lizenznehmer ein Recht auf Aussonderung seiner Lizenz gemäß § 47 InsO zu.[49] Dieses kann er im Wege einer auf § 97 Abs. 1 UrhG gestützten Leistungsklage oder im Wege einer Feststellungsklage gemäß § 256 ZPO geltend machen.

V. Die Behandlung dinglicher Lizenzen im Rahmen einer Insolvenz des Lizenznehmers

Ist der Lizenznehmer insolvent geworden, so rücken die rechtlichen Gestaltungsmöglichkeiten des Lizenzgebers in den Mittelpunkt der Betrachtung. Er kann, gerade als Urheber, an einer anderweitigen Vergabe des Lizenzrechts interessiert sein, weil er die Unsicherheiten einer vertraglichen Beziehung mit einem insolventen Vertragspartner scheut und Einnahmeausfälle befürchtet. Diesem Aspekt hat sich bereits das Kapitel über die Möglichkeiten zur Vereinbarung von Lösungsrechten gewidmet.[50] Nun soll hier beleuchtet werden, wie sich das dingliche

48 *Zehnsdorf*, Filmnutzungsrechte in der Insolvenz, S. 122; vgl. dazu auch die Ausführungen auf S. 131.

49 Vgl. dazu S. 153 ff.

Lizenzrecht in der Hand des Lizenznehmers verhält, wenn dieser insolvent wird und ob auch in diesem Zusammenhang der Aussonderungsanspruch des § 47 InsO eine Rolle spielen kann.

1. Auswirkungen der Wahlrechtsausübung auf die Lizenz

Durch die Eröffnung des Insolvenzverfahrens über das Vermögen des Lizenznehmers wird der Lizenzvertrag mit dem Lizenzgeber nicht beendet. Die gegenseitigen Ansprüche aus dem Vertrag werden lediglich in ihrer Durchsetzbarkeit gehemmt.[51] Dieser Umstand hat keine Auswirkungen auf das an den Insolvenzschuldner lizenzierte Nutzungsrecht. Wählt der Insolvenzverwalter des Lizenznehmers die Erfüllung des Vertrags, so tangiert auch dies nicht das Lizenzrecht. Der für den Lizenznehmer agierende Insolvenzverwalter bleibt ununterbrochen zur Nutzung des erworbenen Rechts befugt.[52] Auch die Ablehnung der Erfüllung beendet den Vertrag nicht, sondern manifestiert den Zustand der Undurchsetzbarkeit der offenen vertraglichen Ansprüche für die Dauer des Insolvenzverfahrens.[53] Davon bleibt die Lizenzierung aber folgerichtig ebenfalls unberührt.[54] Dies hat zur Folge, dass selbst in diesem Fall der Insolvenzverwalter zur weiteren Nutzung berechtigt bleibt, ohne aber fortan zur Zahlung von Lizenzgebühren verpflichtet zu sein. Für den Verwalter erscheint dieser Zustand auf den ersten Blick ein Geschenk zu sein. Dies ist es aber nicht, wenn er für Sanierungszwecke das Lizenzrecht dauerhaft behalten möchte. Die Nutzungsmöglichkeit ist nach der Erfüllungsablehnung nämlich vom Verhalten des Lizenzgebers abhängig. Dieser kann durch eine gemäß § 103 Abs. 2 S. 1 InsO erfolgende Anmeldung von Schadensersatz wegen Nichterfüllung zur Insolvenztabelle den Lizenzvertrag beenden und damit der Nutzungsberechtigung ein Ende bereiten. Will der Verwalter die Nutzungsmöglichkeit dauerhaft behalten, so muss er die Erfüllung des Vertrags wählen und dementsprechend die Lizenzgebühren aus der Masse erbringen.

---

50 Vgl. dazu S. 133 ff.

51 BGH NJW 2002, 2783, 2785; *Huber*, NZI 2002, 467, 469; vgl. auch S. 153 m. w. N.

52 Gleiches gilt für Lizenzierungen auf Grundlage von solchen Lizenzverträgen, die nicht in den Anwendungsbereich des § 103 InsO fallen.

53 *Kreft* in: Kirchhof, MüKo InsO, § 103 Rn 20 f. m. w. N.

54 Siehe dazu und zu der vereinzelt vertretenen anderen Auffassung auch S. 155 ff.

2. Aussonderungsrecht des Lizenzgebers

Der Lizenzgeber hat oft ein Interesse daran, seine dem insolvent gewordenen Lizenznehmer eingeräumte Lizenz zurückzuerhalten, um anschließend eine erneute eventuell lukrativere Lizenzierung vornehmen zu können. Insofern stellt sich die Frage, ob er die Lizenz mithilfe des Aussonderungsanspruchs aus § 47 InsO oder auf anderem Wege „zurückholen“ kann.

a) Vor Vertragsbeendigung?

Sofern der der Lizenzierung zugrundeliegende Lizenzvertrag noch nicht beendet worden ist, ist das dingliche Recht an der Lizenz dem Lizenznehmer beziehungsweise dessen Insolvenzverwalter zuzuordnen. Es ist Teil der Insolvenzmasse[55] und kann mithin nicht vom Lizenzgeber ausgesondert werden. Der Lizenzvertrag wird dabei weder durch die Verfahrenseröffnung noch durch die Erfüllungsablehnung des Verwalters beendet.

b) Nach Vertragsbeendigung?

Etwas anderes könnte sich aber in der Situation nach Beendigung des Lizenzvertrags ergeben. Eine Vertragsbeendigung kommt in diesem Zusammenhang entweder durch die Anmeldung von Schadensersatz wegen Nichterfüllung nach Ablehnung der Vertragserfüllung durch den Verwalter oder durch die Ausübung eines gesetzlichen oder vertraglichen Lösungsrechts in Betracht. Hinsichtlich der Frage, ob der Lizenzgeber seine Lizenz zurückerhalten kann und ob ihm ein Aussonderungsrecht zusteht, soll zwischen diesen beiden Situationen differenziert werden.

aa) Durch Anmeldung von Schadensersatz wegen Nichterfüllung

aaa) Keine Möglichkeit eines bereicherungsrechtlichen Ausgleichs

Hat der Lizenzgeber einen Schadensersatzanspruch wegen Nichterfüllung zur Insolvenztabelle angemeldet, nachdem der Verwalter die Erfüllung des Lizenzvertrags abgelehnt hat, so hat dies eine faktische Beendigung des Vertrags zur Folge, ohne dass dadurch die Zuordnung des Lizenzrechts zur Insolvenzmasse beeinträchtigt würde. Will der Lizenzgeber in dieser Situation seine Lizenz zur

55 *Wiedemann*, Lizenzen in der Insolvenz, Rn 324 m. w. N.; vgl. auch S. 95 ff.

erneuten Verwertung zurückerhalten, dann kommt grundsätzlich ein Bereichungsanspruch gemäß § 812 Abs. 1 S. 2 Alt. 1 BGB in Betracht.[56] Fraglich ist, ob dieser Bereicherungsanspruch dem Lizenzgeber ein Aussonderungsrecht nach § 47 InsO gewährt. Zur Aussonderung berechtigt ein bereicherungsrechtlicher Anspruch nur dann, wenn auch das dingliche Rechtsgeschäft nichtig ist und der Bereicherungsanspruch daher auf Herausgabe des Besitzes gerichtet ist.[57] Im Bereich ubiquitärer Nutzungsrechte fehlt aber schon ein dem Besitz vergleichbares Äquivalent, so dass bei Nichtigkeit des dinglichen Erfüllungsgeschäfts das Lizenzrecht an den Lizenzgeber zurückfällt, ohne dass es eines Aussonderungsanspruchs bedarf.[58] Im Rahmen der hier betrachteten Vertragsbeendigung ist diese Situation des Heimfalls aber nicht gegeben, da die Anmeldung von Schadensersatz wegen Nichterfüllung zur Insolvenztabelle das dingliche Geschäft unberührt lässt. Der Bereicherungsanspruch berechtigt den Lizenzgeber nicht zur Aussonderung.

Der Bereicherungsanspruch könnte aber eine Masseverbindlichkeit im Sinne des § 55 Abs. 1 Nr. 3 InsO darstellen. Dies hätte zur Folge, dass der Anspruch des Lizenzgebers auf Rückübertragung der Lizenz gegen die Masse gerichtet werden könnte. Angesichts der Tatsache, dass der Rechtsgrund für das Behaltendürfen der urheberrechtlichen Lizenz durch die Beendigung des Lizenzvertrags mit Anmeldung von Schadensersatzansprüchen wegen Nichterfüllung nachträglich entfallen ist, lässt sich argumentieren, dass die Masse nun ungerechtfertigt bereichert ist.[59] Allerdings setzt die Vorschrift des § 55 Abs. 1 Nr. 3 InsO voraus, dass die Masse einen Vermögensgegenstand ohne rechtlichen Grund nach Eröffnung des Insolvenzverfahrens erlangt hat.[60] Im hier betrachteten Fall hat die Einräumung des Lizenzrechts bereits vor Insolvenzeröffnung stattgefunden, lediglich der Rechtsgrund der Lizenzierung ist nach Verfahrenseröffnung nachträglich entfallen. Eine derartige Konstellation führt aber nicht zu dem Entstehen einer Masseverbindlichkeit gemäß § 55 Abs. 1 Nr. 3 InsO: „Ist die Bereicherung bereits vor der Eröffnung zur Masse gelangt, greift § 55 Abs. 1 Nr. 3 InsO auch dann nicht ein, wenn der Rechtsgrund erst mit oder nach der Eröffnung weggefallen ist."[61]

Erachtet man die Vorschrift des § 55 Abs. 1 Nr. 3 InsO in der diskutierten Situation hingegen ungeachtet dessen für anwendbar[62], so könnte einem solchen

---

56 So vertreten von *Abel*, NZI 2003, 121, 126.

57 OLG München NJW-RR 1998, 992; *Brinkmann* in: Uhlenbruck, InsO, § 47 Rn 75a; *Prütting* in: Kübler/Prütting/Bork, InsO, § 47 Rn 48.

58 *Klauze*, Nutzungsrechte in der Insolvenz, S. 204 f.; grundsätzlich auch *Seemann*, Lizenzvertrag in der Insolvenz, S. 5 f.

59 *Abel*, NZI 2003, 121, 126.

60 BGH NZI 2009, 475, 476; BGH NZI 2011, 143, 144.

61 BGH NZI 2009, 475, 476; BGH NZI 2011, 143, 144.

Anspruch gegen die Masse zudem § 105 S. 2 InsO entgegen stehen. Danach ist der Vertragspartner des Insolvenzschuldners nicht berechtigt, wegen der Nichterfüllung seines Anspruchs auf die Gegenleistung die Rückgabe einer vor Verfahrenseröffnung erbrachten Teilleistung aus der Insolvenzmasse zu verlangen.[63] Der Anwendungsbereich der Norm umfasst auch die Übertragung von Rechten und dinglichen Rechtspositionen, zu denen auch Lizenzen zu zählen sind.[64] Mithin kann man auch die Anwendung von § 105 S. 2 InsO auf Lizenzverträge und dingliche Lizenzrechte bejahen.[65] Macht der Lizenzgeber nun aber nach der Erfüllungsablehnung und der durch die Anmeldung von Schadensersatzansprüchen erfolgenden Beendigung des Vertrags einen Bereicherungsanspruch hinsichtlich des Lizenzrechts geltend, so würde die Erfüllung des Bereicherungsanspruchs eine Rückgabe von Teilleistungen aus der Insolvenzmasse darstellen, die im Sinne von § 105 S. 2 InsO nicht zulässig ist. Eine Herausgabe der Lizenz nach bereicherungsrechtlichen Grundsätzen ist demnach aufgrund von §§ 55 Abs. 1 Nr. 3, 105 S. 2 InsO verwehrt.

bbb) Aussonderung wegen haftungsrechtlicher Vermögenszuordnung

Die endgültige Verweigerung eines Herausgabeanspruchs hätte allerdings zur Folge, dass die schuldrechtliche und die dingliche Nutzungsberechtigung dauerhaft auseinanderfielen. Der Insolvenzschuldner wäre zwar Inhaber der dinglichen Berechtigung an der Lizenz, der Insolvenzverwalter würde sich bei Nutzung dieses Rechts aber schadensersatzpflichtig machen.[66] Diese Rechtslage ist wirtschaftlich unangemessen.[67] Zudem erzeugt es einen Wertungswiderspruch, wenn der Insolvenzverwalter auch bei Erfüllungsablehnung zur Nutzung und Verwertung der Lizenz berechtigt wäre, ohne aber Lizenzgebühren aus der Masse zahlen zu

62 *Abel*, NZI 2003, 121, 126.

63 Nach überwiegender Ansicht gilt § 105 S. 2 InsO nicht nur für teilbare Leistungen im Sinne des § 105 S. 1 InsO, sondern für alle Leistungen, die einen Vermögenswert besitzen und vor Verfahrenseröffnung in das Vermögen des Schuldners übergegangen sind: *Kreft* in: Kirchhof, MüKo InsO, §105 Rn 38; *Balthasar* in: Nerlich/Römermann, Insolvenzordnung, § 105 Rn 11; *Marotzke* in: Kreft, HK-InsO, § 105 Rn 22; *Huber* in: Gottwald, Hdb. InsR, § 35 Rn 29; *Tintelnot* in: Kübler/Prütting/Bork, InsO, § 105 Rn 18.

64 *Huber* in: Gottwald, Hdb. InsR, § 35 Rn 29; *Tintelnot* in: Kübler/Prütting/Bork, InsO, § 105 Rn 18; *Adolphsen*, DZWiR 2003, 228, 232.

65 So *Zeising*, KTS 2002, 367, 410 f.; *Tintelnot* in: Kübler/Prütting/Bork, InsO, § 105 Rn 9; a. A. jedoch *Raitz von Frentz/Marrder*, ZUM 2003, 94, 98, die aufgrund der fehlenden Teilbarkeit der Rechteverschaffung eine Anwendung von § 105 S. 2 InsO ablehnen.

66 Vgl. *Adolphsen*, DZWiR 2003, 228, 232.

67 *Abel*, NZI 2003, 121, 125; *Wiedemann*, Lizenzen in der Insolvenz, Rn 1434.

müssen.[68] Eine vergleichbare Situation ergibt sich auch bei Pachtverhältnissen, die – wie bereits festgestellt[69] – gewisse Ähnlichkeiten zu urheberrechtlichen Lizenzverhältnissen aufweisen. Tritt dort der hier betrachtete Fall ein, dass in der Insolvenz des Pächters der Vertrag nach Ablehnung der Erfüllung durch den Verpächter beendet wird, indem er Schadensersatz wegen der Nichterfüllung zur Tabelle anmeldet, dann hat der Verwalter kein Recht zum Besitz mehr.[70] Dem Verpächter steht demzufolge neben seinem Anspruch auf Schadensersatz wegen Nichterfüllung ein Anspruch auf Aussonderung der Pachtsache gemäß § 47 InsO zu.[71] Auch § 105 S. 2 InsO verleiht in dieser Situation kein Recht zum Besitz, so dass die dingliche Rechtslage an die schuldrechtliche angeglichen wäre.

Selbst wenn es bei urheberrechtlichen Lizenzverhältnissen kein Äquivalent für den Besitz gibt, könnte man dennoch fragen, ob diese Parallele der Pacht nicht doch Erkenntnisse für die Behandlung urheberrechtlicher Lizenzen bereithält. Es stellt sich insofern die Frage, ob nicht auch der Lizenzgeber in der hier behandelten Fallgestaltung zur Aussonderung der dinglichen Lizenz gemäß § 47 InsO berechtigt sein soll. Die Aussonderung wird – anders als ein bereicherungsrechtlicher Anspruch – nicht durch § 105 S. 2 InsO beschränkt, weil bei ihr ein Recht geltend gemacht wird, das nicht Gegenstand der Insolvenzmasse ist. Es wird demzufolge keine Leistung aus der Insolvenzmasse verlangt, wie es § 105 S. 2 InsO voraussetzt.[72] Gegen eine Aussonderungsfähigkeit der Lizenz spricht jedoch die Tatsache, dass die Lizenz als dingliches Recht auch nach Beendigung des Lizenzvertrags noch dem Schuldner und Lizenznehmer zusteht.[73]

Ungeachtet dessen lässt sich hingegen das Aussonderungsrecht für den Lizenzgeber gut begründen. Der Lizenzgeber ist Inhaber des Rechts, aus dem die konkrete Lizenz abgespalten wurde. Zur Vermeidung eines dauerhaften Auseinanderfallens von schuldrechtlicher und dinglicher Nutzungsberechtigung sollte ihm die Lizenz ab dem hier diskutierten Zeitpunkt zugeordnet werden. Die dingliche Wirkung der Lizenz soll das Nutzungsrecht verstärken, ohne aber einen dauerhaften Widerspruch zu der schuldrechtlichen Nutzung zu manifestieren. Ist der Lizenzvertrag durch die Anmeldung von Forderungen wegen Nichterfüllung zur Insolvenztabelle beendet, steht aber dauerhaft fest, dass weder der Insolvenzverwalter während

68 *Stickelbrock*, WM 2004, 549, 560.

69 Vgl. etwa S. 33 ff. und S.107 ff.

70 *Balthasar* in: Nerlich/Römermann, Insolvenzordnung, § 103 Rn 66 f.; *Tintelnot* in: Kübler/Prütting/Bork, InsO, § 103 Rn 93; *Stickelbrock*, WM 2004, 549, 560.

71 *Huber* in: Gottwald, Hdb. InsR, § 37 Rn 21; *Stickelbrock*, WM 2004, 549, 560.

72 *Marotzke* in: Kreft, HK-InsO, § 105 Rn 21; *Kreft* in: Kirchhof, MüKo InsO, § 105 Rn 39; *Häsemeyer*, Insolvenzrecht, Rn 20.24.

73 *Adolphsen*, DZWiR 2003, 228, 232.

des Verfahrens noch der Schuldner nach Beendigung des Insolvenzverfahrens zur schuldrechtlichen Nutzung der urheberrechtlichen Rechtsposition berechtigt ist. Das dennoch in seiner Hand bestehende dingliche Lizenzrecht ist mithin lediglich eine funktionslose „entleerte Schutzhülle".[74] Aus diesem Grund ist es gerechtfertigt, das Nutzungsrecht ab dem Zeitpunkt der insolvenzbedingten Vertragsbeendigung haftungsrechtlich dem Vermögen des Lizenzgebers und nicht dem des insolventen Lizenznehmers zuzuordnen.[75] Aufgrund dieser haftungsrechtlichen Zuordnung der Lizenz zum Vermögen des Lizenzgebers kann dieser die Lizenz gemäß § 47 InsO aus der Insolvenzmasse aussondern.

Die Unterscheidung zwischen einer dinglichen und einer haftungsrechtlichen Vermögenszuordnung ist der Insolvenzordnung auch ansonsten nicht fremd und findet sich ebenso beim Sicherungseigentum, beim verlängerten Eigentumsvorbehalt und bei der echten Treuhand.[76] Das Sicherungseigentum und der verlängerte Eigentumsvorbehalt[77] gewähren formal eine vollwertige Eigentümerstellung. In wirtschaftlicher Hinsicht entspricht die Rechtsposition aber nur einem pfandrechtsähnlichen Sicherungsrecht und berechtigt demzufolge nicht zur Aussonderung, sondern nur zur abgesonderten Befriedigung gemäß § 51 Nr. 1 InsO.[78] Noch deutlicher wird die Unterscheidung bei der echten Treuhand. Hier führt die haftungsrechtliche Vermögenszuordnung dazu, dass dem Treugeber in der Insolvenz des Treuhänders ein Aussonderungsrecht an dem Treugut zugestanden wird, obwohl der Treuhänder die formale Eigentümerstellung an dem Treugut innehat.[79] Diese Situation kommt der hier betrachteten Fallgestaltung urheberrechtlicher Lizenzen sehr nahe. Wie das Sicherungseigentum auch ist die urheberrechtliche Lizenz eine Rechtsposition, die trotz ihrer vermögensrechtlichen Zuordnung zum Lizenznehmer stets aufgrund der urheberpersönlichkeitsrechtlichen Aspekte in einer gewissen Rückbindung zum Urheber steht. Demzufolge sollte auch der dingliche Rückübertragungsanspruch des Lizenzgebers in der soeben behandelten Fallgestaltung zur Aussonderung

74 *Wiedemann*, Lizenzen in der Insolvenz, Rn 1447.

75 *Adolphsen*, DZWiR 2003, 228, 232; *Stickelbrock*, WM 2004, 549, 560; *Wiedemann*, Lizenzen in der Insolvenz, Rn 1447.

76 Darauf weist auch *Adolphsen* hin: *Adolphsen*, DZWiR 2003, 228, 232 f.

77 Zu denken ist beispielsweise an den Fall der Vereinbarung einer sog. Herstellerklausel, wonach der Vorbehaltsverkäufer Eigentümer der vom Vorbehaltskäufer herzustellenden Sache werden soll.

78 *Brinkmann* in: Uhlenbruck, InsO, § 47 Rn 22, 56; *Fuchs* in: Graf-Schlicker, InsO, § 47 Rn 11 f.; *Bäuerle* in: Braun, InsO, § 47 Rn 32 f.; *Bork*, Einf. InsR, Rn 238 ff.; *Gottwald/Adolphsen* in: Gottwald, Hdb. InsR, § 43 Rn 42, 83.

79 *Ganter* in: Kirchhof, MüKo InsO, § 47 Rn 381; *Brinkmann* in: Uhlenbruck, InsO, § 47 Rn 37; *Andres* in: Nerlich/Römermann, Insolvenzordnung, § 47 Rn 40; *Leithaus* in: Andres/Leithaus, InsO, § 47 Rn 12.

berechtigen. So wird das dauerhafte Auseinanderfallen von dinglicher und schuldrechtlicher Rechtslage verhindert und den Interessen des Lizenzgebers Rechnung getragen, ohne dass Interessen des Lizenznehmers oder seines Insolvenzverwalters beeinträchtigt werden.

bb) Durch Ausübung eines Lösungsrechts

Steht dem Lizenzgeber ein Lösungsrecht zu, von dem er im Zusammenhang mit einer Insolvenz seines Vertragspartners Gebrauch machen darf[80], so wird der Lizenzvertrag durch die Ausübung des Lösungsrechts beendet. Aufgrund des im Urheberrecht geltenden Abstraktionsprinzips bewirkt die Ausübung eines Kündigungsrechts keinen automatischen Rückfall des Lizenzrechts.[81] Der Lizenzgeber erlangt vielmehr nach Ausübung des Rechts einen bereicherungsrechtlichen Anspruch aus § 812 Abs. 1 S. 2 Alt. 1 BGB gerichtet auf Rückübertragung der dinglichen Lizenz, da der Rechtsgrund der Lizenzierung für die Zukunft entfallen ist. Ein solcher Bereicherungsanspruch berechtigt nicht zur Aussonderung.[82] Ist die Lösungsklausel als Rücktrittsrecht ausgestaltet, so wandelt die Ausübung das Lizenzvertragsverhältnis in ein Rückabwicklungsschuldverhältnis. Bezüglich der Lizenz steht dem Lizenzgeber ein Rückgewähranspruch aus § 346 BGB zu. Ein solcher Anspruch berechtigt ebenfalls nicht zur Aussonderung.[83] In beiden Fällen entsteht auch keine Verbindlichkeit der Insolvenzmasse gemäß § 55 Abs. 1 Nr. 3 InsO. Der Bereicherungsgegenstand in Form des Lizenzrechts ist jeweils bereits vor der Eröffnung des Insolvenzverfahrens in das Vermögen des späteren Insolvenzschuldners gelangt. Deswegen besteht besteht kein Bereicherungsanspruch gegen die Masse, unabhängig davon, ob der Rechtsgrund für die Lizenzierung nun nach Verfahrenseröffnung ex nunc oder ex tunc weggefallen ist.[84] Der Lizenzgeber kann mithin seine Lizenz nach Ausübung des Kündigungs- oder Rücktrittsrechts nicht bereicherungsrechtlich von der Masse zurückfordern. Sofern das Lösungsrecht hingegen eine Beendigungsklausel in Form einer auflösenden Bedingung

80 Zu der Zulässigkeit vertraglicher Lösungsklauseln vgl. S. 133 ff.

81 Dazu bereits S. 57 ff.

82 Vgl. S. 161; *Brinkmann* in: Uhlenbruck, InsO, § 47 Rn 75a; *Ganter* in: Kirchhof, MüKo InsO, § 47 Rn 347; *Weis* in: Hess/Weis/Wienberg, InsO, § 47 Rn 290; *Prütting* in: Kübler/Prütting/Bork, InsO, § 47 Rn 48; *Henckel* in: Jaeger, Insolvenzordnung, § 47 Rn 125; *Fuchs* in: Graf-Schlicker, InsO, § 47 Rn 27.

83 *Brinkmann* in: Uhlenbruck, InsO, § 47 Rn 75b; *Weis* in: Hess/Weis/Wienberg, InsO, § 47 Rn 290; *Prütting* in: Kübler/Prütting/Bork, InsO, § 47 Rn 47; *Fuchs* in: Graf-Schlicker, InsO, § 47 Rn 26; *Ganter* in: Kirchhof, MüKo InsO, § 47 Rn 347.

84 Vgl. dazu auch S. 162.

hinsichtlich des Lizenzrechts vorsieht, erlischt die Lizenz mit Ausübung des Beendigungsrechts, so dass ein Heimfall der Lizenz ohne die Geltendmachung etwaiger Ansprüche stattfindet.

In Fällen der Vertragsbeendigung nach Ausübung eines Kündigungs- oder Rücktrittsrechts kommt es insofern – wie auch nach einer Vertragsbeendigung wegen der Anmeldung von Schadensersatz wegen Nichterfüllung zur Insolvenztabelle – zu einem dauerhaften Auseinanderfallen von schuldrechtlicher und dinglicher Nutzungsberechtigung. Diese wirtschaftlich unangemessene Rechtslage ist wiederum aus Wertungsgesichtspunkten dadurch zu korrigieren, dass dem Lizenzgeber nach der Vertragsbeendigung in Bezug auf die dem Lizenznehmer eingeräumte Lizenz ein Aussonderungsanspruch gemäß § 47 InsO zu gewähren ist. Die dingliche Wirkung urheberrechtlicher Lizenzen soll das Nutzungsrecht verstärken, ohne aber einen dauerhaften Widerspruch zu der schuldrechtlichen Nutzung zu manifestieren. Die Tatsache, dass das Nutzungsrecht aber nach Vertragsbeendigung nur noch eine „entleerte Schutzhülle“[85] darstellt, rechtfertigt auch nach Ausübung eines Lösungsrechts eine haftungsrechtliche Zuordnung der Lizenz zum Vermögen des Lizenzgebers. Auch hier kann die Parallele zu der Situation bei der echten Treuhand gezogen werden, bei der eine Aussonderung des Treugebers in der Insolvenz des Treuhänders trotz der formalen Eigentümerstellung des Treuhänders anerkannt wird.[86] Nach jeder Form der zulässigen Vertragsbeendigung nach Eröffnung des Insolvenzverfahrens über das Vermögen des Lizenznehmers kann der Lizenzgeber folglich bezüglich der dem Lizenznehmer gewährten Lizenz nach § 47 InsO Aussonderung verlangen.

VI. Die Insolvenzfestigkeit bei Sublizenzierungen und Lizenzketten

Häufig erfordert die Auswertung eines urheberrechtlichen Werkes die Bildung einer Lizenzkette mit Lizenzierungen und Sublizenzierungen. Die bereits gewonnenen Erkenntnisse über das schuldrechtliche und dingliche Verhältnis zwischen Lizenznehmer und Lizenzgeber haben dabei Bestand, unabhängig davon, ob es um ein Lizenzverhältnis zwischen Urheber und Lizenznehmer oder um ein Sublizenzverhältnis geht. Ergänzender Ausführungen bedarf hier lediglich die Frage, wie sich eine Insolvenz im Hauptlizenzverhältnis auf etwaige Sublizenzverhält-

---

85 *Wiedemann*, Lizenzen in der Insolvenz, Rn 1447.

86 *Ganter* in: Kirchhof, MüKo InsO, § 47 Rn 381; *Brinkmann* in: Uhlenbruck, InsO, § 47 Rn 37; *Andres* in: Nerlich/Römermann, Insolvenzordnung, § 47 Rn 40; *Leithaus* in: Andres/Leithaus, InsO, § 47 Rn 12.

nisse auswirkt. Hat der Insolvenzverwalter in einer Insolvenz des Urhebers oder der Urheber in einer Insolvenz seines Lizenznehmers den Lizenzvertrag wirksam beendet, so tangiert dies nicht den Lizenzvertrag zwischen Lizenznehmer und Sublizenznehmer. Auch wenn der Urheber oder sein Insolvenzverwalter in Folge der Vertragsbeendigung einen Anspruch auf Rückübertragung der Lizenz gegen den Hauptlizenznehmer geltend machen, bleiben – unter Zugrundelegung einer dinglichen Wirkung urheberrechtlicher Lizenzen[87] und einer Geltung des Abstraktionsprinzips im Urheberrecht[88] – nach hier vertretener Auffassung vom Hauptlizenznehmer gemäß § 35 UrhG zulässigerweise eingeräumte dinglich wirkende Unterlizenzen bestehen.[89] Der Urheber oder sein Insolvenzverwalter haben bezüglich der Sublizenz keinen Anspruch auf Rückübertragung.[90] Die Unterlizenzierungen sind als dingliche Rechte unabhängig von dem Wegfall des Vertragsverhältnisses zwischen Hauptlizenzgeber und Hauptlizenznehmer. Ein solches Ergebnis steht auch nicht in Widerspruch zu schutzbedürftigen Interessen eines Urhebers als Hauptlizenzgeber. Er muss der Unterlizenzierung gemäß § 35 Abs. 1 S. 1 UrhG zugestimmt haben, damit diese zulässig erfolgen kann. Hat er dies jedoch getan, so existiert kein berechtigtes Interesse daran, eine solche zulässige Unterlizenz erlöschen zu lassen, wenn das Hauptlizenzverhältnis beendet wird.[91] Die Sublizenz steht seinem ideellen Interesse an einem Bekanntwerden und seinem materiellen Interesse an einer Verwertung des Werkes nicht entgegen. Hat der Urheber seine ausschließliche Lizenz zurückerhalten, kann er erneut ausschließliche Lizenzen vergeben, ohne dass dies durch noch bestehende einfache Sublizenzen eingeschränkt würde. Bei einer Beendigung des Hauptlizenzverhältnisses und der Rückübertragung der eingeräumten Lizenz bleiben Sublizenzierungen daher bestehen und berechtigen ihre Inhaber zur weiteren Nutzung. Will der Urheber diese Situation vermeiden, muss er die Gestattung einer Sublizenzierung von dem Bestand der Hauptlizenz abhängig machen. Dann steht die Sublizenz stets unter der Bedingung, dass die Hauptlizenz noch existiert.

---

87 Dazu S. 37 ff.

88 Dazu S. 57 ff.

89 Im Hinblick auf eine einfache Sublizenz im Fall des Rückrufs eines ausschließlichen Lizenzrechts gemäß § 41 UrhGhat der BGH dies ebenfalls so entschieden, vgl. BGH GRUR 2009, 946, 948 - Reifen Progressiv; zu einer Auseinandersetzung mit dieser Entscheidung und einer Übertragbarkeit ihrer Argumente auf andere Fallkonstellationen vgl. S. 47; a. A. insoweit OLG Hamburg GRUR 2002, 335, 336; *Schricker*, Verlagsrecht, § 28 Rn 27; *Loewenheim/Jan Bernd Nordemann* in: Loewenheim, Hdb. UrhR, § 26 Rn 31; *Wente/Härle*, GRUR 1997, 96, 100 jeweils m. w. N.

90 *Abel*, NZI 2003, 121, 127; *Wiedemann*, Lizenzen in der Insolvenz, Rn 1478.

91 So auch BGH GRUR 2009, 946, 948 - Reifen Progressiv für den Fall des Rückrufs eines ausschließlichen Lizenzrechts gemäß § 41 UrhG.

VII. Zusammenfassung

In der Insolvenz eines Lizenzgebers erweisen sich die dinglich wirkenden urheberrechtlichen Lizenzen als insolvenzfest. Eine vor der Insolvenz erfolgte Lizenzierung wird durch Handlungen des Insolvenzverwalters nicht berührt. Steht dem Verwalter ein Wahlrecht bezüglich des Lizenzvertrags zu, so beendet auch die Ablehnung der Erfüllung nicht den Vertrag. Mithin bleibt dem Lizenznehmer auch in diesem Fall das Lizenzrecht erhalten. Erst eine Anmeldung von Schadensersatz wegen Nichterfüllung zur Tabelle hat eine Beendigung des Vertrags und damit – aufgrund des auch im Urheberrecht geltenden Abstraktionsprinzips – einen Rückübertragungsanspruch der Masse zur Folge. Dementsprechend tritt ein Verlust der Lizenz für den Lizenznehmer nicht unfreiwillig ein. Er kann daher auch in der Insolvenz des Lizenzgebers auf ein Fortbestehen der Nutzungsmöglichkeit vertrauen. Fällt der Lizenzvertrag nicht in den Anwendungsbereich des § 103 InsO, dann besteht auch der den Rechtsgrund für die Lizenzierung bildende Lizenzvertrag unabhängig vom Insolvenzverfahren fort, so dass auch die Lizenz als dingliches Recht in der Hand des Lizenznehmers nicht tangiert wird. In all diesen Fallgestaltungen kann der Lizenznehmer hinsichtlich des Lizenzrechts einen Aussonderungsanspruch gemäß § 47 InsO geltend machen, wenn das Bestehen der Lizenz durch den Insolvenzverwalter bestritten wird. Komplizierter rechtlicher Konstruktionen zum Schutz der Lizenz wie einer Doppeltreuhand[92], eines Lizenzsicherungsnießbrauchs[93] oder einer Sicherungsübertragung der Lizenz[94] bedarf es dementsprechend ebenso wenig wie der diskutierten Einfügung eines § 108a InsO-E.

Fällt hingegen der Lizenznehmer in Insolvenz, so steht für den Lizenzgeber die Frage nach einer Möglichkeit zur Rückübertragung der Lizenz im Zentrum der Betrachtung, da er gegebenenfalls die Einschnitte eines Insolvenzverfahrens durch eine anderweitige Lizenzierung umgehen möchte. Vor Beendigung des Lizenzvertrags ist dies nicht möglich. Wird der Vertrag hingegen durch die Ausübung eines Kündigungsrechts oder durch die Anmeldung von Schadensersatz wegen Nichterfüllung durch den Lizenzgeber nach der Erfüllungsablehnung des Verwalters beendet, so kann der Lizenzgeber einen bereicherungsrechtlichen Anspruch auf Rückübertragung der Lizenz nicht als Masseverbindlichkeit gemäß § 55 Abs. 1 Nr. 3 InsO geltend machen, um das Lizenzrecht zurückzuerhalten. Der Lizenzgeber kann stattdessen vielmehr sein Lizenzrecht gemäß § 47 InsO

92 *Bork*, NZI 1999, 337 ff.; kritisch dazu *Berger*, GRUR 2004, 20, 21.

93 *Berger*, GRUR 2004, 20 ff.; für Software *Plath*, CR 2005, 613 ff.

94 *Hölder/Schmoll*, GRUR 2004, 830, 831 f.; kritisch dazu aus praktischer Sicht *Dengler/Gruson/Spielberger*, NZI 2006, 677, 680 f.

aus der Insolvenzmasse aussondern. Ähnlich der Situation bei der echten Treuhand ist die Lizenz ab dem Zeitpunkt der insolvenzbedingten Vertragsbeendigung haftungsrechtlich dem Vermögen des Lizenzgebers zuzuordnen.

Unterlizenzen sind abweichend anderer Vereinbarungen nicht vom Bestand der Hauptlizenz abhängig. Auch wenn die Hauptlizenz erlischt, kann der Sublizenznehmer dennoch weiterhin auf sein dinglich wirkendes Nutzungsrecht zurückgreifen. Der Urheber wird dadurch nicht in unangemessener Weise benachteiligt, weil er seine gemäß § 35 Abs. 1 S. 1 UrhG erforderliche Zustimmung zu der Sublizenzierung an die Bedingung des Fortbestehens der Hauptlizenz knüpfen kann.

Dritter Teil:

Urheberrechtliche Lizenzen in der internationalen Insolvenz

§ 11 Rechtsvergleichende Betrachtungen zum Recht Großbritanniens

I. Einleitung

Zu Beginn des dritten Teils dieser Arbeit über urheberrechtliche Lizenzen in der internationalen Insolvenz soll in rechtsvergleichender Art und Weise erarbeitet werden, wie Verwertungsrechte an einem durch *copyright* geschützten Werk im Falle einer Insolvenz eines Lizenznehmers oder Lizenzgebers aus Großbritannien zu behandeln sind. Dabei soll untersucht werden, ob sich ähnliche Probleme wie im deutschen Recht stellen oder ob das britische Recht mit ganz eigenen Herausforderungen zu kämpfen hat. Aus diesen Erkenntnissen sollen fruchtbare Schlüsse für die deutsche Diskussion erwachsen. Während bereits einige rechtsvergleichende Arbeiten zum deutschen und U.S. -amerikanischen Recht existieren[1], ist der Rechtsvergleich zwischen dem deutschen Recht und dem Recht Großbritanniens im Hinblick auf diese Thematik – soweit ersichtlich – bisher noch nicht vorgenommen worden. Es lässt sich nicht verhindern, dass die Erörterung im Rahmen dieser Arbeit auf einen Überblick beschränkt bleiben muss. Dennoch wird versucht, auf alle relevanten Aspekte in der gebotenen Kürze einzugehen.

Auch wenn Großbritannien ein Mehrrechtsstaat ist, der sich in die Rechtsordnungen von England und Wales einerseits und der Rechtsordnung von Schottland andererseits untergliedert, so kann für die hier zu besprechende Thematik dennoch auf das britische Recht Bezug genommen werden. Das Urheberrecht Großbritanniens wird einheitlich für England, Wales und Schottland im *Copyright, Designs and Patents Act* von 1988 geregelt. Ähnlich ist es auch hinsichtlich des britischen Insolvenzrechts, das der *Insolvency Act* von 1986 regelt. Er beansprucht sowohl für England und Wales, als auch für Schottland Geltung, sieht aber für Schottland teilweise besondere Regelungen vor.

---

1 Vgl. etwa *Scherenberg*, Lizenzverträge in der Insolvenz, S. 94 ff.; *Schwabe*, Filmlizenzen in der Insolvenz, S. 41 ff.

II. Das Konzept des *copyright* im britischen Recht

1. Einführung

Das britische *copyright law* ist vom Grundsatz her anders aufgebaut als das deutsche Urheberrecht. Während in der deutschen Rechtstradition das Urheberrecht als naturrechtliche Position aufgefasst wird, die auch ohne gesetzliche Ausgestaltung zum Schutz von persönlichkeitsrechtlichen und vermögensrechtlichen Interessen des Urhebers besteht[2], weist das britische Recht eine mehr pragmatische, an die Staatsphilosophie des Gesellschaftsvertrags anknüpfende Rechtfertigung auf.[3] Es stellt mehr die kommerzielle Ausnutzung des Werkes in den Vordergrund und nicht so sehr die persönlichkeitsrechtlichen Aspekte des Urhebers. Ungeachtet dessen kennt auch das englische Recht unveräußerliche Urheberpersönlichkeitsrechte (*unalienable moral rights*), die aber nur vor missbräuchlicher Ausbeutung schützen sollen ohne die normale Verwertung zu behindern.[4] Trotz dieses anderen Ansatzes sind die Konvergenzen zwischen den beiden Rechtsordnungen recht groß. Dies wird sicher auch durch die zahlreichen internationalen Abkommen bedingt, die beide Länder unterzeichnet haben.[5]

Im Mittelpunkt steht auch im britischen *copyright law* das vom Urheber geschaffene Werk. Damit ein Werk den Schutz des *copyright* genießt, muss es einer Idee Ausdruck verleihen und vom Urheber in einer für eine gewisse Dauer bestehenden Form geschaffen worden sein.[6] Als Werkkategorien nennt der Copyright, Designs and Patents Act von 1988 (CDPA 1988) literarische, musikalische oder künstlerische Werke, Theaterdarbietungen, Musikaufnahmen, Filme oder Sendungen sowie drucktechnische Zusammenstellungen veröffentlichter Auflagen.[7] Angesichts der Tatsache, dass *literary works* auch Computerprogramme und Datenbanken erfassen sollen[8] und der Begriff *artistic works* auch Werke der Baukunst und der ange-

---

2 Zu der naturrechtlichen Fundierung und der monistischen Theorie siehe auch S. 11 m. w. N.

3 *Fiscor* in: Takagi/Allman/Sinjela, Teaching of intellectual property, S. 35.

4 *Torremans*, Intellectual property law, S. 296.

5 Ebenso *Fiscor* in: Takagi/Allman/Sinjela, Teaching of intellectual property, S. 35.

6 *Torremans*, Intellectual property law, S. 177: „*Copyright therefore protects works that are the author's own expression of the underlying idea. These works are then the author's own intellectual creation. [...] It follows from the need for there to be the expression of an idea that all subject matter - all works - needs to exist in some permanent form before attracting copyright.*"; vgl. auch *Hart/Fazzani/Clark*, Intellectual property law, S. 151.

7 CDPA 1988, s. 1: *original literary, dramatic, musical or artistic works, sound recordings, films or broadcasts and the typographical arrangement of published editions.*

8 CDPA 1988, s. 3 (1).

wandten Kunst integriert[9], ergeben sich hinsichtlich der Werkkategorien keine Unterschiede zu der deutschen Regelung in den §§ 2 ff. UrhG. In persönlichkeitsrechtlicher Hinsicht besitzt der britische Urheber (*author*) im wesentlichen das Recht auf Anerkennung der Urheberschaft[10], das Recht einer Entstellung des Werkes entgegenzuwirken[11] sowie das Recht eine unzutreffende Zuweisung der Urheberschaft zurückzuweisen[12]. Das Urheberrecht wird verletzt, wenn das Werk in unerlaubter Weise kopiert, verliehen, aufgeführt, gezeigt oder veröffentlicht wird[13] oder wenn unerlaubt hergestellte Werkstücke verwertet werden.[14] Das Urheberrecht wird jedoch dann nicht verletzt, wenn die Handlung in Bezug auf das urheberrechtlich geschützte Werk erlaubt ist.[15] Die erlaubten Handlungen beschränken das Urheberrecht zugunsten der Interessen der Allgemeinheit. Sie entsprechen den im deutschen Recht in den §§ 44a ff. UrhG normierten Schranken des Urheberrechts.[16] So wird das Erstellen vorübergehender Kopien[17] ebenso freigestellt wie der Unterrichtsgebrauch[18] oder der Gebrauch für Bibliotheken, Archive und die öffentliche Verwaltung.[19] Eine weitere Beschränkung des *copyright* wird unter dem Begriff des *fair dealing* zusammengefasst.[20] Darunter fallen das Recht auf Kopien für das private Forschen und Studieren sowie das Zitat- und Berichterstattungsrecht. Weiterhin existieren wie im deutschen Rechtsraum Verwertungsgesellschaften, die im Namen der Urheber eine Verwertung der Werke organisieren und für die Urheber Tantiemen einziehen. Als Beispiele genannt seien die *Authors' Licensing and Collecting Society Ltd.* (ALCS) oder die *Performing Rights Society* (PRS).[21]

---

9 CDPA 1988, s. 4 (1).

10 CDPA 1988, ss. 77-79.

11 CDPA 1988, ss. 80-83.

12 CDPA 1988, s. 84.

13 *Primary infringement*; vgl. *Torremans*, Intellectual property law, S. 244 ff.; *Hart/Fazzani/Clark*, Intellectual property law, S. 173 ff .

14 *Secondary infringement*; vgl. dazu *Hart/Fazzani/Clark*, Intellectual property law, S. 179 ff.; *Torremans*, Intellectual property law, S. 256 ff.

15 CDPA 1988, ss. 28 ff.; dazu auch *Torremans*, Intellectual property law, S. 265 ff.; *MacQueen* et al., Contemporary intellectual property, S. 179 ff.

16 Siehe dazu S. 13.

17 CDPA 1988, s. 28A.

18 CDPA 1988, ss. 32-36A.

19 CDPA 1988, ss. 37-50.

20 CDPA 1988, ss. 29-30; insbesondere auch zu der Rechtsprechung hierzu vgl. *MacQueen* et al., Contemporary intellectual property, S. 179 ff.

2. Die Auswertung von *copyright*-Werken

Die Auswertung des Werkes kann der britische Urheber entweder selbst vornehmen oder – was im kommerziellen Bereich der Regelfall sein wird – durch eine andere Person vornehmen lassen. Um letzteres zu erreichen, stehen zwei vertragliche Ausgestaltungsformen zur Verfügung.[22] Der Urheber kann entweder im Rahmen eines *assignment* das *copyright* ganz oder teilweise übertragen[23] oder aber er räumt das Recht ein, bestimmte Handlungen mit Bezug auf das geschützte Werk ausüben zu dürfen (*licence*).[24]

a) *Assignment*

Anders als im deutschen Recht ist somit eine selbständige Übertragung der Urheberrechtsposition im britischen Recht möglich. Neben dem *author* kann es daher einen aufgrund des *assignments* berechtigten *owner of the copyright* geben. Dieser ist aufgrund der Vollrechtsübertragung dinglich berechtigter Inhaber des *copyrights*. Unter strengen Voraussetzungen ist sogar an eine konkludente Übertragung des Urheberrechts zu denken.[25] Für die Wirksamkeit eines *assignments* wird verlangt, dass die vertragliche Vereinbarung schriftlich erfolgt und von dem oder im Namen des Übertragenden unterschrieben worden ist.[26] Die Übertragung des *copyrights* erfolgt regelmäßig gegen eine einmalige zum Übertragungszeitpunkt fällige Vergütung und stellt insofern zumeist ein punktuelles Leistungsaustauschverhältnis dar.[27] Sie ist für diejenigen Urheber interessant, die mit der weiteren Auswertung ihres Werkes nicht befasst sein wollen, sondern sich lieber ihrer kreativen Arbeit widmen.[28] Das *assignment* kann räumlich und zeitlich begrenzt werden.[29] Bei

21 Vgl. zu dem System der Verwertungsgesellschaften in Großbritannien *Johnson* in: Nikoltchev, Creativity comes at a price, S. 75 ff.; *MacQueen* et al., Contemporary intellectual property, S. 936 ff.

22 Vgl. CDPA 1988, s. 90.

23 Dazu näher *Torremans*, Intellectual property law, S. 297 f.; *Bainbridge*, Software Copyright Law, S. 256 ff.

24 Hierzu *Torremans*, Intellectual property law, S. 298 f.; *MacQueen* et al., Contemporary intellectual property, S. 930 ff.

25 *Fisher v. Brooker* [2009] Fleet Street Reports (FSR) 25, S. 919, 938 f. (HL); *Torremans*, Intellectual property law, S. 298.

26 Vgl. CDPA 1988, s. 90 (3).

27 *Sally Shorthose* in: Brazell, IP Law Handbook, S. 205 ff.

28 *Sally Shorthose* in: Brazell, IP Law Handbook, S. 205.

29 *Bainbridge*, Software Copyright Law, S. 257.

einer zeitlichen Beschränkung fällt das *copyright* am Ende der Laufzeit wieder an den *author* zurück, sofern dieser Zeitpunkt vor dem Ende der Schutzfrist liegt. Gemäß CDPA 1988, section 91 kann auch ein zukünftig erst entstehendes Urheberrecht bereits vor seiner Entstehung an einen *assignee* übertragen werden.[30] Dieser wird dann im Moment der Entstehung des *copyrights* dessen Inhaber.

b) *Licence*

Die Einräumung einer Lizenz kann wie im deutschen Recht exklusiv erfolgen oder als einfache Lizenz ausgestaltet werden. Für exklusive Lizenzen gibt es – wie auch für das *assignment* – ein Schriftformerfordernis.[31] Exklusive Lizenzen verleihen ihrem Inhaber das Recht, gegen Verletzungen des Lizenzrechts selbst gerichtlich vorzugehen. Inhaber einfacher Lizenzen sind dafür auf die Mithilfe des Urheberrechtsinhabers angewiesen.[32] Eine exklusive Lizenz bleibt darüber hinaus grundsätzlich auch gegenüber einem Rechtsnachfolger bestehen, so dass eine Form von Sukzessionsschutz besteht.[33] Einzige Ausnahme in diesem Zusammenhang ist der Fall, dass ein gutgläubig und bedächtig handelnder Erwerber des Urheberrechts keine Kenntnis von der Lizenz besitzt.[34] In diesem Fall ist er nicht an die Beschränkungen der Lizenz gebunden. Es besteht mithin eine Form des „gutgläubig lastenfreien Erwerbs" im britischen Recht, dessen Voraussetzungen aber so hoch sind, dass sie in der Praxis nur sehr schwer zu erfüllen und zu beweisen sind.[35] Die Lizenz wird im britischen Recht allgemein als vertragliches Recht (*contractual right*) aufgefasst.[36] Trotz des grundsätzlich bestehenden Sukzessionsschutzes erreicht auch die *exclusive licence* nicht die Qualität eines dinglich wirkenden *proprietary right*. Hierfür besteht allerdings auch kein allgemeines Bedürfnis in der Praxis, da bereits durch das *assignment* ein *proprietary right* erworben werden kann. Im Regelfall verpflichtet sich der Lizenznehmer bei einer *licence* zur Zahlung regelmäßiger eventuell auch erfolgsbezogener Lizenzgebühren (*royalties*), so dass das Lizenzverhältnis meist ein dauerrechtliches Schuldverhältnis darstellt.[37]

---

30 Vgl. dazu auch *Bainbridge*, Software Copyright Law, S. 258 f.

31 CDPA 1988, s. 92 (1).

32 Dazu *Torremans*, Intellectual property law, S. 298; *Byrne*, Licensing technology, S. 44.

33 CDPA 1988, s. 92 (1); *Byrne*, Licensing technology, S. 44; *Torremans*, Intellectual property law, S. 298.

34 Vgl. den Wortlaut von CDPA 1988, s. 90 (4).

35 *Torremans*, Intellectual property law, S. 299.

36 *Chalkiadis*, Insolvency & information technology, S. 46; *Bainbridge*, Software Copyright Law, S. 260.

Die Unterscheidung zwischen einem *assignment* und einer – insbesondere exklusiven – *licence* fällt nicht immer leicht, da es hierfür nicht auf die Wortwahl im Vertrag sondern auf die konkrete Konstruktion ankommt.[38] Hier entscheidet also eine Abwägung der Gesamtumstände im Einzelfall. Anhaltspunkt für das Vorliegen einer Lizenz ist beispielsweise die Verpflichtung zur Zahlung von *royalties*.[39] Darüber hinaus spricht auch die Möglichkeit zur ordentlichen Beendigung des Vertrags für das Vorliegen einer *licence*, da das *assignment* als Rechtsübertragung im Regelfall kein vertragliches Gestaltungsrecht vorsieht.[40]

III. Grundprinzipien des britischen Insolvenzrechts

1. Einführung

Das britische[41] Insolvenzrecht ist geprägt durch eine historisch begründete Trennung zwischen Privatinsolvenzen (*bankruptcy*) und Unternehmensinsolvenzen (*winding up* oder *liquidation*), die so weit ging, dass neben der Anwendbarkeit unterschiedlicher Gesetze auch unterschiedliche Gerichte zuständig waren.[42] Eine Angleichung dieser beiden Bereiche des Insolvenzrechts findet erst seit der Einführung des *Insolvency Act* von 1986 statt, der erstmals – wenn auch getrennt in unterschiedlichen Teilen[43] – beide Bereiche in einem Gesetz regelt und versucht, auch eine inhaltliche Anpassung anzustoßen.[44] In Anbetracht der Fokussierung dieser Arbeit auf die kommerzielle Auswertung urheberrechtlicher Werke, die meist durch Unternehmen vorgenommen wird, soll die Unternehmensinsolvenz

37 *Sally Shorthose* in: Brazell, IP Law Handbook, S. 205 ff.; eine Ausnahme zu den regelmäßigen Lizenzgebühren findet sich beispielsweise bei Softwarelizenzverträgen im Massengeschäft, vgl. *Bainbridge*, Software Copyright Law, S. 261 f.

38 *Torremans*, Intellectual property law, S. 299: „*It is clear that it is extremely difficult to distinguish certain copyright licences from certain assignments of copyright: it is a matter of construction and the actual words used by the parties are not conclusive*".

39 *Torremans*, Intellectual property law, S. 299.

40 *Sally Shorthose* in: Brazell, IP Law Handbook, S. 204.

41 Der *Insolvency Act 1986* unterscheidet in vielen Regelungsbereichen zwischen dem Recht Englands und Wales' auf der einen und dem Recht Schottlands auf der anderen Seite. Im Folgenden sollen sich die Ausführungen auf das Recht Englands und Wales' beschränken, ohne auf die schottischen Besonderheiten einzugehen.

42 *Fletcher*, The law of insolvency, S. 12 ff.; *Keay/Walton*, Insolvency law, S. 9 ff.

43 Die Regelungen für Unternehmen finden sich in Insolvency Act 1986, ss. 1-251; diejenigen für Privatinsolvenzen in Insolvency Act 1986, ss. 251a-385; erst im Anschluss daran gibt es einige Normierungen, die beide Insolvenzarten betreffen.

44 *Keay/Walton*, Insolvency law, S. 9 ff.; *Fletcher*, The law of insolvency, S. 12 ff.

im Folgenden im Zentrum der Betrachtung stehen. Auf die Besonderheiten der Privatinsolvenz wird daher im Rahmen dieser Untersuchung nicht gesondert eingegangen.

Ziel des britischen Insolvenzverfahrens ist vorrangig die geordnete, möglichst zeitnahe und faire Befriedigung der Gläubiger durch Realisierung des Schuldnervermögens, obschon ebenfalls Mechanismen bereitgestellt werden sollen, ein Unternehmen vor der Liquidation zu bewahren.[45] Hier unterscheidet sich das britische Insolvenzrecht nicht von den Maximen des deutschen Insolvenzverfahrens. Die doppelte Zielsetzung prägt auch das deutsche Recht und findet sich in § 1 InsO. Als zentrales Prinzip steht auch im britischen Insolvenzrecht die Gläubigergleichbehandlung (*The pari passu principle*) im Mittelpunkt. Von ihr sind aber – wie im deutschen Recht – eine ganze Reihe von Ausnahmen zu machen.[46] Im britischen Recht gilt ein Unternehmen dann als insolvent, wenn es unfähig ist, seine Schulden zu zahlen.[47] Dies soll dann der Fall sein, wenn einer der dafür vorgesehenen *tests* erfüllt wird.[48] Der *cash flow test* indiziert eine Insolvenz, wenn ein Schuldner nicht mehr fähig ist, seine Schulden zu zahlen, sobald sie fällig werden und entspricht damit dem deutschen Insolvenzantragsgrund der Zahlungsunfähigkeit gemäß § 17 InsO.[49] Der *balance sheet test* stellt darauf ab, ob das Vermögen des Schuldners die Verbindlichkeiten nicht mehr deckt.[50] Dieser Test entspricht mithin dem Insolvenzantragsgrund der Überschuldung in § 19 InsO. Führt der Vorstand die Unternehmung trotz ihrer Insolvenz fort, so kann das Gericht dieses *wrongful trading* oder *fraudulent trading* mit verschiedenen Maßnahmen ahnden.[51] Im Rahmen der Unternehmensinsolvenz sind verschiedene *insolvency procedures* zu unterscheiden, die nun nacheinander kurz vorgestellt werden sollen.

---

45 *Keay/Walton*, Insolvency law, S. 22.

46 *Re HIH Casualty and General Insurance Ltd* [2005] EWHC 2125 (Ch), abgedruckt in [2006] 2 All English Law Reports (All E.R.) 671, 688; *Fletcher*, The law of insolvency, S. 3 f.; *Keay/Walton*, Insolvency law, S. 23 f.; *Goode*, Principles of corporate insolvency law, S. 77 ff.

47 Insolvency Act 1986, s. 122.

48 Vgl. zu den *tests* Insolvency Act 1986, s. 123 (1) (e), (2).

49 Vgl. *Goode*, Principles of corporate insolvency law, S. 95 ff.; *Keay/Walton*, Insolvency law, S. 16.

50 Vgl. *Keay/Walton*, Insolvency law, S. 16; *Goode*, Principles of corporate insolvency law, S. 101 ff.

51 Dazu *Keay/Walton*, Insolvency law, S. 587 ff.

2. Die insolvenzrechtlichen Verfahren

a) *Liquidation*

Den stärksten Einschnitt in der Geschichte eines Unternehmens bedeutet die Einleitung eines Liquidationsverfahrens, das der Insolvency Act 1986 zumeist als *winding up*[52] bezeichnet. Eingeleitet werden kann ein solches Verfahren entweder durch einen Gläubiger, der aufgrund ausstehender Zahlungen bei einem Insolvenzgericht um Hilfe sucht, oder durch Mitglieder des Unternehmens selbst, wenn diese die Zahlungsunfähigkeit oder Überschuldung festgestellt haben. Im ersten Fall wird das Verfahren *compulsory winding up*, im letzteren Fall *creditors' voluntary winding up* genannt.[53] In beiden Fällen wird ein autorisierter Insolvenzrechts-Praktiker[54] als *liquidator* bestellt, der die Geschäfte des Unternehmens übernimmt. Er handelt als *agent of the company*[55] und ist ausgestattet mit einer großen – in Schedule 4 des Insolvency Acts 1986 näher umschriebenen – Handlungsvollmacht. Seine Aufgabe ist es im wesentlichen, alle Vermögensgegenstände des Unternehmens ausfindig zu machen, deren Werte zu realisieren und das erlöste Geld unter denjenigen Gläubigern aufzuteilen, die ihre Forderungen nachweisen konnten (*provable debts*).[56] Im Anschluss daran wird die Gesellschaft aufgelöst. Während der *liquidator* in einer *compulsory liquidation* vom Gericht bestellt wird und als *officer of the court* auftritt[57], geht die *creditors' voluntary liquidation* – außer bei Unstimmigkeiten zwischen den involvierten Parteien – ohne Mitwirkung des Gerichts vonstatten.[58] Letztere ist auch deshalb attraktiv, weil sie aufgrund eines beschränkteren Umfangs der Untersuchungen kostengünstiger und weniger zeitintensiv ist als eine *liquidation by order of the court* und die Gläubiger daher früher an ihr Geld kommen und eine höhere Quote erzielen.[59] Im Regelfall wird

52 Die Begriffe *winding up* und *liquidation* können synonym verwendet werden; vgl. *Keay/Walton*, Insolvency law, S. 222.

53 Anders als der Name anzudeuten scheint, wird das *creditors' voluntary winding up* nicht durch die Gläubiger, sondern das Unternehmen eingeleitet; es wird aber unter Kontrolle durch die Gläubiger durchgeführt. Als Gegenstück zu dem *creditors' voluntary winding up* existiert auch ein *members' voluntary winding up*, das zur Abwicklung einer solventen Unternehmung dient und hier daher keine weitere Beachtung finden soll.

54 Zu dessen Rolle eingehend und kritisch *Finch*, Corporate insolvency law, S. 179 ff.

55 Und nicht als Treuhänder der Gläubiger; *Chalkiadis*, Insolvency & information technology, S. 12; *Goode*, Principles of corporate insolvency law, S. 120 f.

56 Vgl. den Überblick über das Verfahren bei *Keay/Walton*, Insolvency law, S. 226 f.

57 *Goode*, Principles of corporate insolvency law, S. 120; *Chalkiadis*, Insolvency & information technology, S. 12.

58 Siehe *Keay/Walton*, Insolvency law, S. 229 f.

der *liquidator* nach dem Antrag auf ein *winding up* den Geschäftsbetrieb sofort einstellen und die Abwicklung beginnen, außer eine zeitweise Fortführung ist finanziell vorteilhaft für die Liquidation.[60]

b) *Administration*

Ein weiteres Handlungsregime des britischen Insolvenzrechts ist die *administration*.[61] Dieses Verfahren dient der Rettung oder Restrukturierung angeschlagener oder insolventer Unternehmen.[62] Für den Zeitraum der *administration* besteht – anders als im Rahmen eines *winding up* – für das Unternehmen ein Zahlungsaufschub (*moratorium on creditor actions*), der die Forderungen der Gläubiger „einfriert" und den zeitlichen Freiraum für die Erarbeitung eines Restrukturierungsplans bieten soll.[63] Die Ziele des *administration*-Verfahrens formuliert Schedule B1 para 3 (1) Insolvency Act 1986 in der Reihenfolge ihrer Priorität. An erster Stelle steht das Ziel, das Unternehmen als solches in seiner betrieblichen Ausrichtung zu retten. Dies wird angesichts der Insolvenz des Unternehmens in der Praxis jedoch schwierig und nur mit großem zeitlichem und finanziellem Aufwand zu erreichen sein. Aber erst, wenn eine solche Rettung des Unternehmens scheitert, sollen – nach der Vorgabe des Gesetzes – im Rahmen der *administration* einzelne Geschäftseinheiten des schuldnerischen Unternehmens veräußert werden. Anschließend kann die Gesellschaft dann innerhalb des *administration*-Verfahrens als leere Hülle abgewickelt werden.[64] Dabei soll ein besserer Erlös erzielt werden, als bei einer sofortigen Liquidation des Unternehmens realisierbar gewesen wäre. Erst wenn dies nicht möglich ist, soll ein Verkauf der Vermögensgegenstände angedacht werden, der wenigstens den besicherten und bevorzugt zu behandelnden Gläubigern eine (teilweise) Befriedigung ihrer Forderungen verschafft.[65]

59 *Keay/Walton*, Insolvency law, S. 231.

60 *Goode*, Principles of corporate insolvency law, S. 24; *Chalkiadis*, Insolvency & information technology, S. 11; im Falle einer *compulsory liquidation* ist für die Aufrechterhaltung des Geschäftsbetriebs ein Beschluss des aus Gläubigern bestehenden *liquidation comittee* oder des Gerichts nötig.

61 Geregelt ist dieses Verfahren seit dem 15. September 2003 in Schedule B1 des Insolvency Act 1986; die früheren Regelungen in Insolvency Act 1986 sections 8 ff. gelten nur noch für die in section 249 des Enterprise Act 2002 genannten Unternehmen, die aber für die hier besprochene Thematik vernachlässigenswert sind.

62 *Chalkiadis*, Insolvency & information technology, S. 20; *Keay/Walton*, Insolvency law, S. 92.

63 *Dennis*, Administration, S. 7; *Keay/Walton*, Insolvency law, S. 92; *Goode*, Principles of corporate insolvency law, S. 347 f.

64 Dazu *Bailey/Groves*, Corporate insolvency, S. 778.

65 Vgl. zu der Erreichung der Ziele *Keay/Walton*, Insolvency law, S. 94 ff.

Der Beginn einer *administration* wird durch die Bestellung eines *administrators* eingeläutet. Dies muss ein für diese Aufgabe autorisierter Insolvenzrechts-Praktiker sein, der gemäß Schedule B1 para 3 (2), 4 Insolvency Act 1986 den Interessen der gesamten Gläubiger verpflichtet ist und seine Funktion so schnell und effizient als möglich ausüben soll. Die Bestellung eines *administrators* kann entweder aufgrund einer Anordnung des Gerichts beziehungsweise aufgrund der Entscheidung des Inhabers einer qualifizierten *floating charge*[66] oder aufgrund der Entscheidung des Unternehmens oder seines Vorstands erfolgen.[67] Das Gericht erlässt die Anordnung, wenn das Unternehmen unfähig ist, seinen Zahlungsverpflichtungen nachzukommen oder ein solcher Zustand in naher Zukunft wahrscheinlich ist.[68] Antragsberechtigt bei Gericht sind neben dem Unternehmen und seinem Vorstand oder den Gläubigern auch der *liquidator* oder der *supervisor* eines *company voluntary arrangement.*[69] Ein *winding up*-Verfahren kann also durch die Einleitung eines *administration*-Verfahrens unterbrochen werden, wenn dies die Chance auf eine Rettung des Unternehmens oder eine bessere Quote für die Gläubiger verspricht. Ohne einen Antrag bei Gericht stellen zu müssen, gibt es für den Inhaber einer (zumindest fast) die ganzen Vermögenswerte des Unternehmens umfassenden *floating charge* oder für das Unternehmen selbst beziehungsweise seinen Vorstand die Möglichkeit, in einem formalisierten Verfahren einen *administrator* zu bestellen.[70] Durch die Einreichung eines Formulars wird dem Gericht die Verfahrenseinleitung kundgegeben.[71] Diese Bestellung des *administrators* ohne Antrag bei Gericht geht schneller und ist kostengünstiger. Sie ist daher zu dem bevorzugten Weg der Einleitung eines *administration*-Verfahrens geworden.[72] Der *administrator* handelt unabhängig von der Art der Einleitung des Verfahrens als *officer of the court.*[73] Er übernimmt für den Zeitraum des Verfahrens die Leitung des operativen Unternehmensgeschäfts. Der Vorstand wird im Gegenzug von seinen Vollmachten entbunden, bleibt aber bis zu einer eventuellen Kündigung durch den *administrator*

---

66 Dies bezeichnet ein Sicherungsrecht des britischen Rechts, bei dem die als Sicherheit dienenden Vermögensgegenstände ohne Zustimmung des Sicherungsnehmers ausgetauscht werden können; dazu im Überblick *Chalkiadis*, Insolvency & information technology, S. 29 ff. m. w. N.; eingehend *Meulen*, Die Floating Charge, S. 43 ff.

67 Vgl. zu den Antragsberechtigten Schedule B1 para 10, 14, 22 Insolvency Act 1986.

68 Zu der Rechtsprechung bezüglich dieses Erfordernisses siehe *Keay/Walton*, Insolvency law, S. 98 f.

69 Dazu sogleich auf S. 184.

70 Dazu *Keay/Walton*, Insolvency law, S. 102 ff.

71 Vgl. dazu *Dennis*, Administration, S. 67 ff. mit Abdruck des entsprechenden Formulars.

72 *Goode*, Principles of corporate insolvency law, S. 21 f.

73 *Dennis*, Administration, S. 5 f.

weiterhin angestellt.[74] Der *administrator* ist ausgestattet mit einer ganzen Fülle an Handlungsvollmachten, die im einzelnen in Schedule B1, para 59 ff. Insolvency Act 1986 aufgeführt sind.[75] Die *administration* endet im Normalfall automatisch ein Jahr nachdem sie in Kraft getreten ist, es sei denn, der *administrator* drängt bei Gericht oder den Gläubigern auf eine Verlängerung des Verfahrens.[76]

Obwohl vom Gesetz in dieser Form nicht vorgesehen, hat sich in der Praxis[77] neben dem bereits dargestellten Verfahren eine andere Form der *administration* entwickelt, die als *pre-packaged administration* (*pre-pack*) bezeichnet wird.[78] Hierbei wird bereits vor dem eigentlichen *administration*-Verfahren ein Verkauf des Unternehmens meist an den Vorstand vorbereitet. Nach der Bestellung des *administrators* wird dann nur dieser vorbereitete Deal umgesetzt, ohne dass eine Rettung des Unternehmens durch Restrukturierung erwogen wird. Aus diesem Grund wird die *pre-packaged administration* teilweise für unvereinbar mit den Vorgaben des Insolvency Act 1986 gehalten, wenngleich sie für Gläubiger oft eine schnellere und bessere Befriedigung ihrer Forderungen bedeutet. Die Entscheidung *DKLL Solicitors v HMRC* aus dem Jahr 2008 lässt in der Tendenz den Rückschluss zu, dass diese Form der *administration* zulässig sein soll.[79]

c) *Administrative receivership*

Das Verfahren des *administrative receiverships* war lange ein beliebtes Vollstreckungsmittel besicherter Gläubiger für den Fall, dass das schuldnerische Unternehmen seinen Zahlungsverpflichtungen nicht mehr nachkam.[80] Als Sonderform des allgemeinen *receivership*-Verfahrens[81] galt es für Gläubiger, bei denen die Sicherheit nahezu die ganzen Vermögenswerte des die Sicherheit gebenden Unternehmens umfasste. Der Gläubiger, meist eine Bank als Inhaber einer (qualifizierten) *floating charge*, konnte bei Eintritt der in der Sicherungsabrede (*debenture*) genannten Ereignisse einen *receiver* bestellen, wodurch sich die *floating charge* in eine *fixed charge* umwandelte (*crystallisation*).[82] Aufgabe des *administrative*

74 *Chalkiadis*, Insolvency & information technology, S. 21.

75 Dazu auch ausführlich *Goode*, Principles of corporate insolvency law, S. 369 ff.

76 Schedule B1, para 76 Insolvency Act 1986; *Goode*, Principles of corporate insolvency law, S. 383; *Dennis*, Administration, S. 132 ff.

77 Nach einem Bericht von *Sandra Frisby* sollen bereits 35-80 % aller *administration*-Verfahren *pre-packs* sein; vgl. *Keay/Walton*, Insolvency law, S. 125.

78 Allg. zu dieser Form der *administration* siehe *Keay/Walton*, Insolvency law, S. 125 ff.

79 *DKLL Solicitors v HMRC* [2008] 1 Butterworths Company Law Cases (BCLC) 112, 118 f.

80 Vgl. *Keay/Walton*, Insolvency law, S. 49.

81 Zu den unterschiedlichen Arten des *receiverships* vgl. *Keay/Walton*, Insolvency law, S. 59 ff.

receivers war es nun, die zu dieser *fixed charge* zählenden Vermögensgegenstände zu realisieren und den Erlös an den besicherten Gläubiger auszuschütten. Dabei handelte er als *agent of the company*[83] und war ausgestattet mit einer Reihe von Handlungsvollmachten.[84] Das Verfahren des *administrative receiverships* ist allerdings durch den Enterprise Act 2002 weitgehend abgeschafft worden, so dass es nur noch dann auf eine *floating charge* Anwendung finden soll, wenn diese bereits vor dem 15. September 2003 bestand.[85] Für nach diesem Zeitpunkt bestellte Sicherheiten erfüllt nun das *administration*-Verfahren den gleichen Zweck, da die Inhaber einer qualifizierten *floating charge* dort berechtigt sind, das Verfahren *out of the court* in schneller und effizienter Weise einzuleiten.[86]

d) *Company voluntary arrangement*

An erster Stelle im Insolvency Act 1986 geregelt wird das Verfahren der Erarbeitung eines *company voluntary arrangements* (*CVA*). Finanziell angeschlagene Unternehmen können ein solches *arrangement* mit ihren Gläubigern hinsichtlich deren Forderungen treffen. Der Vorteil des *company voluntary arrangements* für das schuldnerische Unternehmen liegt darin, dass die Bedingungen für alle Gläubiger gelten und nicht mit jedem Gläubiger einzeln ausgehandelt werden müssen. Wird das *CVA* in einer Gläubigerversammlung von der Mehrheit[87] bewilligt, ist es selbst für die Gläubiger bindend, die dagegen gestimmt haben oder der Abstimmung ferngeblieben sind.[88] Für die Gläubiger ist das *arrangement* vorteilhaft, weil es – gerade im Vergleich zu einem im Raum stehenden *winding up* – eine bessere Befriedigung der Forderungen verspricht. Dieses Verfahren verlangt keine Beteiligung des Gerichts[89] und ist daher relativ einfach durchzuführen.[90] Geleitet wird die Ausarbeitung von einem *supervisor*, der inhaltlich entweder eine prozentuale

82 *Goode*, Principles of corporate insolvency law, S. 273; zu dieser Umwandlung siehe auch *Chalkiadis*, Insolvency & information technology, S. 30.

83 Insolvency Act 1986, s. 44 (1) (a); *Keay/Walton*, Insolvency law, S. 66.

84 Insolvency Act 1986, s. 42 i.V.m. Schedule 1; *Keay/Walton*, Insolvency law, S. 68.

85 Insolvency Act 1986, s. 72A (1), (4) i.V.m. Schedule B1 para 14 (3); einige Ausnahmen der Abschaffung für hier nicht relevante Wirtschaftsbereiche finden sich in Insolvency Act 1986, ss. 72B - 72H; dazu auch *Goode*, Principles of corporate insolvency law, S. 251 f.

86 Dazu soeben auf S. 182.

87 Zu den Mehrheitserfordernissen siehe *Goode*, Principles of corporate insolvency law, S. 395.

88 *Keay/Walton*, Insolvency law, S. 143; *Goode*, Principles of corporate insolvency law, S. 398 f.

89 Abgesehen von zu liefernden Berichten, Insolvency Act 1986, s. 3 (1).

90 *Chalkiadis*, Insolvency & information technology, S. 28.

Verringerung der zu tilgenden Schulden oder aber einen zeitlichen Zahlungsaufschub anstreben kann.[91] Oft wird ein solches *CVA* auch durch einen *administrator* im Rahmen eines *administration*-Verfahrens als Teil des Restrukturierungsprozesses getroffen.[92] Dabei bietet sich der Vorteil, dass während der Erarbeitung des *arrangements* das aufgrund des *administration*-Verfahrens bestehende *moratorium of creditor actions* Vollstreckungsmaßnahmen einzelner Gläubiger verhindert.[93]

3. Zwischenergebnis

Anders als das deutsche Insolvenzrecht sieht das britische Insolvenzrecht nicht ein zentrales Verfahren vor, das unabhängig von der Art des Schuldners und dem Ausmaß seiner finanziellen Überforderung eingeleitet wird. Es bestehen im Gegenteil verschiedene *insolvency procedures* mit je unterschiedlichen Zielsetzungen und Voraussetzungen. Die jeweils antragsberechtigten Gläubiger und der Schuldner müssen entsprechend der finanziellen Situation das passende Verfahren wählen, das dann entweder eine finanzielle Rettung oder eine Abwicklung des schuldnerischen Unternehmens zur Folge hat. Entsprechend dieser Differenzierung ist auch nachfolgend bei der Betrachtung von Lizenzverträgen in der Insolvenz zwischen den verschiedenen Verfahren zu unterscheiden.

IV. Die Behandlung von Lizenzverträgen in der Insolvenz

Im Folgenden soll nun untersucht werden, welche Auswirkungen die unterschiedlichen insolvenzrechtlichen Verfahren auf bestehende Lizenzverträge haben. Ein Schwerpunkt soll dabei auf die Frage gelegt werden, welchen Einfluss der *liquidator* im Rahmen eines *winding up* und der *administrator* bei einem *administration*-Verfahren auf *copyright licences* haben. Stärker als im deutschen Recht werden die Gestaltungsmöglichkeiten vielfach durch den konkreten Vertragstext definiert sein, doch kann auch die Handlungsmacht der Insolvenzbevollmächtigten Rückschlüsse zulassen. Aus dem *case law* lassen sich bisher nur einige grundlegende Prinzipien herausarbeiten; darüber hinaus herrscht mit Bezug auf diese Thematik hingegen in der Paxis noch viel Unsicherheit.[94] Dies wird sicher auch auf die vielfachen

---

91 *Keay/Walton*, Insolvency law, S. 144.

92 *Goode*, Principles of corporate insolvency law, S. 389 f.; *Keay/Walton*, Insolvency law, S. 141 f.

93 Für kleine Unternehmen besteht ein solches *moratorium* auch ohne *administration*-Verfahren, vgl. Schedule A1 Insolvency Act 1986; dazu auch *Keay/Walton*, Insolvency law, S. 152 ff.

94 *Chalkiadis*, Insolvency & information technology, S. 13, 22.

Änderungen im britischen Insolvenzrecht in den zurückliegenden Jahren zurück zu führen sein.

1. Auswirkungen einer *liquidation* auf bestehende Verträge und Handlungsmöglichkeiten der Beteiligten

Die Eröffnung eines *winding up*-Verfahrens über das Vermögen eines Unternehmens lässt bestehende Verträge nicht „automatisch" enden.[95] Das Schicksal der Verträge wird vielmehr durch den Vertragsinhalt und die Handlungsmöglichkeiten des *liquidators* und der anderen Vertragspartei bestimmt. Letztlich bestehen fünf Möglichkeiten hinsichtlich der Frage, was mit dem Vertrag passieren kann.[96] Zunächst kann der Vertrag eine Klausel enthalten, die eine Beendigung des Vertrags für den Insolvenzfall einer der Vertragsparteien vorsieht. Die Wirksamkeit derartiger Klauseln hängt im Einzelnen von der konkreten vertraglichen Situation ab und kann eine Gratwanderung bedeuten.[97] Damit sie einer gerichtlichen Kontrolle standhält, ist jedoch wichtig, dass sie nicht in starkem Widerspruch zu dem *pari passu principle* steht.[98] Zum zweiten kann ein Vertrag mit Einleitung des *winding up* enden, weil seine Erfüllung nach diesem Zeitpunkt tatsächlich nicht mehr möglich ist.[99] In diesem Fall verbleibt der anderen Partei lediglich das Recht, Schadensersatz gegen den Insolvenzschuldner geltend zu machen. Diese unbesicherte Forderung verspricht bei der Erlösverteilung allerdings keine hohe Befriedigung zu erzielen. Drittens besteht für den Vertragspartner die Möglichkeit bei dem Insolvenzgericht auf Aufhebung des Vertrags zu klagen. Sollte die Klage erfolgreich sein und einen Zahlungsanspruch der Partei zur Folge haben, so wäre diese Forderung aus der Liquidationsmasse zu begleichen.[100] Verspricht der beste-

---

95 *Keay/Walton*, Insolvency law, S. 280; *Chalkiadis*, Insolvency & information technology, S. 14.

96 Vgl. dazu auch *Chalkiadis*, Insolvency & information technology, S. 14 ff.; *Keay/Walton*, Insolvency law, S. 280 ff.

97 *Chalkiadis*, Insolvency & information technology, S. 14.

98 Vgl. etwa den Fall *Transag Haulage Ltd. v. Leyland DAF Finance plc.* [1994] Bristish Company Cases (B.C.C.) 356, 365 ff.; hier hat das Gericht eine Klausel eines Leasingvertrags verworfen, weil sie einseitig zulasten des insolventen Leasingnehmers und damit der Insolvenzmasse ging; weitere Beispiele bei *Goode*, Principles of corporate insolvency law, S. 185 ff.

99 Ein Beispiel bilden Arbeitsverträge, die aufgrund der regelmäßig erfolgenden Einstellung des Geschäftsbetriebs schlichtweg nicht mehr erfüllbar sind; vgl. *Keay/Walton*, Insolvency law, S. 281; *Chalkiadis*, Insolvency & information technology, S. 14.

100 Insolvency Act 1986, s. 186.

hende Vertrag einen Vorteil für die Gläubiger zu bringen, so wird der *liquidator* den Vertrag viertens erfüllen. Die dadurch entstehenden Zahlungsverpflichtungen sind in ihrem Rang vor der Vergütung des *liquidators* und vor den bevorzugten Gläubigern zu bedienen.[101] Schließlich hat der *liquidator* auch fünftens das Recht, „lästiges Eigentum" abzulehnen (*power to disclaim onerous property*).[102] Darunter soll unter anderem auch jeder „unprofitable Vertrag" zu subsumieren sein.[103] Ein Vertrag gilt dann als unprofitabel, wenn die Kosten zur Erfüllung der Verpflichtungen größer sind als der zu erzielende Ertrag.[104] Es reicht nicht, wenn der Vertrag wenig Gewinn verspricht oder heute zu besseren Konditionen abgeschlossen werden könnte.[105] Für die Entscheidung der Ablehnung benötigt der *liquidator* keine Erlaubnis des Gerichts. Die benachteiligte Partei kann aber bei Gericht eine Ablehnung des Vertrags beanstanden, wenngleich das Gericht die Entscheidung des *liquidators* nur dann verwerfen wird, wenn er bösgläubig gehandelt hat oder eine vernünftig handelnde Person die Entscheidung in der gleichen Situation nicht getroffen hätte.[106]

2. Auswirkungen einer *administration* auf bestehende Verträge und Handlungsmöglichkeiten der Beteiligten

Auch mit Eröffnung eines *administration*-Verfahrens enden die bestehenden Verträge nicht „automatisch".[107] Das Schicksal der Verträge kann aber wiederum durch die beteiligten Parteien, insbesondere den *administrator* und die Vertragspartner des Insolvenzschuldners beeinflusst werden. Hierbei stehen im Rahmen der *administration* grundsätzlich drei Möglichkeiten zur Verfügung.[108] Zunächst kann der Vertrag selbst vorsehen, dass er mit Beginn der *administration procedures* sein Ende finden soll.[109] Eine solche Beendigung des Vertrags steht nach Auffassung

---

101 Insolvency Rules 1986, r. 4.218; *Re Linda Marie Ltd (in liquidation)* [1988] 4 B.C.C. 463.

102 Dazu ausführlich *Bailey/Groves*, Corporate insolvency, S. 900 ff.

103 Insolvency Act 1986, s. 178 (3) (a).

104 *Doyle/Keay/McCormack*, Insolvency Legislation, S. 234.

105 *Doyle/Keay/McCormack*, Insolvency Legislation, S. 234 m. w. N. aus der Rechtsprechung; ebenso *Goode*, Principles of corporate insolvency law, S. 159 f.

106 *Re Hans Place Ltd* [1992] B.C.C. 737.

107 *Dennis*, Administration, S. 129; *Chalkiadis*, Insolvency & information technology, S. 22; *Keay/Walton*, Insolvency law, S. 131.

108 Vgl. dazu auch *Chalkiadis*, Insolvency & information technology, S. 22 ff.

109 Zu der Wirksamkeit solcher Beendigungsklauseln vor dem Hintergrund des *pari passu principle* bereits soeben auf S. 186.

der Rechtsprechung nicht in Widerspruch zu dem während der *administration* bestehenden *moratorium on creditor actions*, wenngleich die Beendigung eine unter Zustimmung des *administrators* erfolgende[110] Rückabwicklung von Besitz- und Eigentumsverhältnissen zur Folge hat. Die Bekanntgabe der Beendigung des Vertrags durch einen Gläubiger wird dabei nicht als „*legal process*" angesehen, so dass kein Konflikt mit dem *moratorium* bestehen kann.[111] Zweitens besteht die Möglichkeit, dass der Vertrag durch den *administrator* beendet wird. Anders als der *liquidator* hat der *administrator* allerdings kein Recht „lästiges Eigentum" abzulehnen.[112] Er hat aber – wie es scheint – ungeachtet dessen in manchen Fällen die Möglichkeit, einen Vertrag nicht zu erfüllen (*„walk away" from a contract*), wenn dies im Interesse des Unternehmens als Ganzem und im Sinne seines Auftrags ist.[113] Tut er dies unter den gegebenen Umständen, dann ist er für den Vertragsbruch nicht persönlich haftbar und die andere Partei kann ihren Schaden nur als unbesicherte Forderung geltend machen. Der Vertragspartner kann sich jedoch gemäß Schedule B1, para 74 Insolvency Act 1986 an das Gericht wenden und geltend machen, dass das Verhalten des *administrators* seine Interessen in unfairer Weise verletzt.[114] Sofern das Gericht dem zustimmt, wird der *administrator* zur Erfüllung des Vertrags verpflichtet. Im Normalfall wird der *administrator* die bestehenden Verträge aber erfüllen und Zahlungen leisten, sobald sie fällig werden.[115] Dies gilt schon vor dem Hintergrund, dass das Regime der *administration* nur als vorrübergehendes gedacht ist und vornehmlich der Rettung angeschlagener Unternehmen dient.[116] Von daher ist es im Interesse des schuldnerischen Unternehmens, wenn dessen Geschäftsbeziehungen zu den Gläubigern nicht durch das Verhalten des *administrators* beschädigt werden. Dass der *administrator* zur Leistung der vertraglich geschuldeten Zahlungen berechtigt ist, ergibt sich hierbei schon aus Schedule B1, para 66 Insolvency Act 1986. Der *administrator* ist weder für die Übernahme bestehender noch für den Abschluss neuer Verträge persönlich haftbar.[117] Ausstehende Zahlungsverpflichtungen solcher Verträge sind aber aus

---

110 Vgl. Schedule B1, para 43 (3) (a) Insolvency Act 1986.

111 *Re Olympia & York Canary Wharf Ltd; American Express Europe Ltd v. Adamson* [1993] B.C.C. 154.

112 Insolvency Act 1986, s. 178; dazu S. 186.

113 *Re P. & C. and R. & T. (Stockport) Ltd* [1991] B.C.C. 98, 103 ff.; *Chalkiadis*, Insolvency & information technology, S. 22.

114 *Keay/Walton*, Insolvency law, S. 131.

115 *Goode*, Principles of corporate insolvency law, S. 380; *Keay/Walton*, Insolvency law, S. 131; ein Beispiel dafür findet sich in *Powdrill v. Watson; Re Paramount Airways Ltd (No. 3)* [1994] 2 All E.R. 513, 519 ff.

116 *Chalkiadis*, Insolvency & information technology, S. 23.

der Insolvenzmasse vorrangig zu bedienen und stellen keine Insolvenzforderungen dar.[118]

3. Die Insolvenz des Lizenzgebers

In der Insolvenz stellt sich die Interessenlage der involvierten Parteien in einem britischen Fall nicht anders dar als in einem deutschen Fall. Sofern die Insolvenz eines Lizenzgebers zu begutachten ist, wird der Lizenznehmer meist ein Interesse daran haben, seine Lizenz möglichst zu behalten, wenn sie notwendiger Bestandteil seines Geschäftsbetriebs ist. Falls der Lizenzvertrag ihm aufgrund der Insolvenz ein Lösungsrecht einräumt, so wird er es allenfalls dann ausüben, wenn er die Lizenz – aus welchen Gründen auch immer – nicht mehr benötigt. Im Regelfall wird er aber hoffen, dass der Insolvenzbevollmächtigte keine Möglichkeit besitzt, den Vertrag zu beenden, so dass ihm das Lizenzrecht erhalten bleibt.

Ist über das Vermögen des Lizenzgebers ein *liquidation*-Verfahren eröffnet worden, so kommt eine Beendigung des Lizenzvertrags durch den *liquidator* im Rahmen der *power to disclaim onerous property* in Betracht.[119] Es ist jedoch nur schwer vorstellbar, dass ein Lizenzvertrag aus Sicht des Lizenzgebers einen unprofitablen Vertrag bildet.[120] Oft trifft den Lizenzgeber während der Lizenzzeit keine weitere Verpflichtung als diejenige, dem Lizenznehmer das Lizenzrecht einzuräumen, wofür er im Gegenzug einmalige oder regelmäßige Lizenzgebühren erhält. Trifft den Lizenzgeber aber – wie bei Softwarelizenzverträgen manchmal der Fall – darüber hinaus eine Pflicht zur Wartung und Instandhaltung des lizenzierten Werkes, kann der finanzielle Aufwand zur Erfüllung dieser Pflichten den Ertrag des Vertrags übersteigen. Die Vereinbarung zur Softwarepflege kann insofern aus Sicht des *liquidators* zu *onerous property* werden, so dass er diese Verpflichtung mit Blick auf Insolvency Act 1986, section 178 ablehnen kann.[121] Eine Ablehnung der Softwarepflege bei gleichzeitiger Beibehaltung der Lizenzierung stellt sich dann nicht als unzulässiges *„cherry-picking“* dar, wenn aus dem Vertragswerk deutlich wird, dass die Verpflichtung zur Pflege und die Lizenzierung trotz ihrer Regelung in einem Vertrag rechtlich unabhängig (*distinct contracts*) sein sollen.[122]

---

117 *Keay/Walton*, Insolvency law, S. 132; *Chalkiadis*, Insolvency & information technology, S. 23.

118 *Goode*, Principles of corporate insolvency law, S. 379; *Keay/Walton*, Insolvency law, S. 132.

119 Insolvency Act 1986, s. 178 (2).

120 Zu den Voraussetzungen für einen *unprofitable contract* vgl. S. 186.

121 Dazu auch *Chalkiadis*, Insolvency & information technology, S. 47.

122 *Chalkiadis*, Insolvency & information technology, S. 47.

Für den Lizenznehmer bleiben also bestehende Lizenzen während des *liquidation*-Verfahrens erhalten, auch wenn er möglicherweise aufgrund eines *disclaimers* des *liquidators* auf die Erfüllung von Nebenleistungspflichten wie Pflege und Instandhaltung wird verzichten müssen. In Anbetracht der Tatsache, dass ein *liquidation*-Verfahren das rechtliche Ende des Lizenzgeber-Unternehmens zur Folge hat, wird es insbesondere für den exklusiven Lizenznehmer erwägenswert sein, mit dem *liquidator* über ein *assignment* hinsichtlich des durch *copyright* geschützten Werkes zu verhandeln, wenn er eine langfristige Nutzung anstrebt.

Für den Fall, dass sich der Lizenzgeber in einem *administration*-Verfahren befindet, ist die Möglichkeit zu bedenken, dass der *administrator* den Lizenzvertrag nicht erfüllen möchte (*„walk away" from the contract*).[123] Wenn aber – wie gerade angesprochen – schon der *liquidator* den Lizenzvertrag nicht als *onerous property* ausschlagen kann, wird man eine Verweigerung der Vertragserfüllung durch den *administrator* erst recht ablehnen müssen.[124] Außerdem hat der *administrator* zu beachten, dass andernfalls die Geschäftsbeziehung zum Lizenznehmer und die Reputation des Lizenzgebers im Marktumfeld gefährdet würden. Die Möglichkeit zur Nichterfüllung im Sinne eines *„walking away"* besteht insofern wiederum lediglich hinsichtlich eventuell vereinbarter Softwarepflege und -instandhaltung, sofern diese Verpflichtungen in dem Vertrag als rechtlich unabhängig von der Lizenzierung ausgestaltet sind.[125] In praktischer Hinsicht ergibt sich folglich für den Lizenznehmer kein Unterschied zu der Situation eines *liquidation*-Verfahrens seines Vertragspartners; er kann auch in der *administration* des Lizenzgebers auf das vertragliche Nutzungsrecht vertrauen.

4. Die Insolvenz des Lizenznehmers

Befindet sich hingegen der Lizenznehmer in einem insolvenzrechtlichen Verfahren, so stellt sich die Situation anders dar. Oft wird der Lizenzvertrag vorsehen, dass dem Lizenzgeber in diesem Fall ein Lösungsrecht zusteht.[126] Ob dieser von dem Recht Gebrauch macht, hängt von verschiedenen Faktoren ab. Wurde eine exklusive Lizenz vergeben und ist die Lizenzgebühr vielleicht sogar bereits am Anfang bezahlt worden, so ist eine Kündigung sinnvoll, wenn die Absetzbarkeit der Lizenz zum entsprechenden Zeitpunkt wahrscheinlich ist. Bei einer einfachen

123 Vgl. zu dieser Handlungsmöglichkeit des *administrators* S. 187.

124 *Chalkiadis*, Insolvency & information technology, S. 47.

125 Dazu ebenfalls *Chalkiadis*, Insolvency & information technology, S. 47.

126 Zu einem beispielhaften Lizenzvertrag im Softwarebereich mit derartigem Lösungsrecht vgl. *Chalkiadis*, Insolvency & information technology, S. 67 ff.

Lizenz besteht so lange kein Grund zur Beendigung des Lizenzvertrags, wie noch Chancen auf Ertrag vorhanden sind. Von daher ist von einer Kündigung abzuraten, wenn sich der Lizenznehmer in einem *administration*-Verfahren befindet und daher die Möglichkeit einer finanziellen Genesung besteht. Anders sieht es aus, wenn ein *liquidation*-Verfahren eröffnet wurde und das Lizenznehmer-Unternehmen insofern finanziell abgewickelt wird.[127]

Auch der Insolvenzbevollmächtigte des Lizenznehmers kann ein Recht zur Vertragsbeendigung besitzen. Für den *liquidator* kann der Lizenzvertrag *onerous property* darstellen, wenn den zu zahlenden Lizenzgebühren kein entsprechender Nutzen an dem erworbenen Recht gegenübersteht.[128] Auch der *administrator* kann ein Recht haben, die weitere Erfüllung des Vertrags abzulehnen (*„walk away" from the contract*), wenn die Vertragserfüllung keinen finanziellen Vorteil verspricht.[129] In beiden Fällen verbleibt dem Lizenzgeber dann zwar das Recht, einen aus der Beendigung resultierenden Schaden geltend zu machen. Dieser wird aber als einfache Insolvenzforderung keine vollständige Erfüllung erfahren.

V. Die Behandlung des *assignments* in der Insolvenz

Anders als die lediglich schuldrechtlich wirkende Lizenz verleiht das *assignment* dem Erwerber ein dinglich wirkendes *proprietary right.*[130] Dieser Unterschied wirkt sich auch in der Insolvenz aus. Wird über das Vermögen des übertragenden *assignors* ein Insolvenzverfahren eröffnet, so ist dies für den Erwerber des *copyrights* (*assignee*) nicht von großer Relevanz, sofern er das Recht schon vollständig erworben hat.[131] In diesem Fall besitzen die Insolvenzbevollmächtigten im Rahmen der *insolvency procedures* keine Möglichkeit, dem *assignee* das erworbene Urheberrecht streitig zu machen. Das durch *assignment* erworbene Recht ist mithin insolvenzfest.

Wird hingegen der *assignee* insolvent bevor die finanzielle Gegenleistung für den Rechtserwerb vollständig bezahlt wurde, so mag der *assignor* an einer Lösung von dem Vertrag und einem Rückerwerb des Urheberrechts interessiert sein. Selbst wenn das *assignment agreement* eine derartige Möglichkeit vorsieht, muss bezweifelt werden, ob die vertragliche Klausel wirksam und eine Rückübertragung des geistigen Eigentumsrechts durchführbar ist.[132] In einem Fall aus dem Jahr 1907 hat

127 Zu den Fallgestaltungen auch *Chalkiadis*, Insolvency & information technology, S. 45.

128 *Chalkiadis*, Insolvency & information technology, S. 46.

129 Zu den Voraussetzungen dieser Handlungsmöglichkeit vgl. auch S. 187.

130 Vgl. dazu S. 176 ff.

131 *Chalkiadis*, Insolvency & information technology, S. 42.

der englische High Court jedenfalls derartigen Bemühungen eines *assignors* eine Absage erteilt und ihn auf die Geltendmachung von Insolvenzforderungen verwiesen.[133] Hier zeigt sich ein deutlicher Unterschied zu der Behandlung von Lizenzen in der Insolvenz. Das durch *assignment* erworbene Recht lässt sich als *proprietary right* nicht mit Hilfe einer Lösungsklausel auf den Insolvenzfall zurückholen.

VI. Zusammenfassung

Will man die insolvenzrechtliche Behandlung urheberrechtlicher Verwertungsrechte nach britischem Recht begutachten, so ist in vielerlei Hinsicht zu differenzieren. Anders als im deutschen Recht existiert neben der Verwertung durch Vergabe von Lizenzen auch die Möglichkeit einer vollständigen oder teilweisen Übertragung des Urheberrechts im Wege des *assignments*. Wiederum im Gegensatz zum deutschen Insolvenzrecht ist im Rahmen einer britischen Insolvenz zwischen mehreren Verfahren zu unterscheiden. Am bedeutsamsten sind dabei für Unternehmensinsolvenzen das auf eine Abwicklung und Auflösung des Insolvenzschuldners gerichtete *liquidation*-Verfahren und das vorübergehende und vornehmlich auf Rettung des Unternehmens bedachte *administration*-Verfahren. Ungeachtet ihrer Unterschiede übertragen beide Verfahren die Wesensunterschiede zwischen *licence* und *assignment* auf den Insolvenzfall einer der beteiligten Parteien. Für die lediglich schuldrechtlich wirkende Lizenz ist in der Insolvenz das Fortbestehen des Lizenzvertrags von grundlegender Bedeutung. Von daher ist die Frage entscheidend, ob der Vertrag eine Lösungsklausel vorsieht oder der *liquidator* seine *power to disclaim onerous property* geltend machen kann, beziehungsweise ob der *administrator* die Möglichkeit zur Nichterfüllung des Vertrags (*„walk away" from the contract*) hat. Die dinglich wirkende Übertragung des Urheberrechts im Wege des *assignments* ist sowohl in der Lizenzgeber- als auch der Lizenznehmerinsolvenz insolvenzfest. Die urheberrechtliche Rechtsposition kann auch nicht durch eine Lösungsklausel zurückgeholt werden.

Durch die klare Trennung zwischen dinglichen und schuldrechtlichen Verwertungsrechten im britischen Urheberrecht bereitet auch die Frage nach der Behandlung derartiger Rechte als Insolvenzobjekte anders als im deutschen Insolvenzrecht keine diffizilen Probleme. Die Schwierigkeit der behandelten Thematik im deutschen Recht beruht zum Großteil auf der aus der fehlenden Übertragbarkeit des Urheberrechts folgenden Ungewissheit hinsichtlich der Rechtsnatur der Lizenz als einzigem Verwertungsrecht.

---

132 *Byrne*, Licensing technology, S. 18 f.

133 Vgl. den Fall *Re Grant Richards* [1907] 2 King's Bench 33.

§ 12 Internationalprivatrechtliche Anknüpfung außerhalb der Insolvenz

I. Das Urheberrecht im internationalen Rechtsverkehr

Das Urheberrecht als umfassendes und einheitliches Recht an der geistigen Schöpfung des Urhebers ist grundsätzlich territorial nicht begrenzt. Als geistiges Eigentumsrecht ist es ubiquitär und nicht in natürlicher Weise an einen lokalen Ort gebunden.[1] Das dem Urheber durch die jeweilige Rechtsordnung zugebilligte Urheberrecht hingegen ist durch das Hoheitsgebiet des einzelnen Staates begrenzt, da die Rechtsordnung nur innerhalb des staatlichen Territoriums Geltung beanspruchen kann. Gegenstand, Inhalt und Schutzdauer des Urheberrechts werden erst durch die konkrete Rechtsordnung bestimmt. Zu dem Eigentum an einer Sache besteht hier ein Unterschied in der Weise, dass dieses aufgrund der konkreten natürlichen Belegenheit der Sache universelle Geltung beanspruchen kann, während das Urheberrecht durch das Territorialitätsprinzip in seiner Wirkung festgelegt ist. Das positivrechtliche Urheberrecht ist kein umfassendes weltweites Recht, sondern vielmehr ein Bündel verschiedener nationaler Rechte, die mehr oder weniger inhaltlich übereinstimmend nebeneinander stehen.[2]

Um dieser aus dem Territorialitätsprinzip herrührenden Rechtszersplitterung entgegenzuwirken, wurden zahlreiche multilaterale völkerrechtliche Abkommen zum internationalen Schutz des Urhebers geschlossen. Sie haben das Prinzip der Inländerbehandlung etabliert, das auch als Assimilationsprinzip bezeichnet wird und dem Urheber in allen Beitrittsstaaten die gleichen Rechte zubilligt, wie sie inländischen Urhebern zustehen. Als bedeutende Abkommen zu nennen sind hier insbesondere die Revidierte Berner Übereinkunft zum Schutz von Werken der Literatur und Kunst (RBÜ)[3] sowie das im Zuge der Errichtung der Welthandelsorganisation

---

1 Vgl. zur Ubiquität S. 13.

2 *Kleine*, Urheberrechtsverträge im IPR, S. 9; *Klauze*, Nutzungsrechte in der Insolvenz, S. 168.

3 Die Berner Übereinkunft wurde am 09.09.1886 abgeschlossen und trat am 05.12.1887 in Kraft. Die letzte Revision erfolgte am 24.07.1971 in Paris; in dieser Form ist sie in der Bundesrepublik Deutschland seit dem 10.10.1974 in Kraft; BGBl. 1973 II, S. 1069.

WTO abgeschlossene TRIPs-Übereinkommen.[4] Letzteres übernimmt einen großen Anteil des Schutzes der RBÜ, hält darüber hinaus aber auch erstmals Regelungen zur internationalen Rechtsdurchsetzung bereit. Weiterhin führt es das Prinzip der Meistbegünstigung ein, durch das nicht nur eine Schlechterstellung gegenüber Inländern, sondern auch gegenüber anderen Ausländern vermieden werden soll.[5] Wenngleich diese Abkommen[6] zur Harmonisierung des internationalen Urheberrechtsschutzes beitragen, besteht dieser Schutz derzeit gleichwohl nur punktuell. Das gerade im hier behandelten Zusammenhang relevante Urhebervertragsrecht ist in wesentlichen Regelungsbereichen bislang nicht erfasst.

Das für das Urheberrecht geltende Territorialitätsprinzip trifft noch keine Aussage darüber, nach welcher Rechtsordnung ein Sachverhalt mit Auslandsberührung zu bewerten ist. Es stellt keine Kollisionsregel im Sinne des internationalen Privatrechts zur Verfügung.[7] Da sich aber aus seiner Anwendung heraus das Urheberrecht als ein Bündel nationaler Rechte darstellt, folgt auch für die kollisionsrechtliche Betrachtung, dass sie dieser territorialen Begrenztheit des Schutzrechts Rechnung tragen muss.[8] Als Anknüpfungsregel für das Urheberrechtsstatut ist daher die lex loci protectionis zu verwenden.[9] Nach diesem Schutzlandprinzip ist das Recht desjenigen Staates berufen, für dessen Gebiet der Schutz des Urheberrechts in Anspruch genommen wird.[10] Auch der das anwendbare Deliktsrecht regelnde Art. 8 Rom-II-VO[11] normiert als Kollisionsregel für die (außervertragliche) Verletzung

---

4 Trade Related Aspects of Intellectual Property Rights, Übereinkommen über handelsbezogene Aspekte der Rechte am geistigen Eigentum vom 15.04.1994; für die Bundesrepublik Deutschland in Kraft getreten am 01.01.1995, BGBl. 1994 II, S. 1730.

5 Vgl. zu dem Meistbegünstigungsprinzip und der Rechtsdurchsetzung *Katzenberger*, GRUR Int. 1995, 447, 461 ff.

6 Näheres zu diesen und weiteren Übereinkommen bei *Katzenberger* in: Schricker/Loewenheim, UrhR, Vor §§ 120 ff. Rn 13 ff., 41 ff.; *Kleine*, Urheberrechtsverträge im IPR, S. 13 ff.; *Obergfell*, Filmverträge im IPR, S. 201 ff.

7 *Zweigert/Puttfarken*, GRUR Int. 1973, 573, 574; *Kleine*, Urheberrechtsverträge im IPR, S. 11; *Klauze*, Nutzungsrechte in der Insolvenz, S. 168.

8 So die Begründung der Schutzlandanknüpfung nach überwiegender Auffassung; vgl. *Drexl* in: Säcker/Rixecker, MüKo BGB, IntImmGR Rn 7 m. w. N.

9 Ständige Rechtsprechung des BGH; vgl. nur BGH NJW 1992, 2824; BGH GRUR 1994, 798, 799; BGH GRUR Int. 2007, 928, 931; in der Literatur wird hingegen teilweise eine universelle Anerkennung der Entstehung eines Urheberrechts und damit eine einheitliche Anknüpfung vorgeschlagen, vgl. dazu *Schack*, Urheberrecht, Rn 1026 ff.; *Obergfell*, Filmverträge im IPR, S. 272 ff.; *Klass*, GRUR Int. 2007, 373 ff. m. w. N.; ausführliche Darstellung des Streits zwischen Schutzland- und Universalitätsprinzip und Kritik an letzterem bei *Drexl* in: Säcker/Rixecker, MüKo BGB, IntImmGR Rn 15 ff.

10 *Drexl* in: Säcker/Rixecker, MüKo BGB, IntImmGR Rn 10 ff.

von Rechten des geistigen Eigentums – wozu auch das Urheberrecht zählt[12] – eine Anwendung des Schutzlandprinzips.[13] Urheberrechte sind nur dann wirksam geschützt, wenn sie die Enstehungsvoraussetzungen desjenigen Staates erfüllen, in dem um urheberrechtlichen Schutz nachgesucht wird.[14] Eine Anerkennung von nach ausländischen Rechtsordnungen entstandenen Urheberrechten erfolgt nur innerhalb der genannten völkerrechtlichen Abkommen. Aus einer Geltung des Territorialitätsprinzips folgt letztlich auch, dass das Urheberrechtsstatut nicht im Sinne einer Rechtswahl zur Disposition der Parteien steht.[15]

II. Die Anknüpfung des Lizenzvertrags

In den internationalen Abkommen zum Schutz des Urheberrechts finden sich keine Regelungen hinsichtlich einer einheitlichen Behandlung internationaler Lizenzverträge oder der Aufstellung von Kollisionsregeln zur Bestimmung des anwendbaren Rechts.[16] Auch das Urheberrechtsgesetz bietet mit den §§ 120 ff. UrhG nur fremdenrechtliche Normierungen, die lediglich die Anwendung des inländischen Urheberrechts auf Ausländer regeln.[17] Insofern hat die Einordnung nach den allgemeinen internationalprivatrechtlichen Grundsätzen zu erfolgen.[18] Ein Lizenzvertrag kann durch verschiedene Merkmale die für die Anwendung des internationalen Privatrechts erforderliche Auslandsberührung aufweisen. Zum einen können entweder die Parteien eine unterschiedliche Staatsangehörigkeit besitzen oder ihren Sitz[19] in unterschiedlichen Staaten haben. Des Weiteren können aber auch Rechte Gegenstand des Vertrags sein, die von ihrem Geltungsbereich her

---

11 Verordnung (EG) Nr. 864/2007 des Europäischen Parlaments und des Rates vom 11.07.2007 über das auf außervertragliche Schuldverhältnisse anzuwendende Recht („Rom-II-VO"); in Kraft getreten am 11.01.2009; ABl. EG 2007 Nr. L 199, S. 40 ff.

12 EG 26 Rom-II-VO.

13 Zum Anwendungsbereich dieser Vorschrift im internationalen Immaterialgüterrecht siehe *Drexl* in: Säcker/Rixecker, MüKo BGB, IntImmGR Rn 148 ff.

14 *Klauze*, Nutzungsrechte in der Insolvenz, S. 169 f.

15 BGH GRUR 2007, 691, 692; BGH NJW 1992, 2824; *Kreuzer* in: Säcker/Rixecker, MüKo BGB, 3. Auflage, Nach Art. 38 EGBGB Anh. II Rn 15.

16 *Obergfell*, Filmverträge im IPR, S. 279; *Katzenberger*, FS Schricker 60. Geb., S. 225, 247; *Kleine*, Urheberrechtsverträge im IPR, S. 62.

17 BGH NJW 1986, 1253 f.; *Obergfell* in: Reithmann/Martiny, Intern. VertragsR, Rn 1962; *Obergfell*, Filmverträge im IPR, S. 199 f.; *Katzenberger*, FS Schricker 60. Geb., S. 225, 229; *Kleine*, Urheberrechtsverträge im IPR, S. 12.

18 *Kreuzer* in: Säcker/Rixecker, MüKo BGB, 3. Auflage, Nach Art. 38 EGBGB Anh. II Rn 22; *Schricker*, Verlagsrecht, Einl. Rn 39.

19 Sprich Wohnsitz, Verwaltungssitz oder gewöhnlichen Aufenthalt.

das Territorium verschiedener Staaten umfassen. So werden etwa Rechte für den deutschen Sprachraum oder aber für das Gebiet der Europäischen Union vergeben. Schließlich kann die Auslandsberührung aber auch daher rühren, dass die Parteien die Anwendung einer fremden Rechtsordnung individualvertraglich vereinbart haben.

1. Das Urhebervertragsstatut nach der Rom-I-VO

Wenngleich andere Rechtsordnungen das deutsche Abstraktionsprinzip nicht kennen, so trennen sie dennoch zwischen dem Verpflichtungs- und dem Verfügungsgeschäft.[20] Insofern muss dieses Trennungsprinzip auch im internationalen Urhebervertragsrecht zugrunde gelegt werden. Auf den schuldrechtlichen Teil des urheberrechtlichen Lizenzvertrags finden die allgemein für Schuldverträge geltenden internationalprivatrechtlichen Regeln über das Vertragsstatut Anwendung.[21] Dies sind seit dem 17.12.2009 die Regelungen der Rom-I-VO[22]. Diese Verordnung ist räumlich anwendbar auf alle Mitgliedstaaten mit Ausnahme von Dänemark.[23] Art. 2 Rom-I-VO sieht eine universelle Anwendung vor, so dass das bezeichnete Recht auch dann anwendbar ist, wenn es nicht das Recht eines Mitgliedstaates ist. In sachlicher Weise ist die Verordnung anwendbar auf vertragliche Schuldverhältnisse in Zivil- und Handelssachen, die eine Verbindung zum Recht verschiedener Staaten aufweisen, Art. 1 Abs. 1 Rom-I-VO.[24] In zeitlicher Hinsicht gilt die Rom-I-VO für Verträge, die nach dem 17.12.2009 zum Abschluss gebracht worden sind, Art. 28 Rom-I-VO.[25] Die Reichweite des Urhebervertragsstatuts erstreckt sich gemäß Art. 10 Abs. 1 Rom-I-VO auf das Zustandekommen und die materielle Wirksamkeit des Vertrags. Weiterhin erfasst werden nach der beispielhaften Aufzählung in Art. 12 Abs. 1 Rom-I-VO die Auslegung des Vertrags, seine Erfüllung

20 *Obergfell*, Filmverträge im IPR, S. 279; *Katzenberger*, FS Schricker 60. Geb., S. 225, 248; *Schack*, Urheberrecht, Rn 1290.

21 *Klauze*, Nutzungsrechte in der Insolvenz, S. 171; *Katzenberger* in: Schricker/Loewenheim, UrhR, Vor §§ 120 ff. Rn 148.

22 Verordnung (EG) Nr. 593/2008 des Europäischen Parlaments und des Rates vom 17. Juni 2008 über das auf vertragliche Schuldverhältnisse anzuwendende Recht („Rom-I-VO"); in Kraft getreten am 17.12.2009; ABl. EG 2008 Nr. L 177, S. 6 ff.

23 Vgl. Erwägungsgrund (46) der Rom-I-VO.

24 Die durch Art. 1 Abs. 2, 3 Rom-I-VO von einer Anwendung ausgeschlossenen Rechtsmaterien spielen für die hier behandelten urheberrechtlichen Lizenzverträge keine Rolle.

25 Für Verträge, die vor diesem Zeitpunkt geschlossen wurden, beansprucht das deutsche autonome IPR der Art. 27-37 EGBGB Geltung. Da die Anknüpfung jedoch inhaltlich weitgehend derjenigen der Rom-I-VO entspricht, wird auf eine gesonderte Darstellung dieser Vorschriften im Zusammenhang dieser Arbeit verzichtet.

bzw. Folgen der Nichterfüllung, das Erlöschen der Verpflichtungen, die Verjährung und die Folgen der Nichtigkeit des Vertrags.

2. Rechtswahl der Parteien

Ausgangspunkt der Anknüpfung ist gemäß Art. 3 Rom-I-VO zunächst einmal die Privatautonomie der Parteien, so dass sie die anwendbare Rechtsordnung in einer Rechtswahl frei bestimmen können. Eine solche Rechtswahl kann ausdrücklich oder konkludent erfolgen, sich auf den ganzen Vertrag oder nur auf Teile davon beziehen. Eingeschränkt wird die subjektive Anknüpfung hingegen durch Art. 3 Abs. 3, 4 Rom-I-VO, wonach die Parteien in Fällen ohne ausreichende Auslandsbeziehung an den zwingenden Bestimmungen des Inlandes festhalten müssen und wonach bei reinen Binnenmarktsachverhalten die Einhaltung gemeinschaftsrechtlicher Standards abgesichert wird.[26]

3. Mangels Rechtswahl anzuwendendes Recht

Sofern eine Rechtswahl fehlt oder nicht gültig ist, greift die in Art. 4 Rom-I-VO normierte Regelung der objektiven Anknüpfung. Eine zunächst in Art. 4 Abs. 1 lit. f Rom-I-VO-Vorschlag angedachte Kollisionsnorm für Verträge über geistiges Eigentum ist nicht in die Verordnung aufgenommen worden, so dass eine spezielle Kollisionsnorm für Urheberrechtsverträge fehlt.[27] Nach der subsidiären Anknüpfungsregel des Art. 4 Abs. 2 Rom-I-VO ist entscheidender Anknüpfungspunkt dann die den Vertrag charakterisierende Leistung. Es ist insofern das Recht desjenigen Staates berufen, in dem der Vertragspartner, der die für den Vertrag charakteristische Leistung erbringt, seinen gewöhnlichen Aufenthalt hat. Der gewöhnliche Aufenthalt wird bei Ausübung einer beruflichen Tätigkeit durch die Hauptniederlassung, bei einer Gesellschaft, einem Verein oder einer juristischen Person durch die Hauptverwaltung ersetzt, Art. 19 Abs. 1 Rom-I-VO. Es kann aber auch vorkommen, dass sich aus den Gesamtumständen eine offensichtlich engere Verbindung des Vertrags zu einer anderen als der nach Art. 4 Abs. 1, 2 Rom-I-VO bestimmten Rechtsordnung ergibt. Dann ist auf die Ausweichklausel des Art. 4 Abs. 3 Rom-I-VO zurückzugreifen und das Recht der engsten Verbindung anzuwenden.

Fraglich ist für den Bereich der Urheberrechtsverträge, welche Partei hier die den Vertrag charakterisierende Leistung zu erbringen hat. Man könnte grund-

26 Dazu *Martiny* in: Säcker/Rixecker, MüKo BGB, Art. 3 Rom-I-VO Rn 4 m. w. N.

27 *Obergfell* in: Reithmann/Martiny, Intern. VertragsR, Rn 1983.

sätzlich davon ausgehen, dass charakteristisch für den Lizenzvertrag die Einräumung oder Übertragung der Lizenz ist.[28] Dies hätte zur Folge, dass stets die Rechtsordnung am (Wohn-)Sitz des Lizenzgebers heranzuziehen ist. Bei dieser undifferenzierten Vorgehensweise besteht indes die Gefahr, dass die Anknüpfung nicht dem Facettenreichtum der urheberrechtlichen Lizenzverträge in der Praxis gerecht wird. Für den Verlagsvertrag erbringt beispielsweise der Verleger nach überwiegender und zutreffender Ansicht die vertragstypische Leistung, indem er die Vervielfältigung und Verbreitung übernimmt.[29] Darüber hinaus ist in diesem Zusammenhang die – schon früher im Rahmen dieser Arbeit verwendete[30] – Unterscheidung aufzugreifen zwischen rechtskaufähnlichen, auf einen punktuellen Leistungsaustausch gerichteten Lizenzverträgen und solchen, die ein pachtähnliches Dauerrechtsverhältnis in Gang setzen und den Lizenznehmer zu einer erfolgsabhängigen Vergütung und der Auswertung verpflichten. Ist der Lizenznehmer nur zur Zahlung einer vorher bereits konkret taxierten Lizenzgebühr, etwa einer *flat fee* oder einem *Buy-out*, verpflichtet, so gibt die „farblose" Geldleistung dem Vertrag nicht sein charakteristisches Gepräge.[31] Unter entsprechender Heranziehung des für den Kaufvertrag geltenden Art. 4 Abs. 1 lit. a Rom-I-VO, nach dem bei einem Kaufvertrag nicht der Käufer, sondern der Verkäufer die charakteristische Leistung erbringt, ist damit auch beim rechtskaufähnlichen Lizenzvertrag die Leistungspflicht des Lizenzgebers für den Vertrag prägend. Angeknüpft wird dementsprechend an die Rechtsordnung am regelmäßigen Aufenthaltsort bzw. am Hauptniederlassungs- oder Hauptverwaltungssitz des Lizenzgebers.[32] Ist hingegen der Lizenzvertrag als pachtähnliches Dauerrechtsverhältnis ausgestaltet und trifft den Lizenznehmer aufgrund der erfolgsabhängigen Vergütung eine Auswertungspflicht, so ändert sich die Einschätzung der charakteristischen Leistung. Gerade aufgrund der für den Lizenzzeitraum dauerhaften Verpflichtung des Lizenznehmers

---

28 So etwa normiert es das schweizerische Recht in Art. 122 Abs. 1 IPRG; vgl. dazu auch *Katzenberger*, FS Schricker 60. Geb., S. 225, 233 f., 253.

29 BGH NJW 2002, 596, 597; *Hausmann*, FS Schwarz 70. Geb., S. 47, 54; *Obergfell* in: Reithmann/Martiny, Intern. VertragsR, Rn 1989, 1993; *Schack*, Urheberrecht, Rn 1286; *Nordmeier* in: Gebauer/Wiedmann, Zivilrecht unter europäischem Einfluss, Kap. 37 Art. 4 Rom-I-VO Rn 48 jeweils m. w. N.

30 Vgl. etwa S. 26 ff. und S. 107 ff.

31 *Kleine*, Urheberrechtsverträge im IPR, S. 73 f.; *Klauze*, Nutzungsrechte in der Insolvenz, S. 173.

32 *Martiny* in: Säcker/Rixecker, MüKo BGB, Art. 4 Rom-I-VO Rn 222; *Schack*, Urheberrecht, Rn 1287; vor Inkrafttreten der Rom-I-VO zu Art. 28 EGBGB: *Kleine*, Urheberrechtsverträge im IPR, S. 74; *Hausmann*, FS Schwarz 70. Geb., S. 47, 55; *Katzenberger*, FS Schricker 60. Geb., S. 225, 253; *Loewenheim*, ZUM 1999, 923, 924; *Castendyk*, ZUM 1999, 934, 935; *Klauze*, Nutzungsrechte in der Insolvenz, S. 172 ff.

zu Auswertung und Abrechnung und der damit einhergehenden Übernahme wirtschaftlichen Risikos, ist nicht mehr die einmalige Übertragung oder Lizenzierung durch den Lizenzgeber die den Vertrag prägende Verpflichtung. Es ist nun vielmehr der Lizenznehmer, der die charakteristische Leistung erbringt, so dass von daher gemäß Art. 4 Abs. 2 Rom-I-VO in diesen Fällen die Rechtsordnung an seinem (Wohn-)Sitz berufen ist.[33]

Keine Relevanz besitzt in diesem Zusammenhang hingegen die Unterscheidung zwischen einfachen und ausschließlichen Lizenzen. Teilweise wird behauptet, dass bei einfachen Lizenzen an die Rechtsordnung am (Wohn-)Sitz des Lizenzgebers angeknüpft werden soll, während ausschließliche Lizenzen eher die Rechtsordnung am Ort des Lizenznehmers berufen.[34] Begründet wird diese Anknüpfung damit, dass bei ausschließlichen Lizenzen eine wirtschaftliche Ausübungslast auf Seiten des Lizenznehmers bestehe, die den wirtschaftlichen Schwerpunkt des Vertrages auf die Leistung des Lizenznehmers verschiebe.[35] Dieser Argumentation kann jedoch nicht gefolgt werden. So wird beispielsweise im Rahmen eines Filmvorführungsvertrags das Filmtheater regelmäßig als Gegenleistung für die einfache Lizenz an dem Filmwerk zu der Einhaltung von Mindestspielzeiten und erfolgsbezogener Vergütung verpflichtet.[36] Aufgrund der genauen Festlegung von Eintrittsgeldern, Spielzeiten, Reihenfolge der zu zeigenden Filme und Verwendung des mitgelieferten Werbematerials erbringt in diesem Fall der Kinobetreiber die charakteristische Leistung, obwohl ihm nur eine einfache Lizenz gewährt wurde.[37] Auf der anderen Seite liegt bei einem Softwareerstellungsvertrag der Schwerpunkt auf der Leistung des Lizenzgebers, auch wenn dem Lizenznehmer ein ausschließliches Nutzungsrecht eingeräumt wird.[38] Schließlich hat der Lizenzgeber die umfangreiche und komplexe Erstellung der Software zu bewerkstelligen, während der Lizenznehmer – abgesehen von etwaigen Mitwirkungspflichten – nur zur Zahlung der regelmäßig fixen Lizenzgebühr verpflichtet ist. Ob der Lizenznehmer die für

33 *Kleine*, Urheberrechtsverträge im IPR, S. 80 f.; *Hausmann*, FS Schwarz 70. Geb., S. 47, 56; *Katzenberger*, FS Schricker 60. Geb., S. 225, 253; *Loewenheim*, ZUM 1999, 923, 924; *Castendyk*, ZUM 1999, 934, 935; *Klauze*, Nutzungsrechte in der Insolvenz, S. 172 ff.; *Martiny* in: Säcker/Rixecker, MüKo BGB, Art. 4 Rom-I-VO Rn 224; *Schack*, Urheberrecht, Rn 1287.

34 Vgl. etwa *Kleine*, Urheberrechtsverträge im IPR, S. 81 ff.; *Hausmann*, FS Schwarz 70. Geb., S. 47, 57; *Martiny* in: Säcker/Rixecker, MüKo BGB, Art. 4 Rom-I-VO Rn 225; *Schack*, Urheberrecht, Rn 1287.

35 Vgl. die Darstellung bei *Klauze*, Nutzungsrechte in der Insolvenz, S. 175 f.

36 Siehe auf S. 28 m. w. N.

37 *Obergfell* in: Reithmann/Martiny, Intern. VertragsR, Rn 2023; *Obergfell*, Filmverträge im IPR, S. 317; *von Hoffmann* in: Soergel, BGB, Art. 28 EGBGB Rn 515.

38 Zum Softwareerstellungsvertrag vgl. auch S. 21 ff. und S. 32.

ihn erstellte Software letztlich auswertet, ist für den Lizenzgeber angesichts der fixen Vergütung irrelevant. Eine Ausübungslast empfindet der Lizenznehmer allenfalls in wirtschaftlicher Hinsicht, wenn er die Lizenzgebühr amortisieren möchte. Eine solche Last ist aber unabhängig von dem Erwerb eines ausschließlichen Nutzungsrechts und besteht gleichfalls bei einer einfachen Lizenz. Anders als bei Filmvorführungsverträgen ist der Lizenznehmer bei Softwareerstellungsverträgen nicht in gleicher Weise zur vertraglichen Übernahme des wirtschaftlichen Risikos verpflichtet. Die Übertragung der ausschließlichen Lizenz hat hier nur faktisch und mittelbar dem Lizenznehmer ein wirtschaftliches Risiko auferlegt, ohne dass es originäre Vertragsverpflichtung ist. Ein solcher tatsächlicher Umstand allein vermag indes nicht den Schwerpunkt des Vertrages zu verschieben. Wird ein ausschließliches Nutzungsrecht ohne vertragliche Ausübungsverpflichtung übertragen, so erbringt daher der Lizenzgeber die charakteristische Leistung. Es ist mithin gemäß Art. 4 Abs. 2 Rom-I-VO die Rechtsordnung an seinem Aufenthaltsort oder Sitz anzuwenden.[39]

III. Die Anknüpfung der Lizenz als einem dinglichen Recht

1. Einheits- oder Spaltungstheorie?

Nach der Bestimmung des urhebervertragsrechtlichen Statuts soll nun geklärt werden, welche Rechtsordnung für die Beurteilung der dinglichen Verfügung über das Urheberrecht und damit für die Einräumung von Lizenzen berufen ist. Auch über die deutsche Rechtsordnung hinaus wird das Verfügungsgeschäft von dem schuldrechtlichen Verpflichtungsgeschäft getrennt und bedarf mithin auch im Kollisionsrecht einer differenzierenden Betrachtung.[40] Die Frage nach der Anknüpfung des urheberrechtlichen Verfügungsgeschäfts berührt die Geltungsbereiche des Vertragsstatuts und des Urheberrechtsstatuts. Es sind daher in diesem Punkt die Reichweiten von Urheberrechts- und Vertragsstatut voneinander abzugrenzen. Unterstellt man die Verfügung über urheberrechtliche Rechtspositionen dem Statut des Verpflichtungsgeschäfts, so wird insgesamt einheitlich angeknüpft. Ist hingegen auf das urheberrechtliche Verfügungsgeschäft das Statut des Urheberrechts anzuwenden, so bewirkt dies eine unterschiedliche, gespaltene Anknüpfung von Verpflichtung und Verfügung. Dementsprechend wird diese streitige Rechtsfra-

39 Ebenso *Klauze*, Nutzungsrechte in der Insolvenz, S. 175 f.; *von Hoffmann* in: Soergel, BGB, Art. 28 EGBGB Rn 501 ff.

40 *Obergfell*, Filmverträge im IPR, S. 279; *Katzenberger*, FS Schricker 60. Geb., S. 225, 248; *Schack*, Urheberrecht, Rn 1290.

ge unter den Begriffen Einheitstheorie und Spaltungstheorie geführt. Bedeutung erlangt die Problematik insbesondere dann, wenn an einem Urheberrecht beispielsweise weltweite Rechte vergeben werden. Nach der Spaltungstheorie unterliegt die Verfügung über das urheberrechtliche Nutzungsrecht der jeweiligen lex loci protectionis, während nach der Einheitstheorie alle Verfügungen unter das Vertragsstatut zu fassen sind, so dass es zu einer einheitlichen Rechtsanwendung auf alle Verfügungsgeschäfte kommt. Im Insolvenzfall spielt die Frage dann eine Rolle, wenn es darum geht, bei grenzüberschreitenden Verträgen einen automatischen Rechterückfall aus den Sublizenzverhältnissen durch Rechtswahl zu verhindern.

a) Einheitliche Anknüpfung von Lizenzvertrag und Lizenz

Nach den Vertretern einer einheitlichen Anknüpfung von Verpflichtung und Verfügung[41] beurteilt sich die Lizenzierung als urheberrechtliches Verfügungsgeschäft nach der Rechtsordnung, die für das schuldrechtliche Verpflichtungsgeschäft nach den Art. 3 ff. Rom-I-VO ermittelt wurde. Eine solche einheitliche Anknüpfung könne der misslichen Rechtszersplitterung entgegenwirken. Außerdem finde sie ihre Begründung darin, dass das Verpflichtungs- und das Verfügungsgeschäft im Urheberrecht verhältnismäßig eng miteinander verknüpft sind.[42] Sie werden in einem Vertragsakt zusammengefasst. Außerdem erfährt die Verfügung mangels Typenzwang im Urheberrecht erst durch die schuldrechtliche Verpflichtung ihren konkreten bestimmbaren Inhalt. Darüber hinaus zeigen auch die Rückrufrechte des Urhebers gemäß §§ 41 Abs. 5, 42 Abs. 5 UrhG sowie die Regelung des § 40 Abs. 3 UrhG einen Gleichlauf von Verfügung und schuldrechtlicher Verpflichtung. Dieser würde konterkariert, wenn kollisionsrechtlich Verpflichtungs- und Verfügungsgeschäft je anderen Rechtsordnungen mit entsprechend unterschiedlichen Ergebnissen unterstellt wären. Unabhängig davon soll in gewissen Einzelfragen das Schutzrecht selbst betreffend gesondert angeknüpft werden. Fragen, die mit der Zulässigkeit der Übertragung des Urheberrechts zu tun haben, Fragen zur Beurteilung von Ansprüchen wegen Rechtsverletzungen sowie solche zur Möglichkeit eines gutgläubigen Erwerbs vom Nichtberechtigten oder zum Sukzessionsschutz bei mehrfacher Verfügung sollen ungeachtet der einheitlichen Anknüpfung dennoch nach dem Recht des Schutzlandes beurteilt werden.[43]

---

41 *Katzenberger*, FS Schricker 60. Geb., S. 225, 248 ff.; *Katzenberger* in: Schricker/Loewenheim, UrhR, Vor §§ 120 ff. Rn 149; *Zweigert/Puttfarken*, GRUR Int. 1973, 573, 577; *Drexl* in: Säcker/Rixecker, MüKo BGB, IntImmGR Rn 173; *Klauze*, Nutzungsrechte in der Insolvenz, S. 178 ff.; *Grünberger*, ZVglRWiss 2009, 165 ff.; OLG Frankfurt GRUR 1998, 141, 142.

42 Vgl. zu den Argumenten *Katzenberger*, FS Schricker 60. Geb., S. 225, 249 f.; *Kleine*, Urheberrechtsverträge im IPR, S. 96 f.

b) Gespaltene Anknüpfung von Lizenzvertrag und Lizenz

Die Vertreter einer gespaltenen Anknüpfung[44] wollen das Statut der Lizenz und der urheberrechtlichen Verfügung nach dem Schutzlandprinzip und damit unabhängig vom Vertragsstatut bestimmen.[45] Zur Begründung dieser Auffassung wird auf die vergleichbare Situation der Verfügung über Sachenrechte hingewiesen, bei der ebenfalls nicht an das Vertragsstatut angeknüpft wird.[46] Weiterhin soll die Geltung des Abstraktionsprinzips im Urheberrecht und auch die Vorschrift des Art. 14 Abs. 1, 2 Rom-I-VO eine gesonderte Anknüpfung vorschreiben.[47] Darüber hinaus wird auch die Unabdingbarkeit des Territorialitätsprinzips herangezogen, um die Anwendung der Spaltungstheorie als zwingend erforderlich darzustellen.[48]

2. Stellungnahme

Die bisher dargestellten Argumente beider Ansichten vermögen die Streitfrage nicht eindeutig zugunsten einer Seite zu lösen. Wenn für die einheitliche Anknüpfung vorgebracht wird, dass im Urheberrecht eine besonders enge Verknüpfung zwischen Verpflichtung und Verfügung bestehe und die Verfügung mangels Typenzwang erst durch das Verpflichtungsgeschäft ihre konkrete Gestalt erfahre, so ist diese These grundsätzlich nicht zu beanstanden, ohne dass sich daraus jedoch ein Argument für die Einheitstheorie bilden ließe. Eine im Urheberrecht vorliegende engere Verbindung zwischen Verpflichtung und Verfügung bewirkt nämlich keine Aufhebung des Trennungsprinzips, so dass daraus keine kollisionsrechtliche Behandlung vorgezeichnet wäre. Im Übrigen wird dieses Argument auch schon

43 Vgl. *Katzenberger* in: Schricker/Loewenheim, UrhR, Vor §§ 120 ff. Rn 150 m. w. N.

44 *Obergfell*, Filmverträge im IPR, S. 288 f.; *Obergfell* in: Reithmann/Martiny, Intern. VertragsR, Rn 1815 f.; *Mackensen*, Verlagsvertrag im IPR, S. 67 ff.; *Kleine*, Urheberrechtsverträge im IPR, S. 97 ff.; *Hausmann*, FS Schwarz 70. Geb., S. 47, 62 f.; *Knörzer*, UrhR im IPR, S 120 ff.; *Mäger*, Schutz des Urhebers, S. 52 ff.; *Pütz*, IPRax 2005, 13, 14; *Rehbinder*, Urheberrecht, Rn 982; *Schack*, Urheberrecht, Rn 1040, 1290; *von Welser* in: Wandtke/Bullinger, UrhR, Vor § 120 Rn 22.

45 Teilweise wird abweichend davon innerhalb der Spaltungsheorie vertreten, dass die Verfügung nicht dem Recht des Schutzlandes, sondern dem Recht des Ursprungslandes zu unterstellen ist, um durch die universale Bestimmung des Urheberrechtsstatuts eine nachteilige Aufspaltung zu vermeiden; vgl. *Schack*, Urheberrecht, Rn 1040, 1290; *Schack*, FS Heldrich, S. 997, 1002 ff.

46 *Mackensen*, Verlagsvertrag im IPR, S. 65 f.; *Mäger*, Schutz des Urhebers, S. 53 f.

47 *Schack*, Urheberrecht, Rn 1290.

48 Vgl. *Kreuzer* in: Säcker/Rixecker, MüKo BGB, 3. Auflage, Nach Art. 38 EGBGB Anh. II Rn 22; *Mackensen*, Verlagsvertrag im IPR, S. 68.

gegen eine Geltung des Abstraktionsprinzips im Urheberrecht ins Feld geführt und dabei von den Vertretern einer kausalen Verknüpfung von Verpflichtung und Verfügung überschätzt.[49] Desgleichen lässt sich aber auch aus einer Geltung des Abstraktionsprinzips im Urheberrecht kein Argument für eine gespaltene Anknüpfung im internationalen Privatrecht bilden. Selbst bei einer kausalen Verknüpfung wäre dennoch zwischen Verpflichtungs- und Verfügungsgeschäft zu trennen, so dass eine gesonderte Anknüpfung möglich bliebe. Darüber hinaus verkennen die genannten Argumente vielfach, dass bei dieser kollisionsrechtlichen Frage die materiellrechtlichen Interessen auszuklammern sind.[50] Die Entscheidung hat sich allein an kollisionsrechtlichen Interessen zu orientieren. Schon von daher können die Argumente bezüglich der engen Verküpfung von Verpflichtung und Verfügung im Urheberrecht oder der Geltung des Abstraktionsprinzips bei der Interessenabwägung letztlich keine Rolle spielen, da sie das materielle Sachrecht betreffen und von den Wertungen des Kollisionsrechts zu differenzieren sind. Weiterhin kann auch das Territorialitätsprinzip nicht als zwingendes Argument herangezogen werden. Es ist nur in den Bereichen unabdingbar, auf die sich sein Geltungsbereich erstreckt. Eine Anwendung auf alle Belange urhebervertraglicher Verfügungsgeschäfte kann aber nicht allgemein a priori angenommen werden.[51]

Aus den gesetzlichen Regelungen der Rom-I-VO oder der Rom-II-VO lässt sich die Streitfrage ebenfalls nicht zugunsten einer Ansicht lösen. Der von Vertretern der Spaltungstheorie angeführte Art. 14 Rom-I-VO taugt weder als Begründung der einen noch der anderen Auffassung. Nach Erwägungsgrund (38) der Rom-I-VO ist das Vertragsstatut bei der Abtretung einer Forderung gemäß Art. 14 Abs. 1 Rom-I-VO auch auf die dinglichen Aspekte des Vertrags anwendbar. Doch daraus eine Konsequenz für die Übertragung urheberrechtlicher Rechtspositionen ableiten zu wollen, würde die Gemeinsamkeiten zwischen beiden Vorgängen überstrapazieren. Die Regelung des Art. 14 Rom-I-VO betrifft konkret die Übertragung von Forderungen und lässt sich nicht entsprechend auf andere Übertragungen anwenden. Auch die Normierung des Art. 8 Rom-II-VO grenzt das Urheberrechtsstatut für den Bereich der Übertragung urheberrechtlicher Rechtspositionen nicht vom Vertragsstatut ab. Genauso wenig lässt sich aus der Streichung der in Art. 4 Abs. 1 lit. f Rom-I-VO-Entwurf geplanten Kollisionsregel für Verträge über Rechte des geistigen Eigentums ein Rückschluss auf die hier streitige Rechtsfrage ziehen.[52]

---

49 Vgl. zu dieser Streitfrage und der Bedeutung des angeführten Arguments S. 70.

50 *Hausmann*, FS Schwarz 70. Geb., S. 47, 62; *Obergfell*, Filmverträge im IPR, S. 284; *Klauze*, Nutzungsrechte in der Insolvenz, S. 180.

51 *Mäger*, Schutz des Urhebers, S. 52.

52 *Obergfell* in: Reithmann/Martiny, Intern. VertragsR, Rn 1815.

Letztendlich hat sich die Entscheidung über das Statut der Verfügung im Urheberrecht daher an einer Bewertung der involvierten Interessen zu orientieren. Meiner Einschätzung nach sprechen bei der Entscheidung schließlich die besseren Argumente für die Spaltungstheorie und eine unabhängige Anknüpfung des urheberrechtlichen Verfügungsgeschäfts. Die als Hauptargument einer einheitlichen Anknüpfung postulierte Verhinderung von Rechtszersplitterung bleibt auch auf dem Boden der Einheitstheorie illusorisch, wenn zahlreiche Ausnahmen dennoch eine Anwendung des Urheberrechtsstatuts bewirken. Gerade die Fragen der Übertragbarkeit des Urheberrechts und der Drittwirkungen der Übertragung sollen der lex loci protectionis vorbehalten sein.[53] Dadurch wird die rechtsdogmatisch erwünschte Einheitlichkeit praktisch schon verworfen. Weiterhin ist es im Interesse des Urhebers, wenn ein so wichtiges Gebiet wie das der Verfügung über die urheberrechtlichen Befugnisse nicht der Privatautonomie der Parteien unterstellt wird. Hier bestünde die Gefahr, dass der Urheber durch eine für ihn nachteilige Rechtswahl den Schutz wichtiger Vorschriften verliert. Dies gilt vor dem Hintergrund, dass der Urheber tendenziell eher rechtlich unerfahren und wirtschaftlich schwächer als der Lizenznehmer ist.[54] Unterstellt man die Verfügung aber dem Urheberrechtsstatut, so ist eine in diesem Bereich nicht zielführende Rechtswahl ausgeschlossen.[55] Darüber hinaus dient die Anknüpfung an das Schutzland am ehesten den Verkehrsinteressen, da der im Ausübungsstaat ansässige Rechtserwerber die Prüfung des Bestehens der Rechtsposition nach eigenem Recht vornehmen kann.[56] Daneben kann auch ein Blick auf die vergleichbare Lage im autonomen internationalen Sachenrecht nützlich sein. Dort wird ebenfalls zwischen dem schuldrechtlichen und dem dinglichen Geschäft differenziert und auf das eine das Vertragsstatut, auf das andere die lex rei sitae angewendet.[57] Die dogmatischen Unterschiede zwischen einer Verfügung nach sachenrechtlichen Grundsätzen und einer Verfügung über Urheberrechte sind letztlich nicht so gravierend, dass sie nicht im Urheberrecht eine Anlehnung an diese internationalprivatrechtliche Vorgehensweise zuließen.

53 *Katzenberger* in: Schricker/Loewenheim, UrhR, Vor §§ 120 ff. Rn 150 m. w. N.

54 *Schack*, Urheberrecht, Rn 1290.

55 Zu Problemen der Anerkennung und Durchsetzung der Rechtswahl in den jeweiligen Schutzländern vgl. *Hausmann*, FS Schwarz 70. Geb., S. 47, 63.

56 Vgl. *Obergfell*, Filmverträge im IPR, S. 287.

57 *Wendehorst* in: Säcker/Rixecker, MüKo BGB, Art. 43 EGBGB Rn 82 m. w. N.

3. Anknüpfung der Lizenz nach dem Schutzlandprinzip

Letztlich ist mithin die dinglich-gegenständliche Übertragung von urheberrechtlichen Befugnissen dem Urheberrechtsstatut näher als dem Vertragsstatut. Alle Fragen der Einräumung und Übertragung von Lizenzen unterliegen demzufolge dem Schutzlandprinzip und der lex loci protectionis. Auf Rechtsfragen bezüglich der Wirksamkeit, Reichweite oder Übertragbarkeit einer urheberrechtlichen Lizenz ist demzufolge die Rechtsordnung anzuwenden, für die in dem konkreten Fall Schutz beansprucht wird.[58] Alle Fragen des lizenzvertraglichen Verpflichtungsgeschäfts richten sich hingegen nach der vorgenommenen Rechtswahl oder – bei Fehlen einer solchen – nach dem Recht der engsten Verbindung.

---

58 *Hiestand* in: Reithmann/Martiny, Intern. VertragsR, Rn 1882.

§ 13 Einführung in das internationale Insolvenzrecht

I. Die Bedeutung des internationalen Insolvenzrechts und seine Grundprinzipien

Nachdem im vorangegangenen Kapitel die internationalprivatrechtliche Anknüpfung von Lizenz und Lizenzvertrag außerhalb der Insolvenz erarbeitet wurde, soll nun die internationale Insolvenz im Fokus der Betrachtung stehen. Eine Insolvenz gilt dann als grenzüberschreitend und damit international, wenn entweder das Vermögen des Schuldners auf mehrere Staaten verteilt ist und/oder ein Gläubiger seinen Sitz nicht alleine im Staat der Insolvenzeröffnung hat.[1] Aufgrund vielfältiger internationaler Verflechtungen ist dies auch häufig bei Insolvenzen von Medienunternehmen der Fall. Vielfach bestehen auch bei Insolvenzeröffnung in Deutschland nicht lediglich Berührungspunkte zum deutschen Recht, sondern auch zu anderen Rechtsordnungen. Bücher, Software und Filme deutscher Unternehmen werden weltweit vertrieben; ausländische Verlage, Filmproduzenten oder Softwarehäuser bringen ihre Produkte auch auf den deutschen Markt. In einer Insolvenz stellen sich demzufolge zwangsläufig Fragen des internationalen Insolvenzrechts und des internationalen Privatrechts. Ein ausländischer Gläubiger mag sich fragen, inwieweit er dem in Deutschland eröffneten Insolvenzverfahren unterworfen ist[2] oder ob er auf ausländisches Vermögen des Schuldners im Wege der Einzelzwangsvollstreckung zugreifen kann. Weiterhin ist für ihn von Bedeutung, ob die eventuell vereinbarten Lösungsklauseln auch bei internationalen Lizenzverträgen Bestand haben. Gleichfalls stellen sich deutsche Gläubiger diese Fragen, wenn im Ausland ein Insolvenzverfahren über das Vermögen eines Schuldners eröffnet wird.[3]

Das internationale Insolvenzrecht soll sicherstellen, dass die Gleichbehandlung und möglichst auch die gleichmäßige Befriedigung aller Gläubiger als ein überein-

---

1 *Reinhart* in: Kirchhof, MüKo InsO, Vor §§ 335 ff. Rn 1; *Kindler* in: Säcker/Rixecker, MüKo BGB, Int. InsR Einl. Rn 1; *Smid*, Internationales InsR, § 1 Rn 1, 23.

2 Sog. Auslandsbezug inländischer Insolvenzverfahren; dazu *Trunk*, Internationales InsR, S. 8.

3 Inlandswirkungen ausländischer Insolvenzverfahren; dazu *Trunk*, Internationales InsR, S. 8.

stimmendes Prinzip der einzelnen nationalen Rechtsordnungen über Staatsgrenzen hinweg ermöglicht wird.[4] Vom Ansatz her ließe sich dieses Ziel auf verschiedenen Wegen erreichen. So wäre auch dann eine gleichmäßige Befriedigung der Gläubiger gewährleistet, wenn die verschiedenen Rechtsordnungen jeweils parallele Partikularinsolvenzverfahren vorsehen würden, die ihre Wirkung territorial auf das im jeweiligen Eröffnungsland belegene Vermögen beschränken.[5] Eine solche dem Territorialitätsprinzip folgende Herangehensweise steht im Einklang mit der Tatsache, dass das Insolvenzverfahren ein Akt staatlicher Gesamtvollstreckung ist, der Wirkungen grundsätzlich nur in den Grenzen des Hoheitsgebietes des Landes entfalten kann. Allerdings sind solche Partikularinsolvenzverfahren sowohl für den Schuldner als auch für die Gläubiger unnötig kompliziert und mit enormen Kosten verbunden. Ein international tätiges Unternehmen lässt sich zudem oft nur mit Mühe in nationale Sektoren aufteilen. Außerdem besteht die Gefahr, dass nationale Gläubigergruppen privilegiert werden oder insolvenzfreies Vermögen entsteht. Aus diesen Gründen wählen die meisten Rechtsordnungen einen anderen Weg und streben die Universalität ihres Insolvenzverfahrens an.[6] Ein Insolvenzverfahren ist dann universal, wenn die Wirkungen eines inländischen Insolvenzverfahrens auch das gesamte im Ausland belegene Vermögen erfassen und umgekehrt die Wirkungen eines ausländischen Verfahrens auch das inländische Vermögen betreffen. Ist dies verwirklicht, so ist auf diesem Weg ebenfalls eine Gesamtverwertung des Schuldnervermögens *par conditio creditorum* gewährleistet.[7] Die Einheit des Insolvenzverfahrens ist dabei zwar wünschenswert, letztlich aber gar nicht zwingend, solange jedoch der Ansatz einer universellen Geltung des Insolvenzbeschlags beibehalten wird.[8] So kann es berechtigte Gründe dafür geben, dass ein paralleles sekundäres Verfahren zum Schutz lokaler Gläubiger in einem anderen Staat eröffnet wird. Diese zwei Verfahren sollten sich dann aber ergänzen und dürfen möglichst nicht zueinander in einem Konkurrenzverhältnis stehen.[9] Um dies aber in jedem Fall zu gewährleisten, müssen die Zuständigkeiten für die Eröffnung des Insolvenzverfahrens international vereinheitlicht sein. Wo dies allerdings nicht erfolgt ist, ist eine soweit als möglich gleichmäßige Befriedigung

4 *Schack*, Internationales ZivilverfR, Rn 1141 f.; *Trunk*, Internationales InsR, S. 3.

5 So sieht beispielsweise das schweizerische Recht ein Partikularinsolvenzverfahren vor; vgl. *Smid*, Internationales InsR, § 1 Rn 30 f.

6 *Schack*, Internationales ZivilverfR, Rn 1144; *Paulus*, EuInsVO, Einl. Rn 21; *Westpfahl/Goetker/Wilkens*, Grenzüberschreitende Insolvenzen, Rn 29 ff.

7 *Kindler* in: Säcker/Rixecker, MüKo BGB, Int. InsR Einl. Rn 5 ff.; *Paulus*, EuInsVO, Einl. Rn 21.

8 *Hanisch*, ZIP 1989, 273, 276; *Smid*, Internationales InsR, § 1 Rn 14.

9 *Geimer*, IZPR, Rn 3384; *Gottwald/Kolmann* in: Gottwald, Hdb. InsR, § 130 Rn 71.

der Gläubiger durch eine freie Kooperation der beteiligten Insolvenzverwalter und Insolvenzgerichte anzustreben.[10]

Ist das Insolvenzverfahren in einem Staat eröffnet, so stellen sich vielfach Fragen des Insolvenzkollisionsrechts. Das Gericht muss entscheiden, welches Recht auf die auslandsbezogenen Sachverhalte anzuwenden ist. Dabei ist es meist naheliegend und aus Gründen der Gleichbehandlung der Gläubiger und der Einheit der Insolvenzabwicklung gerechtfertigt, dass einheitlich dasjenige Recht angewendet wird, zu dem der Sachverhalt die engste Verbindung aufweist. Dies wird zumeist das Recht des Staates sein, in dem das Verfahren eröffnet wurde und mit dem das zuständige Gericht vertraut ist. Somit kommt es regelmäßig zu einer Anwendung der *lex fori concursus*, die auch als internationalinsolvenzrechtliche „Grundnorm" bezeichnet wird.[11] Allerdings führt eine strikte Anwendung dieses Grundsatzes teilweise zu unsachgemäßen Ergebnissen. Hier ist ein interessengerechter Ausgleich dadurch zu erreichen, dass die lex fori concursus beispielsweise durch die *lex rei sitae*[12] oder durch andere Anknüpfungen ergänzt wird.

II. Die Regelung des internationalen Insolvenzrechts

1. In der EuInsVO

Regelungen für das internationale Insolvenzrecht finden sich seit dem Jahr 2000 für die EU-Mitgliedstaaten vor allem in der europäischen Verordnung über Insolvenzverfahren (EuInsVO).[13] Sie regelt die internationale Zuständigkeit sowie die Anerkennung ausländischer Entscheidungen, stellt Kollisionsnormen auf und enthält Sachnormen, da im internationalen Insolvenzrecht nicht lediglich die Regelungen einer nationalen Rechtsordnung für verbindlich erklärt werden können.[14] Dabei folgt sie dem Prinzip eines Einheitsverfahrens mit internationaler Wirkungserstreckung und sieht bei Bedarf unterstützende Sekundärinsolvenzverfahren vor.[15] Gemäß Art. 3 Abs. 1 EuInsVO wird dementsprechend ein einheitliches Insolvenzverfahren in dem Mitgliedstaat eröffnet, in dessen Gebiet der Schuldner

10 Dazu *Gottwald/Kolmann* in: Gottwald, Hdb. InsR, § 130 Rn 71 ff.; § 131 Rn 178 ff.

11 *Jahr* in: Jaeger/Henckel, Konkursordnung, §§ 237, 238 Rn 116; *Trunk*, Internationales InsR, S. 88 f.; *Gottwald/Kolmann* in: Gottwald, Hdb. InsR, § 132 Rn 1; *Stephan* in: Kreft, HK-InsO, § 335 Rn 5.

12 Sprich eine Anwendung der Rechtsordnung des Staates, in dem die Sache belegen ist.

13 Verordnung (EG) Nr. 1346/2000 des Rates über Insolvenzverfahren vom 29. Mai 2000.

14 Hinweis hierauf insb. bei *Leipold*, FS Baumgärtel, 291, 293 ff.

15 *Häsemeyer*, Insolvenzrecht, Rn 35.12 ff.; *Gottwald/Kolmann* in: Gottwald, Hdb. InsR, § 130 Rn 4.

den Mittelpunkt seiner hauptsächlichen Interessen hat. Später eröffnete Verfahren sind dann gemäß Art. 3 Abs. 3 EuInsVO nur Sekundärinsolvenzverfahren, für die die besonderen Vorschriften der Art. 27 ff. EuInsVO gelten. Vor der Eröffnung des Hauptinsolvenzverfahrens kann nur unter den einschränkenden Bedingungen des Art. 3 Abs. 4 EuInsVO ein Partikularinsolvenzverfahren eröffnet werden. Art. 4 EuInsVO sieht vor, dass für das Insolvenzverfahren und seine Wirkungen das Recht des Staates der Verfahrenseröffnung, also die lex fori concursus, maßgeblich ist. Verwiesen wird dabei auf das materielle Insolvenzrecht und nicht auf das Kollisionsrecht; die Verweisung ist mithin eine Sachnormverweisung.[16] Die Art. 5 bis 15 EuInsVO machen von dem Grundsatz der lex fori concursus für besondere Rechte oder Verträge einige Ausnahmen.[17]

2. In der Insolvenzordnung

Von deutscher Seite aus gibt es zudem die im Jahr 2003 in Kraft getretenen Regelungen zum deutschen autonomen internationalen Insolvenzrecht in den §§ 335 ff. InsO. Inhaltlich sind die Regelungen in der InsO an denen der EuInsVO orientiert. Sie sehen demzufolge ebenfalls ein einheitliches Verfahren vor, das seine Wirkung international erstreckt und durch Sekundärverfahren ergänzt wird. Allerdings besteht bei den Rechtsordnungen von Staaten außerhalb des EU-Wirtschaftsraums kein vergleichbares wechselseitiges Vertrauen wie innerhalb der EU, so dass die Anerkennung dieser Verfahren im Vergleich eingeschränkt wurde.[18] Vergleichbar zur EuInsVO sieht § 335 InsO vor, dass das Insolvenzverfahren und seine Wirkungen dem Recht des Staates der Verfahrenseröffnung unterliegen. Die §§ 336 bis 342 InsO machen von diesem Grundsatz wiederum Ausnahmen für besondere Rechte oder Verträge.[19]

3. Abgrenzung der Anwendungsbereiche

Die Geltungsbereiche der Regelungskomplexe EuInsVO und §§ 335 ff. InsO grenzen sich aufgrund des Anwendungsvorrangs des Gemeinschaftsrechts über den Anwendungsbereich der EuInsVO voneinander ab. Der sachliche Anwendungs-

16 *Gottwald/Kolmann* in: Gottwald, Hdb. InsR, § 132 Rn 2.

17 Vgl. dazu auch *Westpfahl/Goetker/Wilkens*, Grenzüberschreitende Insolvenzen, Rn 32 f.; *Paulus*, EuInsVO, Einl. Rn 32.

18 Vgl. auch *Smid*, Internationales InsR, § 12 Rn 1.

19 Vgl. dazu *Reinhart* in: Kirchhof, MüKo InsO, § 335 Rn 9 ff.; *Stephan* in: Kreft, HK-InsO, § 335 Rn 15 ff.; *Lüer* in: Uhlenbruck, InsO, § 335 Rn 2.

bereich der EuInsVO wird in Art. 1 umschrieben. Danach gilt die Verordnung für Gesamtverfahren, welche die Insolvenz des Schuldners voraussetzen und den vollständigen oder teilweisen Vermögensbeschlag gegen den Schuldner sowie die Bestellung eines Verwalters zur Folge haben. Ausgenommen vom Geltungsbereich werden jedoch Insolvenzverfahren über das Vermögen von Versicherungsunternehmen oder Kreditinstituten sowie von bestimmten Wertpapierfirmen. In zeitlicher Hinsicht gilt die Verordnung gemäß Art. 43 EuInsVO für Insolvenzverfahren, die nach dem 31.05.2002 eröffnet worden sind. Was ihren räumlichen Anwendungsbereich betrifft, besitzt die Verordnung keine ausdrückliche Regelung. Dieser ist daher aus einer Zusammenschau der einzelnen Vorschriften der EuInsVO sowie ihrer Erwägungsgründe zu ermitteln.[20] Die Verordnung setzt voraus, dass der Schuldner den Mittelpunkt seiner hauptsächlichen Interessen in dem Gebiet eines Mitgliedstaates[21] hat.[22] Weiterhin erfordert die Verordnung eine Insolvenz, die Berührungspunkte zu einem ausländischen Staat aufweist, wobei insoweit jeder Bezugspunkt zum Ausland ausreicht, der sich auf das Insolvenzverfahren auswirken kann.[23] Strittig ist hingegen, ob ein grenzüberschreitender Bezug zu einem weiteren Mitgliedstaat bestehen muss[24] oder ob die EuInsVO auch bei einem ausschließlichen Bezug zu Drittstaaten Anwendung findet.[25] Das Erfordernis eines Mitgliedstaatenbezugs soll sich vor allem aus den Erwägungsgründen und dem erläuternden Bericht von *Virgós/Schmit* ergeben, die jeweils auf den Binnenmarkt Bezug nehmen.[26]

Dies überzeugt jedoch letztlich nicht. Die Verordnung regelt die Wirkung einer Insolvenz in Drittstaaten nur deshalb nicht, weil sie Drittstaaten keine Vorgaben machen kann und auch nicht das Kollisionsrecht der Mitgliedstaaten im Verhältnis zu Drittstaaten vereinheitlichen will.[27] Auf den räumlichen Anwendungsbereich der EuInsVO beziehen sich hingegen Erwägungsgrund (14) und Art. 3 Abs. 1 Eu-

20 *Huber* in: Haß et al., EuInsVO, Art. 1 Rn 9.

21 Ausweislich des Erwägungsgrundes (33) der EuInsVO beteiligt sich Dänemark nicht an der Annahme der Verordnung, so dass Dänemark kein Mitgliedstaat im Sinne der EuInsVO ist.

22 Vgl. Art. 3 Abs. 1 EuInsVO, Erwägungsgrund (14) EuInsVO.

23 Vgl. Erwägungsgründe (2) und (3) der EuInsVO; *Haubold* in: Gebauer/Wiedmann, Zivilrecht unter europäischem Einfluss, Kap. 32 EuInsVO Rn 30.

24 *Duursma-Kepplinger* in: Duursma-Kepplinger/Duursma/Chalupsky, EuInsVO, Art. 1 Rn 3 ff.; *Paulus*, EuInsVO, Einl. Rn 33; *Pannen* in: Pannen, EuInsVO, Art. 1 Rn 120 f.

25 *Haubold* in: Gebauer/Wiedmann, Zivilrecht unter europäischem Einfluss, Kap. 32 EuInsVO Rn 30 f.; *Huber* in: Haß et al., EuInsVO, Art. 1 Rn 19 ff.; *Mäsch* in: Rauscher, EuZPR/EuIPR, Art. 1 EuInsVO Rn 15; *Geimer* in: Geimer/Schütze, EuZVR, A.5 Art. 1 Rn 15; *Herchen*, ZInsO 2003, 742, 745 ff.; differenzierend *Reinhart* in: Kirchhof, MüKo InsO, Art. 1 EuInsVO Rn 15 ff.

26 Vgl. Erwägungsgründe 1 und 2 EuInsVO; *Virgós/Schmit*, Erläuternder Bericht, Rn 11, 44, 82.

InsVO, die jeweils nur einen Interessenmittelpunkt in einem Mitgliedstaat fordern, ohne aber einen Hinweis auf einen weiteren Mitgliedstaatenbezug zu geben.[28] Aus den Bezugnahmen der Art. 5 ff. EuInsVO auf das Recht eines anderen Mitgliedstaates könnte vielmehr im Gegenteil der Schluss zu ziehen sein, dass nur für die Anwendung dieser Normen, nicht aber für den Anwendungsbereich der Verordnung insgesamt ein innergemeinschaftlicher Auslandsbezug zu fordern ist.[29] Gegen den Mitgliedstaatenbezug spricht zudem noch ein praktisches Argument, da das Gericht in diesem Fall bereits vor Eröffnung des Insolvenzverfahrens im Rahmen der internationalen Zuständigkeit zu prüfen hätte, ob die Insolvenz über die Berührungspunkte zu einem Drittstaat hinaus eine Beziehung zu einem anderen Mitgliedstaat aufweist.[30] Die grenzüberschreitenden Bezüge stehen zu diesem Zeitpunkt jedoch weder abschließend fest, noch lassen sie sich im Eröffnungsverfahren eindeutig ermitteln.[31]

Der räumliche Anwendungsbereich der EuInsVO erstreckt sich insofern auch auf die Fälle, in denen lediglich ein Auslandsbezug zu einem Drittstaat besteht. Raum für das nationale Kollisionsrecht der §§ 335 ff. InsO verbleibt letztlich nur, soweit der Anwendungsbereich der EuInsVO zu verneinen ist oder sofern die EuInsVO einen Rückgriff auf das nationale Kollisionsrecht zulässt.[32]

---

27 *Huber*, ZZP 2001, 133, 138; *Haubold* in: Gebauer/Wiedmann, Zivilrecht unter europäischem Einfluss, Kap. 32 EuInsVO Rn 30.

28 *Haubold* in: Gebauer/Wiedmann, Zivilrecht unter europäischem Einfluss, Kap. 32 EuInsVO Rn 30; *Huber*, ZZP 2001, 133, 138.

29 *Huber*, ZZP 2001, 133, 138; *Herchen*, ZInsO 2003, 742, 745.

30 *Herchen*, ZInsO 2003, 742, 746; *Haubold* in: Gebauer/Wiedmann, Zivilrecht unter europäischem Einfluss, Kap. 32 EuInsVO Rn 31; *Reinhart* in: Kirchhof, MüKo InsO, Art. 1 EuInsVO Rn 16.

31 *Reinhart* in: Kirchhof, MüKo InsO, Art. 1 EuInsVO Rn 16.

32 Dazu näher auf S. 223.

§ 14 Der internationale Lizenzvertrag in der Insolvenz

I. Die Reichweite der lex fori concursus bei Lizenzverträgen

Die Eröffnung des Insolvenzverfahrens über das Vermögen einer der Vertragsparteien eines Lizenzvertrags besitzt auch im internationalen Rechtsverkehr große Auswirkungen. Der Vertragspartner des Insolvenzschuldners hat häufig ein Interesse daran, dass sich der Lizenzvertrag auch in der Insolvenz nach der von den Parteien gewählten Rechtsordnung beurteilt. Die Anwendbarkeit einer anderen Rechtsordnung würde für ihn Rechtsunsicherheit bedeuten, da er mit dieser oft nicht vertraut sein wird. Relevanz besitzt diese Frage besonders für solche Bereiche, in denen die Vorschriften der deutschen Insolvenzordnung für eine der Parteien Beschränkungen vorsehen, denen sich diese eventuell nicht unterwerfen und daher die Anwendbarkeit einer ausländischen Rechtsordnung vereinbaren möchte. Dies ist insbesondere bei insolvenzbezogenen Lösungsklauseln der Fall, die sich in vielen Lizenzverträgen finden und deren Wirksamkeit im deutschen Recht mit Blick auf §§ 112, 119 InsO strittig ist.[1] Fraglich ist, ob der betroffene Lizenzgeber eine Wirksamkeit seiner Lösungsklausel dadurch erreichen kann, dass er die Klausel einer Rechtsordnung unterstellt, deren (Insolvenz-) Recht solche Kündigungsklauseln nicht beanstandet. Darüber hinaus ist erörterungsbedürftig, ob die §§ 112, 119 InsO vielleicht international zwingende Eingriffsnormen im Sinne des Art. 9 Rom-I-VO darstellen, die auch in einem ausländischen Insolvenzverfahren zu beachten wären.

Entsprechend der Grundnorm des internationalen Insolvenzrechts sind auf das in einem Land eröffnete Insolvenzverfahren die jeweiligen insolvenzrechtlichen Vorschriften der entsprechenden Rechtsordnung anzuwenden.[2] Die lex fori concursus ist in Art. 4 EuInsVO und § 335 InsO normiert und bildet ein einheitliches Insolvenzstatut für alle mit dem Insolvenzverfahren zusammenhängenden Fragestellungen. So wird sichergestellt, dass die Gläubiger gleich behandelt werden und

1 Vgl. dazu S. 133 ff.

2 Zu der lex fori concursus bereits einführend auf S. 209.

die Insolvenzabwicklung einheitlich erfolgt. Als Gesamtstatut ist es sowohl für die prozessualen als auch für die materiell-rechtlichen Wirkungen des Insolvenzverfahrens maßgeblich.[3] Vom Insolvenzstatut umfasst werden dabei die Bereiche des Vermögensstatuts, des Verwaltungsstatuts und des Verteilungsstatuts.[4] Insofern fördert die lex fori concursus die einheitliche Erfassung, Verwaltung, Verwertung und Verteilung der Masse. Gemäß Art. 4 Abs. 2 lit. e EuInsVO regelt das Recht des Staates der Verfahrenseröffnung auch, wie sich das Insolvenzverfahren auf laufende Verträge des Schuldners auswirkt. Auch wenn das deutsche autonome Insolvenzkollisionsrecht dies nicht explizit formuliert, so ist dies ungeachtet dessen ebenfalls aus § 335 InsO herauszulesen.[5] Insofern wird die insolvenzrechtliche Behandlung des Lizenzvertrages dem Statut der lex fori concursus unterworfen. Es gilt dabei aber nur für die „insolvenztypischen" Wirkungen des Sachverhalts[6] und muss eine spezifisch insolvenzrechtliche Problematik betreffen.[7] Fragen beispielsweise der grundsätzlichen Wirksamkeit des Lizenzvertrages oder der Leistungsbeziehungen zwischen den Parteien beurteilen sich demgemäß auch nach Eröffnung des Insolvenzverfahrens weiterhin nach dem Vertragsstatut. Dem Vertragsstatut entzogen sind lediglich diejenigen Fragestellungen, die aus der besonderen Insolvenzsituation resultieren und die die vertraglichen Beziehungen der Parteien modifizieren.[8]

II. Internationale Lizenzverträge in der deutschen und ausländischen Insolvenz

Wird das Insolvenzverfahren in Deutschland über das Vermögen eines Lizenzgebers oder Lizenznehmers eröffnet, so richtet sich die Behandlung der internationalen Lizenzverträge hinsichtlich ihrer insolvenztypischen Wirkungen nach der deutschen Insolvenzordnung.[9] Dem Insolvenzverwalter steht mithin gegebenenfalls unter den Voraussetzungen des § 103 InsO das Recht zu, die Erfüllung des

3 *Lüer* in: Uhlenbruck, InsO, Art. 4 EuInsVO Rn 3 f; *Gottwald/Kolmann* in: Gottwald, Hdb. InsR, § 132 Rn 2 ff.; *Klauze*, Nutzungsrechte in der Insolvenz, S. 183.

4 *Lüer* in: Stoll, Stellungnahmen zur Reform, S. 116 f.; *Geimer*, IZPR, Rn 3376 ff.; *Gottwald/Kolmann* in: Gottwald, Hdb. InsR, § 132 Rn 6.

5 *Gottwald/Kolmann* in: Gottwald, Hdb. InsR, § 132 Rn 47; *Geimer*, IZPR, Rn 3538 f.; *Hausmann* in: Reithmann/Martiny, Intern. VertragsR, Rn 5767.

6 *Geimer*, IZPR, Rn 3373 f.

7 *Lüer* in: Uhlenbruck, InsO, Art. 4 EuInsVO Rn 12.

8 *Reinhart* in: Kirchhof, MüKo InsO, Art. 4 EuInsVO Rn 9.

9 Zu einer entsprechenden Entscheidung des US Bankruptcy Court Virginia IILR 2010, 144; vgl. auch die Anmerkung von *Fridgen*, GWR 2010, 245.

Lizenzvertrags abzulehnen.[10] Für die im Ausland eröffnete Insolvenz hingegen besitzt der Insolvenzverwalter mit Bezug auf den Lizenzvertrag entsprechend diejenigen Rechte, die ihm die jeweiligen nationalen insolvenzrechtlichen Regelungen zusprechen.[11]

III. Die Zulässigkeit von Lösungsklauseln bei in Deutschland eröffneten Insolvenzverfahren

Angesichts der Unsicherheiten einer Insolvenz kann die nicht insolvente Vertragspartei auch bei internationalen Lizenzverträgen das Bedürfnis einer Lösung vom Vertrag besitzen. Will man nun die Wirksamkeit insolvenzbezogener Lösungsklauseln in grenzüberschreitenden Insolvenzverfahren beurteilen, so ist zu unterscheiden zwischen in Deutschland und im Ausland eröffneten Verfahren. Ausgegangen werden soll nun zunächst von dem Fall einer in Deutschland eröffneten Insolvenz. Angesichts der Tatsache, dass die Vereinbarung von Lösungsklauseln ein Schutzinstrument des Lizenzgebers für die Insolvenz des Lizenznehmers ist, steht daher die Insolvenz eines in Deutschland ansässigen Lizenznehmers im Vordergrund, der den Lizenzvertrag mit einem ausländischen Lizenzgeber abgeschlossen hat. Hierbei ist fraglich, ob der Lizenzgeber die Ausübung seines Lösungsrechts durch die Wahl einer solchen Rechtsordnung absichern kann, die die Wirksamkeit derartiger Klauseln nicht durch entsprechende Regelungen in Frage stellt.

1. Ausnahme vom Insolvenzstatut für Rechtswahl bei Lösungsklauseln?

Dies kann nur dann gelingen, wenn das Insolvenzstatut für die insolvenzbezogenen Kündigungsrechte keine Geltung beansprucht und sich die Rechtswahl daher auf Art. 3 Rom-I-VO stützen kann. Das Insolvenzstatut selbst ist der Disponibilität der Parteien entzogen, weshalb eine etwaige Rechtswahl nur dann Wirkung entfaltet, wenn das Vertragsstatut und nicht das Insolvenzstatut für die Frage der Lösungsklauseln berufen ist. Die Beurteilung der Wirksamkeit insolvenzbezogener Kündigungsklauseln darf insofern nicht zu den bereits erwähnten[12] „insolvenztypischen" Wirkungen des Sachverhalts zu zählen sein. Ob sich ein Gläubiger infolge

10 Vgl. dazu im Einzelnen S. 101 ff.

11 Zu den Rechten eines *liquidators* oder *administrators* des englischen Rechts vgl. insoweit die Ausführungen auf S. 185 ff.

12 Dazu S. 213; vgl. auch *Geimer*, IZPR, Rn 3373 f.

der Eröffnung des Insolvenzverfahrens von einem Vertrag mit dem Schuldner lösen darf, ist aber eine insolvenzrechtliche Frage. Die Ausübung eines Lösungsrechts tangiert die Gestaltung und Abwicklung schwebender Rechtsgeschäfte, was zu den typischen Funktionen eines Insolvenzverfahrens gehört. Eine solche Frage betrifft das Insolvenzverwaltungsstatut, das alle Regeln über die rechtlichen Befugnisse des Insolvenzverwalters mit einschließt.[13] Somit sind insolvenzbezogene Lösungsklauseln anhand des Insolvenzrechts des Eröffnungsstaates zu beurteilen. Die Wahl eines anderen Vertragsstatuts kann die Anwendung des deutschen Insolvenzrechts nicht verhindern.[14] Gleiches gilt auch dann, wenn das Vertragsstatut aufgrund einer objektiven Anknüpfung von der lex fori concursus abweicht, wie es etwa bei einer Sitzverlegung nach Vertragsschluss der Fall sein kann. Wird folglich in Deutschland ein Insolvenzverfahren eröffnet, dann kommen die §§ 103 ff. InsO auch zur Anwendung, wenn der Vertragspartner seinen Aufenthalt oder Sitz im Ausland hat, der Vertrag im Ausland zu erfüllen ist und nach Art. 3 Rom-I-VO ausländischem Recht unterfällt.[15] Die lex fori concursus ist insofern zwingend und nicht durch Gestaltungsmöglichkeiten hinsichtlich des Vertragsstatuts zu umgehen. Angewendet werden daher auch die §§ 112, 119 InsO, die die insolvenzbezogenen Kündigungsmöglichkeiten regeln.

2. Ergebnis

Eine Beeinflussung der Kündigungsbeschränkungen des deutschen Insolvenzrechts durch eine vertragliche Rechtswahlklausel zugunsten einer ausländischen Rechtsordnung nach Art. 3 Rom-I-VO ist insofern aufgrund der zwingenden Geltung der lex fori concursus nicht möglich. Das außerhalb der Insolvenz geltende Vertragsstatut wird also für die Frage der Wirksamkeit insolvenzbezogener Lösungsklauseln durch das Insolvenzstatut verdrängt. Aufgrund dieser Tatsache ist es bei einem in Deutschland eröffneten Insolvenzverfahren auch irrelevant, ob die Vorschriften der §§ 103, 112, 119 InsO international zwingende Eingriffsnormen im Sinne des Art. 9 Rom-I-VO sind oder ob die Anwendung ausländischer insolvenzrechtlicher Regelungen gegen den deutschen ordre public verstößt.[16]

---

13 *Lüer* in: Stoll, Stellungnahmen zur Reform, S. 116 f.; *Geimer*, IZPR, Rn 3377.

14 *Straßer*, ZUM 1999, 928, 933.

15 *Hausmann* in: Reithmann/Martiny, Intern. VertragsR, Rn 5767; *Klauze*, Nutzungsrechte in der Insolvenz, S. 183.

16 Daher unzutreffend *Straßer*, ZUM 1999, 928, 933 f.; *Raitz von Frentz/Marrder*, ZUM 2001, 761, 763 ff.; *Abel*, NZI 2003, 121, 128 f.; wie hier richtigerweise *Adolphsen*, DZWiR 2003, 228, 230; *Klauze*, Nutzungsrechte in der Insolvenz, S. 184; *Wiedemann*, Lizenzen in der Insolvenz, Rn 1296.

IV. Die Zulässigkeit von Lösungsklauseln bei im Ausland eröffneten Insolvenzverfahren

Die Frage nach dem zwingenden Charakter der die Wirksamkeit von Lösungsklauseln im deutschen Recht beschränkenden Vorschriften erlangt aber Bedeutung, wenn das Insolvenzverfahren nicht in Deutschland eröffnet worden ist. Dann gilt nach dem Insolvenzstatut nicht deutsches Recht sondern diejenige ausländische Rechtsordnung, in der das Verfahren eröffnet worden ist. Hat nun ein deutscher Lizenzgeber seinem insolventen ausländischen Vertragspartner auf Grundlage einer vereinbarten Lösungsklausel gekündigt und setzt der Insolvenzverwalter die Auswertung der Rechte dennoch fort, so wird der deutsche Lizenzgeber auf Unterlassung klagen. In diesem Verfahren wird das Gericht die Wirksamkeit der insolvenzbedingten Kündigung überprüfen.

1. Die §§ 112, 119 InsO als international zwingende Eingriffsnormen?

Dabei hätte es gemäß Art. 4 EuInsVO, § 335 InsO das Recht desjenigen Staates anzuwenden, in dem das Insolvenzverfahren eröffnet wurde. Lässt die Rechtsordnung die Kündigung zu, so wird das Gericht der Unterlassungsklage gegen den Insolvenzverwalter stattgeben, wenn nicht die §§ 112, 119 InsO als international zwingende Eingriffsnormen im Sinne des Art. 9 Rom-I-VO entgegenstehen. Unabhängig von der Frage, ob Art. 9 Rom-I-VO lediglich das Vertragsstatut begrenzt[17] und damit nicht die hier angewendete lex fori concursus einengen kann[18], ist zweifelhaft, ob die §§ 112, 119 InsO als Eingriffsnormen aufgefasst werden können. Eine Eingriffsnorm ist eine zwingende Vorschrift, deren Einhaltung von einem Staat als so entscheidend für die Wahrung seines öffentlichen Interesses, insbesondere seiner politischen, sozialen oder wirtschaftlichen Organisation, angesehen wird, dass sie ungeachtet des nach allgemeinen Regeln auf den Vertrag anzuwendenen Rechts Geltung beansprucht.[19] Die Voraussetzungen sind denkbar hoch und verlangen neben dem internationalen Geltungsanspruch der Norm und der Unabdingbarkeit nach materiellem Recht einen hinreichenden Inlandsbezug

17 Arg. e Art. 9 Abs. 2 Rom-I-VO: „*Diese Verordnung berührt nicht...*".

18 So vertreten für die ähnliche Vorschrift des Art. 34 EGBGB; vgl. BGH NJW 1993, 1126, 1128; *Heldrich* in: Palandt, BGB, 68. Aufl., Art. 34 EGBGB Rn 3; zu Art. 9 Rom-I-VO jetzt anders *Thorn* in: Palandt, BGB, Art. 9 Rom-I-VO Rn 6.

19 Vgl. auch den Wortlaut des Art. 9 Abs. 1 Rom-I-VO, der den Begriff der Eingriffsnorm erstmals definiert.

und eine überindividuelle Zielrichtung.[20] Auch wenn von den §§ 112, 119 InsO nach materiellem Recht nicht abgewichen werden darf und der Sachverhalt aufgrund des in Deutschland ansässigen Lizenzgebers einen Bezug zur deutschen Rechtsordnung aufweist, so muss die Einstufung der kündigungsbeschränkenden Vorschriften der deutschen Insolvenzordnung als Eingriffsnormen letztlich scheitern. Die Beschränkung der Wirksamkeit von Lösungsklauseln kann für die Wahrung des deutschen öffentlichen Interesses nicht von elementarer Bedeutung sein, wenn die Vorschriften erst 1999 neu in das Gesetz aufgenommen worden sind und ihr Inkrafttreten eine nahezu 100 Jahre geltende Rechtstradition der Zulässigkeit von Lösungsklauseln beendet.[21] Dies zeigt, dass die Frage nach der Wirksamkeit insolvenzbezogener Kündigungsklauseln nicht die politische, soziale oder wirtschaftliche Organisation des deutschen Staates berührt und die §§ 112, 119 InsO daher nicht als international zwingende Normen angesehen werden müssen.

2. Verstoß gegen den ordre public?

Ein solches Urteil könnte sich auch als Verstoß gegen den allgemeinen deutschen ordre public (Art. 21 Rom-I-VO, Art. 6 EGBGB) herausstellen.[22] Letztlich wird ein Verstoß gegen diesen Grundsatz aber ebenfalls zu verneinen sein. Dies gilt schon vor dem Hintergrund, dass Art. 9 Rom-I-VO als spezielle Vorschrift des ordre public aufgefasst wird[23] und auch die Vorschriften des allgemeinen ordre public gemäß Art. 21 Rom-I-VO oder Art. 6 EGBGB ebenso hohe Anforderungen stellen, die im Fall von §§ 112, 119 InsO als nicht erfüllt anzusehen sind.[24] Es lässt sich mithin festhalten, dass bei einer ausländischen Insolvenz die Ausübung eines Lösungsrechts selbst im Fall einer Klage auf Unterlassung nicht an den §§ 112, 119 InsO zu messen ist.

V. Zusammenfassung

Hinsichtlich der insolvenzrechtlichen Behandlung von internationalen Lizenzverträgen beansprucht die lex fori concursus Geltung. Dies hat auch Auswirkungen

20 *Thon* in: Palandt, BGB, Art. 9 Rom-I-VO Rn 5 m. w. N.

21 So auch *Zehnsdorf*, Filmnutzungsrechte in der Insolvenz, S. 148; vgl. auch die Argumentation im nationalen Recht auf S. 140.

22 Zu dieser Fallgestaltung vgl. auch *Klauze*, Nutzungsrechte in der Insolvenz, S. 187 ff.

23 Siehe nur *Martiny* in: Säcker/Rixecker, MüKo BGB, Art. 9 Rom-I-VO Rn 111 m. w. N.

24 Dazu auch *Klauze*, Nutzungsrechte in der Insolvenz, S. 188 f.

auf die Frage nach der Wirksamkeit von Lösungsklauseln in diesen Verträgen. Wird das Insolvenzverfahren in Deutschland eröffnet, so kann eine Anwendung der die Wirksamkeit von Lösungsklauseln einschränkenden §§ 112, 119 InsO nicht durch eine Rechtswahl oder andere Gestaltungsmöglichkeiten hinsichtlich des Vertragsstatuts oder gar des Insolvenzstatuts umgangen werden. Ist das Verfahren hingegen in einem anderen Staat eröffnet, so entfalten diese Normen der Insolvenzordnung keine Wirkung. Dies gilt selbst dann, wenn eine in diesem Zusammenhang erhobene Klage auf Unterlassung vor einem deutschen Gericht ausgetragen wird, weil die §§ 112, 119 InsO keine international zwingenden Normen darstellen und ein mit ihnen in Widerspruch stehendes Urteil keinen Verstoß gegen den ordre public zur Folge hat.

§ 15 Die urheberrechtliche Lizenz als dingliches Recht in der internationalen Insolvenz

Nachdem im vorangegangenen Kapitel der internationale Lizenzvertrag betrachtet wurde, soll nun der urheberrechtlichen Lizenz als dinglichem Recht in der internationalen Insolvenz besondere Aufmerksamkeit geschenkt werden. Es wurde bereits gezeigt, dass sich sowohl das Urheberrecht als Schutzrecht als auch die Verfügung über Ausschnitte aus diesem Recht internationalprivatrechtlich nach dem Schutzlandprinzip und der lex loci protectionis beurteilen.[1] Auf Rechtsfragen bezüglich der Wirksamkeit, Reichweite oder Übertragbarkeit einer urheberrechtlichen Lizenz ist demzufolge die Rechtsordnung anzuwenden, für die in dem konkreten Fall Schutz beansprucht wird.[2]

I. Die lex fori concursus des Art. 4 EuInsVO als Grundsatz

Fallen der Lizenzgeber oder der Lizenznehmer in Insolvenz, so wird die lex loci protectionis für alle insolvenzbezogenen Wirkungen der Lizenz grundsätzlich von der lex fori concursus verdrängt.[3] Art. 4 Abs. 2 lit. b EuInsVO sieht vor, dass das Recht des Staates der Verfahrenseröffnung auch regelt, welche Vermögenswerte zur Masse gehören und wie die nach der Verfahrenseröffnung vom Schuldner erworbenen Vermögenswerte zu behandeln sind.[4] Dies gilt auch für den Vermögenswert der urheberrechtlichen Lizenz. Weiterhin regelt die lex fori concursus gemäß Art. 4 Abs. 2 lit. c EuInsVO grundsätzlich auch die Befugnisse des Schuldners und des Verwalters. Hiervon sind ebenfalls die Befugnisse in Bezug auf urheberrechtliche Lizenzen erfasst.

---

1 Vgl. dazu S. 194 und S. 200 ff.

2 *Hiestand* in: Reithmann/Martiny, Intern. VertragsR, Rn 1882.

3 *Gottwald/Kolmann* in: Gottwald, Hdb. InsR, § 132 Rn 7; *Klauze*, Nutzungsrechte in der Insolvenz, S. 182 ff.

4 Vgl. auch *Pannen/Riedemann* in: Pannen, EuInsVO, Art. 4 Rn 43 ff.

II. Art. 5 EuInsVO als Ausnahmevorschrift für dingliche Rechte

Etwas anderes könnte sich aber dann ergeben, wenn man urheberrechtliche Lizenzen als dingliche Rechte im Sinne des Art. 5 EuInsVO auffasst. Art. 5 EuInsVO formuliert eine Ausnahme vom Grundsatz der lex fori concursus für dingliche Rechte Dritter.[5] Hat ein Gläubiger oder ein Dritter an einem körperlichen oder unkörperlichen, beweglichen oder unbeweglichen Gegenstand des Schuldners ein dingliches Recht und befindet sich der Gegenstand zur Zeit der Insolvenzeröffnung im Gebiet eines anderen Mitgliedstaats, so wird nach dem Wortlaut der Norm das dingliche Recht von der Verfahrenseröffnung nicht berührt. Die Vorschrift zielt vorwiegend auf die Kreditsicherung ab und durchbricht für diesen Bereich die ansonsten als Grundprinzip der EuInsVO weitgehend gemeinschaftsweit durch die lex fori concursus verwirklichte Gläubigergleichbehandlung.[6] Die Ausnahmeregelung beruht auf der Erwägung, dass bei einer Anwendung der lex fori concursus auf dingliche Rechte eine Entwertung der Kreditsicherheiten eintreten könnte. Die Kreditsicherheiten besitzen aber eine besondere Bedeutung für die Kreditwirtschaft der Mitgliedstaaten und damit letztlich für das Funktionieren der europäischen Wirtschaft allgemein. In den einzelnen Mitgliedstaaten sind sie jedoch sehr unterschiedlich ausgestaltet. Der Wert der Sicherheit hängt aber davon ab, ob ein kalkulierbarer und durchsetzbarer Schutz im Sicherungsfall besteht, wobei der Sicherungsfall insbesondere in der Schuldnerinsolvenz eintritt.[7] Jede Unsicherheit in Bezug auf die rechtliche Behandlung von dinglichen Sicherungsrechten stellt eine Gefahr für die Kreditwirtschaft innerhalb der EU dar, weil Banken unter Umständen nur noch zu ungünstigeren Bedingungen Kredite vergeben würden.[8] Deshalb wird die Unsicherheit der lex fori concursus in Art. 5 EuInsVO dadurch beseitigt, dass dingliche Rechte von der Verfahrenseröffnung unberührt bleiben. Die Vorschrift dient mithin dem Schutz des Wirtschaftsverkehrs und der Rechtssicherheit hinsichtlich der Behandlung dinglicher Rechte.[9]

---

5 Die amtliche Überschrift des Art. 5 EuInsVO lautet fälschlicherweise „Dingliche Rechte Dritte".

6 Erwägungsgrund (25) zu EuInsVO; *Virgós/Schmit*, Erläuternder Bericht, Rn 97; *Paulus*, EuInsVO, Art. 5 Rn 1; allgemein zur Kreditsicherung in der internationalen Insolvenz *Girsberger*, RabelsZ 70 (2006), 505.

7 *Duursma-Kepplinger* in: Duursma-Kepplinger/Duursma/Chalupsky, EuInsVO, Art. 5 Rn 11.

8 *Virgós/Schmit*, Erläuternder Bericht, Rn 97; *Duursma-Kepplinger* in: Duursma-Kepplinger/Duursma/Chalupsky, EuInsVO, Art. 5 Rn 11.

9 *Ingelmann* in: Pannen, EuInsVO, Art. 5 Rn 7.

1. Voraussetzungen des Art. 5 EuInsVO

Bevor eine Anwendbarkeit des Art. 5 EuInsVO auf urheberrechtliche Lizenzen diskutiert werden kann, sollen zunächst die Voraussetzungen der Vorschrift im Allgemeinen kurz erläutert werden.

a) Gegenstand

Als Bezugspunkt des dinglichen Rechts setzt Art. 5 EuInsVO zunächst einen Gegenstand voraus. Der Wortlaut der Vorschrift macht deutlich, dass dieser Begriff weit verstanden werden soll. Er erfasst keineswegs nur Sachen, sondern jedweden Vermögensgegenstand, an dem ein dingliches Recht begründet werden kann, unabhängig davon, ob der Gegenstand beweglich oder unbeweglich, körperlich oder unkörperlich ist.[10] Dadurch sind neben Mobilien, Immobilien und Forderungen auch immaterielle Güter erfasst.[11] Durch die Bezugnahme auf „eine Mehrheit von nicht bestimmten Gütern" wird auch die *floating charge* des britischen Rechts erfasst.[12]

b) Belegenheit in anderem Mitgliedstaat

Der mit dem dinglichen Recht belastete Gegenstand muss sich bei Verfahrenseröffnung in einem anderen Mitgliedstaat als dem Staat der Verfahrenseröffnung befinden. Wo ein Gegenstand sich „befindet", kann der Definition des Art. 2 lit. g EuInsVO entnommen werden. Körperliche Gegenstände befinden sich danach an ihrem Belegenheitsort, Forderungen in dem Mitgliedstaat, in dessen Gebiet der zur Leistung verpflichtete Dritte sein *Centre of main interest (COMI)* hat. Die Belegenheit in einem anderen Mitgliedstaat darf dabei nicht „in betrügerischer Absicht" gewählt worden sein.[13] Ebenso wenig ist eine Verbringung des Gegenstandes durch den Insolvenzverwalter in den Verfahrensstaat zulässig.[14]

Für den Fall, dass der Vermögensgegenstand nicht in einem anderen Mitgliedstaat, sondern einem Drittstaat belegen ist, trifft Art. 5 EuInsVO keine Regelung. Art. 5 EuInsVO ist in solchen Konstellationen mit Drittstaatenbezug auch nicht

---

10 *Paulus*, EuInsVO, Art. 5 Rn 5.

11 *Paulus*, EuInsVO, Art. 5 Rn 5.

12 Dazu *Wimmer*, ZInsO 2001, 97, 98 f.; allgemein zu der *floating charge* als Sicherheit bereits S. 182 m. w. N.; vertiefend auch *Meulen*, Die Floating Charge, S. 43 ff.; *Meyer-Löwy/Poertzgen/de Vries*, ZInsO 2005, 293 f.

13 *Virgós/Schmit*, Erläuternder Bericht, Rn 105; *Huber* in: Haß et al., EuInsVO, Art. 5 Rn 9.

14 *Huber* in: Haß et al., EuInsVO, Art. 5 Rn 9.

analog heranzuziehen, da die Beschränkung des Anwendungsbereichs auf im Gebiet eines anderen Mitgliedstaats belegene Gegenstände auf einer bewussten Entscheidung des Verordnungsgebers beruht.[15] Es stellt sich insofern die Frage, ob in diesen Fällen die EuInsVO mit Art. 4 eine abschließende Regelung liefert[16] oder ob ein Rückgriff auf die jeweiligen nationalen Kollisionsnormen möglich ist.[17] Für eine Anwendung des nationalen Insolvenzkollisionsrecht spricht letztlich der erläuternde Bericht von *Virgós/Schmit* zum EuInsÜ, der feststellt, dass die Notwendigkeit von Vertrauensschutz auch in den Beziehungen zu Nichtvertragsstaaten bestehe und es den Vertragsstaaten daher freistehe, für Fälle mit Drittstaatenbezug geeignete Vorschriften zu erlassen.[18] Zwar besitzt der Bericht keine Gesetzeskraft[19], es kann aber angenommen werden, dass sich der Verordnungsgeber mangels anderer Anhaltspunkte diese vorgeschlagene Lösung zu eigen gemacht hat.[20] Von daher ist in Konstellationen mit Drittstaatenbezug eine ergänzende Anwendung des autonomen internationalen Insolvenzrechts des Staates möglich, in dem das Insolvenzverfahren eröffnet worden ist.[21] Für das in Deutschland eröffnete Insolvenzverfahren gelten in diesem Fall insofern die §§ 335 ff. InsO.[22]

c) Dingliches Recht

Die Vorschrift des Art. 5 EuInsVO setzt weiterhin voraus, dass an dem in einem anderen Mitgliedstaat belegenen Gegenstand ein dingliches Recht besteht. Die Verordnung definiert dabei aber nicht, was unter einem dinglichen Recht im Sinne der Vorschrift zu verstehen ist.[23] Auf eine Definition wurde deshalb verzichtet, weil man die Gefahr umgehen wollte, dass Rechtspositionen, die nach dem Recht

15 *Gruber* in: Ahrens/Gehrlein/Ringstmeier, Fachanwaltskommentar InsR, Art. 4 EuInsVO Rn 11.

16 *Mäsch* in: Rauscher, EuZPR/EuIPR, Art. 4 EuInsVO Rn 5.

17 *Huber*, ZZP 2001, 133, 152 ff.; *Haubold* in: Gebauer/Wiedmann, Zivilrecht unter europäischem Einfluss, Kap. 32 EuInsVO Rn 108; *Gruber* in: Ahrens/Gehrlein/Ringstmeier, Fachanwaltskommentar InsR, Art. 4 EuInsVO Rn 11 ff.; *Paulus*, EuInsVO, Art. 5 Rn 4.

18 *Virgós/Schmit*, Erläuternder Bericht, Rn 93.

19 *Mäsch* in: Rauscher, EuZPR/EuIPR, Art. 4 EuInsVO Rn 5.

20 *Gruber* in: Ahrens/Gehrlein/Ringstmeier, Fachanwaltskommentar InsR, Art. 4 EuInsVO Rn 12.

21 *Paulus*, EuInsVO, Art. 5 Rn 4; *Huber* in: Haß et al., EuInsVO, Art. 5 Rn 10.

22 Dazu im Folgenden eingehender auf den S. 241 ff.

23 *Huber* in: Haß et al., EuInsVO, Art. 5 Rn 3; *Duursma-Kepplinger* in: Duursma-Kepplinger/Duursma/Chalupsky, EuInsVO, Art. 5 Rn 50.

des Belegenheitsstaates nicht als dingliche Rechte gelten, als solche angesehen und dingliche Rechte, die die Voraussetzungen der Definition nicht erfüllen, nicht erfasst worden wären.[24] Art. 5 EuInsVO sind statt dessen lediglich einige verordnungsautonome Vorgaben zu entnehmen. So ist der Begriff des dinglichen Rechts grundsätzlich eng auszulegen, da die Norm eine Ausnahme zu dem Universalitätsgrundsatz des Art. 4 EuInsVO formuliert.[25] Aus der in Absatz 2 enthaltenen beispielhaften Aufzählung sind Rechte zu entnehmen, die nach einzelstaatlichem Recht regelmäßig als dingliche Rechte gelten. Sie sollen einer verordnungsautonomen Bestimmung des Begriffskerns des dinglichen Rechts Ausdruck verleihen.[26] Der Aufzählung sind nach dem erläuternden Bericht von *Virgós/Schmit* zwei prägende Merkmale des dinglichen Rechts zu entnehmen.[27] Dingliche Rechte zeichnen sich zum einen dadurch aus, dass sie direkt und unmittelbar an die Sache gebunden sind, die Gegenstand des dinglichen Rechts ist. Zum anderen bilden dingliche Rechte absolute Rechtspositionen. Die Absolutheit wiederum zeigt sich darin, dass das Recht gegen jede Missachtung oder Beeinträchtigung durch Erhebung der Herausgabeklage eingeklagt werden kann, dass das Recht bei Veräußerung der Sache – vorbehaltlich eines gutgläubigen Erwerbs – nicht untergeht und dass es auch bei Einzelrechtsverfolgung durch Dritte oder bei Gesamtverfahren (etwa durch Aus- oder Absonderung) bestehen bleibt.[28] Hinsichtlich der in einem öffentlichen Register einzutragenden und gegen jedermann wirksamen Rechte legt Art. 5 Abs. 3 EuInsVO allgemeinverbindlich fest, dass es sich um dingliche Rechte handelt.[29] Dies gilt beispielsweise auch für die deutsche Vormerkung.[30]

Soweit die Verordnung keine autonomen Vorgaben macht, ist für die Frage der Qualifikation auf das anwendbare nationale Recht abzustellen.[31] Hierbei ist jedoch strittig, wie das anwendbare nationale Recht zu bestimmen ist. Teilweise wird hinsichtlich dieser Vorfrage vertreten, dass maßgeblich auf das Kollisionsrecht des

24 *Virgós/Schmit*, Erläuternder Bericht, Rn 100; *Duursma-Kepplinger* in: Duursma-Kepplinger/Duursma/Chalupsky, EuInsVO, Art. 5 Rn 50.

25 *Ingelmann* in: Pannen, EuInsVO, Art. 5 Rn 33; *Reinhart* in: Kirchhof, MüKo InsO, Art. 5 EuInsVO Rn 4.

26 *Virgós/Schmit*, Erläuternder Bericht, Rn 103; *Huber* in: Haß et al., EuInsVO, Art. 5 Rn 5; *Geimer* in: Geimer/Schütze, EuZVR, A. 5 Art. 5 Rn 8; *Duursma-Kepplinger* in: Duursma-Kepplinger/Duursma/Chalupsky, EuInsVO, Art. 5 Rn 51.

27 Vgl. dazu *Virgós/Schmit*, Erläuternder Bericht, Rn 103.

28 *Virgós/Schmit*, Erläuternder Bericht, Rn 103; *Ingelmann* in: Pannen, EuInsVO, Art. 5 Rn 32; *Huber* in: Haß et al., EuInsVO, Art. 5 Rn 5.

29 *Paulus*, EuInsVO, Art. 5 Rn 7; *Virgós/Schmit*, Erläuternder Bericht, Rn 101.

30 *Huber* in: Haß et al., EuInsVO, Art. 5 Rn 6.

Belegenheitsortes abzustellen ist.[32] Zutreffenderweise wird aber zumeist angenommen, dass das internationale Privatrecht des Hauptverfahrensstaates berufen ist.[33] In Anbetracht der Tatsache, dass es sich um eine Vorfrage handelt, ist eine selbständige Anknüpfung aus Sicht des Eröffnungsstaates geboten.[34] Für die Rechte an Immobilien und beweglichen Gegenständen führt insofern aus deutscher Sicht Art. 43 EGBGB zu einer Anwendung des Rechts des Belegenheitsortes.[35] Nach dem so ermittelten Recht bestimmt sich dann, ob für das in Frage stehende Recht die verordnungsautonomen Vorgaben eines dinglichen Rechts vorliegen, ob die Voraussetzungen hinsichtlich Entstehung und Wirksamkeit erfüllt sind und welche Reichweite das dingliche Recht aufweist.[36]

d) Inhaber der dinglichen Rechts

Der Inhaber des dinglichen Rechts kann ein Gläubiger des Insolvenzschuldners sein. Er kann aber auch genauso gut ein Dritter sein. Sichert beispielsweise die von dem Schuldner gegebene Kreditsicherheit den Anspruch eines Dritten ab, den dieser gegen einen anderen Schuldner besitzt, so kommt es auch hinsichtlich dieses Dritten zu einer Anwendbarkeit des Art. 5 EuInsVO.[37]

e) Maßgeblicher Zeitpunkt

Das dingliche Recht muss bei Eröffnung des Insolvenzverfahrens bereits entstanden sein. Vollzieht sich die Entstehung des Rechts in einem mehraktigen Tatbestand, so müssen alle Akte vollständig abgeschlossen sein.[38] Mit „Eröffnung des Insol-

---

31 *Virgós/Schmit*, Erläuternder Bericht, Rn 100; *Haubold* in: Gebauer/Wiedmann, Zivilrecht unter europäischem Einfluss, Kap. 32 EuInsVO Rn 111 ff.; *Huber* in: Haß et al., EuInsVO, Art. 5 Rn 8; *Duursma-Kepplinger* in: Duursma-Kepplinger/Duursma/Chalupsky, EuInsVO, Art. 5 Rn 51; a. A. hingegen *Kindler* in: Säcker/Rixecker, MüKo BGB, Art. 5 EuInsVO Rn 4; *Mäsch* in: Rauscher, EuZPR/EuIPR, Art. 5 EuInsVO Rn 7, die für eine rein verordnungsautonome Qualifikation plädieren.

32 *Gottwald*, Grenzüberschreitende Insolvenzen, S. 33 zum EuIÜ.

33 *Paulus*, EuInsVO, Art. 5 Rn 7; *Ingelmann* in: Pannen, EuInsVO, Art. 5 Rn 29; *Huber*, ZZP 2001, 133, 154; *Haas*, FS Gerhardt, S. 319, 333.

34 *Haas*, FS Gerhardt, S. 319, 333.

35 Etwas anderes gilt für Forderungen oder Rechte als Sicherungsgegenstände; vgl. auch *Reinhart* in: Kirchhof, MüKo InsO, Art. 5 EuInsVO Rn 5; zu urheberrechtlichen Lizenzen sogleich auf S. 231 ff.

36 *Haas*, FS Gerhardt, S. 319, 333; *Huber* in: Haß et al., EuInsVO, Art. 5 Rn 8.

37 Vgl. dazu *Reinhart* in: Kirchhof, MüKo InsO, Art. 5 EuInsVO Rn 10.

38 *Duursma-Kepplinger* in: Duursma-Kepplinger/Duursma/Chalupsky, EuInsVO, Art. 5 Rn 54.

venzverfahrens“ ist die Eröffnung des Hauptverfahrens im Sinne des Art. 3 Abs. 1 EuInsVO gemeint, da ein Auseinanderfallen zwischen Belegenheitsort und Verfahrensstaat nur bezogen auf das Hauptverfahren möglich ist.[39] Ist das dingliche Recht zum maßgeblichen Zeitpunkt nicht vollständig entstanden, bleibt es bei der Anwendung der in Art. 4 Abs. 1 EuInsVO als allgemeine Regel normierten lex fori concursus. Der Zeitpunkt der Verfahrenseröffnung ist auch entscheidend, wenn es um die Beurteilung der Frage geht, ob der mit dem dinglichen Recht belastete Gegenstand sich in einem anderen Mitgliedstaat befindet.

2. Rechtsfolgen des Art. 5 EuInsVO

Art. 5 EuInsVO sieht für dingliche Rechte Dritter an in anderen Mitgliedsstaaten belegenen Vermögensgegenständen des Schuldners vor, dass diese durch das Insolvenzverfahren nicht berührt werden. Was darunter konkret zu verstehen ist, ist im Einzelnen nicht unumstritten.[40] Der erläuternde Bericht von *Virgós/Schmit* führt zu der Rechtsfolge aus, dass die Verordnung nicht vorschreibe, die dinglichen Rechte in die Masse des Hauptverfahrens einzubeziehen oder von dieser auszunehmen, sondern lediglich die Pflicht aufstelle, diese Rechtspositionen zu wahren, so dass ihr Inhaber alle seine Ansprüche im Hinblick auf die betreffenden Vermögensgegenstände behalte.[41] Dies veranschaulicht die Wendung „wird nicht berührt“, ohne aber die konkrete rechtliche Behandlung der dinglichen Rechte aufzuzeigen. Teilweise wird in der Literatur ein kollisionsrechtliches Verständnis der Norm vorgeschlagen.[42] Die Formulierung „von der *Eröffnung des Verfahrens* nicht berührt“ sei zu verstehen als „von der *Verordnung* nicht berührt“, so dass die Vorschrift lediglich die Anwendung der lex fori concursus einschränkt und statt dessen auf das Recht des Belegenheitsstaates (lex rei sitae) verweist.[43] Diesem Ansatz kann aber nicht gefolgt werden, da dieses Verständnis der Norm zum einen mit dem Wortlaut des Art. 5 EuInsVO nicht vereinbar ist. Der Verordnungsgeber bringt es – wie in Art. 8 EuInsVO durch Verweis auf die lex rei sitae – deutlich zum Ausdruck, wenn er Kollisionsnormen schaffen will.[44] Zum anderen läuft die Auffassung auch dem Willen des Verordnungsgebers zuwider. Eine insolvenzrechtliche Be-

---

39 Vgl. *Reinhart* in: Kirchhof, MüKo InsO, Art. 5 EuInsVO Rn 11.

40 Zum Ganzen ausführlich *Duursma-Kepplinger* in: Duursma-Kepplinger/Duursma/Chalupsky, EuInsVO, Art. 5 Rn 12 ff.

41 *Virgós/Schmit*, Erläuternder Bericht, Rn 95.

42 *Flessner*, IPRax 1997, 1, 7 f.; *Fritz/Bähr*, DZWiR 2001, 221, 227 f.

43 *Flessner*, FS Drobnig, 277, 287.

44 *Kindler* in: Säcker/Rixecker, MüKo BGB, Art. 5 EuInsVO Rn 22.

handlung dinglicher Rechte nach der lex rei sitae wurde im Entstehungsverfahren der EuInsVO in Erwägung gezogen, hat sich aber nicht durchgesetzt und wurde letztlich abgelehnt.[45]

a) Das Verständnis der Norm als Sachnorm

Art. 5 EuInsVO ist insofern keine Kollisionsnorm, die festlegt, welches Recht auf die Behandlung dinglicher Rechte in der Insolvenz anwendbar ist. Sie ist vielmehr eine Sachnorm, die die Wirkungserstreckung des Art. 17 EuInsVO einschränkt.[46] Dingliche Rechte in einem anderen Mitgliedsstaat unterliegen nach zutreffender Auffassung weder den insolvenzrechtlichen Beschränkungen der lex fori concursus noch denen der lex rei sitae.[47] Sie werden durch die Eröffnung des Hauptinsolvenzverfahrens in keiner Weise beschränkt und sind daher grundsätzlich so zu behandeln, als ob das Hauptinsolvenzverfahren nicht eröffnet worden wäre. Darüber hinaus verbleibt aber die Möglichkeit, ein Sekundärinsolvenzverfahren in dem Mitgliedstaat zu beantragen, in dem der mit dem dinglichen Recht belastete Gegenstand belegen ist.

b) Sekundärinsolvenzverfahren im Belegenheitsstaat

Auch wenn das dingliche Recht im anderen Mitgliedstaat gemäß Art. 5 EuInsVO von der Eröffnung des (Haupt-) Insolvenzverfahrens unberührt bleibt, bedeutet dies nicht, dass der betroffene Gegenstand jeder Verwertung entzogen ist. Die dinglichen Rechte an Gegenständen in anderen Mitgliedstaaten können lediglich nicht im Rahmen des Hauptinsolvenzverfahrens verwertet werden.[48] Sofern der Schuldner im Belegenheitsstaat eine Niederlassung hat[49], kann aber dort ein Sekundärinsolvenzverfahren eröffnet werden, das sich nach dem Recht dieses Staates

45 *Virgós/Schmit*, Erläuternder Bericht, Rn 97; *Ingelmann* in: Pannen, EuInsVO, Art. 5 Rn 13; *Wimmer*, NJW 2002, 2427, 2430.

46 *Haas*, FS Gerhardt, S. 319, 328; *Reinhart* in: Kirchhof, MüKo InsO, Art. 5 EuInsVO Rn 13; *Huber* in: Haß et al., EuInsVO, Art. 5 Rn 13; *Gottwald/Kolmann* in: Gottwald, Hdb. InsR, § 132 Rn 17.

47 *Duursma-Kepplinger* in: Duursma-Kepplinger/Duursma/Chalupsky, EuInsVO, Art. 5 Rn 18; *Kindler* in: Säcker/Rixecker, MüKo BGB, Art. 5 EuInsVO Rn 23; *Ingelmann* in: Pannen, EuInsVO, Art. 5 Rn 16; *Huber* in: Haß et al., EuInsVO, Art. 5 Rn 13; *Herchen*, ZInsO 2002, 345, 347 f.; *Reinhart* in: Kirchhof, MüKo InsO, Art. 5 EuInsVO Rn 13; *Haas*, FS Gerhardt, S. 319, 328 f.

48 *Ingelmann* in: Pannen, EuInsVO, Art. 5 Rn 17.

49 Vgl. Art. 3 Abs. 2 i. V. m. Art. 2 lit. h EuInsVO; zu dieser Voraussetzung und seiner Auslegung auch *Heiderhoff* in: Haß et al., EuInsVO, Art. 27 Rn 7 ff.

richtet (lex fori concursus secundariae).[50] Auch das Schicksal des dinglichen Rechts beurteilt sich daher nach dem Recht des Staates, in dem das sekundäre Verfahren eröffnet wird. Die Stellung der dinglich gesicherten Gläubiger entspricht derjenigen in einem rein nationalen Insolvenzverfahren.[51] Inhaltlich ist das Sekundärinsolvenzverfahren auf das in dem entsprechenden Staat belegene Vermögen des Schuldners beschränkt (Art. 27 S. 3 EuInsVO) und entzieht dieses Vermögen dem Hauptinsolvenzverfahren.[52] Die Eröffnung des sekundären Verfahrens kann neben den nach dem Recht des Eröffnungsstaates berechtigten Personen auch der Insolvenzverwalter des Hauptverfahrens beantragen, Art. 29 lit. a EuInsVO. Erzielt das Sekundärverfahren durch die Verwertung der Vermögensgegenstände einen Überschuss, so ist dieser gemäß Art. 35 EuInsVO dem Verwalter des Hauptverfahrens zu übergeben.

c) Kein Sekundärinsolvenzverfahren im Belegenheitsstaat

Es kann aber auch Fälle geben, in denen in dem Belegenheitsstaat des dinglich belasteten Gegenstands kein Sekundärinsolvenzverfahren eröffnet wird oder eröffnet werden kann. Gerade letzteres ist dann der Fall, wenn der Insolvenzschuldner in dem Belegenheitsstaat keine Niederlassung besitzt und damit eine Zuständigkeit der Gerichte gemäß Art. 3 Abs. 2 i. V. m. Art. 2 lit. h EuInsVO fehlt. Zwar wird der Niederlassungsbegriff in der Verordnung sehr weit verstanden, doch verhindert dies nicht, dass es Fälle gibt, in denen mangels Niederlassung kein Sekundärverfahren durchgeführt werden kann.[53] Ein Beispiel hierfür findet sich wohl bei einer Konzerninsolvenz, da die ausländische Tochtergesellschaft nicht als Niederlassung anzusehen ist.[54] Diese Fälle des Fehlens eines Sekundärinsolvenzverfahrens im Belegenheitsstaat dürfen aber nicht dazu führen, dass in den betreffenden Ländern insolvenzfreies Vermögen entsteht. Eine solche Rechtsfolge des Art. 5 EuInsVO besäße überschießende Tendenz, wäre sie doch auch nicht durch Interessen der Inhaber der dinglichen Rechte gerechtfertigt.[55] Diese können

50 Erwägungsgrund (25) der EuInsVO; *Virgós/Schmit*, Erläuternder Bericht, Rn 98; dazu auch *Heiderhoff* in: Haß et al., EuInsVO, Art. 28 Rn 1.

51 *Duursma-Kepplinger* in: Duursma-Kepplinger/Duursma/Chalupsky, EuInsVO, Art. 5 Rn 25.

52 *Huber* in: Haß et al., EuInsVO, Art. 5 Rn 14; *Nerlich* in: Nerlich/Römermann, Insolvenzordnung, Art. 5 EuInsVO Rn 15.

53 *Duursma-Kepplinger* in: Duursma-Kepplinger/Duursma/Chalupsky, EuInsVO, Art. 5 Rn 26; *Huber* in: Haß et al., EuInsVO, Art. 5 Rn 15.

54 Im einzelnen strittig; vgl. dazu etwa *Kindler* in: Säcker/Rixecker, MüKo BGB, Art. 2 EuInsVO Rn 27 ff.; *Haß/Herweg* in: Haß et al., EuInsVO, Art. 3 Rn 41 ff. jeweils m. w. N.

55 *Haas*, FS Gerhardt, S. 319, 329.

nicht davon ausgehen, dass ihr dingliches Recht frei von jeglichen Wirkungen eines Insolvenzverfahrens bleibt, da dies auch bei einem nationalen Verfahren nicht der Fall ist.[56] Insofern ist zunächst davon auszugehen, dass Art. 5 EuInsVO nur das dingliche Recht nicht aber den Vermögensgegenstand, an dem das Recht besteht, für unberührbar erklärt.[57] Im Einklang mit der Wertung des Art. 18 Abs. 1 EuInsVO wird daher der Vermögensgegenstand von der universellen Wirkung des Hauptinsolvenzverfahrens erfasst. Der Insolvenzverwalter kann also auch derartig belastete ausländische Vermögensgegenstände zur Masse ziehen und verwerten. Grenzen bestehen dabei aber insoweit, als Art. 5 EuInsVO die daran bestehenden dinglichen Rechte für nicht berührbar erklärt, was die Verwertung in praktischer Hinsicht sehr einschränken wird.

Ist das dingliche Recht ein Sicherungsrecht, lassen sich aus dem zuvor Gesagten bei Fehlen eines Sekundärinsolvenzverfahrens im Einzelnen drei Rechtsfolgen ableiten.[58] Der Sicherungsnehmer hat erstens das Recht und die Pflicht, die Sicherheit an dem entsprechenden Vermögensgegenstand zu verwerten. Eine solche Verwertung erfolgt nach dem Recht des Belegenheitsstaates der Sache. Entsteht dabei ein Überschuss, so ist dieser der Masse des Hauptinsolvenzverfahrens zuzuführen. Dies sieht auch Erwägungsgrund (25) der EuInsVO in dieser Weise vor. Daneben hat zweitens auch der Verwalter die Möglichkeit, das Sicherungsrecht durch Befriedigung der gesicherten Forderung aus der Masse zum Erlöschen zu bringen. Dies ist insbesondere dann vorteilhaft, wenn der Vermögensgegenstand beispielsweise im Hinblick auf Sanierungsmaßnahmen erhalten bleiben soll. Die Auslösung der Sicherheit wird dabei der lex fori concursus des Art. 4 EuInsVO unterstellt, da Art. 5 EuInsVO den Gegenstand selbst nicht betrifft. Drittens hat der Insolvenzverwalter keine Befugnis, den gesamten Vermögensgegenstand zur Masse zu ziehen, zu verwerten und den Sicherungsnehmer aus dem Erlös zu befriedigen.[59] Dies ist mit Art. 5 EuInsVO unvereinbar, da die Befugnis des Verwalters lediglich auf den den Sicherungswert überschreitenden Überschuss beschränkt ist.

---

56 *Huber* in: Haß et al., EuInsVO, Art. 5 Rn 16; *Haas*, FS Gerhardt, S. 319, 329.

57 Vgl. etwa *Virgós/Schmit*, Erläuternder Bericht, Rn 95; *Nerlich* in: Nerlich/Römermann, Insolvenzordnung, Art. 5 EuInsVO Rn 15; *Paulus*, EuInsVO, Art. 5 Rn 19 f. m. w. N.

58 So die überwiegende Auffassung in der Literatur: *Kindler* in: Säcker/Rixecker, MüKo BGB, Art. 5 EuInsVO Rn 24; *Paulus*, EuInsVO, Art. 5 Rn 22 ff.; *Ingelmann* in: Pannen, EuInsVO, Art. 5 Rn 18; *Haas*, FS Gerhardt, S. 319, 330 f.; *Wimmer*, NJW 2002, 2427, 2430; *Virgós/Schmit*, Erläuternder Bericht, Rn 99; *Duursma-Kepplinger* in: Duursma-Kepplinger/Duursma/Chalupsky, EuInsVO, Art. 5 Rn 28 ff.; zunächst auch *Huber*, ZZP 2001, 133, 158 f.; *Huber*, EuZW 2002, 490, 493; nun aber abweichende Auffassung *Huber* in: Haß et al., EuInsVO, Art. 5 Rn 25; ebenfalls anderer Auffassung sind die Vertreter eines kollisionsrechtlichen Verständnisses von Art. 5 EuInsVO, vgl. dazu die Darstellung bei *Nerlich* in: Nerlich/Römermann, Insolvenzordnung, Art. 5 EuInsVO Rn 20 ff. m. w. N.

Etwas anderes gilt hier nur dann, wenn der Sicherungsgläubiger dem Vorgehen zustimmt.

Sind die dinglichen Rechte keine Sicherungsrechte, sondern zum Beispiel Dienstbarkeiten oder ähnliche Rechte, so besitzt ihr Inhaber kein Recht auf eine eigene Verwertung des Vermögensgegenstandes. Sein Interesse ist vielmehr darauf gerichtet, den Erhalt des Rechts auch bei einer Verwertung sichergestellt zu wissen. Für die internationale Insolvenz ohne Sekundärinsolvenzverfahren bedeutet dies, dass der Insolvenzverwalter des Hauptinsolvenzverfahrens zur Verwertung des belasteten Gegenstandes etwa durch Verkauf berechtigt ist, doch ist dabei der Fortbestand des dinglichen Rechts zu gewährleisten, was einen Verwertungserlös reduzieren wird.[60] Die Verwertung erfolgt insoweit gemäß Art. 4 EuInsVO nach dem Recht der lex fori concursus, da der Anwendungsbereich des Art. 5 EuInsVO die Verwertung des Vermögensgegenstandes selbst nicht erfasst.

III. Urheberrechtliche Lizenzen als dingliche Rechte im Sinne des Art. 5 EuInsVO

Im Folgenden soll nun untersucht werden, ob die Vorschrift des Art. 5 EuInsVO auch auf urheberrechtliche Lizenzen Anwendung finden kann und welche Konsequenzen aus einer etwaigen Anwendung für die internationale Insolvenz von Lizenzparteien erwachsen. Eine Anwendbarkeit der Norm kommt praktisch lediglich im Rahmen einer Insolvenz des Lizenzgebers in Betracht, weil nur in diesem Fall ein in Form der urheberrechtlichen Lizenz bestehendes dingliches Recht von der Verfahrenseröffnung unberührt bleiben könnte. Von dieser Konstellation zu unterscheiden ist dabei die Situation der Begründung von Sicherheiten am Urheberrecht. Wird beispielsweise das Urheberrecht verpfändet, so steht eine Anwendbarkeit von Art. 5 EuInsVO in einer entsprechenden Fallgestaltung außer Frage. Dass das Pfandrecht als klassisches Sicherungsrecht eines der Rechte ist, an die bei der Schaffung der Vorschrift gedacht wurde, macht schon die Aufzählung in Art. 5 Abs. 2 lit. a EuInsVO deutlich.

Es wurde bereits aufgezeigt, dass die Vorschrift des Art. 5 EuInsVO grundsätzlich auf die klassischen Sicherungsrechte der nationalen Rechtsordnungen abzielt.[61] Durch eine Ausnahme zu der lex fori concursus soll verhindert werden,

59 *Duursma-Kepplinger* in: Duursma-Kepplinger/Duursma/Chalupsky, EuInsVO, Art. 5 Rn 30; *Haas*, FS Gerhardt, S. 319, 331; *Huber*, ZZP 2001, 133, 159; anders hingegen *Paulus*, EuInsVO, Art. 5 Rn 25 f. m. w. N.

60 So auch *Paulus*, EuInsVO, Art. 5 Rn 27.

61 Vgl. dazu S. 222.

dass diese Sicherungsrechte in der internationalen Insolvenz dadurch entwertet werden, dass sie anders als in einer nationalen Insolvenz behandelt werden.[62] Der Schutzzweck des Art. 5 EuInsVO ist mithin darauf gerichtet, durch die Gewährleistung der Qualität von Sicherungsrechten allgemein ein Funktionieren des mitgliedschaftlichen Wirtschaftsverkehrs sicherzustellen.[63] Die Fokussierung auf Sicherungsrechte nehmen einige Kommentierungen zum Anlass, den Begriff des Sicherungsrechts synonym für den in Art. 5 EuInsVO gebrauchten Begriff des dinglichen Rechts zu verwenden.[64] Doch wird auch schon aus Art. 5 Abs. 2 lit. d EuInsVO deutlich, dass der Anwendungsbereich der Vorschrift nicht auf Sicherungsrechte beschränkt sein soll. Es wird in der beispielhaften Aufzählung dinglicher Rechte explizit auch das Recht zur Fruchtziehung genannt, das keineswegs ein Sicherungsrecht ist. Nach deutschem Verständnis sind urheberrechtliche Lizenzen Rechtspositionen, die zur Gewinnung von Erträgen aus dem Urheberrecht berechtigen und damit ein Recht zur Fruchtziehung geben.[65] Insofern ist die Subsumtion urheberrechtlicher Lizenzen unter Art. 5 EuInsVO auch mit Blick auf die beispielhafte Aufzählung des Absatzes 2 naheliegend.

1. Subsumtion der urheberrechtlichen Lizenz unter Art. 5 EuInsVO

Hat nun beispielsweise ein in Deutschland tätiger Lizenznehmer von einem Lizenzgeber eine urheberrechtliche Lizenz erworben, bevor über dessen Vermögen im europäischen Ausland ein Insolvenzverfahren eröffnet worden ist, so mag er sich fragen, ob seine Lizenz von der Verfahrenseröffnung betroffen ist und nach welchem Recht das Schicksal der Lizenz beurteilt wird. Die gleichen Fragen mag sich im Falle der in Deutschland eröffneten Insolvenz eines Lizenzgebers auch der seine Lizenz im europäischen Ausland nutzende Lizenznehmer stellen.

a) Gegenstand

Für eine Anwendbarkeit von Art. 5 EuInsVO in der betreffenden Situation ist zunächst erforderlich, dass das dingliche Recht durch Belastung eines Gegenstandes

62 *Virgós/Schmit*, Erläuternder Bericht, Rn 97.

63 *Duursma-Kepplinger* in: Duursma-Kepplinger/Duursma/Chalupsky, EuInsVO, Art. 5 Rn 11; *Ingelmann* in: Pannen, EuInsVO, Art. 5 Rn 1 ff.

64 *Ingelmann* in: Pannen, EuInsVO, Art. 5 Rn 1 ff.; *Huber* in: Haß et al., EuInsVO, Art. 5 Rn 1 ff.

65 Vgl. dazu auch § 99 Abs. 2 BGB.

entstanden ist. Entsprechend der Normierung kann das Recht an jedwedem Vermögensgegenstand bestehen, ganz gleich ob dieser beweglich oder unbeweglich, körperlich oder unkörperlich ist. Diese weite Auslegung erfasst nicht nur Sachen sondern auch jegliche Rechte. Das Urheberrecht als Stammrecht der Lizenz ist ein unkörperliches Recht. Es ist als solches ebenfalls von dem Begriff des Gegenstands im Sinne von Art. 5 EuInsVO erfasst.[66]

b) Belegenheit in anderem Mitgliedstaat

Die Vorschrift setzt weiterhin voraus, dass der Gegenstand des Urheberrechts in einem anderen Mitgliedstaat belegen sein muss. Wo das Urheberrecht als solches belegen ist, lässt sich nicht ohne weiteres beantworten. Eine natürliche Belegenheit wie beim Sacheigentum ist dem Urheberrecht jedenfalls schon aufgrund seines ubiquitären Charakters fremd.[67] Das Urheberrecht an einem Roman, einer Software oder einem Film kennt keinen eindeutig bestimmbaren Belegenheitsort. Die Rechtsordnung versucht dieser örtlichen und zeitlichen Ungebundenheit durch die Anwendung des Territorialitätsprinzips zu begegnen.[68] Mithin sind Inhalt und Umfang des Urheberrechts nach jeder Rechtsordnung gesondert zu bestimmen, so dass sich das Urheberrecht insgesamt letztlich als Bündel von nationalen Einzelrechten darstellt. Dies muss auch bei der Suche nach dem Belegenheitsort des Urheberrechts berücksichtigt werden. Es gibt demnach nicht den *einen* konkreten Belegenheitsort. Jedes nationale Einzelrecht weist vielmehr eine eigene Belegenheit auf. Will man folglich wissen, wo ein bestimmtes Urheberrecht belegen ist, so muss man fragen, in welchem Land um den Schutz des geistigen Eigentumsrechts ersucht wird. Von daher ist auch für die Bestimmung der Belegenheit des Urheberrechts das Schutzlandprinzip der lex loci protectionis heranzuziehen. Urheberrechte sind mithin im Schutzland als belegen anzusehen.[69] Das Schutzland ist dabei das Gebiet, in dem das entsprechende Immaterialgüterrecht in irgendeiner Weise genutzt oder gegen Dritte verteidigt werden soll.[70] Im Hinblick auf die hier besprochene Thematik lässt sich daraus Folgendes ableiten. Nutzt ein Lizenznehmer seine Lizenz in Deutschland und ist er mit einer im europäischen Ausland eröffneten Insolvenz seines Lizenzgebers konfrontiert, so ist das Urheberrecht im Schutzland Deutschland belegen, da dies das Land ist, in dem die Lizenz nun

66 So für Software auch *Paulus*, EuInsVO, Art. 5 Rn 5.

67 So ebenfalls *Klass*, GRUR Int. 2007, 373, 386.

68 Zum Territorialitätsprinzip bereits S. 193 ff.

69 So auch *Reinhart* in: Kirchhof, MüKo InsO, § 354 Rn 19; *Trunk*, Internationales InsR, S. 245.

70 *Drexl* in: Säcker/Rixecker, MüKo BGB, IntImmGR Rn 10.

zu verteidigen ist. Im umgekehrten Fall der in Deutschland eröffneten Insolvenz eines Lizenzgebers ist das Urheberrecht entsprechend dort belegen, wo der Lizenznehmer seine Lizenz im europäischen Ausland nutzt und um Schutz ersucht. Der so ermittelte Belegenheitsort ist jeweils ein anderer Mitgliedstaat der EU als derjenige, in dem das Insolvenzverfahren über das Vermögen des Lizenzgebers eröffnet worden ist. Die hier diskutierte Voraussetzung des Art. 5 EuInsVO ist daher für die betrachteten Fallgestaltungen erfüllt.

c) Dingliches Recht

Darüber hinaus muss die urheberrechtliche Lizenz als dingliches Recht im Sinne des Art. 5 EuInsVO anzusehen sein. Auch wenn die Verordnung das dingliche Recht nicht definiert, sind bei der Subsumtion – wie oben erarbeitet[71] – zunächst die verordnungsautonomen Vorgaben zu untersuchen, bevor anhand des nationalen Rechts qualifiziert werden kann.

aa) Erfüllung der verordnungsautonomen Vorgaben

aaa) Durch die Lizenz nach deutschem Recht

Die Verordnung sieht vor, dass die Rechtsposition unmittelbar an den Gegenstand gebunden und dass sie ein absolutes Recht sein muss.[72] Betrachtet man die urheberrechtliche Lizenz aus der Sicht des deutschen Rechts und überprüft die verordnungsautonomen Vorgaben mithin anhand des deutschen Verständnisses der urheberrechtlichen Lizenz, so ist diese unmittelbar an den Gegenstand des Urheberrechts gebunden. Die Untersuchungen zu Begründung und Rechtsnatur der urheberrechtlichen Lizenz nach deutschem Recht haben gezeigt, dass diese mittels einer Verfügung über das Urheberrecht in Form der Belastung desselben bestellt wird.[73] Die Nutzungsmöglichkeit wird daher nicht durch den Lizenzvertrag sondern durch die unmittelbare Beziehung zu dem Urheberrecht vermittelt. Die Lizenz ist insofern direkt an das Urheberrecht gebunden.

Darüber hinaus ist erforderlich, dass die Lizenz eine absolute Rechtsposition darstellt. Die Absolutheit setzt dabei voraus, dass das Recht auch bei Veräußerung des Gegenstandes bestehen bleibt, dass das Recht auch von Einzelrechtsverfolgung und Gesamtverfahren nicht berührt wird und dass der Rechtsinhaber sein Recht

71 Vgl. S. 224 ff.

72 Vgl. dazu *Virgós/Schmit*, Erläuternder Bericht, Rn 103; *Geimer* in: Geimer/Schütze, EuZVR, A. 5 Art. 5 Rn 11 f.; *Huber* in: Haß et al., EuInsVO, Art. 5 Rn 5.

73 Dazu S. 42 ff. und S. 48 ff.

gegen jedermann einklagen kann, der das Recht ohne seine Zustimmung missachtet oder beeinträchtigt.[74] Für urheberrechtliche Lizenzen besteht gemäß § 33 UrhG ein Sukzessionsschutz, so dass sie auch gegenüber später eingeräumten Lizenzen wirksam bleiben und auch ein Wechsel der Inhaberschaft bezüglich des Urheberrechts oder ein Rechtsverzicht des Inhabers ihren Bestand nicht beeinträchtigen kann. Dass sich Lizenzen im Rahmen der Insolvenz als insolvenzfest erweisen, wurde bereits an anderer Stelle ausführlich erörtert.[75] Sie bleiben mithin bei Gesamtverfahren bezüglich des Vermögens des Lizenzgebers erhalten. Gleiches ist dann anzunehmen, wenn eine Einzelzwangsvollstreckung in das Urheberrecht betrieben wird. Eine solche Maßnahme kann keine Übertragung des Urheberrechts zur Folge haben, da das Urheberrecht gemäß § 29 UrhG nicht übertragbar ist. Die Zwangsvollstreckung in das Urheberrecht ist von daher gemäß § 113 UrhG nur mit Einwilligung des Urhebers und nur insoweit zulässig, als er Nutzungsrechte einräumen kann. Die aufgrund der Zwangsvollstreckung eingeräumten Nutzungsrechte können aber wiederum bereits vorher bestehende Lizenzen wegen des Sukzessionsschutzes des § 33 UrhG nicht beeinträchtigen. Mithin bleiben die Lizenzrechte auch bei Einzelrechtsverfolgung durch Dritte bestehen.

Für ausschließliche urheberrechtliche Lizenzen ist auch die Verteidigungsfähigkeit der Rechtsposition unstreitig in § 31 Abs. 3 UrhG normiert. Der ausschließliche Lizenznehmer kann sein Recht gegen jedermann einklagen. Für den einfachen Lizenznehmer gilt dies nicht in gleicher Weise, da ihm keine allseitige Abwehrfunktion zugesprochen wird.[76] Unzweifelhaft kann er sein Recht gegen den Lizenzgeber verteidigen. Für eine Klage gegen Dritte ist er aber auf eine Ermächtigung durch den Urheber angewiesen, dessen Verbotsrecht in gewillkürter Prozessstandschaft zu verfolgen.[77] Es wurde aber bereits erörtert[78], dass eine weitergehende Abwehrfähigkeit des Rechts für den einfachen Lizenznehmer gar nicht vonnöten ist, da sein Recht aufgrund des ubiquitären Charakters des Urheberrechts faktisch durch weitere Lizenzvergaben an Dritte nicht beeinträchtigt werden kann. Angesichts der Nichtausschließlichkeit seiner Rechtsposition besteht die Gefahr eines Missbrauchs oder einer Beeinträchtigung des Rechts regelmäßig nicht. Der einfache Lizenznehmer ist daher – unter Beachtung der Besonderheit

74 *Virgós/Schmit*, Erläuternder Bericht, Rn 103.

75 Vgl. S. 149 ff.

76 Nahezu allg. Auffassung; vgl. statt vieler nur *Schulze* in: Dreier/Schulze, UrhG, § 31 Rn 51 m. w. N.; BGH GRUR 1959, 200, 201; BGH GRUR 1981, 652; a. A. lediglich *Forkel*, Geb. Rechtsübertr., S. 229, sofern sich der Eingriff gegen die Ausübung der Befugnis wendet.

77 *Wandtke/Grunert* in: Wandtke/Bullinger, UrhR, § 31 Rn 32; *Kraßer*, GRUR Int. 1973, 230, 234.

78 Siehe S. 53 f.

seiner rechtlichen Position – mit ausreichenden Klagerechten gegen Missbrauch oder Beeinträchtigung ausgestattet. Es soll insofern auch für die einfache urheberrechtliche Lizenz angenommen werden, dass sie die verordnungsautonomen Anforderungen an die Absolutheit der eingeräumten Rechtsposition erfüllt. Mithin bestätigen sowohl die ausschließliche als auch die einfache urheberrechtliche Lizenz die Vorgaben der Verordnung an ein dingliches Recht.

bbb) Durch licence und assignment nach britischem Recht

Verlässt man hingegen das deutsche Recht und betrachtet beispielsweise die *licence* des britischen *copyright law*, so ergibt sich ein anderes Bild. Die *licence* wird als *contractual right* verstanden.[79] Insofern fußt die Nutzungsbefugnis auf dem Lizenzvertrag zwischen den Parteien und nicht auf einer direkten und unmittelbaren Bindung an das Urheberrecht. Es fehlt der *licence* also schon an der ersten verordnungsautonomen Vorgabe an die Qualitäten eines dinglichen Rechts. Etwas anderes gilt aber für das *assignment* im britischen *copyright law*. Es ist als Voll- oder Teilrechtsübertragung ein *proprietary right* und verleiht seinem Inhaber eine direkte und unmittelbare Beziehung zu dem Urheberrecht.[80] Es ist auch ein absolutes Recht, da es als Form der Rechtsübertragung dem *assignee* mit Bezug auf den Inhalt des *assignments* die gleichen Rechte verleiht wie vorher dem Urheber. Für das Recht aus dem *assignment* besteht Sukzessionsschutz, es kann allseitig verteidigt werden und bleibt auch bei Einzelrechtsverfolgung und Gesamtverfahren bestehen.[81] Mithin erfüllt das *assignment*, nicht aber die *licence*, die verordnungsautonomen Vorgaben an ein dingliches Recht.

bb) Qualifikation anhand nationalen Rechts

An welcher Rechtsordnung die verordnungsautonomen Vorgaben jeweils zu messen sind, bestimmt sich nach dem anwendbaren nationalen Recht.[82] Die zu ermittelnde Rechtsordnung legt insbesondere fest, ob die zu untersuchende Rechtsposition die Kriterien der Verordnung an ein dingliches Recht erfüllt und welche Voraussetzungen hinsichtlich Entstehung, Wirksamkeit und Reichweite der Rechts-

---

79 Vgl. dazu S. 177; *Chalkiadis*, Insolvency & information technology, S. 46; *Bainbridge*, Software Copyright Law, S. 260.

80 Vgl. auch S. 176.

81 Zu der Bewährung in Insolvenzverfahren vgl. S. 191 ff.

82 *Huber* in: Haß et al., EuInsVO, Art. 5 Rn 8; *Haubold* in: Gebauer/Wiedmann, Zivilrecht unter europäischem Einfluss, Kap. 32 EuInsVO Rn 111.

position bestehen.[83] Nach der hier vertretenen Auffassung[84] ist das anwendbare Recht über das Kollisionsrecht des Eröffnungsstaates zu finden. Das internationale Privatrecht desjenigen Staates, in dem das Insolvenzverfahren eröffnet wurde, ist also daraufhin zu untersuchen, nach welcher Rechtsordnung das Urheberrecht und an ihm bestehende Lizenzen zu beurteilen sind. Eine allgemeine europarechtliche Kollisionsregel steht nicht zur Verfügung, da der – zwar eine Regel für die Rechte des geistigen Eigentums aufstellende – Art. 8 Rom-II-VO nur deliktische Fragen erfasst und daher die Behandlung von Ansprüchen bei erlaubter Nutzung ausschließt.[85]

Für ein in Deutschland eröffnetes Insolvenzverfahren über das Vermögen eines Lizenzgebers bedeutet dies, dass für die Frage nach der dinglichen Wirkung urheberrechtlicher Lizenzen die lex loci protectionis berufen ist. Das Schutzlandprinzip gilt nach deutschem IPR als allgemeine Anknüpfungsregel für alle Fragen des Urheberrechts und damit auch für die Wirkung von Nutzungsrechten.[86] Für eine in England genutzte Lizenz verweist die lex loci protectionis auf die englische Rechtsordnung, so dass diese festlegt, ob die erworbene Lizenz wirksam entstanden ist und ob sie die verordnungsautonomen Anforderungen an ein dingliches Recht erfüllt. Einem in England um Schutz suchenden Lizenznehmer ist beispielsweise für eine gewährte *licence* der dingliche Charakter zu verneinen. Ist hingegen das erworbene Recht so auszulegen, dass es ein *assignment* darstellt, kann ein dinglicher Charakter angenommen werden.

Für die in Deutschland genutzte Lizenz eines Lizenznehmers, der mit dem Insolvenzverfahren seines europäischen Lizenzgebers konfrontiert ist, ist nach dem jeweiligen Staat der Verfahrenseröffnung zu differenzieren. Ist das Insolvenzverfahren über das Vermögen des Lizenzgebers beispielsweise in Großbritannien eröffnet worden, dann verweist das britische Kollisionsrecht ebenfalls auf die Rechtsordnung des Schutzlandes. *The law of the protecting country* ist als Anknüpfungsregel berufen für Fragen der Entstehung[87], des Umfangs[88] und der Übertragbarkeit des Urheberrechts.[89] Insofern beurteilt sich die in Deutschland genutzte Lizenz in die-

83 *Haas*, FS Gerhardt, S. 319, 333.

84 Zu den verschiedenen Ansichten vgl. S. 225.

85 Zum Anwendungsbereich des Art. 8 Rom-II-VO *Drexl* in: Säcker/Rixecker, MüKo BGB, IntImmGR Rn 148 ff.; *Drexl*, IP and PIL, S. 151 ff.

86 Vgl. nur BGH NJW 1992, 2824; BGH GRUR 1994, 798, 799 m. w. N.

87 *Fawcett/Torremans*, IP and PIL, S. 499 ff.

88 *Novello & Co Ltd v Hinrichsen Edition Ltd and Another* [1951] 1 Ch 595, 606 ff.; *Fawcett/Torremans*, IP and PIL, S. 501 ff.

89 *Campbell Connelly & Co Ltd v Noble* [1963] 1 Weekly Law Reports (WLR) 252, 254 f.; *Fawcett/Torremans*, IP and PIL, S. 515 ff.

sem Fall nach deutschem Recht, so dass eine dingliche Wirkung anzunehmen ist. Im Übrigen verwenden auch viele andere europäische Staaten die Kollisionsregel des Schutzlandprinzips für alle Fragen des Urheberrechts, während andere Länder wie beispielsweise Griechenland[90] hingegen am Recht des Ursprungslandes anknüpfen.[91]

d) Inhaberschaft und maßgeblicher Zeitpunkt

Das dinglich wirkende Lizenzrecht muss bei Eröffnung des Insolvenzverfahrens schon vollständig in der Hand des Lizenznehmers sein. Die Lizenz muss ihm also bereits im Sinne einer Belastung des Urheberrechts eingeräumt worden sein. Der Lizenznehmer ist als Gläubiger des Insolvenzschuldners gemäß Art. 5 EuInsVO passender Inhaber der Rechtsposition.

e) Ergebnis

Es kann folglich festgehalten werden, dass für urheberrechtliche Lizenzen eine Anwendung von Art. 5 EuInsVO in den aufgezeigten Konstellationen in Betracht kommt. Bei einer in Deutschland eröffneten Insolvenz eines Lizenzgebers ist entscheidend, ob die Rechtsordnung, in deren Gebiet der Lizenznehmer seine Lizenz nutzt und entsprechend um Schutz ersucht, der erworbenen Rechtsposition dingliche Attribute zuschreibt. Im englischen Recht ist dies beispielsweise im Rahmen eines *assignments* der Fall. Für eine in Deutschland genutzte Lizenz ist im Falle der im europäischen Ausland eröffneten Insolvenz des Lizenzgebers maßgeblich, ob das Kollisionsrecht des Eröffnungsstaates für Fragen des Urheberrechts und der Wirkung von Lizenzen das Schutzlandprinzip anwendet. Sofern dies der Fall ist, ist die Frage nach der dinglichen Wirkung urheberrechtlicher Lizenzen nach deutschem Recht zu beantworten und damit zu bejahen, so dass Art. 5 EuInsVO zur Anwendung kommen kann.

f) Rechtsfolgen einer Anwendung von Art. 5 EuInsVO auf urheberrechtliche Lizenzen

Angesichts der Tatsache, dass es im Hinblick auf urheberrechtliche Lizenzen in verschiedenen Konstellationen zu einer Anwendung von Art. 5 EuInsVO kommen

---

90 Vgl. Art. 67 des griechischen UrhG von 1993.

91 Ein Vergleich der Kollisionsregeln in den Mitgliedstaaten der EU findet sich etwa bei *Boschiero*, YPIL 2007, 87, 99 ff.; *Drexl*, FS Dietz, S. 461, 463 f.; dazu auch *Drexl* in: Säcker/Rixecker, MüKo BGB, IntImmGR Rn 145.

kann, stellt sich im Folgenden die Frage, welche Rechtsfolgen dies nach sich zieht. Die Vorschrift sieht als Rechtsfolge vor, dass die dinglichen Rechte von der Eröffnung des Insolvenzverfahrens „nicht berührt“ werden. Was dies im Allgemeinen bedeutet und dass die Norm als Sachnorm zu verstehen ist, wurde bereits an früherer Stelle erarbeitet.[92] Auch für urheberrechtliche Lizenzen ist wiederum zwischen zwei Fallgestaltungen zu unterscheiden.

aa) Sekundärinsolvenzverfahren im Belegenheitsstaat

Sofern der Insolvenzschuldner im Belegenheitsstaat des Urheberrechts eine Niederlassung[93] besitzt, kann dort ein Sekundärinsolvenzverfahren eröffnet werden, bei dem das Recht dieses Staates Anwendung findet. In diesem Verfahren wird auch die Stellung des dinglich gesicherten Lizenzrechtsinhabers nach dem Recht des Staates beurteilt, in dem das Sekundärverfahren eröffnet wird, so dass sich für ihn kein Unterschied zu einem rein innerstaatlichen Verfahren ergibt.

Für Fall eines Lizenznehmers, der seine Lizenz in Deutschland nutzt, und eines im europäischen Ausland mit einem Insolvenzverfahren konfrontierten Lizenzgebers, der eine Niederlassung in Deutschland besitzt[94], bedeutet dies Folgendes. Als Gläubiger des Insolvenzschuldners kann der Lizenznehmer in Deutschland die Eröffnung eines Sekundärinsolvenzverfahrens beantragen[95] oder an einem solchen Verfahren teilnehmen, sofern es bereits durch einen anderen Beteiligten eingeleitet worden ist. Dieses Sekundärinsolvenzverfahren erfasst auch das Urheberrecht, an dem ihm eine Lizenz eingeräumt wurde, da es als in dem Staat belegen gilt, in dem das Immaterialgüterrecht genutzt wird und zu verteidigen ist.[96] Die in Deutschland zu schützende, dinglich wirkende Lizenz des Lizenznehmers beurteilt sich daher hinsichtlich jeglicher Konsequenzen der Insolvenz des Lizenzgebers nach deutschem Recht. Die Nutzungsmöglichkeit des Lizenznehmers wird insofern – ausweislich der obigen Ausführungen zum deutschen Recht[97] – durch das Insolvenzverfahren nicht beeinträchtigt. Die Lizenz erweist sich auch im Rahmen einer im europäischen Ausland eröffneten Insolvenz als insolvenzfest. Eine Anwendung

92 Siehe hierzu die Ausführungen auf S. 227 ff.

93 Vgl. Art. 3 Abs. 2 i.V.m. Art. 2 lit. h EuInsVO; zu dieser Voraussetzung und seiner Auslegung auch *Heiderhoff* in: Haß et al., EuInsVO, Art. 27 Rn 7 ff.

94 Zusätzliche Voraussetzung einer Anwendbarkeit von Art. 5 EuInsVO ist, dass die lex fori concursus des Lizenzgebers für Fragen hinsichtlich der Wirkung des Urheberrechts und eingeräumter Lizenzen das Schutzlandprinzip der lex loci protectionis anwendet, vgl. S. 237.

95 Vgl. Art. 29 lit. b EuInsVO i.V.m. § 13 Abs. 1 S. 2 InsO.

96 Siehe S. 233; *Drexl* in: Säcker/Rixecker, MüKo BGB, IntImmGR Rn 10.

97 Dazu insbesondere S. 149 ff.

von Art. 5 EuInsVO bewirkt für den seine Lizenz in Deutschland nutzenden Lizenznehmer in dieser Fallgestaltung, dass er unabhängig von dem im europäischen Ausland eröffneten Insolvenzverfahren über das Vermögen seines Lizenzgebers auf den Fortbestand der Lizenz vertrauen kann.

In der umgekehrten Situation eines Lizenznehmers, der seine Lizenz im europäischen Ausland nutzen und schützen will, und eines in Deutschland insolventen Lizenzgebers kann ebenfalls im Schutzland des Lizenznehmers ein Sekundärinsolvenzverfahren eröffnet werden, sofern der Lizenzgeber dort eine Niederlassung unterhält. Für die in Großbritannien genutzte Rechtsposition eines *assignments* folgt daraus zum Beispiel, dass sie als dingliches Recht im Rahmen des britischen Sekundärinsolvenzverfahrens nach britischem Insolvenzrecht beurteilt wird. Der *assignee* kann von daher weiterhin auf die Verwertungsmöglichkeit vertrauen, da das in Deutschland eröffnete Insolvenzverfahren das *assignment* nicht beeinträchtigt.[98]

bb) Kein Sekundärinsolvenzverfahren im Belegenheitsstaat

Hat der Insolvenzschuldner im Belegenheitsstaat des Urheberrechts keine Niederlassung, so kann dort kein Sekundärinsolvenzverfahren eröffnet werden. In diesem Fall ergeben sich andere Rechtsfolgen. Es wurde bereits herausgestellt, dass Art. 5 EuInsVO lediglich das dingliche Recht, nicht aber den Vermögensgegenstand für unberührbar erklärt.[99] Von daher kann der Insolvenzverwalter des Hauptverfahrens das Urheberrecht insoweit verwerten, als dadurch nicht die dingliche Lizenz des Lizenznehmers beeinträchtigt wird.[100] Wird in Deutschland das Insolvenzverfahren über das Vermögen eines Lizenzgebers eröffnet, so kann der Insolvenzverwalter gegebenenfalls[101] das Urheberrecht durch die Vergabe weiterer oder die Übertragung bestehender Lizenzen verwerten. Aufgrund des Sukzessionsschutzes gemäß § 33 UrhG bleibt dies aber ohne Auswirkungen auf eine im europäischen Ausland zu schützende dinglich wirkende Lizenz eines Lizenznehmers. Dieser ist mithin in seiner Ausübungsbefugnis durch das Insolvenzverfahren nicht beeinträchtigt und kann auf den Bestand seiner Lizenz vertrauen.

Im umgekehrten Fall eines im europäischen Ausland eröffneten Insolvenzverfahrens über das Vermögen des Lizenzgebers gilt das gleiche.[102] Der Insol-

---

98 Vgl. S. 191.

99 Dazu S. 229.

100 Zu der vergleichbaren Situation bei Dienstbarkeiten ebenso *Paulus*, EuInsVO, Art. 5 Rn 27.

101 Zu beachten sind die Zustimmungserfordernisse des Urhebers gem. §§ 34 Abs. 1, 35 Abs. 1, 113 UrhG.

venzverwalter des Hauptverfahrens kann zwar das Urheberrecht nach Maßgabe der lex fori concursus verwerten. Diese Auswertung kann aber aufgrund der in Art. 5 EuInsVO angeordneten Rechtsfolge nur soweit erfolgen, als nicht die in Deutschland genutzte Lizenz eines Lizenznehmers beeinträchtigt wird. Bei einer in England eröffneten Insolvenz über das Vermögen eines Lizenzgebers bedeutet dies beispielsweise, dass der bestellte *liquidator* oder *administrator* die in der Masse befindliche urheberrechtliche Rechtsposition auch durch Übertragung verwerten kann, wodurch aber die in Deutschland zu schützende Lizenz nicht beeinträchtigt wird. Der die Lizenz in Deutschland nutzende Lizenznehmer kann in jedem Fall auf den Fortbestand seines Lizenzrechts vertrauen.

IV. Die Behandlung der Lizenzen außerhalb des Anwendungsbereichs von Art. 5 EuInsVO

Art. 5 EuInsVO erfasst lediglich die Fälle, in denen der Gegenstand, an dem das dingliche Recht besteht, in dem Gebiet eines anderen Mitgliedstaats belegen ist. Ist das Urheberrecht hingegen in einem Drittstaat „belegen", so trifft Art. 5 EuInsVO keine Regelung. In diesem Fall kann trotz der räumlichen Anwendbarkeit der EuInsVO[103] ergänzend auf das nationale Insolvenzkollisionsrecht zurückgegriffen werden.[104] Für die transnationalen Aspekte eines im außereuropäischen Ausland eröffneten Insolvenzverfahrens hält insofern das deutsche internationale Privatrecht eine dem Art. 5 EuInsVO vergleichbare Vorschrift in § 351 InsO bereit. Nach dieser Norm wird das Recht eines Dritten an einem Gegenstand der Insolvenzmasse, der zur Zeit der Eröffnung des ausländischen Insolvenzverfahrens im Inland belegen war, und das nach inländischem Recht einen Anspruch auf Aussonderung oder auf abgesonderte Befriedigung gewährt, von der Eröffnung des ausländischen Insolvenzverfahrens nicht berührt. Die Vorschrift soll wie Art. 5 EuInsVO ebenfalls als Sachnorm zu verstehen sein, die unabhängig von der hinsichtlich der Wirkungen des Insolvenzverfahrens angewandten Rechtsordnung zur Anwendung kommt.[105] Zur Erfassung des in Deutschland belegenen und dinglich belasteten Gegenstands verbleibt dem ausländischen Insolvenzverwalter die Möglichkeit, die Eröffnung eines inländischen Sekundärinsolvenzverfahrens zu beantragen.[106] Diesem Ver-

102 Voraussetzung einer Anwendbarkeit von Art. 5 EuInsVO ist wiederum, dass die lex fori concursus des Lizenzgebers für Fragen der Wirkung des Urheberrechts und eingeräumter Lizenzen auf das Schutzlandprinzip der lex loci protectionis abstellt, vgl. S. 237.

103 Vgl. S. 210.

104 Zu dieser strittigen Frage bereits S. 223.

105 *Stephan* in: Kreft, HK-InsO, § 351 Rn 2; *Reinhart* in: Kirchhof, MüKo InsO, § 351 Rn 2.

fahren werden auch die Inhaber der dinglichen Rechte nach den Bestimmungen des deutschen Insolvenzrechts unterworfen. Sie werden aber auf diesem Wege vor Einschränkungen geschützt, die über das deutsche Insolvenzrecht hinausgehen.[107]

Im Hinblick auf die Subsumtion ergeben sich in der hier behandelten Konstellation kaum Unterschiede zu Art. 5 EuInsVO.[108] Nach deutschem Recht ist die urheberrechtliche Lizenz ein dingliches Recht[109], das dem Lizenznehmer im Fall von Streitigkeiten über die Lizenz ein Recht auf Aussonderung gewährt.[110] Das Urheberrecht, an dem die in Deutschland zu schützende Lizenz eines Lizenznehmers eingeräumt wurde, ist bei Anwendung der lex loci protectionis in Deutschland belegen.[111] Sofern also nach der Rechtsordnung der lex fori hinsichtlich der Vorfrage zu Entstehung und Wirkung des Lizenzrechts das deutsche Recht berufen ist, bleibt ein die Lizenz in Deutschland nutzender Lizenznehmer durch § 351 InsO von negativen Auswirkungen des Insolvenzverfahrens seines Lizenzgebers befreit.[112] Er kann insofern unter den gegebenen Umständen darauf vertrauen, dass seine Lizenz auch in einem außereuropäischen Insolvenzverfahren nicht anders behandelt wird als in einem deutschen Verfahren. Die Lizenz erweist sich mithin auch in dieser Konstellation als insolvenzfest.

Zu beachten ist aber, dass § 351 InsO anders als Art. 5 EuInsVO nur eine einseitige Regelung ist, die lediglich bei ausländischen Insolvenzverfahren zur Anwendung kommt. Im umgekehrten Fall eines Inlandsverfahrens bleibt es bei einer Anwendung des Art. 4 EuInsVO und damit bei der lex fori concursus, so dass es dem Belegenheitsstaat überlassen ist, für eine Abwehr des Verfahrensrechts zu sorgen.[113]

V. Zusammenfassung

Art. 5 EuInsVO begrenzt die grundsätzlich gemäß Art. 4, 17 EuInsVO bestehende Wirkung der lex fori concursus für dingliche Rechte Dritter. Dingliche Rechte an

106 Vgl. § 356 Abs. 2 InsO; die Eröffnung eines Sekundärverfahrens setzt anders als nach der EuInsVO nicht zwingend eine Niederlassung des Schuldners in dem betreffenden Staat voraus - gemäß § 354 InsO genügt auch die Belegenheit von Vermögen in dem Staat.

107 *Stephan* in: Kreft, HK-InsO, § 351 Rn 4.

108 Es kann also ergänzend und vertiefend auf die Ausführungen auf S. 231 ff. verwiesen werden.

109 Dies wurde erarbeitet auf S. 38 ff.

110 Es sei verwiesen auf S. 151 ff.

111 Hierzu vgl. die Ausführungen auf S. 233.

112 Zu den Rechtsfolgen und der Möglichkeit eines Sekundärinsolvenzverfahrens *Kindler* in: Säcker/Rixecker, MüKo BGB, § 351 InsO Rn 8 f.

113 Vgl. dazu näher *Reinhart* in: Kirchhof, MüKo InsO, § 351 Rn 3.

in anderen Mitgliedstaaten belegenen Gegenständen werden durch die Eröffnung eines Insolvenzverfahrens in keiner Weise beschränkt. Im Fall einer Insolvenz des Lizenzgebers kann Art. 5 EuInsVO auch auf die dingliche Rechtsposition der urheberrechtlichen Lizenz angewendet werden. Für eine Deutschland genutzte und zu schützende Lizenz eines Lizenznehmers setzt dies voraus, dass die lex fori concursus seines im europäischen Ausland insolventen Lizenzgebers für Vorfragen bezüglich der Wirkung von urheberrechtlichen Lizenzen die lex loci protectionis beruft. Sofern dies der Fall ist, beurteilt sich nach deutschem Recht, ob die Lizenz die verordnungsautonomen Vorgaben an ein dingliches Recht erfüllt, was entsprechend zu bejahen ist. Da die deutsche Rechtsordnung das Schutzlandprinzip anwendet, ist für eine im europäischen Ausland genutzte Lizenz eines Lizenznehmers im Fall der in Deutschland eröffneten Insolvenz seines Lizenzgebers von entscheidender Bedeutung, ob der Lizenz nach der Rechtsordnung des Schutzlandes eine dingliche Wirkung im Sinne der Verordnung zugesprochen wird.

Eine Anwendung von Art. 5 EuInsVO auf urheberrechtliche Lizenzen hat zur Konsequenz, dass der Lizenznehmer unabhängig von der Eröffnung des Insolvenzverfahrens über das Vermögen des Lizenzgebers die übertragene urheberrechtliche Rechtsposition weiterhin nutzen und auf ihren Bestand vertrauen kann. Falls im Schutzlandstaat des Lizenznehmers ein Sekundärinsolvenzverfahren eröffnet wird, beurteilt sich das Schicksal der Lizenz nicht anders als in einem nationalen Verfahren. Die in Deutschland genutzte und zu verteidigende Lizenz eines Lizenznehmers ist mithin insolvenzfest. Falls kein Sekundärinsolvenzverfahren eröffnet wird, kann der Insolvenzverwalter zwar das Urheberrecht nach Maßgabe der lex fori concursus verwerten. Dies darf aber nur insoweit erfolgen, als die Position des Lizenznehmers durch diese Verwertung des Urheberrechts nicht beeinträchtigt wird.

Besteht der grenzüberschreitende Bezug des Insolvenzverfahrens zu einem anderen Staat als einem EU-Mitgliedstaat, so greift Art. 5 EuInsVO nicht ein und ein Rückgriff auf das nationale Insolvenzkollisionsrecht ist möglich. Hier sieht § 351 InsO eine entsprechende Vorschrift für dingliche Rechte an in Deutschland belegenen Gegenständen vor. Auch diese Norm ist auf urheberrechtliche Lizenzen anwendbar, sofern der Verfahrensstaat für Fragen der Wirkung urheberrechtlicher Lizenzen auf den Belegenheitsstaat verweist. Insofern wird die in Deutschland genutzte und zu schützende Lizenz eines Lizenznehmers auch im Falle der im außereuropäischen Ausland eröffneten Insolvenz seines Lizenzgebers – unter Zugrundelegung dieser Voraussetzung – vor Beschränkungen der lex fori geschützt und ist damit nach deutschem Recht insolvenzfest.

Vierter Teil:

Ergebnisse und Anhang

§ 16 Ergebnisse der Untersuchung

Die vorliegende Untersuchung hat den Versuch unternommen, die dingliche Wirkung urheberrechtlicher Lizenzen zu umreißen und zu begründen. Sowohl in der nationalen als auch in der internationalen Insolvenz ist anschließend untersucht worden, inwieweit urheberrechtliche Lizenzen eine für dingliche Rechte anzunehmende Insolvenzfestigkeit aufweisen und inwieweit die für dingliche Rechte bestehenden Normen des Insolvenzrechts auf sie Anwendung finden. Entsprechend dem Ablauf der Untersuchung lassen sich die Ergebnisse wie folgt zusammenfassen:

Der Begriff des urheberrechtlichen Lizenzvertrags bezeichnet im deutschen Recht keinen einheitlichen Vertragstyp. Er umfasst vielmehr eine große Anzahl unterschiedlicher Verträge, die von ihrer Art her Gemeinsamkeiten mit mehreren Vertragstypen des BGB aufweisen. Auf diese Verträge finden daher je nach Ausgestaltung und Vertragszweck verschiedene Rechtsnormen des BGB Anwendung. Häufig kann jedoch entweder eine Einordnung der Lizenzverträge als punktuelle Leistungsaustauschverhältnisse vorgenommen werden, auf die entsprechend kaufrechtliche Vorschriften Anwendung finden, oder aber sie erscheinen als dauerrechtliche Rechtsverhältnisse, die der Rechtspacht sehr ähnlich sind.

Sowohl der ausschließlichen als auch der einfachen urheberrechtlichen Lizenz kommt dingliche Wirkung zu. Die Lizenznehmer erwerben mit der im Wege der Abspaltung aus dem Urheberrecht vorgenommenen Rechtseinräumung eine unmittelbare Beziehung zu ihrem Lizenzrecht, das ihnen fortan absolut zugeordnet wird. Für die einfache Lizenz lässt sich die Absolutheit der Zuordnung trotz des Fehlens umfassenden Klageschutzes damit begründen, dass die einfache Lizenz aufgrund der bestehenden Ubiquität nicht durch fremde Rechtsausübung beeinträchtigt werden kann und deshalb nicht abwehrfähig ausgestaltet sein muss. Allgemein kann festgehalten werden, dass die Diskussion um die dingliche Wirkung gerade deshalb so bedeutend ist, weil das Urheberrechtsgesetz das Urheberrecht als unveräußerliches Recht ausgestaltet hat. Fehlt die Möglichkeit zum Erwerb des Urheberrechts als dinglicher Rechtsposition, so muss die Lizenz das Bedürfnis des Rechtsverkehrs nach einer investitionssicheren Nutzungsmöglichkeit durch die Zuschreibung der Eigenschaften eines dinglichen Rechts ausgleichen.

Das Urheberrecht regelt das Verhältnis von Lizenzvertrag und Lizenzierung nicht grundlegend. Lediglich § 9 VerlG sieht für das Verlagsrecht eine kausale Verknüpfung mit dem Verlagsvertrag vor. Aus dieser Vorschrift lässt sich aber – entgegen vielfacher Äußerungen – kein Grundsatz für das gesamte Urheberrecht ableiten. Auch im Urheberrecht ist vielmehr allgemein von einer Geltung des Abstraktionsprinzips auszugehen. Lediglich im Einzelfall kann der Lizenzvertrag auf seine Nähe zu den Charakteristika des Verlagsvertrags untersucht werden, um eine Analogie zu § 9 VerlG und somit eine Anwendung des Kausalitätsprinzips herzuleiten. Für die hier typisiert betrachteten Lizenzverträge aus dem Bereich Software und Film ist eine Vergleichbarkeit der Interessenlage aber zu verneinen.

Der Umfang der Insolvenzmasse bestimmt sich im deutschen Recht nach §§ 35, 36 InsO, so dass vom Insolvenzbeschlag alle pfändbaren vermögenswerten Güter erfasst sind. Der Urheberrechtskern und das umfassende Verwertungsrecht des Urhebers bleiben aufgrund ihres engen Persönlichkeitsbezugs und der in § 29 Abs. 1 UrhG angeordneten Unübertragbarkeit massefrei. Die vom Urheber noch nicht ausgeübten Verwertungsrechte fallen gemäß § 113 UrhG nur mit Einwilligung oder Genehmigung des Urhebers in die Insolvenzmasse. Eine Ersetzung dieser Zustimmung ist nicht möglich. Bereits gewährte Lizenzen fallen – auch bei vertraglich oder gesetzlich angeordneter Unübertragbarkeit – in die Insolvenzmasse des Lizenznehmers. Lizenzgebühren werden Bestandteil der Masse des Lizenzgebers. Werkoriginale fallen nur dann in die Insolvenzmasse, wenn der Urheber dazu seine Zustimmung erteilt, es sei denn, der Gegenstand ist für die Nutzung des Werks erforderlich. Auch für Vorrichtungen zur Vervielfältigung, Sendung und Vorführung besteht eine Massezugehörigkeit dann, wenn sie zur Ausübung der Lizenz nötig sind.

Lizenzverträge unterfallen dem Insolvenzverwalterwahlrecht des § 103 InsO dann, wenn der Vertrag zum Zeitpunkt der Verfahrenseröffnung noch von keiner Vertragspartei vollständig erfüllt worden ist. Der Erfüllungszeitpunkt bestimmt sich nach Maßgabe des § 362 BGB, wobei es entscheidend auf die den Parteien obliegenden Pflichten ankommt. Bei Lizenzverträgen, die auf einen punktuellen Leistungsaustausch gerichtete kaufähnliche Verträge sind, spielt aufgrund frühzeitiger Erfüllung das Verwalterwahlrecht nur eine untergeordnete Rolle. Sind die Lizenzverträge aber pachtähnliche Dauerrechtsverhältnisse, die den Parteien für die Vertragslaufzeit verschiedene Pflichten auferlegen, deren Erfüllung erst am Ende der Vertragszeit angenommen werden kann, so führt in diesen Fällen die Insolvenz einer Vertragspartei zu einer Anwendbarkeit des § 103 InsO. Eine Ausnahme besteht jedoch für fremdfinanzierte Lizenzverträge, die dem Anwendungsbereich des § 108 Abs. 1 S. 2 InsO unterfallen und dadurch mit Wirkung für die Insolvenzmasse fortbestehen. Auch wenn ein Vertrag das Wahlrecht des

Verwalters ermöglicht, sind bereits vor Verfahrenseröffnung erbrachte teilbare Leistungen gemäß § 105 InsO anders zu beurteilen als der Rest des Vertrags. Der Insolvenzschuldner erhält für seine Vorleistungen Anspruch auf die volle Gegenleistung an die Masse, während der Vertragspartner für seinen der Vorleistung entsprechenden Gegenleistungsanspruch nur eine Insolvenzforderung erwirbt. Die Eröffnung des Insolvenzverfahrens und eine etwaige Ablehnung der Erfüllung durch den Insolvenzverwalter bewirken nicht, dass die vertraglichen Ansprüche erlöschen; sie werden vielmehr nur für die Dauer des Verfahrens suspendiert. Eine etwaige Erfüllungswahl beendet die Suspendierung und lässt die ursprünglichen Ansprüche wieder aufleben. Für Lizenzverträge folgen aus diesen ganzen Vorgaben unterschiedliche, zu differenzierende Rechtsfolgen, abhängig davon, ob vor Eröffnung des Insolvenzverfahrens bereits ein Leistungsaustausch stattgefunden hat und welche Vertragspartei vorgeleistet hat.

Insbesondere Lizenzgeber zeigen in der Praxis ein großes Bedürfnis, sich für den Fall einer Krise ihres Vertragspartners Lösungsrechte im Lizenzvertrag einräumen zu lassen. Diese vertraglichen Kündigungs- oder Beendigungsklauseln sind insolvenzrechtlich an §§ 112, 119 InsO zu messen. Mit diesen Normen vereinbar sind dabei grundsätzlich solche Klauseln, die an insolvenzunabhängige Tatsachen wie beispielsweise die Unzumutbarkeit eines weiteren Festhaltens am Vertrag oder an das Vorliegen von Eröffnungsgründen sowie an die Stellung des Insolvenzantrags anknüpfen. In pachtähnlichen dauerrechtlichen Lizenzverträgen sind jedoch auch solche Klauseln aufgrund der Kündigungssperre des § 112 InsO versagt. Bei diesen Verträgen können aber – aufgrund einer regelmäßig bestehenden erfolgsabhängigen Vergütung – Vereinbarungen getroffen werden, die als Kündigungs- oder Beendigungsgrund eine Verletzung der dann bestehenden Auswertungspflicht nennen. So können auch bei pachtähnlichen Verträgen die in diesem Fall berechtigten Interessen an einer Lösung vom Vertrag berücksichtigt werden. Lösungsklauseln, die sich auf eine Insolvenzeröffnung oder eine Ausübung des Wahlrechts beziehen, sind hingegen nicht mit den Wertungen des § 119 InsO vereinbar und als Umgehung des § 103 InsO unwirksam.

In der Insolvenz eines Lizenzgebers erweisen sich die dinglich wirkenden urheberrechtlichen Lizenzen als insolvenzfest. Eine vor der Insolvenz erfolgte Lizenzierung wird durch Handlungen des Insolvenzverwalters nicht berührt. Steht dem Verwalter ein Wahlrecht bezüglich des Lizenzvertrags zu, so beendet auch die Ablehnung der Erfüllung nicht den Vertrag. Mithin bleibt dem Lizenznehmer auch in diesem Fall das Lizenzrecht erhalten. Erst eine Anmeldung von Schadensersatz wegen Nichterfüllung zur Tabelle hat eine Beendigung des Vertrags und damit – aufgrund des auch im Urheberrecht geltenden Abstraktionsprinzips – einen Rückübertragungsanspruch der Masse zur Folge. Dementsprechend tritt ein Verlust der Lizenz für den Lizenznehmer nicht unfreiwillig ein. Er kann daher auch in der Insolvenz des Lizenzgebers auf ein Fortbestehen der Nutzungsmöglichkeit vertrauen. Fällt der Lizenzvertrag nicht in den Anwendungsbereich des § 103 InsO, dann besteht auch der den Rechtsgrund für die Lizenzierung bildende Lizenzvertrag unabhängig vom Insolvenzverfahren fort, so dass auch die Lizenz als dingliches Recht in der Hand des Lizenznehmers nicht tangiert wird. In all diesen Fallgestaltungen kann der Lizenznehmer hinsichtlich des Lizenzrechts einen Aussonderungsanspruch gemäß § 47 InsO geltend machen, wenn das Bestehen der Lizenz durch den Insolvenzverwalter bestritten wird. Komplizierter rechtlicher Konstruktionen zum Schutz der Lizenz wie einer Doppeltreuhand, eines Lizenzsicherungsnießbrauchs oder einer Sicherungsübertragung der Lizenz bedarf es dementsprechend ebenso wenig wie der diskutierten Einfügung eines § 108a InsO-E.

Fällt hingegen der Lizenznehmer in Insolvenz, so steht für den Lizenzgeber die Frage nach einer Möglichkeit zur Rückübertragung der Lizenz im Zentrum der Betrachtung, da er gegebenenfalls die Einschnitte eines Insolvenzverfahrens durch eine anderweitige Lizenzierung umgehen möchte. Vor Beendigung des Lizenzvertrags ist dies nicht möglich. Wird der Vertrag hingegen durch die Ausübung eines Kündigungsrechts oder durch die Anmeldung von Schadensersatz wegen Nichterfüllung durch den Lizenzgeber nach der Erfüllungsablehnung des Verwalters beendet, so kann der Lizenzgeber einen bereicherungsrechtlichen Anspruch auf Rückübertragung der Lizenz nicht als Masseverbindlichkeit gemäß § 55 Abs. 1 Nr. 3 InsO geltend machen, um das Lizenzrecht zurückzuerhalten. Der Lizenzgeber kann stattdessen vielmehr sein Lizenzrecht gemäß § 47 InsO aus der Insolvenzmasse aussondern. Ähnlich der Situation bei der echten Treuhand ist die Lizenz ab dem Zeitpunkt der insolvenzbedingten Vertragsbeendigung haftungsrechtlich dem Vermögen des Lizenzgebers zuzuordnen.

Unterlizenzen sind abweichend anderer Vereinbarungen nicht vom Bestand der Hauptlizenz abhängig. Auch wenn die Hauptlizenz erlischt, kann der Sublizenznehmer dennoch weiterhin auf sein dinglich wirkendes Nutzungsrecht zurückgreifen. Der Urheber wird dadurch nicht in unangemessener Weise benachteiligt, weil er seine gemäß § 35 Abs. 1 S. 1 UrhG erforderliche Zustimmung zu der Sublizenzierung an die Bedingung des Fortbestehens der Hauptlizenz knüpfen kann.

Bei der Begutachtung der insolvenzrechtlichen Behandlung urheberrechtlicher Verwertungsrechte nach britischem Recht ist in vielerlei Hinsicht zu differenzieren. Anders als im deutschen Recht existiert neben der Verwertung durch Vergabe von Lizenzen auch die Möglichkeit einer vollständigen oder teilweisen Übertragung des Urheberrechts im Wege des *assignments*. Wiederum im Gegensatz zum deutschen Insolvenzrecht ist im Rahmen einer britischen Insolvenz zwischen mehreren

Verfahren zu unterscheiden. Am bedeutsamsten sind dabei für Unternehmensinsolvenzen das auf eine Abwicklung und Auflösung des Insolvenzschuldners gerichtete *liquidation*-Verfahren und das vorübergehende und vornehmlich auf Rettung des Unternehmens bedachte *administration*-Verfahren. Ungeachtet ihrer Unterschiede übertragen beide Verfahren die Wesensunterschiede zwischen *licence* und *assignment* auf den Insolvenzfall einer der beteiligten Parteien. Für die lediglich schuldrechtlich wirkende Lizenz ist in der Insolvenz das Fortbestehen des Lizenzvertrags von grundlegender Bedeutung. Von daher ist die Frage entscheidend, ob der Vertrag eine Lösungsklausel vorsieht oder der *liquidator* seine *power to disclaim onerous property* geltend machen kann, beziehungsweise ob der *administrator* die Möglichkeit zur Nichterfüllung des Vertrags (*„walk away" from the contract*) hat. Die dinglich wirkende Übertragung des Urheberrechts im Wege des *assignments* ist sowohl in der Lizenzgeber- als auch der Lizenznehmerinsolvenz insolvenzfest. Die urheberrechtliche Rechtsposition kann auch nicht durch eine Lösungsklausel zurückgeholt werden.

Hinsichtlich der insolvenzrechtlichen Behandlung von internationalen Lizenzverträgen beansprucht die lex fori concursus Geltung. Dies hat auch Auswirkungen auf die Frage nach der Wirksamkeit von Lösungsklauseln in diesen Verträgen. Wird das Insolvenzverfahren in Deutschland eröffnet, so kann eine Anwendung der die Wirksamkeit von Lösungsklauseln einschränkenden §§ 112, 119 InsO nicht durch eine Rechtswahl oder andere Gestaltungsmöglichkeiten hinsichtlich des Vertragsstatuts oder gar des Insolvenzstatuts umgangen werden. Ist das Verfahren hingegen in einem anderen Staat eröffnet, so entfalten diese Normen der Insolvenzordnung keine Wirkung. Dies gilt selbst dann, wenn eine in diesem Zusammenhang erhobene Klage auf Unterlassung vor einem deutschen Gericht ausgetragen wird, weil die §§ 112, 119 InsO keine international zwingenden Normen darstellen und ein mit ihnen in Widerspruch stehendes Urteil keinen Verstoß gegen den ordre public zur Folge hat.

Art. 5 EuInsVO begrenzt die grundsätzlich gemäß Art. 4, 17 EuInsVO bestehende Wirkung der lex fori concursus für dingliche Rechte Dritter. Dingliche Rechte an in anderen Mitgliedstaaten belegenen Gegenständen werden durch die Eröffnung eines Insolvenzverfahrens in keiner Weise beschränkt. Im Fall einer Insolvenz des Lizenzgebers kann Art. 5 EuInsVO auch auf die dingliche Rechtsposition der urheberrechtlichen Lizenz angewendet werden. Für eine Deutschland genutzte und zu schützende Lizenz eines Lizenznehmers setzt dies voraus, dass die lex fori concursus seines im europäischen Ausland insolventen Lizenzgebers für Vorfragen bezüglich der Wirkung von urheberrechtlichen Lizenzen die lex loci protectionis beruft. Sofern dies der Fall ist, beurteilt sich nach deutschem Recht, ob die Lizenz die verordnungsautonomen Vorgaben an ein dingliches Recht erfüllt, was entsprechend zu bejahen ist. Da die deutsche Rechtsordnung das Schutzlandprinzip anwendet, ist für eine im europäischen Ausland genutzte Lizenz eines Lizenznehmers im Fall der in Deutschland eröffneten Insolvenz seines Lizenzgebers von entscheidender Bedeutung, ob der Lizenz nach der Rechtsordnung des Schutzlandes eine dingliche Wirkung im Sinne der Verordnung zugesprochen wird.

Eine Anwendung von Art. 5 EuInsVO auf urheberrechtliche Lizenzen hat zur Konsequenz, dass der Lizenznehmer unabhängig von der Eröffnung des Insolvenzverfahrens über das Vermögen des Lizenzgebers die übertragene urheberrechtliche Rechtsposition weiterhin nutzen und auf ihren Bestand vertrauen kann. Falls im Schutzlandstaat des Lizenznehmers ein Sekundärinsolvenzverfahren eröffnet wird, beurteilt sich das Schicksal der Lizenz nicht anders als in einem nationalen Verfahren. Die in Deutschland genutzte und zu verteidigende Lizenz eines Lizenznehmers ist mithin insolvenzfest. Falls kein Sekundärinsolvenzverfahren eröffnet wird, kann der Insolvenzverwalter zwar das Urheberrecht nach Maßgabe der lex fori concursus verwerten. Dies darf aber nur insoweit erfolgen, als die Position des Lizenznehmers durch diese Verwertung des Urheberrechts nicht beeinträchtigt wird.

Besteht der grenzüberschreitende Bezug des Insolvenzverfahrens zu einem anderen Staat als einem EU-Mitgliedstaat, so greift Art. 5 EuInsVO nicht ein und ein Rückgriff auf das nationale Insolvenzkollisionsrecht ist möglich. Hier sieht § 351 InsO eine entsprechende Vorschrift für dingliche Rechte an in Deutschland belegenen Gegenständen vor. Auch diese Norm ist auf urheberrechtliche Lizenzen anwendbar, sofern der Verfahrensstaat für Fragen der Wirkung urheberrechtlicher Lizenzen auf den Belegenheitsstaat verweist. Insofern wird die in Deutschland genutzte und zu schützende Lizenz eines Lizenznehmers auch im Falle der im außereuropäischen Ausland eröffneten Insolvenz seines Lizenzgebers – unter Zugrundelegung dieser Voraussetzung – vor Beschränkungen der lex fori geschützt und ist damit nach deutschem Recht insolvenzfest.

Literaturverzeichnis

▷ Motive zu dem Entwurfe eines Bürgerlichen Gesetzbuches für das Deutsche Reich, Band III. Band, Berlin und Leipzig: J. Guttentag 1888

Abel, Paul,

▷ Filmlizenzen in der Insolvenz des Lizenzgebers und Lizenznehmers, NZI 6 [2003], Nr. 3, S. 121–129

Adam, Roman F.,

▷ Die Forderungsabtretung und das Wahlrecht des § 103 InsO, DZWiR 8 [1998], Nr. 6, S. 227–230

▷ Anmerkung zu LG Mannheim, Urteil vom 27.06.2008, DZWiR 13 [2003], S. 482–485

Adolphsen, Jens,

▷ Die Insolvenz im Filmlizenzgeschäft, DZWiR 13 [2003], Nr. 6, S. 228–233

/Tabrizi, Mahdi Daneshzadeh,

▷ Zur Fortwirkung zurückgerufener Nutzungsrechte, GRUR 113 [2011], Nr. 5, 384–390

Ahlmer, Isabel,

▷ Die Insolvenz im Filmrechtehandel: Univ. Diss. Band 45, Schriften zur Rechtswissenschaft, Berlin: wvb Wissenschaftlicher Verlag 2005

Ahrens, Martin/Gehrlein, Markus/Ringstmeier, Andreas,

▷ (Hrsg.), Fachanwaltskommentar Insolvenzrecht, 1. Auflage, Köln: Heymanns 2012

Andres, Dirk/Leithaus, Rolf,

▷ Insolvenzordnung (InsO): Kommentar, 2. Auflage, München: Beck 2011

Bailey, Edward/Groves, Hugo,

▷ Corporate insolvency: Law and practice, 3. Auflage, London: LexisNexis Butterworths 2007

Bainbridge, David,

▷ Software Copyright Law, 1. Auflage, London: Butterworths 1999

Becker, Walter G.,

▷ Der Filmverleihvertrag im Konkurse des Theaterbesitzers, UFITA 6 [1933], S. 143–157

Benkard, Georg/Asendorf, Claus Dietrich,

▷ Patentgesetz, Gebrauchsmustergesetz, Band 4, Beck'sche Kurz-Kommentare, 10. Auflage, München: Beck 2006

Berger, Christian,

▷ Absonderungsrechte an urheberrechtlichen Nutzungsrechten in der Insolvenz des Lizenznehmers, in: *Gerhardt, Walter/Kirchhof, Hans-Peter (Hrsg.):* Insolvenzrecht im Wandel der Zeit, Wissen für Anwälte und Notare, Recklinghausen: ZAP-Verlag 2003, S. 1–14

▷ Der Lizenzsicherungsnießbrauch - Lizenzerhaltung in der Insolvenz des Lizenzgebers, GRUR 106 [2004], Nr. 1, S. 20–25

Berger, Christian/Wündisch, Sebastian,

▷ Urhebervertragsrecht, Baden-Baden: Nomos 2008

Berger, Klaus Peter,

▷ Zur Wirksamkeit von Lösungsklauseln für den Konkursfall: Anmerkungen zur Entscheidung des BGH vom 11. November 1993, ZIP 15 [1994], Nr. 3, S. 173–184

Bing, Siegmund,

▷ Der Konkurs des Verlegers, 1. Auflage, Würzburg 1905

Bohr, Kurt,

▷ Fragen der Abgrenzung und inhaltlichen Bestimmung der Filmurheberschaft, UFITA 78 [1977], S. 95–160

Boor, Hans Otto de,

▷ Urheberrecht, Verlagsvertrag und Verlagsrecht im Konkurse über den Nachlaß des Urhebers, ZHR 79 [1916], S. 421–464

Bork, Reinhard,

▷ Die Doppeltreuhand in der Insolvenz, NZI 2 [1999], Nr. 9, S. 337–344

▷ Einführung in das Insolvenzrecht, Band 5, JZ-Schriftenreihe, 5. Auflage, Tübingen: Mohr Siebeck 2009

Boschiero, Nerina,

▷ Infringement of intellectual property rights: A commentary on Article 8 of the Rome II Regulation, Yearbook of Private International Law 9 [2007], S. 87–113

Brandi-Dohrn, Anselm et al.,
▷ Das Schicksal der Software-Lizenz bei nachträglicher Insolvenz des Lizenzgebers: Warum der Ansatz "Insolvenz olé, Lizenz passée" nicht passt, CR 28 [2012], Nr. 4, S. 216–221

Brandt, Sven,
▷ Softwarelizenzen in der Insolvenz: unter besonderer Berücksichtigung der Insolvenz des Lizenzgebers, NZI 4 [2001], Nr. 7, S. 337–343

Brauer, Tillman/Sopp, Michaela,
▷ Sicherungsrechte an Lizenzrechten; eine unsichere Sicherheit? Das Schicksal von Sicherheiten an Lizenzrechten, ZUM 48 [2004], Nr. 2, S. 112–122

Braun, Eberhard,
▷ Insolvenzordnung (InsO), 5. Auflage, München: Beck 2012

Brazell, Lorna,
▷ Intellectual Property Law Handbook, Bird & Bird, 1. Auflage, London: The Law Society 2008

Breidenbach, Stephan,
▷ Computersoftware in der Zwangsvollstreckung: Pfändung von Urheberrechten, CR 5 [1989], Nr. 11, S. 971–975

Büscher, Wolfgang/Dittmer, Stefan/Schiwy, Peter,
▷ Gewerblicher Rechtsschutz, Urheberrecht, Medienrecht: Kommentar, 2. Auflage, Köln: Heymanns 2011

Byrne, Noel,
▷ Licensing technology, 2. Auflage, Bristol: Jordans 1998

Canaris, Claus-Wilhelm,
▷ Die Verdinglichung obligatorischer Rechte, in: *Flume, Werner/Ballerstedt, Kurt/Jakobs, Horst Heinrich (Hrsg.):* Festschrift für Werner Flume zum 70. Geburtstag, 12. September 1978, Köln: O. Schmidt 1978

Castendyk, Oliver,
▷ Rechtswahl bei Filmlizenzverträgen - Statement aus der Praxis, ZUM 43 [1999], Nr. 12, S. 934–937

Cepl, Philipp,
▷ Lizenzen in der Insolvenz des Lizenznehmers: unter besonderer Berücksichtigung des Kündigungsrechts des Lizenzgebers, NZI 3 [2000], Nr. 8, S. 357–362

Chalkiadis, Marika,
▷ Insolvency and information technology, Special report, London: Sweet & Maxwell 2000

Dengler, Christoph C./Gruson, Sebastian/Spielberger, Ronald,
▷ Insolvenzfestigkeit von Lizenzen? Forschungsstandort Deutschland - so wohl kaum! NZI 9 [2006], Nr. 12, S. 677–685

Dennis, Vernon,
▷ Administration, Insolvency Law Series, 1. Auflage, London: The Law Society 2010

Dieselhorst, Jochen,
▷ Zur Dringlichkeit und Insolvenzfestigkeit einfacher Lizenzen, CR 26 [2010], Nr. 2, 69–75

Doyle, Louis G./Keay, Andrew R./McCormack, G.,
▷ Insolvency legislation: Annotations and commentary 2009, 3. Auflage, Bristol: Jordans 2009

Dreier, Thomas/Schulze, Gernot,
▷ Urheberrechtsgesetz: Urheberrechtswahrnehmungsgesetz, Kunsturhebergesetz ; Kommentar, 3. Auflage, München: Beck 2008

Drexl, Josef,
▷ Europarecht und Urheberkollisionsrecht, in: *Dietz, Adolf et al. (Hrsg.):* Urheberrecht: Gestern, heute, morgen, Muì^nchen: Beck 2001, S. 461–479
▷ The Proposed Rome II Regulation: European Choice of Law in the Field of Intellectual Property, in: *Drexl, Josef/Kur, Annette (Hrsg.):* Intellectual property and private international law, IIC Studies, Portland: Hart Publishing 2005, S. 151–176

Dulckeit, Gerhard,
▷ Die Verdinglichung obligatorischer Rechte, 1. Auflage, Tübingen: Mohr Siebeck 1951

Duursma-Kepplinger, Henriette-Christine/Duursma, Dieter/Chalupsky, Ernst,
▷ Europäische Insolvenzverordnung: Kommentar, 1. Auflage, Wien: Springer 2002

Eckert, Hans-Georg,
▷ Miete, Pacht und Leasing im neuen Insolvenzrecht, ZIP 17 [1996], Nr. 21, S. 897–909

Engisch, Karl,

▷ Einführung in das juristische Denken, Band 20, Kohlhammer-Urban-Taschenbücher, 11. Auflage, Stuttgart: Kohlhammer 2010

Esser, H. Philipp,

▷ Urheberrechtliche Lizenzen in der Insolvenz: Univ. Diss. Leipzig 2008, Band 21, Schriften zum geistigen Eigentum und zum Wettbewerbsrecht, 1. Auflage, Baden-Baden: Nomos 2009

Faltlhauser, Wilhelm,

▷ Die vorzeitige Auflösung des Filmlizenzvertrages: Ein Beitrag zu den Rechtsbeziehungen zwischen Produzenten und Verleiher, dargestellt an einem praktischen Fall, UFITA 35 [1961], S. 318–341

Fawcett, J. J./Torremans, Paul,

▷ Intellectual property and private international law, Oxford monographs in private international law, Oxford and New York: Clarendon Press and Oxford University Press 1998

Fezer, Karl-Heinz,

▷ Lizenzrechte in der Insolvenz des Lizenzgebers: Zur Insolvenzfestigkeit der Markenlizenz, WRP 50 [2004], Nr. 7, S. 793–809

Finch, Vanessa,

▷ Corporate insolvency law: Perspectives and principles, 2. Auflage, Cambridge: Cambridge University Press 2009

Fink-Hooijer, Florika,

▷ Fristlose Kündigung im Urhebervertragsrecht: Die Beendigung von Dauerschuldverhältnissen im Urheberrecht unter besonderer Berücksichtigung des Kündigungsrechts: Univ. Diss. Berlin, 1989, Band 11, Berliner Hochschulschriften zum gewerblichen Rechtsschutz und Urheberrecht, Frankfurt am Main: Lang 1991

Flessner, Axel,

▷ Internationales Insolvenzrecht in Deutschland nach der Reform, IPRax 17 [1997], Nr. 1, S. 1–10

▷ Dingliche Sicherungsrechte nach dem Europäischen Insolvenzübereinkommen, in: *Basedow, Juˋ̂rgen/Hopt, Klaus J./Koˋ̂tz, Hein (Hrsg.):* Festschrift fuˋ̂r Ulrich Drobnig zum siebzigsten Geburtstag, Tuˋ̂bingen: Mohr Siebeck 1998, S. 277–287

Fletcher, Ian F.,

▷ The law of insolvency, 4. Auflage, London: Sweet & Maxwell 2009

Flume, Werner,

▷ Allgemeiner Teil des Bürgerlichen Rechts: Zweiter Band - Das Rechtsgeschäft, Enzyklopädie der Rechts- und Staatswissenschaft Abteilung Rechtswissenschaft, 4. Auflage, Berlin: Springer 1992

Forkel, Hans,

▷ Gebundene Rechtsübertragungen: ein Beitrag zu den Verfügungsgeschäften über Patent-, Muster-, Urheber- und Persönlichkeitsrechte, Band 17, Erlanger juristische Abhandlungen, Köln: Heymann 1977

Frentz, Wolfgang Frhr. Raitz von/Marrder, Larissa,

▷ Insolvenz des Filmrechtehändlers: Was passiert mit den Rechten? ZUM 45 [2001], Nr. 10, S. 761–770

▷ Filmrechtehandel mit Unternehmen in der Krise: Risiken und Lösungen, ZUM 47 [2003], Nr. 2, S. 94–108

Frentz, Wolfgang Frhr. Raitz von/Masch, Christian l.,

▷ Die Insolvenzfestigkeit von einfachen und ausschließlichen Nutzungsrechten an Schutzrechten (Patentlizenzen, Markenlizenzen und urheberrechtlichen Nutzungsrechten), ZIP 32 [2011], Nr. 27, S. 1245–1250

Fridgen, Alexander,

▷ US Bankruptcy Court of Virginia: Patentlizenzverträge sind dem Recht des Eröffnungsstaates – hier deutschem Insolvenzrecht – unterstellt: Entscheidungsanmerkung, GWR 2 [2010], Nr. 10, S. 245

Fritz, Daniel Friedemann/Bähr, Rainer M.,

▷ Die europäische Verordnung über Insolvenzverfahren - Herausforderung an Gerichte und Insolvenzverwalter, DZWiR 11 [2001], Nr. 6, S. 221–235

Fromm, Friedrich Karl/Nordemann, Wilhelm,

▷ Urheberrecht: Kommentar zum Urheberrechtsgesetz, Verlagsgesetz, Urheberrechtswahrnehmungsgesetz, Rechtswissenschaften und Verwaltung Kommentare, 10. Auflage, Stuttgart: Kohlhammer 2008

Fuchs, Karlhans,

▷ Kölner Schrift zur Insolvenzordnung: Das neue Insolvenzrecht in der Praxis, 2. Auflage, Herne: Verlag für die Rechts- u. Anwaltspraxis 2000

Gamm, Otto-Friedrich Frhr. von,

▷ Urheberrechtsgesetz: Kommentar, 1. Auflage, München: Beck 1968

Gebauer, Martin/Wiedmann, Thomas,

▷ Zivilrecht unter europäischem Einfluss, 2. Auflage, Stuttgart: Boorberg 2010

Geimer, Reinhold,

▷ Internationales Zivilprozessrecht, 6. Auflage, Köln: Schmidt 2009

/Schütze, Rolf A.,

▷ Europäisches Zivilverfahrensrecht: Kommentar zur EuGVVO, EuEheVO, EuZustellungsVO, zum Lugano-Übereinkommen und zum nationalen Kompetenz- und Anerkennungsrecht, 3. Auflage, München: Beck 2010

Genthe, Barbara,

▷ Der Umfang der Zweckübertragungstheorie im Urheberrecht: Univ. Diss. Frankfurt (Main) 1980, Band 264, Europäische HochschulschriftenReihe 2, Rechtswissenschaft, Frankfurt am Main: Lang 1981

Gerhardt, Walter,

▷ Insolvenzrecht und Bürgerliches Gesetzbuch, AcP 200 [2000], S. 426–444

Girsberger, Daniel,

▷ Die Stellung der gesicherten Gläubiger in der internationalen Insolvenz, RabelsZ 70 [2006], S. 505–537

Goldschmidt, James,

▷ Das Schicksal der Filmlizenz bei Zahlungsunfähigkeit des Filmverleihers, UFITA 2 [1929], S. 1–28

Goode, Roy,

▷ Principles of corporate insolvency law, 3. Auflage, London: Sweet & Maxwell 2008

Götting, Horst-Peter,

▷ Urheberrechtliche und vertragsrechtliche Grundlagen, in: *Beier, Friedrich-Karl et al. (Hrsg.):* Urhebervertragsrecht, München: Beck 1995, S. 53–75

Gottwald, Peter,

▷ Grenzüberschreitende Insolvenzen: Europäische und weltweite Tendenzen und Lösungen: [Vortrag, gehalten vor der Juristischen Studiengesellschaft Regensburg am 19. November 1996], Schriften der Juristischen Studiengesellschaft Regensburg e.V, München: Beck 1997

▷ (Hrsg.), Insolvenzrechts-Handbuch, 4. Auflage, München: Beck 2010

Graf-Schlicker, Marie Luise,

▷ InsO: Kommentar zur Insolvenzordnung, 2. Auflage, Köln: RWS Verl. Kommunikationsforum 2010

Groß, Michael,

▷ Der Lizenzvertrag, BB-Handbuch, 10. Auflage, Frankfurt am Main: Verlag Recht und Wirtschaft 2011

Grünberger, Michael,

▷ Das Urheberrechtsstatut nach der ROM-II-VO, ZVglRWiss 108 [2009], S. 134–177

Grützmacher, Malte,

▷ Anmerkung zum Urteil des LG Mannheim, Urteil vom 27.06.2003 - 7 O 127/03, CR 20 [2004], Nr. 11, S. 814–815

▷ Insolvenzfeste Softwarelizenz- und Softwarehinterlegungsverträge - Land in Sicht? Die Welten zwischen Mannheim und Karlsruhe, CR 22 [2006], Nr. 5, S. 289–296

Grützmacher, Rolf/Laier, Hubert/May, Dietmar,

▷ Der internationale Lizenzverkehr: Genehmigungsvorschriften, Steuern, Devisenbestimmungen und Hinweise zur internationalen Lizenzpraxis, Band 6, Schriftenreihe Recht der internationalen Wirtschaft, 8. Auflage, Frankfurt/Main: Verl. Recht und Wirtschaft 1997

Haas, Ulrich,

▷ Die Verwertung der im Ausland belegenen Insolvenzmasse im Anwendungsbereich der EuInsVO, in: *Schilken, Eberhard (Hrsg.):* Festschrift für Walter Gerhardt, Köln: RWS, Verl. Kommunikationsforum 2004, S. 319–340

Haberstumpf, Helmut,

▷ Verfügungen über urheberrechtliche Nutzungsrechte im Verlagsrecht, in: *Forkel, Hans/Kraft, Alfons (Hrsg.):* Beiträge zum Schutz der Persönlichkeit und ihrer schöpferischen Leistungen, Frankfurt am Main: Metzner 1985, S. 127–144

Haberstumpf, Helmut/Hintermeier, Jürgen Heinrich,

▷ Einführung in das Verlagsrecht, Die Rechtswissenschaft, Darmstadt: Wissenschaftliche Buchgesellschaft 1985

Hanisch, Hans,

▷ Erlöse aus der Teilnahme an einem ausländischen Parallel-Insolvenzverfahren - Ablieferung an die inländische Konkursmasse oder Anrechnung auf die Inlandsdividende? ZIP 10 [1989], Nr. 5, S. 273–279

Hart, Tina/Fazzani, Linda/Clark, Simon,
▷ Intellectual property law, Palgrave Macmillan law masters, 5. Auflage, Basingstoke: Palgrave Macmillan 2009

Hartlieb, Holger von/Schwarz, Mathias,
▷ Handbuch des Film-, Fernseh- und Videorechts, 5. Auflage, München: Beck 2011

Häsemeyer, Ludwig,
▷ Insolvenzrecht, 4. Auflage, Köln: Heymanns 2007

Haß, Detlef et al.,
▷ EU-Insolvenzverordnung: Kommentar zur Verordnung (EG) Nr. 1346: Sonderausg. aus dem Losebl.-Handbuch Geimer/Schütze (Hrsg.), Internationaler Rechtsverkehr in Zivil- und Handelssachen, 1. Auflage, München: Beck 2005

Hausmann, Rainer,
▷ Möglichkeiten und Grenzen der Rechtswahl in internationalen Urheberrechtsverträgen, in: *Schwarz, Wolf/Rehbinder, Manfred (Hrsg.):* Beiträge zum Film- und Medienrecht, Band 77, Schriftenreihe des Archivs für Urheber-, Film-, Funk-, und Theaterrecht (UFITA), Baden-Baden: Nomos 1988, S. 47–73
▷ Insolvenzklauseln und Rechtefortfall nach der neuen Insolvenzordnung, ZUM 43 [1999], Nr. 12, S. 914–923

Heim, Sebastian,
▷ Lizenzverträge in der Insolvenz - Anmerkungen zu § 108a InsO-E, NZI 11 [2008], Nr. 6, S. 338–345

Herbst, Reimer,
▷ Die rechtliche Ausgestaltung der Lizenz und ihre Einordnung in das System des bürgerlichen Rechts, Göttingen 1968

Herchen, Axel,
▷ Die Befugnisse des deutschen Insolvenzverwalters hinsichtlich der "Auslandsmasse" nach In-Kraft-Treten der EG-Insolvenzverordnung (Verordnung des Rates Nr. 1346/2000), ZInsO 5 [2002], Nr. 8, S. 345–352
▷ Scheinauslandsgesellschaften im Anwendungsbereich der Europäischen Insolvenzverordnung: Anmerkung zur Entscheidung des High Court of Justice, Chancery Division (Company Court) v. 7.2.2003, ZInsO 6 [2003], Nr. 16, 742–747

Hess, Harald/Weis, Michaela/Wienberg, Rüdiger,
▷ InsO: Kommentar zur Insolvenzordnung mit EGInsO, Band 1, 2. Auflage, Heidelberg: C.F. Müller 2001

Hoeren, Thomas,
▷ Softwareüberlassung an der Schnittstelle von Urheber- und Vertragsrecht - Zugleich eine kritische Auseinandersetzung mit Heussen, GRUR 1987, 779 ff. GRUR 90 [1988], Nr. 5, S. 340–348
▷ Softwareüberlassung als Sachkauf: Ausgewählte Rechtsprobleme des Erwerbs von Standardsoftware: Univ. Diss. Münster 1988, Aktuelles Recht, München: Beck 1989
▷ Die Kündigung von Softwareerstellungsverträgen und deren urheberrechtliche Auswirkungen, CR 21 [2005], Nr. 11, S. 773–777

Hoffmann, Thomas,
▷ Immaterialgüterrecht in der Insolvenz, ZInsO 6 [2003], Nr. 16, S. 733–742

Hoffmann-Becking, Michael/Rawert, Peter,
▷ (Hrsg.), Beck'sches Formularbuch Bürgerliches, Handels- und Wirtschaftsrecht, 10. Auflage, München: Beck 2010

Hölder, Niels/Schmoll, Andrea,
▷ Patentlizenz- und Know-How-Verträge in der Insolvenz - Teil II: Insolvenz des Lizenzgebers, GRUR 106 [2004], Nr. 10, S. 830–836

Homann, Hans-Jürgen,
▷ Praxishandbuch Filmrecht: Ein Leitfaden für Film-, Fernseh- und Medienschaffende, 3. Auflage, Berlin: Springer 2009

Horster, Max,
▷ Die Verträge des Filmverleihers und ihr Schicksal bei Zahlungsunfähigkeit, 1. Auflage, Bonn 1931

Hub, Benjamin,
▷ Filmlizenzen in der Insolvenz des Lizenzgebers: Univ. Diss. Kiel 2005, Band 4327, Europäische HochschulschriftenReihe 2, Rechtswissenschaft, Frankfurt am Main: Lang 2006

Huber, Michael,
▷ Gegenseitige Verträge und Teilbarkeit von Leistungen in der Insolvenz, NZI 5 [2002], Nr. 9, S. 467–471

Riewe, Deike,

▷ Erwerb eines Nutzungsrechts durch Kündigung in der Insolvenz des Lizenzgebers - Oder: Ein Fall zum Anfang des Wahlrechts samt Diskussion um die insolvenzrechtliche Wirksamkeit einer Lösungsklausel? ZInsO 9 [2006], Nr. 6, S. 290–295

Huber, Peter,

▷ Internationales Insolvenzrecht in Europa - Das internationale Privat- und Verfahrensrecht der Europäischen Insolvenzverordnung -, ZZP 114 [2001], Nr. 2, S. 133–166

▷ Die Europäische Insolvenzverordnung, EuZW 13 [2002], Nr. 16, S. 490–496

Hubmann, Heinrich,

▷ Die Zwangsvollstreckung in Persönlichkeits- und Immaterialgüterrechte, in: *Nipperdey, Hans Carl (Hrsg.):* Das deutsche Privatrecht in der Mitte des 20. Jahrhunderts, Band 2, Berlin: De Gruyter Recht 1956, S. 812–836

Jaeger, Ernst,

▷ Insolvenzordnung: Großkommentar, Großkommentare der Praxis, 1. Auflage, Berlin: De Gruyter Recht 2004

/Henckel, Wolfram,

▷ Konkursordnung: mit Einführungsgesetzen; Großkommentar, 9. Auflage, Berlin: de Gruyter 1997

Jauernig, Othmar,

▷ Trennungsprinzip und Abstraktionsprinzip, JuS 34 [1994], Nr. 9, S. 721–727

/Berger, Christian,

▷ Zwangsvollstreckungs- und Insolvenzrecht: Ein Studienbuch, Kurzlehrbücher für das juristische Studium, 23. Auflage, München: Beck 2010

Junker, Abbo/Benecke, Martina,

▷ Computerrecht, Schriftenreihe Recht und Praxis, 3. Auflage, Baden-Baden: Nomos 2003

Karger, Michael,

▷ Rechtseinräumung bei Software-Erstellung, CR 17 [2001], Nr. 6, S. 357–366

Katzenberger, Paul,

▷ TRIPS und das Urheberrecht, GRUR Int. 44 [1995], Nr. 6, S. 447–468

▷ Urheberrechtsverträge im Internationalen Privatrecht und Konventionsrecht, in: *Beier, Friedrich-Karl et al. (Hrsg.):* Urhebervertragsrecht, München: Beck 1995, S. 225–259

Keay, Andrew R./Walton, Peter,
▷ Insolvency law: Corporate and personal, 2. Auflage, Bristol: Jordans 2008

Kellenter, Wolfgang,
▷ Schutzrechtslizenzen in der Insolvenz des Lizenzgebers, in: *Keller, Erhard/Tilmann, Winfried (Hrsg.):* Festschrift für Winfried Tilmann, Köln: Heymann 2003, S. 807–825

Kilian, Wolfgang/Heussen, Benno,
▷ Computerrechts-Handbuch: Informationstechnologie in der Rechts- und Wirtschaftspraxis, München: Beck 2011

Kirchhof, Hans-Peter,
▷ Münchener Kommentar zur Insolvenzordnung: Band 1: §§ 1-102, Insolvenzrechtliche Vergütungsverordnung (InsVV), 2. Auflage, München: Beck 2008
▷ Münchener Kommentar zur Insolvenzordnung: Band 2: §§ 103-269, 2. Auflage, München: Beck 2008
▷ Münchener Kommentar zur Insolvenzordnung: Band 3: §§ 270-359, Internationales Insolvenzrecht, Insolvenzsteuerrecht, 2. Auflage, München: Beck 2008

Klass, Nadine,
▷ Das Urheberkollisionsrecht der ersten Inhaberschaft - Plädoyer für einen universalen Ansatz, GRUR Int. 56 [2007], Nr. 5, S. 373–386

Klauze, Andreas,
▷ Urheberrechtliche Nutzungsrechte in der Insolvenz: Univ. Diss. Bonn 2005, Band 28, KTS-Schriften zum Insolvenzrecht, Köln: Heymann 2006

Kleine, Nikola,
▷ Urheberrechtsverträge im internationalen Privatrecht: Univ. Diss. Münster 1985, Band 525, Europäische HochschulschriftenReihe 2, Rechtswissenschaft, Frankfurt am Main: Lang 1986

Knörzer, Thomas,
▷ Das Urheberrecht im deutschen internationalen Privatrecht, Mannheim 1992

Koehler, Philipp/Ludwig, Daniel,
▷ Die "insolvenzfeste" Gestalung von Lizenzverträgen, WRP 52 [2006], Nr. 11, S. 1342–1347
▷ Die Behandlung von Lizenzen in der Insolvenz, NZI 10 [2007], Nr. 2, S. 79–84

Kohler, Josef,
▷ Handbuch des deutschen Patentrechts in rechtsvergleichender Darstellung, Mannheim: J. Bensheimer 1900
▷ Urheberrecht an Schriftwerken und Verlagsrecht, Neudruck der Ausgabe Stuttgart, Enke, 1907, 1. Auflage, Aalen: Scientia-Verlag 1980

König, M. Michael,
▷ Die Qualifizierung von Computerprogrammen als Sachen i. S. des § 90 BGB, NJW 42 [1989], Nr. 41, S. 2604–2605

Kraßer, Rudolf,
▷ Verpflichtung und Verfügung im Immaterialgüterrecht, GRUR Int. 22 [1973], Nr. 6/7, S. 230–238
▷ Die Wirkung der einfachen Patentlizenz, GRUR Int. 32 [1983], S. 537–547

/Schmid, Hans Dieter,
▷ Der Lizenzvertrag über technische Schutzrechte aus der Sicht des deutschen Zivilrechts, GRUR Int. 31 [1982], Nr. 5, S. 324–341

Krause, Ernst,
▷ Der urheberrechtliche Lizenzvertrag, Leipzig 1938

Kreft, Gerhart,
▷ Teilbare Leistungen nach § 105 InsO (unter besonderer Berücksichtigung des Bauvertragsrechts), in: *Prütting, Hanns (Hrsg.):* Insolvenzrecht in Wissenschaft und Praxis, Köln: Schmidt 2000, S. 387–403
▷ Insolvenzordnung, Heidelberger Kommentar, 6. Auflage, Heidelberg: C. F. Müller 2011

Kübler, Bruno Maria/Prütting, Hanns,
▷ Das neue Insolvenzrecht, Band 18, RWS-Dokumentation, Köln: Kommunikationsforum 1994

Kübler, Bruno Maria/Prütting, Hanns/Bork, Reinhard,
▷ (Hrsg.), InsO: Kommentar zur Insolvenzordnung, RWS-Kommentar, Köln: Kommunikationsforum

Kühne, Eberhard,
▷ Versprechen und Gegenstand: Ein Beitrag zum System der Belastung, AcP 140 [1935], 1–63

Larenz, Karl,
▷ Lehrbuch des Schuldrechts: II. Band: Besonderer Teil, 1. Halbband, 13. Auflage, München: Beck 1986

Larenz, Karl (Forts.),

▷ Methodenlehre der Rechtswissenschaft, Enzyklopädie der Rechts- und Staatswissenschaft Abteilung Rechtswissenschaft, 6. Auflage, Berlin: Springer 1991

/Wolf, Manfred,

▷ Allgemeiner Teil des Bürgerlichen Rechts, 9. Auflage, München: Beck 2004

Lehmann, Michael,

▷ Rechtsschutz und Verwertung von Computerprogrammen: Urheberrecht, Patentrecht, Warenzeichenrecht, Wettbewerbsrecht, Kartellrecht, Vertrags- und Lizenzrecht, Arbeitsrecht, Strafrecht, Insolvenz- und Vollstreckungsrecht, Prozeßrecht, Produzentenhaftung, Recht der Datenbanken, Steuerrecht, Handbuch-Reihe Computer und Recht, 2. Auflage, Köln: Schmidt 1993

Leipold, Dieter,

▷ Zur internationalen Zuständigkeit im Insolvenzrecht, in: *Prütting, Hanns (Hrsg.):* Festschrift für Gottfried Baumgärtel zum 70. Geburtstag, Köln: Heymann 1990, S. 291–309

Leonhardt, Peter/Smid, Stefan/Zeuner, Mark,

▷ Insolvenzordnung (InsO): Kommentar, Rechtswissenschaften und Verwaltung Kommentare, 3. Auflage, Stuttgart: Kohlhammer 2010

Lobe, Adolf,

▷ Zur Reform des Verlagsrechts, GRUR 27 [1922], Nr. 5, S. 93–103

Loewenheim, Ulrich,

▷ Allgemeine Geschäftsbedingungen bei Verträgen über die Überlassung von Standard-Anwendersoftware, in: *Leser, Hans G/Isomura, Tamotsu (Hrsg.):* Wege zum japanischen Recht, Berlin: Duncker & Humblot 1992, S. 949–969

▷ Rechtswahl bei Filmlizenzverträgen, ZUM 43 [1999], Nr. 12, S. 923–927

▷ Handbuch des Urheberrechts, 2. Auflage, München: Beck 2010

Lüdecke, Wolfgang,

▷ Zur rechtlichen Natur der Lizenz, NJW 19 [1966], Nr. 18, S. 815–817

Lutz, Peter,

▷ Grundriss des Urheberrechts, Jura auf den Punkt gebracht, Heidelberg: C. F. Müller 2009

Mackensen, Jürgen,

▷ Der Verlagsvertrag im internationalen Privatrecht, 1. Auflage, München: Beck 1965

MacQueen, Hector L. et al.,
▷ Contemporary intellectual property: Law and policy, 2. Auflage, Oxford: Oxford University Press 2010

Mäger, Stefan,
▷ Der Schutz des Urhebers im internationalen Vertragsrecht: Zur Anknüpfung zwingenden deutschen Urheberrechts: Univ. Diss. Berlin, Band 25, Berliner Hochschulschriften zum gewerblichen Rechtsschutz und Urheberrecht, Berlin: Berlin Verlag Spitz 1995

Marly, Jochen,
▷ Praxishandbuch Softwarerecht: Rechtsschutz und Vertragsgestaltung; Urheberrecht, Patentrecht, Pflichtverletzungen, Vertragsgestaltung, Allgemeine Geschäftsbedingungen, Musterverträge, 5. Auflage, München: Beck 2009

Marotzke, Wolfgang,
▷ Anmerkung zum Urteil des BGH vom 14.12.1989 - IX ZR 283/88, JR 1990, Nr. 8, S. 331–335
▷ Die insolvenzrechtliche Kündigungssperre (§ 112 InsO), in: *Lieb, Manfred (Hrsg.):* Festschrift für Wolfgang Zöllner, Köln: Heymann 1998, S. 1193–1202
▷ Gegenseitige Verträge im neuen Insolvenzrecht, 3. Auflage, Neuwied: Luchterhand 2001

Marrder, Larissa,
▷ Verwertung von Filmrechten in der Insolvenz: Univ. Diss. Köln 2005, Band 3, Schriftenreihe zum Urheber- und Kunstrecht, Frankfurt am Main: Lang 2006

Medicus, Dieter/Lorenz, Stephan,
▷ Schuldrecht II: Besonderer Teil, Kurzlehrbücher für das juristische Studium, 15. Auflage, München: Beck 2010

Mestmäcker, Ernst-Joachim/Schulze, Erich/Schulze, Marcel,
▷ Kommentar zum deutschen Urheberrecht: Unter Berücksichtigung des internationalen Rechts und des Gemeinschaftsrechts in den Mitgliedstaaten der EU, Neuwied: Luchterhand 1962

Meulen, Edzard ter,
▷ Die Floating Charge, ein Sicherungsrecht am Vermögen einer englischen company: ein rechtsvergleichender Beitrag zu den Problemen der Sicherungsübereignung, Band 43, Arbeiten zur Rechtsvergleichung, 1. Auflage, Frankfurt am Main: Metzner 1969

Meyer-Löwy, Bernd/Poertzgen, Christoph/Vries, Tillman de,
▷ Einführung in das englische Insolvenzrecht, ZInsO 8 [2005], Nr. 6, S. 293–298

Möhring, Philipp/Nicolini, Käte,
▷ Urheberrechtsgesetz: Kommentar, 2. Auflage, München: Vahlen 2000

Mugdan, Benno,
▷ Die gesammten Materialien zum Bürgerlichen Gesetzbuch für das Deutsche Reich, Band 3., Berlin: R. v. Decker 1899

Musielak, Hans-Joachim,
▷ Die Erfüllungsablehnung des Konkursverwalters: Zur Auslegung des § 17 Abs. 1 der Konkursordnung, AcP 179 [1979], S. 189–213
▷ Kommentar zur Zivilprozessordnung mit Gerichtsverfassungsgesetz, 7. Auflage, München: Vahlen 2009

Nerlich, Jörg/Römermann, Volker,
▷ Insolvenzordnung: (InsO); Kommentar, München: Beck 2012

Nikoltchev, Susanne,
▷ Creativity comes at a price: The role of collecting societies, IRIS Special, Strasbourg: European Audiovisual Observatory 2009

Nolden, Christoph,
▷ Das Abstraktionsprinzip im urheberrechtlichen Lizenzverkehr: Univ. Diss. Kiel 2005, Band 13, Schriften zum deutschen und internationalen Persönlichkeits- und Immaterialgüterrecht, Göttingen: V & R Unipress 2005

Obergfell, Eva Inés,
▷ Filmverträge im deutschen materiellen und internationalen Privatrecht: Zur Reformierbarkeit des materiellen Filmvertragsrechts und zur interessengerechten kollisionsrechtlichen Anknüpfung von Filmverträgen: Univ. Diss. Konstanz 2000, Band 15, Ius informationis, Köln: Heymann 2001

Oechsler, Jürgen,
▷ Das Abstraktionsprinzip und der Bereicherungsausgleich im Urheberrecht, in: *Martinek, Michael/Rawert, Peter/Weitemeyer, Birgit (Hrsg.):* Festschrift für Dieter Reuter zum 70. Geburtstag am 16. Oktober 2010, Berlin: de Gruyter 2010, S. 245–262

Oeter, Stefan R./Ruttig, Markus,
▷ Filmrechteverwertung in der Insolvenz, ZUM 47 [2003], Nr. 8-9, S. 611–630

Oetker, Hartmut/Maultzsch, Felix,
▷ Vertragliche Schuldverhältnisse, 3. Auflage, Berlin and Heidelberg: Springer-Verlag 2008

Pagenberg, Jochen/Geissler, Bernhard,
▷ Lizenzverträge: Patente, Gebrauchsmuster, Know-how, Computer Software; kommentierte Vertragsmuster nach deutschem und europäischem Recht = License agreements, 4. Auflage, Köln: Heymann 1997

Pahlow, Louis,
▷ Das einfache Nutzungsrecht als schuldrechtliche Lizenz: Zur Auslegung des § 31 Abs. 2 UrhG, ZUM 49 [2005], Nr. 12, S. 865–874
▷ Lizenz und Lizenzvertrag im Recht des Geistigen Eigentums: Univ. Habil.-Schr. Bayreuth 2005, Band 5, Geistiges Eigentum und Wettbewerbsrecht, Tübingen: Mohr Siebeck 2006
▷ Lizenz und Lizenzvertrag in der Insolvenz: Von einer unbefriedigenden Rechtslage und einer verbesserungsbedürftigen Reform, WM 62 [2008], Nr. 44, S. 2041–2049
▷ Von Müttern, Töchtern und Enkeln: Zu Rechtscharakter und Wirkung des urhebervertraglichen Rückrufs, GRUR 112 [2010], Nr. 2, S. 112–119

Palandt, Otto; Bassenge, Peter u. a. (Hrsg.),
▷ Bürgerliches Gesetzbuch, Band 7, Beck'sche Kurz-Kommentare, 71. Auflage, München: Beck 2012

Pannen, Klaus,
▷ Europäische Insolvenzverordnung: Kommentar, De-Gruyter-Kommentar, 1. Auflage, Berlin: De Gruyter Recht 2007

Pape, Gerhard/Uhlenbruck, Wilhelm/Voigt-Salus, Joachim,
▷ Insolvenzrecht, Band 67, NJW-Praxis, 2. Auflage, München: Beck 2010

Paulus, Christoph,
▷ Der Konkurs des Softwarehauses, CR 3 [1987], Nr. 10, S. 651–659
▷ Software in Vollstreckung und Insolvenz, ZIP 17 [1996], Nr. 1, S. 2–8
▷ Verbindungslinien zwischen Insolvenzrecht und Privatautonomie, in: *Prütting, Hanns (Hrsg.):* Insolvenzrecht in Wissenschaft und Praxis, Köln: Schmidt 2000, S. 33–48
▷ Europäische Insolvenzverordnung: Kommentar, RIW-Buch, 3. Auflage, Frankfurt am Main: Verlag Recht und Wirtschaft 2010

Pfaff, Dieter/Osterrieth, Christian,
▷ Lizenzverträge: Formularkommentar, 3. Auflage, München: Beck 2010

Plath, Kai-Uwe,
▷ Nießbrauch an Software: Ein Konzept zur Lösung des Insolvenzproblems? CR 21 [2005], Nr. 9, S. 613–619

Plath, Kai-Uwe (Forts.),

▷ Pfandrechte an Software: Ein Konzept zur Lösung des Insolvenzproblems? CR 22 [2006], Nr. 4, S. 217–221

Pohlmann, Ulrich,

▷ Befugnisse und Funktionen des vorläufigen Insolvenzverwalters: Univ. Diss. Hamburg 1997, Band 19, Beiträge zum Insolvenzrecht, Köln: RWS-Verlag Kommunikationsforum 1998

Pres, Andreas,

▷ Gestaltungsformen urheberrechtlicher Softwarelizenzverträge: Eine juristische und ökonomische Untersuchung unter besonderer Berücksichtigung des Zweiten Gesetzes zur Änderung des Urheberrechtsgesetzes vom 9. Juni 1993: Univ. Diss. München 1994, Band 6, Rechtsfragen der Wirtschaft, Köln: Schmidt 1994

Pütz, Silke,

▷ Zum Anwendungsbereich des § 32 b UrhG: Internationales Urhebervertragsrecht und angestellter Urheber, IPRax [2005], Nr. 1, S. 13–17

Rauscher, Thomas,

▷ (Hrsg.), Europal̀^isches Zivilprozess- und Kollisionsrecht: Kommentar, München: Sellier European Law Publishers 2009-2010

Reber, Ulrich,

▷ Anmerkung zu BGH, Urteil vom 26. März 2009 – I ZR 153/06 – Reifen Progressiv, ZUM 25 [2009], Nr. 11, 855–857

Redeker, Helmut,

▷ Software - ein besonderes Gut, NJOZ 8 [2008], Nr. 29, S. 2917–2926

Rehbinder, Manfred,

▷ Urheberrecht: Ein Studienbuch, Juristische Kurz-Lehrbücher, 16. Auflage, München: Beck 2010

Reinhard, Tim/Lober, Andreas,

▷ The show must go on: Lizenzverträge in der Insolvenz, K&R 7 [2003], Nr. 3, S. 126–130

Reischl, Klaus,

▷ Insolvenzrecht, Band 32, Jura auf den Punkt gebracht, 2. Auflage, Heidelberg: C. F. Müller 2011

Reithmann, Christoph/Martiny, Dieter,
▷ Internationales Vertragsrecht: Das internationale Privatrecht der Schuldverträge, 7. Auflage, Köln: Schmidt 2010

Rippner, Max,
▷ Der Einfluß des Verlegerkonkurses auf das Verlagsverhältnis, ZHR 68 [1910], S. 98–146

Rober, Georg,
▷ Urheberrecht oder Geistiges Eigentum, UFITA 21 [1956], S. 150–196

Roy, Rudolf/Palm, Franz,
▷ Zur Problematik der Zwangsvollstreckung in Computer, NJW 48 [1995], Nr. 11, S. 690–697

Säcker, Franz Jürgen/Rixecker, Roland,
▷ Münchener Kommentar zum Bürgerlichen Gesetzbuch: Band 10: Internationales Privatrecht, Rom I-Verordnung, Rom II-Verordnung, Einführungsgesetz zum Bürgerlichen Gesetzbuche (Art. 1-24), IPR, Rom I-VO, Rom II-VO, Art. 1-24 EGBGB, 5. Auflage, München: Beck 2008
▷ Münchener Kommentar zum Bürgerlichen Gesetzbuch: Band 3: Schuldrecht - Besonderer Teil I §§ 433-610, Finanzierungsleasing, HeizkostenV, BetriebskostenV, CISG, 5. Auflage, München: Beck 2008
▷ Münchener Kommentar zum Bürgerlichen Gesetzbuch: Band 6: Sachenrecht §§ 854 - 1296, Wohnungseigentumsgesetz, Erbbaurechtsgesetz, 5. Auflage, München: Beck 2009
▷ Münchener Kommentar zum Bürgerlichen Gesetzbuch: Band 11: Internationales Privatrecht, Internationales Wirtschaftsrecht, Einführungsgesetz zum Bürgerlichen Gesetzbuche (Art. 25 - 248), 5. Auflage, München: Beck 2010

Schack, Haimo,
▷ International zwingende Normen im Urhebervertragsrecht, in: *Lorenz, Stephan (Hrsg.):* Festschrift für Andreas Heldrich zum 70. Geburtstag, München: Beck 2005, S. 997–1005
▷ Internationales Zivilverfahrensrecht: Ein Studienbuch, Kurzlehrbücher für das juristische Studium, 5. Auflage, München: Beck 2010
▷ Urheber- und Urhebervertragsrecht, Mohr-Lehrbuch, 5. Auflage, Tübingen: Mohr Siebeck 2010

Scherenberg, Oliver,
▷ Lizenzverträge in der Insolvenz des Lizenzgebers unter besonderer Berücksichtigung des Wahlrechts des Insolvenzverwalters nach § 103 Abs. 1 InsO: Univ. Diss. Dresden 2005, Band 26, Schriftenreihe zum Recht des geistigen Eigentums, Berlin: BWV Berliner Wissenschafts-Verlag 2005

Scherer, Inge,
▷ Teilweise Vorleistungen in der Insolvenz, NZI 7 [2004], Nr. 3, S. 113–117

Schleich, Thorsten/Götz, Florian,
▷ Gesetzentwurf zur Änderung der Insolvenzordnung - Zur Insolvenzfestigkeit von Lizenzverträgen, DZWiR 18 [2008], Nr. 2, S. 58–62

Schmid, Gregor,
▷ Insolvenzfestigkeit von Lizenzen: Neuer Reformentwurf für die Zweite Stufe der Insolvenzrechtsreform, GRUR-Prax 4 [2012], Nr. 4, S. 75–77

/Kampshoff, Matthias,
▷ Lizenzen in der Insolvenz: (Wie) kann sich der Lizenznehmer in der Insolvenz des Lizenzgebers absichern? GRUR-Prax [2009], Nr. 03, 50

Schmid-Burgk, Klaus/Ditz, Jan-Christian,
▷ Die Refinanzierung beim Leasing nach der Insolvenzrechtsreform, ZIP 17 [1996], Nr. 26, S. 1123–1126

Schmidl, Michael,
▷ Softwareerstellung und § 651 BGB - ein Versöhnungsversuch, MMR 7 [2004], Nr. 9, S. 590–593

Schmidt, Holger,
▷ Urheberrechte als Kreditsicherheit nach der gesetzlichen Neuregelung des Urhebervertragsrechts, WM 57 [2003], Nr. 10, S. 461–473

Schmidt, Karsten,
▷ Unterlassungsanspruch, Unterlassungsklage und deliktischer Ersatzanspruch im Konkurs: Eine Untersuchung am Beispiel des Patentverletzungsstreits, ZZP 90 [1977], Nr. 1, S. 38–67

Scholz, Jochen,
▷ Zum Fortbestand abgeleiteter Nutzungsrechte nach Wegfall der Hauptlizenz: Zugleich Anmerkung zu BGH "Reifen Progressiv", GRUR 111 [2009], Nr. 12, 1107–1112

Schön, Wolfgang,
▷ Der Nießbrauch an Sachen: Gesetzliche Struktur und rechtsgeschäftliche Gestaltung: Univ. Habil.-Schr. Bonn 1992, Köln: Schmidt 1992

Schricker, Gerhard,
▷ Verlagsrecht: Kommentar zum Gesetz über das Verlagsrecht vom 19.6.1901, 3. Auflage, München: Beck 2001

/Loewenheim, Ulrich,
▷ Urheberrecht, 4. Auflage, München: Beck 2010

Schulze, Gernot,
▷ Urheber- und Leistungsschutzrechte des Kameramanns, GRUR 96 [1994], Nr. 12, S. 855–871

Schwabe, Christian,
▷ Filmlizenzen in der Insolvenz: Eine vergleichende Untersuchung des deutschen und US-amerikanischen Rechts: Univ. Diss. Göttingen 2007, Göttingen: Cuvillier 2007

Schwarz, Mathias/Klingner, Norbert,
▷ Rechtsfolgen der Beendigung von Filmlizenzverträgen: zugleich eine Erwiderung auf Wente/Härle, GRUR 1997, 96, GRUR 100 [1998], Nr. 2, S. 103–113
▷ Mittel der Finanzierungs- und Investitionssicherung im Medien- und Filmbereich, UFITA 138 [1999], S. 29–62

Schwörer, Frank,
▷ Lösungsklauseln für den Insolvenzfall: Univ. Diss. Tübingen 1999, Band 22, Beiträge zum Insolvenzrecht, Köln: RWS-Verlag Kommunikationsforum 2000

Seemann, Tammo,
▷ Der Lizenzvertrag in der Insolvenz: Univ. Diss. Freiburg 2002, Oldenburg: Aschenbeck & Isensee 2002

Smid, Stefan,
▷ Grundzüge des Insolvenzrechts, 4. Auflage, München: Beck 2002
▷ Internationales Insolvenzrecht, Band 17, Schriften zum deutschen, europäischen und internationalen Insolvenzrecht, 1. Auflage, Berlin: De Gruyter Recht 2009

/Lieder, Solveig,
▷ Das Schicksal urheberrechtlicher Lizenzen in der Insolvenz des Lizenzgebers - Auswirkungen des § 103 InsO, DZWiR 15 [2005], Nr. 1, S. 7–18

Soergel, Hans Theodor,
▷ Bürgerliches Gesetzbuch: Mit Einführungsgesetz und Nebengesetzen, 13. Auflage, Stuttgart [u.a.]: Kohlhammer 2002

Sosnitza, Olaf,
▷ Gedanken zur Rechtsnatur der ausschließlichen Lizenz, in: *Ohly, Ansgar/Schricker, Gerhard (Hrsg.):* Perspektiven des geistigen Eigentums und Wettbewerbsrechts, München: Beck 2005, S. 183–196

Spengler, Albrecht,
▷ Erzwingung der Auslieferung oder der Vorführung eines Films durch einstweilige Verfügung? Zugleich ein Beitrag zum Recht des Filmverleihvertrages, UFITA 18 [1954], S. 163–173

Srocke, Marc-Oliver,
▷ Das Abstraktionsprinzip im Urheberrecht, GRUR 110 [2008], Nr. 10, S. 867–873
▷ Das Abstraktionsprinzip im Urheberrecht, Frankfurt am Main: Paper Chase 2008

Staudinger, Julius von; Schiemann, Gottfried/Schmidt, Jürgen (Hrsg.),
▷ Kommentar zum Bürgerlichen Gesetzbuch: Buch 2 - Recht der Schuldverhältnisse. Einleitung zu §§ 241 ff.; §§ 241-243, 13. Auflage, Berlin: Sellier- de Gruyter 1995
▷ Kommentar zum Bürgerlichen Gesetzbuch: Buch 3 - Sachenrecht. Einleitung zum Sachenrecht; §§ 854-882, 13. Auflage, Berlin: Sellier- de Gruyter 2007

Stickelbrock, Barbara,
▷ Urheberrechtliche Nutzungsrechte in der Insolvenz: Von der Vollstreckung nach §§ 112ff. UrhG bis zum Kündigungsverbot des § 112 InsO, WM 58 [2004], Nr. 12, S. 549–563

Stöckel, Oliver/Brandi-Dohrn, Anselm,
▷ Der dingliche Charakter von Lizenzen: Ein Grundlagenbeitrag zur Dogmatik der Rechte an Geistigem Eigentum, CR 27 [2011], Nr. 9, S. 553–560

Stoll, Hans,
▷ (Hrsg.), Stellungnahmen und Gutachten zur Reform des deutschen internationalen Insolvenzrechts, Band 35, Materialien zum ausländischen und internationalen Privatrecht, Tübingen: Mohr 1992

Stowasser, Joseph Maria,
▷ Stowasser: Lateinisch-deutsches Schulwörterbuch, Wien: Oldenbourg 2008

Straßer, Robert,
▷ Gestaltung internationaler Film-/Fernsehlizenzverträge, ZUM 43 [1999], Nr. 12, S. 928–934

Tabrizi, Mahdi Daneshzadeh,
▷ Lizenzen in der Insolvenz nach dem Scheitern des Gesetzes zur Einführung eines § 108a InsO, 1. Auflage, Tübingen: Mohr Siebeck 2011

Takagi, Yo/Allman, Larry/Sinjela, Mpazi,
▷ Teaching of intellectual property: Principles and methods, 1. Auflage, Cambridge: Cambridge University Press 2008

Thewalt, Stephan,
▷ Softwareerstellung als Kaufvertrag mit werkvertraglichem Einschlag: § 651 BGB nach der Schuldrechtsreform, CR 18 [2002], Nr. 1, S. 1–7

Thomas, Heinz/Putzo, Hans,
▷ Zivilprozessordnung: FamFG, Verfahren in Familiensachen ; GVG, Einführungsgesetze, EG-Zivilverfahrensrecht: Kommentar, 33. Auflage, München: Beck 2012

Tintelnot, Albrecht,
▷ Vereinbarungen für den Konkursfall: Vollwertigkeit der Vermögenshaftung und Bedingung des Konkurses: Univ. Diss. Göttingen 1989, Band 134, Schriften zum deutschen und europäischen Zivil-, Handels- und Prozessrecht, Bielefeld: Gieseking 1991
▷ Die gegenseitigen Verträge im neuen Insolvenzverfahren, ZIP 16 [1995], Nr. 8, S. 616–623

Torremans, Paul,
▷ Holyoak and Torremans intellectual property law, 6. Auflage, Oxford: Oxford University Press 2010

Treffer, Christian,
▷ Insolvenzbedingte Lösungsklauseln - Zulässigkeit nach § 119 InsO, MDR 54 [2000], Nr. 20, S. 1178–1179

Trips-Hebert, Roman,
▷ Lizenzen in der Insolvenz - die deutsche Insolvenzordnung als Bremsklotz, ZRP 40 [2007], Nr. 7, S. 225–228

Trunk, Alexander,
▷ Internationales Insolvenzrecht: Systematische Darstellung des deutschen Rechts mit rechtsvergleichenden Bezügen: Univ. Habil.-Schr. München 1996, Band 28, Jus privatum, Tübingen: Mohr Siebeck 1998

Tuhr, Andreas von,

▷ Der allgemeine Teil des Deutschen Bürgerlichen Rechts: Zweiter Band, erste Hälfte. Die rechtserheblichen Tatsachen, insbesondere das Rechtsgeschäft, 1. Auflage, München und Leibzig: Duncker & Humblot 1914

Uhlenbruck, Wilhelm,

▷ Insolvenzordnung: Kommentar, 13. Auflage, München: Vahlen 2010

Ulmer, Eugen,

▷ Urheber- und Verlagsrecht: Enzyklopädie der Rechts- und Staatswissenschaft, 3. Auflage, Berlin: Springer 1980

Virgós, Miguel/Schmit, Etienne,

▷ Erläuternder Bericht zu dem EU-Übereinkommen über Insolvenzverfahren, in: *Stoll, Hans (Hrsg.):* Vorschläge und Gutachten zur Umsetzung des EU-Übereinkommens über Insolvenzverfahren im deutschen Recht, Tübingen: Mohr Siebeck 1997

Wallner, Jürgen,

▷ Die Insolvenz des Urhebers: Unter besonderer Berücksichtigung der Verträge zur Überlassung von Software: Univ. Diss. Dresden 2001, Band 8, Schriftenreihe des Instituts für Technik- und Umweltrecht der Technischen Universität Dresden, Berlin: BWV Berliner Wissenschafts-Verlag 2002

▷ Insolvenzfeste Nutzungsrechte und Lizenzen an Software, NZI 5 [2002], Nr. 2, S. 70–79

▷ Softwarelizenzen in der Insolvenz des Lizenzgebers, ZIP 25 [2004], Nr. 44, S. 2073–2081

Wandtke, Artur-Axel/Bullinger, Winfried,

▷ Praxiskommentar zum Urheberrecht, 3. Auflage, München: Beck 2009

Weber, Christian/Hötzel, Gerrit,

▷ Das Schicksal der Softwarelizenz in der Lizenzkette bei Insolvenz des Lizenznehmers, NZI 14 [2011], Nr. 11, S. 432–437

Wegener, Burghard,

▷ § 108a InsO zur Insolvenzfestigkeit von Lizenzen - Zuviel des Guten? ZInsO 11 [2008], Nr. 7, S. 352–355

Wente, Jürgen K./Härle, Philipp,

▷ Rechtsfolgen einer außerordentlichen Vertragsbeendigung auf die Verfügungen in einer "Rechtekette" im Filmlizenzgeschäft und ihre Konsequenzen für die Vertragsgestaltung: Zum Abstraktionsprinzip im Urheberrecht, GRUR 99 [1997], Nr. 2, S. 96–102

Westerholt, Margot Gräfin von/Joppich, Brigitte,
▷ Insolvenz des Lizenznehmers bei Film- und Fernsehlizenzen: Was passiert mit den Ansprüchen, insbesondere Vergütungsansprüchen des Lizenzgebers im Falle der Eröffnung des Insolvenzverfahrens (bzw. der Ausübung des Wahlrechts nach § 103 InsO)? ZUM 47 [2003], Nr. 4, S. 262–269

Westermann, Harry/Westermann, Harm Peter,
▷ Sachenrecht: Ein Lehrbuch, C. F. Müller Großes Lehrbuch, 7. Auflage, Heidelberg: C. F. Müller 1998

Westpfahl, Lars/Goetker, Uwe/Wilkens, Jochen,
▷ Grenzüberschreitende Insolvenzen, Band 347, Wirtschaftsrecht aktuell, 1. Auflage, Köln: RWS Verlag Kommunikationsforum 2008

Westrick, Ludger/Bubenzer, Piet,
▷ Das Urheberrecht in der Insolvenz, in: *Schertz, Christian/Omsels, Hermann-Josef/Hertin, Paul W. (Hrsg.):* Festschrift für Paul W. Hertin zum 60. Geburtstag am 15. November 2000, München: Beck 2000, S. 287–333

Wiedemann, Markus,
▷ Lizenzen und Lizenzverträge in der Insolvenz, Band 38, Beiträge zum Insolvenzrecht, Köln: RWS-Verlag Kommunikationsforum 2006

Wieling, Hans Josef,
▷ Sachenrecht, 5. Auflage, Berlin and Heidelberg: Springer 2007

Wimmer, Klaus,
▷ Die Verordnung (EG) Nr. 1346/2000 über Insolvenzverfahren, ZInsO 4 [2001], Nr. 3, S. 97–103
▷ Die EU-Verordnung zur Regelung grenzüberschreitender Insolvenzverfahren, NJW 55 [2002], Nr. 34, S. 2427–2431
▷ FK-InsO: Frankfurter Kommentar zur Insolvenzordnung, 5. Auflage, Köln: Luchterhand 2009

Wolff, Patrick,
▷ Urheberrechtliche Lizenzen in der Insolvenz von Film- und Fernsehunternehmen: Univ. Diss. Kiel 2007, Band 19, Schriften zum deutschen und internationalen Persönlichkeits- und Immaterialgüterrecht, Göttingen: V & R Unipress 2007

Wortberg, Sven,
▷ Lösungsklauseln und Insolvenz: Univ. Diss. Göttingen 2002, Band 10, Schriften zum Wirtschaftsrecht, Steuerrecht und Zivilprozessrecht, Frankfurt am Main: Lang 2003

Zehnsdorf, Jana,
▹ Filmnutzungsrechte in der Insolvenz: Univ. Diss. Frankfurt (Oder) 2004, Band 8, Schriftenreihe zum deutschen und internationalen Wirtschaftsrecht, 1. Auflage, Baden-Baden: Nomos 2006

Zeising, Jörg,
▹ Wettlauf der gewerblichen Schutzrechte im Insolvenzverfahren, KTS 63 [2002], Nr. 3, S. 367–458

Zimmermann, Julia Bettina,
▹ Das Erfinderrecht in der Zwangsvollstreckung, GRUR 101 [1999], Nr. 2, 121–128

Zöller, Richard,
▹ Zivilprozessordnung: Mit FamFG (§§ 1 - 185, 200 - 270, 433 - 484) und Gerichtsverfassungsgesetz, den Einführungsgesetzen, mit Internationalem Zivilprozessrecht, EG-Verordnungen, Kostenanmerkungen; Kommentar, 29. Auflage, Köln: Schmidt 2011

Zweigert, Konrad/Puttfarken, Hans-Jürgen,
▹ Zum Kollisionsrecht der Leistungsschutzrechte, GRUR Int. 22 [1973], Nr. 9, S. 573–578

Schriften zum Verfahrensrecht

Herausgegeben von Jens Adolphsen, Peter Gottwald und Ulrich Haas

Band 1 Matthias Rauscher: Die neue Berufung in Zivilsachen. 2002.

Band 2 Jörn-Christian Schulze: Grenzen der objektiven Schiedsfähigkeit im Rahmen des § 1030 ZPO. Eine Betrachtung des Rechts der Schiedsfähigkeit nach der Schiedsverfahrensrechtsform. 2003.

Band 3 Roman Rodloff: Das vereinfachte Verfahren zur Festsetzung von Kindesunterhalt nach §§ 654 ff. ZPO. Zugleich ein Beitrag zur Unterhaltsannexklage nach § 653 ZPO und zum vereinfachten Abänderungsverfahren nach § 656 ZPO. 2003.

Band 4 Helia-Verena Daubach: Kammer oder Einzelrichter? Ist die Kammer ein Qualitätselement des Zivilprozesses? 2003.

Band 5 Thomas Gemmeke: Beweisverwertungsverbote im arbeitsgerichtlichen Verfahren. 2003.

Band 6 Wolfgang Kreißig: Der Sportverein in Krise und Insolvenz. 2004.

Band 7 Alexander M. Krämer: Leasingverträge in der Insolvenz. 2005.

Band 8 Timo Christian Walther: Das Verfahren bei Masseunzulänglichkeit nach den §§ 208 ff. InsO. 2005.

Band 9 Henning Müller: Die Lebensversicherung in der Zwangsvollstreckung. 2005.

Band 10 Oliver Hilsbos: Die Mitwirkungspflicht von Personenstandsbehörden in Nachlassverfahren. 2006.

Band 11 Matthias Holla: Der Einsatz von Schiedsgerichten im organisierten Sport. 2006.

Band 12 Matthias Hofmann: Die Eigenverwaltung in der Insolvenz. Darstellung eines Rechtsinstituts unter besonderer Berücksichtigung der Gesellschaftsinsolvenz. 2006.

Band 13 Christian Schindler: Rechtskraft und Innenbindung von Beschlüssen nach der ZPO-Reform. 2006.

Band 14 Carola Reimann-Dittrich: Die Finanzierungsfolgenverantwortung des Gesellschafters. 2006.

Band 15 Viktoria Kress: Internationale Zuständigkeit für elterliche Verantwortung in der Europäischen Union. Das neue europäische Familienverfahrensrecht in Fragen der elterlichen Verantwortung im Kontext der Haager Abkommen. 2006.

Band 16 Frank Martin Herget: Die internationale Zuständigkeit im Electronic Commerce in der Europäischen Union. 2006.

Band 17 Cornelia Drenckhahn: Urkundsvorlagepflichten im Zivilprozess und im arbeitsgerichtlichen Verfahren nach der ZPO-Reform unter besonderer Berücksichtigung der Neufassung des § 142 ZPO. 2007.

Band 18 Walter Boeckh: Beschwerde und Rechtsbeschwerde im Zivilverfahren. 2007.

Band 19 Gökçe Nazar Uzar: Rechtsmittel gegen Schiedssprüche nach dem neuen deutschen und türkischen Schiedsverfahrensrecht. 2007.

Band 20 Christa Kraemer: Eigenkapitalersatz und Insolvenz. Klassische und moderne Fallgruppen. 2007.

Band 21 Martin Beckmann: Statutarische Schiedsklauseln im deutschen Recht und internationalen Kontext. 2008.

Band 22 Ulf Pechartscheck: Entgeltansprüche aus Altersteilzeitarbeit in der Arbeitgeberinsolvenz. Analyse gegenwärtiger Sicherungsmodelle in Deutschland. 2008.

Band 23 Thomas Baumann: Patentstreitigkeiten vor Schiedsgerichten. Eine rechtsvergleichende Betrachtung ausgewählter Probleme nach deutschem und schweizerischem Recht. 2008.

Band 24 Désirée Cimmino: Das UNCITRAL-Modellgesetz über internationale ADR-Verfahren in Wirtschaftsstreitigkeiten. 2008.

Band 25 Ralf Burkhard: Der Einfluss der Schuldrechtsreform auf von § 103 InsO erfasste Kaufverträge. 2010.

Band 26 Stefan Roßkopf: Die Aufrechnung im deutschen und englischen Insolvenzrecht. Eine rechtsvergleichende Untersuchung. 2008.

Band 27 Thomas Rothammer: Die insolvenzrechtliche Restschuldbefreiung – Probleme und Lösungen. 2008.

Band 28 Franziska Schmalenberg: Anerkennung von Patenten in Europa. 2009.

Band 29 Michael Schaumann: Reform des Eigenkapitalersatzrechts im System der Gesellschafterhaftung. Unter Berücksichtigung der Änderungen durch das MoMiG. 2009.

Band 30 Hengliang Shen: Das Absonderungsrecht in der Insolvenz. Erfahrungen aus Deutschland und die Praxis in China. 2009.

Band 31 Alexander Panier: Der Grundsatz der Schadenseinheit. 2009.

Band 32 Ming-Sheng Liu: Die richterliche Hinweispflicht. Dogmatik und Rechtskultur. 2009.

Band 33 Lothar Czaja: Umsetzung der Kooperationsvorgaben durch die Europäische Insolvenzverordnung im deutschen Insolvenzverfahren. 2009.

Band 34 Stefanie Reiche: Die prozessualen Folgen eines Betriebsübergangs nach § 613a BGB. 2009.

Band 35 Christoph Stieber: Der gesicherte Geld- und Warenkredit in der Insolvenz. Das Insolvenzverwalterwahlrecht nach § 103 InsO und dessen Wirkungen auf die Sicherungsübereignung und den Eigentumsvorbehalt. 2009.

Band 36 Miguel Teixeira de Sousa: Die Zulässigkeitsprüfung im Zivilprozess. 2010.

Band 37 Michael Schulze: Das Besteuerungsverfahren der Personengesellschaft bei Insolvenz. 2010.

Band 38 Ulrich Hönle: Die deliktische Grundanknüpfung im IPR und IZVR. Auswirkungen der Kollisionsrechtsvereinheitlichung auf europäischer Ebene. 2011.

Band 39 Hilke Schapp: Die Präklusion von Gestaltungsrechten nach § 767 Abs. 2 ZPO. Eine kritische Untersuchung der Rechtsprechung unter besonderer Berücksichtigung der Rechtskraft und der materiellen Rechtslage. 2011.

Band 40 Moritz Büchele: Eingriff in Gesellschafterrechte im Insolvenzplan. 2011.

Band 41 Markus Wimmer: Unternehmenssanierung mittels Transfergesellschaften. 2011.

Band 42 Christoffer Bortz: Urheberrechtliche Lizenzen in nationaler und internationaler Insolvenz. 2012.